经济学前沿研究方法

王群伟 主编

王长波　张言方　胡秀蓉 副主编

科 学 出 版 社

北 京

内 容 简 介

本书共分为 12 章,每两章为一个模块介绍一种经济学前沿研究方法的理论基础及其模型应用。主要内容有:投入产出分析、可计算一般均衡模型、动态随机一般均衡模型、连接(copula)函数、计量经济模型、多重时间尺度分析。在理论基础部分,本书介绍了每种方法的运作机理、关键公式推导并提供相应软件实现代码;在模型应用部分,本书生动翔实地利用案例分析讲解如何应用所介绍方法解决现实问题,展现了从问题解读、模型设定到计算结果解读的经济学前沿方法建模全流程。

本书可用于高等院校经济管理类高年级本科生及研究生的教学用书,亦可作为经济学进阶研究和面向一般科研人员的参考工具书。本书所介绍的各类方法之间相互独立,读者可根据自身需要选择相应章节单独阅读。

图书在版编目(CIP)数据

经济学前沿研究方法/王群伟主编. —北京:科学出版社,2023.6
ISBN 978-7-03-074442-5

Ⅰ.① 经… Ⅱ.① 王… Ⅲ.① 经济学－研究方法 Ⅳ.① F0

中国版本图书馆 CIP 数据核字(2022)第 251768 号

责任编辑:方小丽/责任校对:贾娜娜
责任印制:赵 博/封面设计:蓝正设计

科学出版社 出版
北京东黄城根北街 16 号
邮政编码:100717
http://www.sciencep.com
北京富资园科技发展有限公司印刷
科学出版社发行 各地新华书店经销
*
2023 年 6 月第 一 版 开本:787×1092 1/16
2025 年 5 月第四次印刷 印张:17
字数:403 000
定价:86.00 元
(如有印装质量问题,我社负责调换)

前言
preface

当前，中国经济已由高速增长阶段转向高质量发展阶段，正处在转变发展方式、优化经济结构、转换增长动力的攻关期。正如党的二十大报告所述，"新一轮科技革命和产业变革深入发展，国际力量对比深刻调整，我国发展面临新的战略机遇""今天我们所面临问题的复杂程度、解决问题的艰巨程度明显加大，给理论创新提出了全新要求"。过去40年，中国经济发展既靠"有效市场"，也靠"有为政府"，形成了人类文明史上独创的中国经验。新时代赋予中国经济发展新的实践要求、中国经济学研究新的理论要求。世界百年未有之大变局下，如何将经济发展的实践经验上升为系统化的科学理论以适应新时代经济发展的复杂环境？如何丰富和发展中国自主的经济学知识体系，向世界宣传中国经济发展道路，提升中国经济学的国际话语权？这一系列思索要求中国经济学研究者必须进一步使用前沿的经济学研究方法、科学的经济学研究范式，让世人理解中国经济发展的过去与未来。

中国现代化道路的经济学理论表达应当强调科学性。如党的二十大报告所述，"我们坚持以马克思主义为指导，是要运用其科学的世界观和方法论解决中国的问题。"利用数据和数学工具识别经济变量之间的因果性、联动性，已成为当下世界经济学研究的主流语言。20世纪初，经济大萧条，"看不见的手"受到激烈抨击，凯恩斯认为经济学应当帮助政府面向实际社会问题做出干预。自此，以数理统计为支撑的经济学研究方法论应运而生，微积分等高等数学理论随之广泛地进入经济学方法论。特别是在新文科建设的背景下，"引理入经""引工入经"、促进经济学科交叉是必然趋势。利用数学、工程学、统计学方法识别经济变量之间的互动关系、挖掘经济系统内部的运动特征，会极大提高经济学研究的科学性，并使得研究过程更大程度贴近现实经济活动。用前沿的数理方法，对中国经济发展的现实问题进行研究、对中国经济发展的独创思想进行表达，不仅是经济管理类学生的必备技能，更是阐释中国经济发展经验与模式、弘扬中国经济学的重要手段。

本教材的编写初衷由此应运而生。为帮助师生更好地教与学，本书在编写过程中，特别考虑了以下三个方面的因素。

一是立足前沿，兼顾平衡。何谓经济学前沿方法？前沿方法应当掌握至何种程度？学习者对此常有困惑。事实上，经济学方法的形成很大程度上取决于数据的特征，一些基础方法论经过不同层次的组合，又可能形成新的分析框架，衍生出各类新方法。借助编写团队长期的教学与科研经验，本书遴选了国内外知名经济学期刊中常用的六种前沿方法：投入产出分析、可计算一般均衡（computable general equilibrium，CGE）模型、动态随机一般均衡（dynamic stochastic general equilibrium，DSGE）模型、连接（copula）函数、计量经济模型与多重时间尺度分析。这些模型的学习门槛适中、数理基础要求得当、应用场景丰富，兼顾基础知识与最新进展。

二是注重理论，启迪思路。前沿经济学方法的学习需要较为进阶的数理知识，这可能会让学习者有畏惧感，害怕看到各种不知含义的符号、公式。为了避免喧宾夺主、失去经济学特色，本书对于每一个方法论的介绍都注重从经济学背景及理论出发，力求让读者在接触数学公式前熟悉方法论的起源、应用场景及所涵盖的经济学思想。此外，本书不吝展露方法中关键公式的推导，推崇用适当的数学语言讲述方法论，力求培育学习者对方法论进行思路创新的潜在素养。

三是应用导向，贴近实战。方法论学习的最终目的是应用，但从方法论的初步掌握到实际使用仍需学习者跨越不少沟壑。比如，方法论中的模型结构、参数设定会随着具体研究对象与数据的变化而变化，合理调整模型需要丰富的科研经验与实证设计技巧；利用方法所得结果的解读也常常需要从多个维度展开，分析其含义，这对学习者而言是一种很大的挑战。为做好从模型学习到应用的衔接，本书精选优秀案例，从模型的应用视角出发，详细阐述模型设立理由，解释模型参数设定的依据，解读模型计算结果，并回溯模型应用的全流程，力求让学习者快速走向科研实战。

本书由南京航空航天大学经济与管理学院王群伟主编，并统筹各章节的总体安排。王长波负责第 1、2 章投入产出分析，胡秀蓉负责第 3、4 章 CGE 模型，张言方负责第 5、6 章 DSGE 模型，戴星宇负责第 7、8 章 copula 函数，查冬兰、杨光磊负责第 9、10 章计量经济模型，王群伟、戴星宇负责第 11、12 章多重时间尺度分析。在全书统稿、校对的过程中，戴星宇、薛建豪、杨光磊、单庄园、赵艺等做了很多细致的工作。

本书在出版过程中，得到南京航空航天大学"十四五"规划教材（重点）项目、国家社会科学基金重大项目（21&ZD110）的资助，也得到科学出版社方小丽老师和邵筱老师的大力帮助，一并表示感谢。

由于编者水平有限，疏漏及不足之处在所难免，敬请专家、学者及读者批评指正。

王群伟

2023 年 5 月

目录
contents

第 1 章

投入产出分析：理论基础

投入产出分析是研究国民经济各部门间平衡关系所使用的方法。它是从一般均衡的假定出发，把各部门的产品量的依存关系表现为方程组；再依据统计材料，制成一种矩阵形或棋盘式的平衡表，表现国民经济各部门产品的供给和需求相平衡的全貌；由此求得每一部门的产品总量与它生产这个总量所需其他部门的产品量的比例（称"技术系数"），从而确定上述方程组中的有关参数值；从含有这些参数值的方程组，推断某一部门产销情况的变化对其他部门的影响，计算为满足社会上一定的"最终消费"（个人及政府的消费、投资和输出）所需生产的各种产品总量，并预测国民经济发展的前景。在本章中，我们将学习投入产出分析的有关理论知识。

1.1 投入产出分析概述

1.1.1 投入产出分析简介

投入产出分析，是美国著名经济学家瓦西里·里昂惕夫在 20 世纪 30 年代提出的一种旨在探索和解释国民经济的结构及运行的一类经济数量模型（Leontief，1936），其理论基础和数学方法主要来自瓦尔拉斯的"一般均衡理论"及其使用的数学方法。投入产出分析是以投入产出表为数据分析的基本来源、对一个经济体系中各个部门投入来源与产出去向的相互关系进行核算并加以分析和应用的分析方法。

投入产出表是根据一个经济系统中的各个部门在一定时期内的投入来源和产出分配去向所编制的一张棋盘式平衡表，不仅是宏观经济分析和管理的工具，更是国民经济核算体系的一个基础和核心，是国民经济核算总体数据质量的一个检验工具。其中常用的投入产出模型，就是利用经济学原理，根据投入产出表的平衡关系建立的数学模型。它利用各种系数矩阵来描述各部门在产品的生产和消耗之间的数量依存关系，在此基础上对未来进行经济预测、政策模拟，以及对经济结构、经济效益、经济政策和商品价格等问题进行综合分析，反映一个经济体系如何通过各部门的产量调节来达到资源配置最优化状态，从而衍生一个国家或地区的产业政策和发展战略。

投入产出分析将深刻复杂的经济内涵与逻辑严谨的数学推理完美结合，是经济系统分析中重要的分析工具之一，在考察国民经济各部门之间在社会再生产过程中的相互制约、相互配合关系的同时，能够反映社会再生产各个环节不断运转的协调机理，并较为完整地体现社会经济结构及各种比例关系。

1.1.2 投入产出分析的基本假设

投入产出分析的基本假设主要有以下三个方面。

第一，同质性假设或"纯部门"假设。即每个生产部门仅有单一的投入结构、同一种生产技术来生产一种特定的同质产品，其基本意义是使每个部门都成为生产某种单一产品的集合体，以便模型能简洁清楚地反映各部门产品的不同用途及其使用去向。同时，不考虑生产过程中部门内部不同企业生产技术的差异和产品的相互替代性，以使模型能准确反映各部门产品生产中的物质消耗构成，从而在各部门之间建立起较为准确的一一对应关系。同质性假设是投入产出分析的核心假设，在此假设的基础上，部门间的数量联系可以完全准确地通过直接消耗系数表现出来，从而为用线性联立方程进行计算和分析提供了便利。当然，这个假设在现实投入产出分析中是很难被满足的，由此产生的问题或计算误差正是投入产出模型的最基本的方法论问题。

第二，直接消耗系数在一定时期内保持稳定。在投入产出模型中，直接消耗系数（生产技术联系）是整个模型的核心概念，国民经济各部门间的产品消耗和数量联系都是通过直接消耗系数建立的，该系数越准确，就越能通过投入产出模型反映客观经济过程的实际情形。离开这一假设，静态模型便无法构造，动态模型也无法求解。该假设包含两层含义：①在一定时期内，不考虑技术进步与劳动生产率提高的因素，各部门的生产技术水平保持不变；②部门内部各企业的技术水平和技术条件相同，即它们有相同的消耗系数。从社会实际的发展来看，由于现代科学技术的发展，新材料、新技术、生产自动化、新行业的出现等多种因素都将使直接消耗系数发生变化，这说明它在时间上有不稳定性，因此，有必要考察技术进步、价格变动等因素的变化情况与趋势，并掌握由此引起的直接消耗系数变化的规律性，从而使投入产出模型有较好的实际应用价值。

第三，比例性假设。投入产出模型结构主要是用线性方程式来表示的，这就要求每一部门的产出是该部门各种投入水平的线性函数，暗含不考虑随机因素的干扰影响，这也是投入产出模型与一般经济计量模型的主要差别。但由于在经济实际运行过程中，各个经济因素之间线性关系较弱，更多的是非线性关系，并且随机因素总在起作用，所以这在一定程度上影响了该模型的实际使用效果。

1.1.3 投入产出分析的基本框架

基本的投入产出分析通常以所观测的特定地理区域（国家、州、县等）的经济数据为基础，关注某一个或一些经济部门的活动。这些经济部门在产出的过程中，既生产货物（产出），又消耗来自其他产业的货物（投入）。在实际中，所涉及的经济部门数目可能从仅有的几个，到上百个甚至上千个。投入产出分析中使用的基本信息所涉及的是产品流，产品从每个被看作生产者的产业部门流向每个被看作消耗者的部门，包括自身部门和其他部门。投入产出分析所赖以建立的这些基本信息包含在一张投入产出表中。

投入产出表由三个象限组成，如表 1-1 所示。第 I 象限是由名称相同、排列次序相同、数目一致的 n 个产品部门纵横交叉而成的，其主栏（标题纵向排列的栏）为中间投入，宾栏（标题横向排列的栏）为中间使用，它充分揭示了国民经济各产品部门之间相互依存、相互制约的技术经济联系，反映了国民经济各部门之间相互依赖、相互提供劳动对象以供生产和消耗的过程。沿行方向看，其反映产品部门 i 生产的货物或服务提供给产品部门 j 使用的价值量；沿列方向看，其反映产品部门 j 在生产过程中消耗产品部门 i 生产的货物或服务的价值量。第 II 象限是第 I 象限在水平方向上的延伸，其主栏与第 I 象限的主栏相同，也是 n 个产品部门；其宾栏由最终消费、资本形成总额、总出口、总进口等最终使用项组成。它反映各产品部门生产的货物或服务用于各种最终使用的价值量及其构成。第 III 象限是第 I 象限在垂直方向上的延伸，其主栏由从业人员报酬、固定资产折旧、生产税净额和营业盈余等增加值项组成；宾栏与第 I 象限的宾栏相同，也是 n 个产品部门，它反映各产品部门增加值的构成情况。

表 1-1　投入产出表

投入	产出							
	中间使用			最终使用				总产出
	产品部门 1	产品部门 2	… 产品部门 n	最终消费	资本形成总额	总出口	总进口	
中间投入 产品部门 1 产品部门 2 ⋮ 产品部门 n	第 I 象限			第 II 象限				X_1 X_2 ⋮ X_n
增加值 从业人员报酬 固定资产折旧 生产税净额 营业盈余	第 III 象限							
总投入	X_1	X_2	… X_n					

注：总出口包括调出及出口，总进口包括调入及进口，总进口为减项

该表有如下平衡关系：从纵列方向看，产品部门 j 中间投入合计+产品部门 j 增加值合计 = 产品部门 j 总投入；从横行方向看，产品部门 i 中间使用合计+产品部门 i 最终使用合计 = 产品部门 i 总产出；从总量看，总投入 = 总产出；产品部门 i 总投入 = 产品部门 i 总产出；中间投入合计 = 中间使用合计；增加值总和 = 最终使用总和。

1.2 投入产出分析的基本模型结构

由 1.1 节可知，投入产出表有三个重要的基本平衡关系，即行平衡、列平衡、总量平衡。行平衡关系可表示为：中间使用+最终使用 = 总产出；列平衡关系可表示为：中间投入+增加值 = 总投入；总量平衡关系可从多个角度表示：总投入 = 总产出、中间投入总和 = 中间使用总和、增加值总和 = 最终使用总和。依据行平衡、列平衡和总量平衡的关系我们可以建立几个基本的模型。

1.2.1 行平衡模型

行平衡模型是按投入产出表的行平衡关系式建立的，它反映国民经济各部门的产品和服务的分配与使用去向。根据行平衡关系式：中间使用+最终使用 = 总产出，可以得到如式（1-1）所示的模型，即

$$\sum_{j=1}^{n} x_{ij} + Y_i = X_i, \quad i = 1, 2, \cdots, n \tag{1-1}$$

由直接消耗系数 $a_{ij} = \dfrac{x_{ij}}{X_j}$ 得到 $x_{ij} = a_{ij} x_j$，并将其代入式（1-1），可得

$$\begin{cases} a_{11}X_1 + a_{12}X_2 + \cdots + a_{1n}X_n + Y_1 = X_1 \\ a_{21}X_1 + a_{22}X_2 + \cdots + a_{2n}X_n + Y_2 = X_2 \\ \vdots \\ a_{n1}X_1 + a_{n2}X_2 + \cdots + a_{nn}X_n + Y_n = X_n \end{cases} \tag{1-2}$$

令 $A = (a_{ij})_{n \times n}$，$X = (X_1, X_2, \cdots, X_n)^T$，$Y = (Y_1, Y_2, \cdots, Y_n)^T$，利用矩阵变化得：$AX + Y = X$，则 $(I - A)X = Y$，从而 $X = (I - A)^{-1}Y$。其中，$\sum_{j=1}^{n} x_{ij}$ 是 i 部门供中间使用的产品总量；a_{ij} 是直接消耗系数；X_j 是 j 部门产品的总投入；Y_i 是 i 部门产品的最终使用量；X_i 是 i 部门的总产出；I 是 $n \times n$ 阶单位矩阵。

1.2.2 列平衡模型

列平衡模型是按投入产出表的列平衡关系式建立的，它反映了国民经济各部门的产品或服务的价值形成过程。由列平衡关系式：中间投入+增加值 = 总投入，可得

$$\sum_{i=1}^{n} x_{ij} + N_j = X_j, \quad j = 1, 2, \cdots, n \tag{1-3}$$

同理，将 $x_{ij} = a_{ij} X_j$ 代入式（1-3），可得

$$\begin{cases} a_{11}X_1 + a_{21}X_1 + \cdots + a_{n1}X_1 + N_1 = X_1 \\ a_{12}X_1 + a_{22}X_2 + \cdots + a_{n2}X_2 + N_2 = X_2 \\ \vdots \\ a_{1n}X_n + a_{2n}X_n + \cdots + a_{nn}X_n + N_n = X_n \end{cases} \qquad (1\text{-}4)$$

令 $N = (N_1, N_2, \cdots, N_n)^\mathrm{T}$，则 $(I - A_c)X = N$，从而得 $X = (I - A_c)^{-1}N$，其中 A_c 是 $\sum\limits_{i=1}^{n} x_{ij}$ 的对角矩阵，即

$$A_c = \begin{bmatrix} \sum\limits_{i=1}^{n} a_{i1} & 0 & \cdots & 0 \\ 0 & \sum\limits_{i=1}^{n} a_{i2} & \cdots & 0 \\ \vdots & \vdots & & \vdots \\ 0 & 0 & \cdots & \sum\limits_{i=1}^{n} a_{in} \end{bmatrix} \qquad (1\text{-}5)$$

1.2.3　总量平衡模型

按照总量平衡中的基本平衡关系式：总投入 = 总产出，可得

$$\sum_{j=1}^{n} X_j = \sum_{i=1}^{n} X_i \qquad (1\text{-}6)$$

按照中间投入总和 = 中间使用总和，可得

$$\sum_{i=1}^{n} \sum_{j=1}^{n} x_{ij} = \sum_{j=1}^{n} \sum_{i=1}^{n} x_{ij} \qquad (1\text{-}7)$$

式中，$\sum\limits_{i=1}^{n} \sum\limits_{j=1}^{n} x_{ij}$ 是中间投入合计，$\sum\limits_{j=1}^{n} \sum\limits_{i=1}^{n} x_{ij}$ 是中间使用合计。

按照增加值总和 = 最终使用总和，可得

$$\sum_{j=1}^{n} G_j = \sum_{i=1}^{n} y_i \qquad (1\text{-}8)$$

式中，$\sum\limits_{j=1}^{n} G_j$ 是所有部门的增加值合计；$\sum\limits_{i=1}^{n} y_i$ 是所有部门的最终使用合计。上述行平衡模型、列平衡模型和总量平衡模型均为价值形式的数学模型，利用它们可以模拟国民经济系统总产品与最终产品的依存关系（总产品等于最终产品与中间产品之和）。

1.2.4　投入产出模型的主要系数

1. 直接消耗系数

直接消耗系数也称为投入系数，记为 a_{ij}（$i, j = 1, 2, \cdots, n$），其定义是指某一产品部门（如 j 部门）生产一单位产品需要直接消耗另一个部门（如 i 部门）产品或服务的数量，它反映了两个部门之间的生产技术联系或直接依赖程度，直接消耗系数越大，表示两个部

门间的直接依赖程度越高。

直接消耗系数的计算方法是依据投入产出表中的数据，用 j 部门的总投入 X_j 除该部门生产经营中所直接消耗的第 i 部门的产品或服务的数量 x_{ij}，用公式表示为

$$a_{ij} = \frac{x_{ij}}{X_j} \tag{1-9}$$

矩阵 $A = (a_{ij})_{n \times n}$ 称为直接消耗系数矩阵，反映了投入产出表中不同产业部门之间及各产品之间的技术经济联系。直接消耗系数是建立行模型的最重要、最基本的系数，是投入产出模型的核心，引入直接消耗系数后，我们就可以把经济因素和技术因素有效地结合起来，使经济分析建立在定性和定量分析的基础之上。

2. 完全消耗系数

各行业产品在生产过程中除了与其他行业有直接联系外，还与相关行业存在间接联系，由此导致不同产品在生产中除了存在直接消耗外，还存在着间接消耗，完全消耗系数正是这种行业间直接联系与间接联系的全面反映。

完全消耗系数是指某一产品部门（如 j 部门）每提供一个单位最终使用时，对另一个部门（如 i 部门）产品或服务的直接消耗与间接消耗之和，一般记为 b_{ij}（$i, j = 1, 2, \cdots, n$），$B = (b_{ij})_{n \times n}$ 为完全消耗系数矩阵，其计算公式为

$$B = (I - A)^{-1} - I \tag{1-10}$$

式中，I 是单位矩阵，$(I - A)^{-1}$ 是完全需要系数矩阵，也可称为里昂惕夫逆矩阵。矩阵 B 第 i 行第 j 列的元素记为 b_{ij}。完全消耗系数在投入产出分析中起着重要作用，它能够在本质上更全面地反映部门内部和部门之间的技术经济联系，这对正确地分析国民经济发展态势、产业结构及两者之间的关联十分重要。除此之外，它对经济预测和计划制订也有很大作用。

3. 中间需求率

中间需求率 (h_i) 是指第 i 部门产品的中间需求量（中间使用）与该产品的总需求量（中间使用+最终使用）之比，用公式表示为

$$h_i = \frac{\sum_{j=1}^{n} x_{ij}}{\sum_{j=1}^{n} x_{ij} + Y_i}, \quad i = 1, 2, \cdots, n \tag{1-11}$$

某产业的中间需求率越高，表明该产业提供中间产品或生产资料的能力越强。由于任何产品不是作为中间产品，就是作为最终产品或消费资料出现，所以中间需求率+最终需求率 = 1。因此，中间需求率反映了各产业的产品作为生产资料和消费资料的比例。

4. 中间投入率

中间投入率（k_j）是指第 j 产业的中间投入与总投入（中间投入 + 增加值）之比，用

公式表示为

$$k_j = \frac{\sum\limits_{i=1}^{n} x_{ij}}{\sum\limits_{i=1}^{n} x_{ij} + N_j} \ , \quad j=1,2,\cdots,n \tag{1-12}$$

式中，N_j 是第 j 部门的增加值。中间投入率反映了该产业的总产值中外购的实物产品和服务产品（中间产品总量）所占的比重，也就是该产业对其上游产业带动能力的反映。由于总投入 = 中间投入+增加值，所以在总投入一定的条件下，某产业的中间投入率和增加值呈此消彼长的关系。中间投入率越高，则其增加值越低，但对其上游产业的带动能力越强；中间投入率越低，其增加值越高，但对其上游产业的带动能力越弱。

5. 感应度系数

感应度系数反映当国民经济各产品部门均增加一个单位最终使用时，某一产品部门由此受到的需求感应程度，也就是需要该部门为其他部门的生产提供的产出量，感应度系数越大，说明该部门对国民经济的推动作用就越大。其计算公式为

$$E_i = \frac{\sum\limits_{j=1}^{n} \overline{b}_{ij}}{\left.\sum\limits_{j=1}^{n}\sum\limits_{i=1}^{n} \overline{b}_{ij}\right/ n} \ , \quad i,j=1,2,\cdots,n \tag{1-13}$$

式中，$\sum\limits_{j=1}^{n} \overline{b}_{ij}$ 是完全需要系数矩阵的第 i 行之和；$\left.\sum\limits_{j=1}^{n}\sum\limits_{i=1}^{n} \overline{b}_{ij}\right/ n$ 是完全需要系数矩阵各行之和的平均值。

当 $E_i > 1$ 时，表示第 i 产品部门所受到的感应程度高于社会平均感应水平（各产品部门所受到的感应程度的平均值）；当 $E_i = 1$ 时，表示第 i 产品部门所受到的感应程度等于社会平均感应水平；当 $E_i < 1$ 时，表示第 i 产品部门所受到的感应程度低于社会平均感应水平。

6. 影响力系数

影响力系数反映某一产业部门增加一个单位的最终需求时，对其他产业部门产生的生产需求波及程度，也就是需要其他部门为该部门的生产而提供的产出量。影响力系数越大，说明该部门对国民经济的拉动作用就越大。影响力系数 f_j 的计算公式为

$$f_j = \frac{\sum\limits_{i=1}^{n} \overline{b}_{ij}}{\left.\sum\limits_{j=1}^{n}\sum\limits_{i=1}^{n} \overline{b}_{ij}\right/ n} \ , \quad i,j=1,2,\cdots,n \tag{1-14}$$

式中，$\sum\limits_{i=1}^{n} \overline{b}_{ij}$ 是完全需要系数矩阵第 j 列之和；$\left.\sum\limits_{j=1}^{n}\sum\limits_{i=1}^{n} \overline{b}_{ij}\right/ n$ 是完全需要系数矩阵的各列之和

的平均值。

当 $f_j > 1$ 时，表示第 j 产品部门生产对其他产品部门所产生的影响程度高于社会平均影响力水平（各产品部门所产生的波及影响的平均值）；当 $f_j = 1$ 时，表示第 j 产品部门生产对其他产品部门所产生的影响程度等于社会平均影响力水平；当 $f_j < 1$ 时，表示第 j 产品部门生产对其他产品部门所产生的影响程度低于社会平均影响力水平。

7. 增加值结构系数

增加值结构系数是指国民经济某一产业的各项增加值（包括固定资产折旧、从业人员报酬、生产税净额和营业盈余）占该产业增加值总量的比重，它反映了某一产业增加值的构成情况。因此，通过计算投入产出表的增加值结构系数，就可以清楚地了解各产业的增加值构成情况。用公式表示为

$$\eta_{il} = \frac{m_{il}}{M_i}, \quad i = 1, 2, \cdots, n \tag{1-15}$$

式中，η_{il} 是第 i 部门第 l 项（包括固定资产折旧、从业人员报酬、生产税净额和营业盈余）增加值占其增加值总量的比重；m_{il} 是第 i 部门第 l 项增加量；M_i 是第 i 部门的增加值总量。

8. 最终使用结构系数

最终使用结构系数是指国民经济某一产业的各项最终使用量占该产业最终使用总量的比重，反映了该部门最终使用的构成情况。其中最终消费包括农村居民消费、城镇居民消费和政府消费，资本形成总额包括固定资本形成和存货增加。用公式表示为

$$\lambda_{ic} = \frac{o_{ic}}{O_i}, \quad i = 1, 2, \cdots, n \tag{1-16}$$

式中，λ_{ic} 是第 i 部门第 c 项（包括最终消费、资本形成总额、总出口、总进口）最终使用量占其最终使用总量的比重；o_{ic} 是第 i 部门第 c 项最终使用量；O_i 是第 i 部门的最终使用总量。

1.3　环境扩展投入产出模型

社会生产与自然环境有着密切联系，而环境经济投入产出模型正是一种能够定量地揭示环境和经济的内在联系、实现经济发展和环境保护综合平衡的有效方法。根据不同的研究需求，可以进行单区域、多区域和行业尺度的研究（王长波等，2015）。将环境卫星矩阵（如二氧化碳排放消耗系数矩阵、水资源消耗系数矩阵等）引入投入产出基本模型之中，就可将投入产出模型用于环境方面的研究，如全球供应链温室气体排放问题、水足迹问题、生物多样性问题、空气污染物和土地利用情况等（Chaves et al., 2020；Chen et al., 2019；Meng et al., 2018；Kanemoto et al., 2016），如表 1-2 所示。

表 1-2　引入环境卫星矩阵的投入产出分析表

投入		产出								总产出
		中间使用			最终使用					
		产品部门 1	产品部门 2	…	产品部门 n	最终消费	资本形成总额	总出口	总进口	
中间投入	产品部门 1	Z_{11}	Z_{12}		Z_{1n}					X_1
	产品部门 2	Z_{21}	Z_{22}		Z_{2n}					X_2
	⋮	⋮	⋮	⋮	⋮					⋮
	产品部门 n	Z_{n1}	Z_{n2}		Z_{nn}					X_n
增加值	从业人员报酬									
	固定资产折旧									
	生产税净额									
	营业盈余									
	总投入	X_1	X_2	…	X_n					
环境卫星矩阵	二氧化碳排放	C_1	C_2	…	C_n					
	水资源消耗	H_1	H_2	…	H_n					
	⋮	⋮	⋮	⋮	⋮					

1.3.1　单区域投入产出模型

单区域投入产出（single-regional input-output，SRIO）模型是基于单区域投入产出表构建的。单区域投入产出表通过引入卫星矩阵，即各部门单位的消耗强度矩阵，可估算隐含在产品中的消耗强度（表 1-2）。

$$E = R(I - A)^{-1} \tag{1-17}$$

式中，R 是各部门的直接环境负荷强度矩阵（如水资源消耗、二氧化碳排放），其元素为 $r_i = c_i/X_i$；c_i 是 i 部门的直接环境负荷；E 是各部门隐含（完全）环境负荷强度矩阵。

1.3.2　多区域投入产出模型

多区域投入产出（multi-regional input-output，MRIO）模型是基于多区域投入产出表所建，主要用于研究随着产品的跨区域流动（包含全球的国际贸易与某个国家内部各区域间的交易等）而产生的资源环境影响。

我们以三区域为例。三区域的投入产出表，同样地，也通过引入各地区各部门的卫星矩阵，即各地区各部门单位产出的直接环境负荷强度，估算各地区各部门隐含在产品中的隐含（完全）环境负荷强度（表 1-3）。

表 1-3　三区域的投入产出表

投入			产出											最终使用	总产出
			中间使用												
			地区 1				地区 2				地区 3				
	地区	产品部门	产品部门 1	产品部门 2	…	产品部门 n	产品部门 1	产品部门 2	…	产品部门 n	产品部门 1	产品部门 2	…	产品部门 n		
中间投入	地区 1	产品部门 1														
		产品部门 2														
		⋮														
		产品部门 n														
	地区 2	产品部门 1														
		产品部门 2														
		⋮														
		产品部门 n														
	地区 3	产品部门 1														
		产品部门 2														
		⋮														
		产品部门 n														
增加值总量																
总投入																

在多区域投入产出模型的研究框架中，一个国家（区域）的总产出由中间使用和最终使用两部分构成，根据投入产出表的行平衡关系可得

$$X_i^r = \sum_s \sum_j x_{ij}^{rs} + \sum_s y_i^{rs} \qquad (1\text{-}18)$$

直接消耗系数表示从 r 区域中的 i 部门到 s 区域中的 j 部门的中间投入，可以由各区域各部门产业中间投入除以该部门总投入得到，即

$$a_{ij}^{rs} = \frac{x_{ij}^{rs}}{X_j^s}, \quad i,j = 1,2,\cdots,n \qquad (1\text{-}19)$$

结合式（1-19），将式（1-18）改写为矩阵形式可得

$$\begin{bmatrix} X_1^1 \\ \vdots \\ X_n^m \end{bmatrix} = \begin{bmatrix} a_{11}^{11} & \cdots & a_{1n}^{1m} \\ \vdots & & \vdots \\ a_{n1}^{m1} & \cdots & a_{nn}^{mm} \end{bmatrix} \begin{bmatrix} X_1^1 \\ \vdots \\ X_n^m \end{bmatrix} + \begin{bmatrix} \sum_{s=1}^{m} y_1^{1s} \\ \vdots \\ \sum_{s=1}^{m} y_n^{ms} \end{bmatrix} \qquad (1\text{-}20)$$

即 $\boldsymbol{X} = \boldsymbol{A}\boldsymbol{X} + \boldsymbol{Y}$。其中，$\boldsymbol{X}$ 是投入产出模型的产出矩阵；$\boldsymbol{A}$ 是投入产出模型的消耗系数矩阵；$\boldsymbol{Y}$ 是最终使用矩阵。

式（1-20）可以进一步转化为

$$\boldsymbol{X} = (\boldsymbol{I} - \boldsymbol{A})^{-1} \boldsymbol{Y} \qquad (1\text{-}21)$$

式中，$\boldsymbol{I}$ 是单位矩阵；$(\boldsymbol{I} - \boldsymbol{A})^{-1}$ 是完全需要系数矩阵，表示每单位的部门最终消费所导致的总产出的完全增加量（包括直接增加与间接增加）。

因此，各区域各部门的隐含（完全）环境负荷矩阵 $\boldsymbol{C}$ 可由式（1-22）计算，即

$$\boldsymbol{C} = \boldsymbol{D}(\boldsymbol{I} - \boldsymbol{A})^{-1} \boldsymbol{Y} \qquad (1\text{-}22)$$

式中，$\boldsymbol{D} = \begin{bmatrix} D_1^1 & & & & 0 \\ & \ddots & & 0 & \\ & & D_i^r & & \\ & 0 & & \ddots & \\ 0 & & & & D_n^m \end{bmatrix}$ 为直接环境负荷强度矩阵，$\boldsymbol{D}$ 中的元素 D_i^r 代表 r 区域 i

部门的直接环境负荷强度，可由 P_i^r / X_i^r 计算得出，P_i^r 是 r 地区 i 部门生产过程中直接环境负荷。因此，$\boldsymbol{C}$ 中的元素 c_i^{rs} 表示由于 s 区域的最终消费及资本形成总额而驱动的 r 区域 i 部门的环境负荷，其矩阵形式为

$$\boldsymbol{C} = \begin{bmatrix} c_1^{11} & c_1^{12} & \cdots & c_1^{1m} \\ c_2^{21} & c_2^{22} & \cdots & c_2^{2m} \\ \vdots & \vdots & & \vdots \\ c_n^{m1} & c_n^{m2} & \cdots & c_n^{mm} \end{bmatrix} \qquad (1\text{-}23)$$

1.3.3 行业投入产出模型

投入产出模型在应用于单行业研究时，出于研究需要，常对投入产出表进行拆分与合并。

假设需要将部门 m 划分为部门 ma 和部门 mb 两个子部门，则直接消耗系数矩阵 $A(n,n)$ 将变为 $A^*(n+1,n+1)$，如图 1-1 所示。

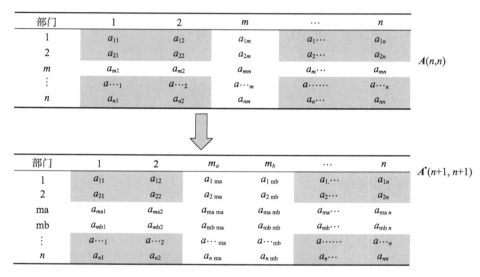

图 1-1　投入产出表部门拆分示意图

由于假定投入产出表中各部门之间的关系是线性的（投入产出表基本假设之一），对部门 m 的划分不会影响其他部门之间的相互作用关系，因此矩阵 A 和 A^* 中阴影部分的系数是保持不变的。要实现部门划分，必须求出 A^* 矩阵中的 $4n-2$ 个未知数，而用于求解未知数的方程共有 $2n-1$ 个。假设两部门具有各方面的相似性，便可以将其他部门对部门 m 的中间投入（第 m 列的数据）按照部门 ma 和部门 mb 的总产出占部门 m 总产出的比例分配至两个部门。假设部门 ma 总产出占部门 m 总产出的比例为 s，则根据子部门获得的中间投入之和等于原部门获得的中间投入这一原则，可以得出如式（1-24）所示的方程组，即

$$\begin{cases} sa_{1,\mathrm{ma}} + (1-s)a_{1,\mathrm{mb}} = a_{1,m} \\ sa_{2,\mathrm{ma}} + (1-s)a_{2,\mathrm{mb}} = a_{2,m} \\ \qquad\qquad \vdots \\ sa_{n,\mathrm{ma}} + (1-s)a_{n,\mathrm{mb}} = a_{n,m} \end{cases} \qquad （1\text{-}24）$$

此外，部门 m 为其他部门提供的中间使用产品，也是部门 ma 与部门 mb 提供的中间使用产品之和，因此有

$$\begin{cases} a_{\mathrm{ma},1} + a_{\mathrm{mb},1} = a_{m,1} \\ a_{\mathrm{ma},2} + a_{\mathrm{mb},2} = a_{m,2} \\ \quad\quad\quad \vdots \\ a_{\mathrm{ma},n} + a_{\mathrm{mb},n} = a_{m,n} \end{cases} \quad\quad (1\text{-}25)$$

$$s\left(a_{\mathrm{ma,ma}} + a_{\mathrm{mb,ma}}\right) + (1-s)\left(a_{\mathrm{ma,mb}} + a_{\mathrm{mb,mb}}\right) = a_{m,m} \quad\quad (1\text{-}26)$$

1.3.4　投入产出分析派生方法

1. 产业层分解

完全需要系数矩阵可以用泰勒级数表示为

$$(\boldsymbol{I} - \boldsymbol{A})^{-1} = \boldsymbol{I} + \boldsymbol{A} + \boldsymbol{A}^2 + \boldsymbol{A}^3 + \cdots + \boldsymbol{A}^W \quad\quad (1\text{-}27)$$

之后可得计算不同产业层消耗量的模型：

$$\boldsymbol{T} = \boldsymbol{t}(\boldsymbol{I} - \boldsymbol{A})^{-1} = \overbrace{\boldsymbol{t}\boldsymbol{I}\boldsymbol{Y}}^{\mathrm{PL}^0} + \overbrace{\boldsymbol{t}\boldsymbol{A}\boldsymbol{Y}}^{\mathrm{PL}^1} + \overbrace{\boldsymbol{t}\boldsymbol{A}^2\boldsymbol{Y}}^{\mathrm{PL}^2} + \overbrace{\boldsymbol{t}\boldsymbol{A}^3\boldsymbol{Y}}^{\mathrm{PL}^3} + \overbrace{\cdots}^{\cdots} + \overbrace{\boldsymbol{t}\boldsymbol{A}^W\boldsymbol{Y}}^{\mathrm{PL}^W} \quad\quad (1\text{-}28)$$

式中，$\boldsymbol{t}\boldsymbol{I}\boldsymbol{Y}$ 为第 0 产业层（PL^0）产生的排放，即居民消费的产品或服务生产过程中的排放；$\boldsymbol{t}\boldsymbol{A}\boldsymbol{Y}$ 为第 1 产业层（PL^1）产生的排放，即居民消费的产品或服务生产过程中第一层供应商产生的排放；以此类推，$\boldsymbol{t}\boldsymbol{A}^W\boldsymbol{Y}$ 为第 W 产业层（PL^W）产生的排放。

2. 结构路径解析

具体到每个矩阵的元素，以泰勒级数展开到第三项为例（展开至第 W 项乃至任意项类似），式（1-28）还可以表示为

$$\begin{aligned}
\boldsymbol{T} &= \sum_{i,j=1}^{n} t_i (\delta_{ij} + \alpha_{ij} + \alpha_{ij}^2 + \alpha_{ij}^3 + \cdots) y_j \\
&= \sum_{i,j=1}^{n} t_i \left(\delta_{ij} + \alpha_{ij} + \sum_{k=1}^{n} \alpha_{ik}\alpha_{kj} + \sum_{l=1}^{n}\sum_{k=1}^{n} \alpha_{ik}\alpha_{kl}\alpha_{ij} + \cdots \right) y_j \\
&= \underbrace{\sum_{i=1}^{n} t_i y_j}_{\mathrm{PL}^0} + \underbrace{\sum_{i=1}^{n} t_i \sum_{j=1}^{n} \alpha_{ij} y_j}_{\mathrm{PL}^1} + \underbrace{\sum_{i=1}^{n} t_i \sum_{k=1}^{n} \alpha_{ik} \sum_{j=1}^{n} \alpha_{ig} y_j}_{\mathrm{PL}^2} + \underbrace{\sum_{i=1}^{n} t_i \sum_{k=1}^{n} \alpha_{ik} \sum_{l=1}^{n} \alpha_{kl} \sum_{j=1}^{n} \alpha_{ij} y_j}_{\mathrm{PL}^3} + \cdots
\end{aligned} \quad (1\text{-}29)$$

式中，下标 i、j、k 和 l 是部门；t_i、α_{ij} 和 y_j 分别是 $\boldsymbol{T}$、$\boldsymbol{A}$ 和 $\boldsymbol{Y}$ 的元素；δ_{ij} 是单位矩阵 $\boldsymbol{I}$ 的元素（当 $i = j$ 时，值为 1；当 $i \neq j$ 时，值为 0）。$t_i\alpha_{ik}\alpha_{kj}y_j$ 反映了两个产业链环节（部门 $i \to$ 部门 $k \to$ 部门 j），即由于对部门 j 的最终需求，引发了部门 k 的生产，进一步引发部门 i 的生产活动。

3. 结构分解分析

结构分解分析（structure decomposition analysis，SDA）方法是通过对投入产出模型中关键参数变动的比较静态分析而进行经济变动原因分析的一种方法。它通常将经济系统中某因变量的变动分解为与之相关的各独立自变量变动的和，以测度其中每一自变量变动对因变量变动贡献的大小（Zhou et al.，2018；Zhou et al.，2020；Wang et al.，2018）。其基

本思路是把某一个目标变量的变化分解成几个基本因素的变动,并可以根据实际分析的需要将这种分解逐层进行下去,最终把各种可能的因素对目标变量的影响区别开来,以此减少因素之间的交叉作用对目标变量的共同影响,进而便于计算各个影响因素变动或差异对研究目标变化的贡献值和贡献率,从而可以清晰地追溯目标变量变动的根源及各基本因素对分析对象变动的影响程度(其中既包含直接影响,也包含间接影响)。SDA 也用于投入产出分析中,常以一些投入产出恒等式为基础,对不同时期投入产出表中的某些变量的变动进行多部门的比较分析。

根据投入产出表的行平衡模型,我们有 $AX + Y = X$,则 $(I - A)X = Y$,从而我们能够得到 $X = (I - A)^{-1}Y$,其中 $A = (a_{ij})_{n \times n}$,$X = (X_1, X_2, \cdots, X_n)^{\mathrm{T}}$,$Y = (Y_1, Y_2, \cdots, Y_n)^{\mathrm{T}}$,且

$$Y_i = C_i + I_i + E_i - O_i \tag{1-30}$$

式中,AX、C_i、I_i、E_i、O_i 分别是某一产业部门的中间使用、最终消费、资本形成总额(包括固定资产投资和存货投资)、总出口、总进口。因此,在开放的投入产出模型中,总产出方程又可表示为

$$X = AX + C + I + E - O \tag{1-31}$$

$$X = (I - A)^{-1}(C + I + E - O) \tag{1-32}$$

令 X^1、X^2 分别为基准期和计算期总产出,则

$$X^1 = (I - A^1)^{-1}(C^1 + I^1 + E^1 - O^1) \tag{1-33}$$

$$X^2 = (I - A^2)^{-1}(C^2 + I^2 + E^2 - O^2) \tag{1-34}$$

总产出变化可表示为

$$
\begin{aligned}
\Delta X &= X^2 - X^1 \\
&= \frac{1}{2}\left[(I - A^1)^{-1} + (I - A^2)^{-1}\right](\Delta C + \Delta I + \Delta E - \Delta O) \\
&\quad + \frac{1}{2}\left[(I - A^2)^{-1} - (I - A^1)^{-1}\right](C^2 + I^2 + E^2 - O^2 + C^1 + I^1 + E^1 - O^1)
\end{aligned}
\tag{1-35}
$$

进一步可将其分解为

$$
\begin{aligned}
\Delta X &= \frac{1}{2}\left[(I - A^1)^{-1} + (I - A^2)^{-1}\right]\Delta C \\
&\quad + \frac{1}{2}\left[(I - A^1)^{-1} + (I - A^2)^{-1}\right]\Delta I \\
&\quad + \frac{1}{2}\left[(I - A^1)^{-1} + (I - A^2)^{-1}\right]\Delta E \\
&\quad - \frac{1}{2}\left[(I - A^1)^{-1} + (I - A^2)^{-1}\right]\Delta O \\
&\quad + \frac{1}{2}\Delta B\left[(I - A^2)X^2 + (I - A^1)X^1\right]
\end{aligned}
\tag{1-36}
$$

式中,$\Delta B = B_2 - B_1 = \left[(I - A^2)^{-1} - I\right] - \left[(I - A^1)^{-1} - I\right]$。可见,$\Delta B$ 为两个时期内完全消耗

系数的变化，根据对完全消耗系数的定义，ΔB 反映出技术进步对产业之间完全消耗关系的影响。式（1-36）中各项的具体含义为如下。

$\frac{1}{2}\left[(I-A^1)^{-1}+(I-A^2)^{-1}\right]\Delta C$：最终消费变化导致的总产出变化量。

$\frac{1}{2}\left[(I-A^1)^{-1}+(I-A^2)^{-1}\right]\Delta I$：资本形成总额变化导致的总产出变化量。

$\frac{1}{2}\left[(I-A^1)^{-1}+(I-A^2)^{-1}\right]\Delta E$：总出口变化导致的总产出变化量。

$-\frac{1}{2}\left[(I-A^1)^{-1}+(I-A^2)^{-1}\right]\Delta O$：总进口变化导致的总产出变化量。

$\frac{1}{2}\Delta B\left[(I-A^2)X^2+(I-A^1)X^1\right]$：技术变化导致的总产出变化量。

各因素导致的总产出变化量与变化总量 ΔX 的比值即各因素对总产出变化的贡献率，记为 λ_i。λ_i 越大，表示该因素对总产出变化的贡献越高，则该因素与其他因素相比显得更为重要，λ_i 为正，表示此因素对总产出的增长有正向促进作用，反之则对总产出的增长有阻碍作用。各因素的 λ_i 值如式（1-37）至式（1-41）所示。

$$\lambda_C=\frac{1}{2}\left[(I-A^1)^{-1}+(I-A^2)^{-1}\right]\Delta C\Big/\Delta X \tag{1-37}$$

$$\lambda_I=\frac{1}{2}\left[(I-A^1)^{-1}+(I-A^2)^{-1}\right]\Delta I\Big/\Delta X \tag{1-38}$$

$$\lambda_E=\frac{1}{2}\left[(I-A^1)^{-1}+(I-A^2)^{-1}\right]\Delta E\Big/\Delta X \tag{1-39}$$

$$\lambda_O=-\frac{1}{2}\left[(I-A^1)^{-1}+(I-A^2)^{-1}\right]\Delta O\Big/\Delta X \tag{1-40}$$

$$\lambda_A=\frac{1}{2}\Delta B\left[(I-A^2)X^2+(I-A^1)X^1\right]\Big/\Delta X \tag{1-41}$$

1.4 投入产出表编制工作进展

1.4.1 投入产出表的不同形式

1. 价值型与实物型

价值型投入产出表的构建基于联合国等国际组织共同发布的国际统计标准《国民账户体系》，以货币形式（如人民币、美元等）刻画经济系统的产品交易，反映经济系统的价值维度信息，是最常见的一种投入产出表（Miller and Blair，2009）。价值型投入产出表的增加值包括从业人员报酬、固定资产折旧、生产税净额和营业盈余等，最终使用包括最终消费、资本形成总额、总出口等，同时存在着行平衡和列平衡关系。大多数国家的相关政府部门（如我国的国家统计局、美国商务部经济分析局）会定期发布价值型投入产出数据。投入产出基准表（benchmark input-output table）的部门划分比较详细（一般为100到500个部门），数据质量比较高（通过调查人员实际调研获取数据），其发布周期一般为五年；投入产出延长表（extended input-output table）的部门划分比较粗糙（一般低于100个部门），数据质量相对较差（在一些变量约束下，通过数学算法推算得到数据），其发布周期一般为两年或者三年。由于价值型投入产出数据易从政府部门的统计资料中获取，目前的绝大多数环境投入产出分析都是基于价值型投入产出表。

实物型投入产出表以实物量（如吨、立方米和焦耳等）刻画经济系统的物质流动（包括产品流动和废物循环），其可以刻画经济系统的所有物质流动，也可以刻画经济系统中某一类物质（如能源、水和某一类金属元素等）的流动情况。实物型投入产出表反映经济系统的实物维度信息，被认为更适合描述经济系统与环境系统之间的相互关系（Altimiras-Martin，2014）。实物型投入产出表的增加值部分一般为本地采掘的资源（如水、化石燃料、矿物质和生物质等），最终使用包括最终消费、资本形成总额、总出口、污染物排放等，同时存在着行平衡和列平衡关系。与价值型投入产出表不同的是，实物型投入产出表将资源开采、废物循环利用和污染物排放纳入其平衡关系（"内生化"处理）。由于实物型投入产出表的编制需要大量的基础数据及巨大的人力和时间投入，各个国家的政府部门和研究学者一般很少编制实物型投入产出表。目前，仅有中国、德国、芬兰、奥地利等少数国家编制过特定年份的实物型投入产出表。这在很大程度上阻碍了实物型投入产出表在产业生态学领域的应用。

2. 竞争型与非竞争型

根据对进口商品的处理方法的不同，投入产出模型可以分为竞争（进口）型投入产出模型和非竞争（进口）型投入产出模型两种。

竞争型投入产出表假定进口产品和国内产品是可以相互替代的，即具有竞争性的。所以在这种投入产出表的编制中，只有一个总中间投入表，在中间投入和最终使用上都没有区分进口品与国产品，人们无法通过该表得知在中间投入及最终使用中哪些来自国产品、哪些来自进口品，也无法在最终使用中区分加工出口与非加工出口。由于进口产品的生产发生在国外，相应的碳排放也在国外，但却没有剔除相应的进口产品在中间投入的能源消耗量，所以直接采用竞争型投入产出表进行研究，容易高估各项最终使用对国内能源消费的影响，产生"统计假象"，在国际贸易领域出现违背比较优势理论、高估一国的国际分工地位的现象。

非竞争型投入产出表则是假定进口产品和国内产品的性质不同，不能互相替代，即非竞争性的。在编制该表时，需要把总中间投入区分为中间进口投入与国内投入两个方面，因此会形成两类投入使用表，即中间进口投入使用表和国内投入使用表。现在越来越多的学者偏向使用非竞争型投入产出表，剔除进口品的影响，对能源、产业、国际贸易等相关领域进行研究分析。

3. 供给-使用型与对称型

供给-使用表，包括供给表和使用表。供给表反映产品（货物和服务）的总供给信息，通过产品和产业的交叉分类，展现产品由国内哪些产业生产或进口的情况。使用表反映产品总使用信息，展现产业生产过程消耗的中间品和创造的增加值情况，同时反映各种产品用于中间使用和最终使用的价值及构成情况。供给-使用表采用"产品×产业"交叉分类表示。理论上，可以通过供给-使用表推算出投入产出表，也可以由供给表和投入产出表推算出使用表。我国实践中是先编制供给表和投入产出表，然后推算出使用表。

投入产出表是"产品×产品"或"产业×产业"的对称表，是以矩阵形式描述国民经济各部门在一定时期（通常为一年）从事生产活动的投入来源和产出使用去向，揭示国民经济内部相互依存、相互制约的数量关系。

1.4.2　我国投入产出表编制进展

十一届三中全会以后，党和国家把工作重点放到经济建设上，这就为包括投入产出技术在内的现代经济分析方法的研究和应用创造了条件。自此开始投入产出表的编制工作，投入产出技术的研究和投入产出表的应用工作得到了迅速的发展。1980 年，按照国家统计局的要求，山西省统计局编制了山西省 1979 年投入产出表，为编制全国投入产出表提供了经验。1982 年，国家统计局、原国家计划委员会及有关部门编制了 1981 年全国投入产出价值表和实物表。1984 年，在 1981 年全国投入产出价值表的基础上，国家统计局编制了 1983 年全国投入产出延长表。1987 年，除个别地区外，各省区市都编制了本地区投入产出表；一些管理部门还编制了部门投入产出表；一些企业也编制了企业投入产出表。1987年 3 月底，为了适应改革开放的需要、加强国民经济宏观调控和管理、提高经济决策的科学性，国务院办公厅发布了《关于进行全国投入产出调查的通知》（国办发〔1987〕18 号），明确规定每五年（逢 2、逢 7 年份）进行一次全国投入产出调查和编表工作。1987 年，我国进行了第一次全国性的投入产出调查和编表工作。1987 年，全国投入产出表的编制成功及其在宏观经济调控等方面的成功应用，标志着投入产出技术在我国发展到一个新的阶段。1992 年，国家统计局在 1987 年全国投入产出表的基础上，编制了 1990 年投入产出延长表。1994 年和 1995 年，国家统计局先后编制了 1992 年全国投入产出价值表和实物表。1992 年，全国投入产出表为国民经济核算体系全面转轨提供了数据依据。1996 年，国家统计局在 1992 年全国投入产出表的基础上，编制了 1995 年全国投入产出延长表。1999 年，国家统计局编制了 1997 年全国投入产出表。除西藏及港澳台地区以外，全国 30 个省区市与国家同步编制了 1987 年、1992 年和 1997 年各自的投入产出表。部分省区市还编制了1990 年、1995 年和 2000 年本地区投入产出延长表。2013 年开展了第五次全国投入产出调查，并编制了 2007 年全国投入产出表。投入产出技术不仅在我国宏观经济领域得到了广泛的应用，而且在微观经济领域的应用也取得了可喜的成绩。2013 年已有一些企业编制了企业投入产出表，并用于企业计划、生产、成本等管理工作中。

我国编制投入产出表采用的是直接分解法,指的是基于大规模的投入产出专项调查,基层单位将其生产的各种不同产品的投入和产出按照投入产出部门分类原则,分解、划归到不同的产品部门,直接得到各个产品部门的投入产出资料。每逢 2、7 年份(1987、1992、1997 年等)国家统计局会组织专项调查、编制相应年份投入产出表。其所取得的资料具有可靠性高的优点,但也存在着调查工作量极大,人力、财力耗费巨大的缺点。

1.4.3 全球多区域投入产出表编制进展

投入产出分析被各个领域的学者应用在了社会经济问题研究的方方面面。其中,多区域投入产出模型更是被广泛应用于跨境贸易及相关问题的研究中。该类型的研究需要使用多区域投入产出表。而目前世界上已有多个成熟团队通过整合各国间贸易数据,完成了全球多区域投入产出表的编制,方便研究人员直接使用这些编制好的数据开展自己的研究。这些数据库拥有不同的特点(如时间序列、环境参数核算、部门数目等)。以下为现在全球五个主流多区域投入产出表数据库的基本介绍。

1. EXIOBASE

EXIOBASE(environmentally extended input-output base,环境扩展投入产出数据库)是详细的全球多区域环境扩展的供应使用表和投入产出表数据库。EXIOBASE 是与环境经济核算系统(system of environmental-economic accounting,SEEA)兼容的数据库,具有很详细的部门信息,能够同时与多个社会消耗清单相匹配。最新的第三版 EXIOBASE 数据编制完成了从 1995 年到 2011 年的全球多区域环境扩展供应使用表和投入产出时序表,涵盖 44 个国家和主要地区(28 个欧洲国家加 16 个世界主要经济体)及世界其他 5 个地区。

第三版 EXIOBASE 在以前版本的基础上,以 163 个行业(按 200 种产品分类)的矩形供应使用表为主要构建基础,使用贸易数据将国家和地区的供应使用表联系起来,从而创建一个多区域供应使用表,并由此生成多区域投入产出表。第三版 EXIOBASE 为广大科研工作者提供了一个独特的工具来分析经济活动的环境压力随着时间变化的动态影响。

2. Eora 全球供应链数据库

Eora 全球供应链数据库由一个多区域投入产出表模型组成,该模型提供了高分辨率的时间序列投入产出表,匹配了 190 个国家的环境和社会卫星账户。

该数据库中的多区域投入产出表具有以下特点。

(1)是全球的多区域投入产出表,记录了 190 个国家的 15 909 个部门的投入产出关系。

(2)截至 2022 年 12 月 31 日,该数据库包含 1990~2021 年的完整时间序列。

(3)包含 2720 个环境指标,覆盖了温室气体排放、劳动投入、空气污染、能源使用、水需求、土地占用、氮氧化物和磷化物的排放、主要农业(包括联合国粮食及农业组织数据库涵盖的 172 种作物)及劳动力投入等。

(4)完整版本(full Eora)保留了各国投入产出表的详细信息,并带有 26 个行业统一分类的简化版本（Eora26）。

（5）原始数据来自各国政府和国际组织的官方数据。

3. 世界投入产出数据库

世界投入产出数据库（world input-output database，WIOD）所记录的经济交易都是以基本价格计算的，能更好地表示生产技术结构。同时，WIOD 具有时间序列的数据表，可用于追踪经济活动随时间变化的增长情况。

WIOD 中除世界投入产出表外，还包括 2013 版和 2016 版社会经济账户（social economic accounts）核算数据，提供各国有关就业、资本存量、总产出和增加值的数据。2013 版还包括了环境账户（environmental accounts）核算数据，提供工业能源消耗、碳排放和大气污染物排放的数据。

4. FIGARO 表

用于投入产出分析研究的完整的国际和全球账户（full international and global accounts for research in input-output analysis，FIGARO）表是通过研究竞争力、增长、生产力、就业、环境足迹与国际贸易（如全球价值链）来分析全球化对欧盟的社会经济和环境影响的工具。FIGARO 表由欧盟统计局与欧盟委员会的联合研究中心（Joint Research Centre，JRC）共同发起，旨在制定受到国际机构，特别是经济合作与发展组织（Organization for Economic Co-operation and Development，OECD）、联合国统计司（United Nations Statistics Division，UNSD）、世界贸易组织（World Trade Organization，WTO）认可的多区域投入产出表。

5. OECD-ICIO 表

OECD 是由 38 个国家组成的政府间国际经济组织，旨在共同应对全球化带来的经济、社会和政府治理等方面的挑战，并把握全球化带来的机遇。OECD 于 2018 年更新的国家间投入产出（inter-country input-output，ICIO）表，以各国官方投入产出表为基础，涵盖 64 个国家（36 个 OECD 成员国和 28 个非 OECD 成员国）的 36 个行业在 2005 年至 2015 年的数据。ICIO 表发布相对及时且数据内容全面，可用于增值贸易（trade in value added，TiVA）核算，也有利于相关统计机构改善其统计系统，以便更好地应对全球化。

OECD 在编制 ICIO 表时，对加工贸易占有突出地位的中国和墨西哥的产品部门进行了分解。其中将中国的 18 个产品部门根据产品销售目的地的不同，分解为国内销售部门和出口销售部门，同时又将出口销售企业根据贸易方式的不同进一步区分为加工贸易出口企业和一般贸易出口企业或非加工贸易出口企业；将墨西哥的产品部门根据所在的制造业与全球经济的联系，分解为全球性制造业（global manufacturing，GMF）部门和非全球性制造业（non-global manufacturing，NGM）部门。

与一般的国家间投入产出表（如 WIOD 中的世界投入产出表）不同，OECD 提供的 ICIO 表考虑了企业销售目的地和贸易方式的异质性，对于加工贸易特征十分突出的中国来讲，ICIO 表能更准确和真实地反映中国在全球价值链分工中的地位及中国的比较优势与出口能力。

1.5 软 件 实 现

投入产出模型的基本计算主要为矩阵运算，其计算过程可采用 MATLAB、Python、R 和 Excel 等工具实现。本节以 MATLAB 为例，通过一个简化的投入产出表来演示如何使用该软件实现投入产出模型的构建及完全环境影响的计算，其数据如表 1-4 所示。

表 1-4　一个简单的部门投入产出表

投入		产出					
		中间使用					最终使用
		农业	采矿业	工业	建筑业	服务业	
中间投入	农业	100	40	200	80	150	250
	采矿业	30	160	180	70	20	100
	工业	140	190	220	210	130	300
	建筑业	70	110	50	200	120	600
	服务业	100	40	120	200	350	400
增加值		380	20	420	390	440	
直接 CO_2 排放/千克		10	25	100	50	80	

具体计算代码及计算结果如 1.5.1 节所示（其中%后文字为代码描述，其余部分为计算代码）。

1.5.1　计算代码

```
%%从投入产出表导入相关数据
% 中间交易矩阵 T
T=[100, 40, 200, 80, 150; 30, 160, 180, 70, 20; ...
    140, 190, 220, 210, 130; 70, 110, 50, 200, 120; ...
    100, 40, 120, 200, 350];
% 最终使用矩阵 Y
Y=[250; 100; 300; 600; 400];
% 初始投入矩阵 V
V=[380, 20, 420, 390, 440];
% 直接 CO₂ 排放矩阵 e
e=[10, 25, 100, 50, 80];
%%计算各部门总投入和总产出
X=sum(T, 2)+Y;  % X为各部门总产出
```

```
M=sum（T，1）+V；  % M 为各部门总投入
% 经计算可发现各部门总投入等于总产出
%% 计算直接消耗系数矩阵 A
A=T./X'；
%% 计算各部门直接 CO₂ 排放强度，即卫星矩阵
R=e./X'；
%%计算完全需要系数矩阵
L=inv（eye（5）-A）；  % inv 为矩阵的逆求解函数
%% 计算各部门完全 CO₂ 排放强度
E=R*L；
%%计算各部门最终需求引起的完全 CO₂ 排放
W=R*L*diag（Y）；  % diag（Y）为 Y 向量的对角化矩阵
```

1.5.2　计算结果

$$X = \begin{bmatrix} 820 \\ 560 \\ 1190 \\ 1150 \\ 1210 \end{bmatrix}$$

$$M = \begin{bmatrix} 820 & 560 & 1190 & 1150 & 1210 \end{bmatrix}$$

$$A = \begin{bmatrix} 0.1220 & 0.0714 & 0.1681 & 0.0696 & 0.1240 \\ 0.0366 & 0.2857 & 0.1513 & 0.0609 & 0.0165 \\ 0.1707 & 0.3393 & 0.1849 & 0.1826 & 0.1074 \\ 0.0854 & 0.1964 & 0.0420 & 0.1739 & 0.0992 \\ 0.1220 & 0.0714 & 0.1008 & 0.1739 & 0.2893 \end{bmatrix}$$

$$R = \begin{bmatrix} 0.0122 & 0.0446 & 0.0840 & 0.0435 & 0.0661 \end{bmatrix}$$

$$L = \begin{bmatrix} 1.3156 & 0.4467 & 0.4127 & 0.3076 & 0.3452 \\ 0.1952 & 1.6934 & 0.3889 & 0.2627 & 0.1689 \\ 0.4620 & 0.9937 & 1.5869 & 0.5514 & 0.4205 \\ 0.2505 & 0.5624 & 0.2638 & 1.3926 & 0.2910 \\ 0.3722 & 0.5254 & 0.3996 & 0.4982 & 1.6140 \end{bmatrix}$$

$$E = \begin{bmatrix} 0.0991 & 0.2237 & 0.1936 & 0.1553 & 0.1664 \end{bmatrix}$$

$$W = \begin{bmatrix} 24.7701 & 22.3714 & 58.0914 & 93.1845 & 66.5799 \end{bmatrix}$$

参 考 文 献

王长波, 张力小, 庞明月. 2015. 生命周期评价方法研究综述——兼论混合生命周期评价的发展与应用[J]. 自然资源学报, 30(7): 1232-1242.

Altimiras-Martin A. 2014. Analysing the structure of the economy using physical input–output tables[J]. Economic Systems Research, 26(4): 463-485.

Chaves L S M, Fry J, Malik A, et al. 2020. Global consumption and international trade in deforestation-associated commodities could influence malaria risk[J]. Nature Communications, 11(1): 1-10.

Chen L, Liang S, Liu M D, et al. 2019. Trans-provincial health impacts of atmospheric mercury emissions in China[J]. Nature Communications, 10(1): 1484.

Kanemoto K, Moran D, Hertwich E G. 2016. Mapping the carbon footprint of nations[J]. Environmental Science & Technology, 50(19): 10512-10517.

Leontief W W. 1936. Quantitative input and output relations in the economic systems of the United States[J]. The Review of Economics and Statistics, 18(3): 105-125.

Meng J, Mi Z F, Guan D B, et al. 2018. The rise of South-South trade and its effect on global CO_2 emissions[J]. Nature Communications, 9(1): 1871.

Miller R E, Blair P D. 2009. Input-Output Analysis: Foundations and Extensions[M]. 2nd ed. Cambridge: Cambridge University Press.

Wang Q W, Hang Y, Su B, et al. 2018. Contributions to sector-level carbon intensity change: an integrated decomposition analysis[J]. Energy Economics, 70: 12-25.

Zhou X Y, Zhou D Q, Wang Q W. 2018. How does information and communication technology affect China's energy intensity? A three-tier structural decomposition analysis[J]. Energy, 151: 748-759.

Zhou X Y, Zhou D Q, Wang Q W, et al. 2020. Who shapes China's carbon intensity and how? A demand-side decomposition analysis[J]. Energy Economics, 85: 104600.

第 2 章

投入产出分析：模型应用

2.1 应用背景

2.1.1 为什么要关注居民消费端的减排问题？

传统上，国内外 CO_2 和 SO_2 减排的重点主要在工业生产领域。随着该领域节能减排措施的推广和落实，其减排的边际效应逐渐递减。工业生产的最终目的是消费，快速增长的居民消费日益成为各国 CO_2 和污染物排放增加的关键驱动因素。居民消费 CO_2 与 SO_2 排放包含直接和间接两个部分，前者指居民日常生活及交通出行过程中因直接消耗能源所产生的排放，后者指隐含在居民消费的商品和服务生产过程的排放。相较于直接排放而言，居民消费间接排放部门来源多样，且隐含于复杂的经济网络中，其估算与减排难度更大。

当前学术界多采用投入产出分析模型计算居民消费端的资源消耗和环境排放，这种计算方法不仅能够包含完整的居民消费上游产业链，还可结合由投入产出分析模型引申出的结构路径解析方法追踪居民消费上游排放产业链条，从而有助于识别关键减排路径。

2.1.2 为什么要制定协同减排策略？

我国是世界上最大的 CO_2 排放国，同时也是仅次于印度和俄罗斯的全球第三大 SO_2 排放国，面临着严峻的碳减排和大气污染控制压力。在 2020 年第 75 届联合国大会期间，中国政府承诺到 2030 年与 2060 年分别实现碳达峰与碳中和目标，碳减排压力进一步加大。以煤为主的能源消费结构给我国 CO_2 减排带来巨大挑战。另外，作为形成细颗粒物的重要前端污染物之一，SO_2 减排一直受到我国政府重视。虽然近年来我国工业 SO_2 排放已经有所降低，但进一步降低其排放的难度也越来越大。

由于 CO_2 和 SO_2 排放具有一定的同源性，即主要产生于化石能源燃烧，如何寻求两者协同减排路径，一直是学术界讨论的热点话题。传统上工业界主要从直接减排的角度探讨两种排放物的协同减排路径，如通过提高煤炭燃烧效率或者研发脱硫-碳捕捉一体化末端治理技术。然而，目前还未有研究从产业链视角挖掘两种排放物的协同减排路径。

2.2　基于投入产出分析模型的 CO_2 和 SO_2 排放计算

2.2.1　模型构建过程

本章采用投入产出分析模型核算我国居民消费引起的间接 CO_2 和 SO_2 排放。根据投入产出表中的行平衡关系，即中间使用+最终使用=总产出，可得

$$X = AX + Y^d \tag{2-1}$$

式中，X 是国民经济总产出；A 是直接消耗系数矩阵，即某部门生产一单位货币价值产品而消耗其他部门的产品货币价值量；Y^d 是最终使用。

对式（2-1）进行变化，可以求解 X 为

$$X = (I-A)^{-1}Y^d \tag{2-2}$$

式中，I 是单位矩阵；$(I-A)^{-1}$ 是完全需要系数矩阵，它表示增加某部门一单位最终使用时对国民经济系统各部门直接和间接的诱发效果。

通过引入各部门直接 CO_2 和 SO_2 排放强度向量 t，即可求得居民消费引起的间接排放，即

$$t_i = E_i / X_i \tag{2-3}$$

$$T = t(I-A)^{-1}Y \tag{2-4}$$

式（2-3）和式（2-4）中，t_i 是向量 t 的元素，即各部门直接 CO_2 或 SO_2 排放强度；E_i 是 i 部门的直接 CO_2 或 SO_2 排放量；X_i 是投入产出表中 i 部门的总产出；T 是各个部门居民消费间接 CO_2 或 SO_2 排放的行向量；Y 是居民最终消费量的对角矩阵。

2.2.2　识别 CO_2 和 SO_2 的协同减排路径

本章将结合结构路径解析和敏感性分析方法，从产业链视角识别居民消费间接 CO_2 和 SO_2 的协同减排路径。基于结构路径解析方法，我们可追溯产业链中不同层级及具体路径上的环境排放，但无法确定不同路径的相对重要性。考虑到资金、技术和人力的有限性，必须从数目庞大的产业链条中选取最具减排效率的产业路径。通过将敏感性分析引入投入产出分析模型，即可识别减排的关键部门和产业环节，为有效制定减排措施指明方向。因此，将结构路径解析和敏感性分析相结合，可揭示居民消费产业链上的关键排放部门和路径。

1. 结构路径解析

由于式（2-4）中完全需要系数矩阵可以用泰勒级数表示为式（2-5）的形式，即

$$(I-A)^{-1} = I + A + A^2 + A^3 + \cdots + A^W + \cdots \tag{2-5}$$

结合式（2-4）和式（2-5）可得计算不同产业层 CO_2 或 SO_2 排放量的模型，即

$$T = t(I-A)^{-1}Y = \overset{PL^0}{tIY} + \overset{PL^1}{tAY} + \overset{PL^2}{tA^2Y} + \overset{PL^3}{tA^3Y} + \overset{\cdots}{\cdots} + \overset{PL^W}{tA^WY} + \cdots \tag{2-6}$$

式中，tIY 是第 0 产业层（PL^0）产生的排放，即居民消费的产品或服务生产过程中的排放；tAY 是第 1 产业层（PL^1）产生的排放，即居民消费的产品或服务生产过程中第一层供应商产生的排放；以此类推，tA^WY 是第 W 产业层（PL^W）产生的排放。

具体到每个矩阵的元素，公式（2-6）还可以表示为

$$
\begin{aligned}
T &= \sum_{i,j=1}^{n} t_i (\delta_{ij} + \alpha_{ij} + \alpha_{ij}^2 + \alpha_{ij}^3 + \cdots) y_j \\
&= \sum_{i,j=1}^{n} t_i \left(\delta_{ij} + \alpha_{ij} + \sum_{k=1}^{n} \alpha_{ik} \alpha_{kj} + \sum_{l=1}^{n} \sum_{k=1}^{n} \alpha_{ik} \alpha_{kl} \alpha_{lj} + \cdots \right) y_j \\
&= \underbrace{\sum_{i=1}^{n} t_i y_j}_{PL^0} + \underbrace{\sum_{i=1}^{n} t_i \sum_{j=1}^{n} \alpha_{ij} y_j}_{PL^1} + \underbrace{\sum_{i=1}^{n} t_i \sum_{k=1}^{n} \alpha_{ik} \sum_{j=1}^{n} \alpha_{kj} y_j}_{PL^2} + \underbrace{\sum_{i=1}^{n} t_i \sum_{k=1}^{n} \alpha_{ik} \sum_{l=1}^{n} \alpha_{kl} \sum_{j=1}^{n} \alpha_{lj} y_j}_{PL^3} + \cdots
\end{aligned}
\tag{2-7}
$$

式中，下标 i、j、k 和 l 是部门；t_i、α_{ij} 和 y_j 分别是 t、A 与 Y 的元素；δ_{ij} 是单位矩阵 I 的元素（当 $i=j$ 时，值为 1；当 $i \neq j$ 时，值为 0）；$t_i \alpha_{ik} \alpha_{kj} y_j$ 反映了两个产业链环节（部门 $i \rightarrow$ 部门 $k \rightarrow$ 部门 j），即由于对部门 j 的最终需求，引发了部门 k 的生产，进一步引发部门 i 的生产活动。

2. 敏感性分析

在对不同路径的排放进行核算后，需从中识别具备效率的关键减排路径。为此，本章借鉴 Mattila 等（2013）提出的应用于投入产出分析模型的敏感性分析方法，分别计算居民消费间接排放（T）的变化率相对直接排放强度（t）的比值、直接消耗系数（A）和居民最终消费量（Y）变化率的比值，即三种排放弹性系数，旨在找出对居民消费间接 CO_2（或 SO_2）排放较敏感的部门和路径。

式（2-4）可进一步整理为

$$
T = t(I-A)^{-1} Y = mY = tX
\tag{2-8}
$$

式中，m 是完全排放强度乘数矩阵，包含了所有部门完整上游产业链过程中的排放；X 是生产居民最终消费量 Y 所需的总产出。对式（2-8）求偏导，得到下列敏感性指标，即

$$
S_{t,ij} = \frac{\partial T_i / T_i}{\partial t_{ij} / t_{ij}} = X_j \frac{t_{ij}}{T_i}
\tag{2-9}
$$

$$
S_{\alpha,ikj} = \frac{\partial T_i / T_i}{\partial \alpha_{kj} / \alpha_{kj}} = m_{ik} X_j \frac{\alpha_{kj}}{T_i}
\tag{2-10}
$$

$$
S_{y,ik} = \frac{\partial T_i / T_i}{\partial y_k / y_k} = m_{ik} \frac{y_k}{T_i}
\tag{2-11}
$$

式中，下标 i 和 j 是不同部门；S_t 是直接排放强度的敏感性（CO_2 或 SO_2）；S_y 是居民最终消费量的敏感性；S_α 是直接消耗系数（α_{ij}）的敏感性。为分析原始投入系数 α_{kk} 对排放的敏感性，在计算 S_α 时，其对角元素（$1-\alpha_{kk}$）可用比率 $\alpha_{kk}/(1-\alpha_{kk})$ 进行调整。式（2-10）

和式（2-11）中 m_{ik} 是矩阵 $\boldsymbol{m}$ 的元素。

参照 Zhen 等（2018）的研究结果，本章设置敏感性分析的临界值 S_t、S_α 或 S_y 等于 0.01，表示直接排放强度（t）、直接消耗系数（A）和居民最终消费量（Y）分别变化 100% 时，居民消费间接排放（T）变化 1%。当 S_t、S_α 或 S_y 大于 0.01 时，表示结果对上述变量敏感；反之，则认为不敏感。

2.3 居民消费间接 CO_2 和 SO_2 排放计算结果

2.3.1 不同产业部门居民消费间接 CO_2 和 SO_2 排放分析

经测算，2017 年我国居民消费间接 CO_2 与 SO_2 排放量分别为 28.17 亿吨和 0.13 亿吨。我国 2017 年 43 个产业部门（采用《中国能源统计年鉴》常用的部门分类方式）居民消费间接 CO_2 与 SO_2 排放量如图 2-1 和图 2-2 所示。

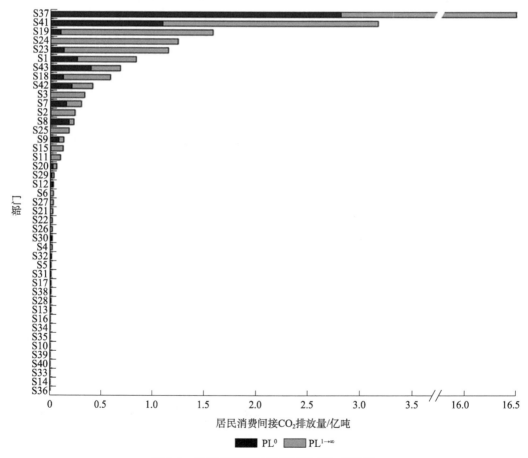

图 2-1　不同部门居民消费间接 CO_2 排放量

注：横轴截断部分为 3.5 亿~16.0 亿吨之间的坐标数值

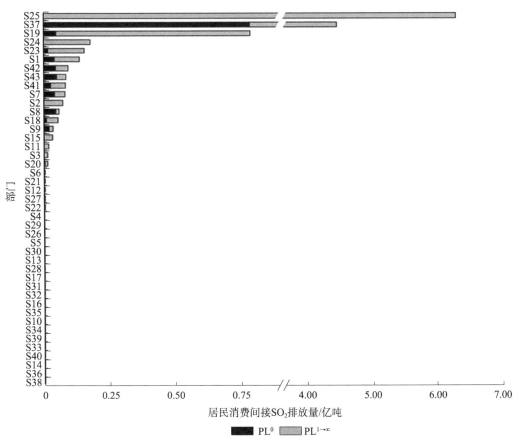

图 2-2　不同部门居民消费间接 SO_2 排放量

注：横轴截断部分为 0.75 亿~4.00 亿吨之间的坐标数值

　　由图 2-1 和图 2-2 可知，各部门间接 CO_2 和 SO_2 排放量差异很大。电力、热力生产和供应业（S37），交通运输、仓储和邮政业（S41）及化学原料和化学制品制造业（S19）是居民消费间接 CO_2 排放最多的三个部门，共占总排放的 75%。当今社会居民生产生活已离不开电和热的消费，且电力和热力生产过程大量消耗煤炭等高碳能源，因而电力、热力生产和供应业（S37）在所有部门间接 CO_2 排放量中最大（59%）。同样地，作为高能耗行业，交通运输、仓储和邮政业（S41）间接 CO_2 排放占总排放的 11%。虽然化学原料和化学制品制造业（S19）能源消耗相对较少，但部分产品生产过程（如合成氨）也会排放大量的 CO_2，其占比为 5%。相应地，居民消费间接 SO_2 排放占比最大的三个部门分别为有色金属冶炼和压延加工业（S25，占比 49%），电力、热力生产和供应业（S37，占比 36%）及化学原料和化学制品制造业（S19，占比 6%）。其中，有色金属冶炼和压延加工业（S25）的 SO_2 排放主要来自铝、铜、铅等金属的冶炼过程。

　　具体观察每个部门，可以发现在居民消费间接 CO_2 和 SO_2 排放中 PL^0 层排放占比超过 50% 的部门数量均为 11 个。比如，食品制造业（S8）和家具制造业（S14），两者 PL^0 层 CO_2 排放占比分别为 79% 和 75%。这些部门主要为居民提供最终消费品，其下游产业链相对较短。与此同时，一些部门的间接排放全部来自第一层及以上产业链（$PL^{1\to\infty}$），主要包括黑色金属冶炼和压延加工业（S24）、有色金属冶炼和压延加工业（S25）等9个部门，共占居民消费间接 CO_2 与 SO_2 排放的6%和51%。从居民消费角度看，其对减排的重要性可能会被低估。这些部门大部分为原材料及初级能源加工部门，主要为下游部门提供中间产品，以生产满足居民最终消费的产品和服务。由于居民不直接消费这些部门的产品，因此其 PL^0 层排放为0，见图2-1和图2-2。但是，居民最终消费会引发这些部门进行原料生产加工，从而造成间接排放。因此，不能忽视这些中间产品提供部门及相关产业链上的减排潜力。

2.3.2　居民消费间接 CO_2 和 SO_2 排放的产业层分解

通过运用产业层分解的方法，本节计算了2017年我国居民消费间接 CO_2 和 SO_2 排放在不同产业层的分布情况。尽管上游产业层可以无穷递推，但居民消费间接 CO_2 和 SO_2 排放主要集中在前六个产业层（$PL^{0\to5}$），累计占比分别为87.82%和83.33%（表2-1）。$PL^{6\to\infty}$ 层的占比较小，且随着产业层的增加，排放量增长幅度逐渐降低，这与前人的研究结论一致。

表 2-1　不同产业层居民消费间接 CO_2 和 SO_2 排放量

项目	指标	PL^0	PL^1	PL^2	PL^3	PL^4	PL^5	$PL^{6\to\infty}$
	排放量/亿吨	5.64	5.92	4.94	3.74	2.66	1.82	3.43
CO_2 排放	占比	20.04%	21.03%	17.55%	13.29%	9.45%	6.47%	12.18%
	累计占比	20.04%	41.07%	58.61%	71.90%	81.35%	87.82%	100%
	排放量/万吨	116	239	250	207	154	109	215
SO_2 排放	占比	8.99%	18.53%	19.38%	16.05%	11.94%	8.45%	16.67%
	累计占比	8.99%	27.52%	46.90%	62.95%	74.88%	83.33%	100%

注：表中数据经过四舍五入，加总不完全为100%

从不同产业层看，居民消费间接 CO_2 排放的最大值在 PL^1 层，而 SO_2 排放的最大值在 PL^2 层。这与前人研究中居民消费间接能耗或排放主要出现在 PL^0 层的结论有所区别，可能的原因之一是近年来我国居民消费品生产分工更加精细，上游产业链不断延伸且更为复杂，造成 $PL^{1\to\infty}$ 排放不断增加。此外，$PL^{0\to3}$ 层居民消费间接 CO_2 和 SO_2 排放占比均超过50%，分别为71.90%和62.95%。可见，为减少居民消费引发的间接排放，应重点关注 $PL^{0\to3}$ 层产业链。

2.3.3　敏感性分析

1. 直接排放强度敏感性 S_t

本节测算居民消费间接 CO_2 和 SO_2 排放对直接排放强度 t_i 的敏感性，若敏感性系数大于 0.01 则说明降低该部门直接排放强度的减排效率较高，结果如表 2-2 所示。由表 2-2 可知，分别有 11 个和 6 个部门的直接排放强度对居民消费间接 CO_2 和 SO_2 排放较为敏感（$S_t > 0.01$）。其中，电力、热力生产和供应业（S37）直接排放强度对 CO_2 排放的敏感性系数最高，达到了 0.586。这表明该部门每减少 1% 的直接排放强度，居民消费间接 CO_2 排放将减少 0.586%。相应地，有色金属冶炼和压延加工业（S25）的直接 SO_2 排放强度对居民消费间接 SO_2 排放最为敏感，系数为 0.490，紧随其后的是电力、热力生产和供应业（S37），其系数为 0.358。不难发现，直接排放强度敏感性靠前的行业均存在较大的现场排放，即由于高耗能和高生产过程中的排放，这些产业以直接排放为主，因而降低这些行业的直接排放强度成为减少居民消费间接排放的主要手段。

表 2-2　敏感性分析 S_t 结果表

部门	CO_2 排放	SO_2 排放
S1	0.030	0.011
S3	0.012	—
S7	0.011	—
S18	0.021	—
S19	**0.056**	**0.061**
S23	0.041	0.012
S24	0.044	0.014
S25	—	**0.490**
S37	**0.586**	**0.358**
S41	**0.112**	—
S42	0.015	—
S43	0.024	—

注：加粗数字为敏感性系数大于 0.05，横线代表数值低于 0.01

对比两种排放物的 S_t 结果，可以发现有 5 个部门同时对居民消费间接 CO_2 和 SO_2 较为敏感。这些部门包括电力、热力生产和供应业（S37）、化学原料和化学制品制造业（S19）、非金属矿物制品业（S23）、黑色金属冶炼和压延加工业（S24）及农、林、牧、渔、水利业（S1）。降低这些部门的直接排放强度，有利于同时实现 CO_2 和 SO_2 减排。当前我国各行业已经实施脱硫技术，平均脱硫效率达到 90%。据统计，到 2017 年底燃煤发电行业超低排放改造已达 71%，因此进一步通过降低部门直接 SO_2 排放强度减排的效率相对较低。由于技术和成本等因素，我国碳捕捉与封存技术的实施水平还比较低，通过降低部门直接排放强度的碳减排空间依然较大。因此，这些部门对 CO_2 排放的敏感性系数高于 SO_2 排放，见表 2-2。

2. 直接消耗系数敏感性 S_α

接着我们测算居民消费间接 CO_2 和 SO_2 排放对直接消耗系数 α_{ij} 的敏感性，若敏感性系数大于 0.01 则说明提升部门 i 到部门 j 这一产业环节的生产技术具有较高的减排效率。由式（2-7）可知，直接消耗系数 α_{ij} 只对更高产业层（$PL^{1\to\infty}$）上的排放产生影响，对 PL^0 层不产生影响。因此，直接消耗系数的敏感性指数（S_α）结果对于探寻 $PL^{1\to\infty}$ 层关键减排部门和路径至关重要。由图 2-3（敏感性分析 S_α 热图）可知，影响两种排放物的产业环节共有 3698 个，但其中对 CO_2 与 SO_2 排放较为敏感的分别仅有 109 和 115 个（$S_\alpha > 0.01$）。该结果说明间接 SO_2 的减排路径更为分散，对其排放的管控难度要高于 CO_2。

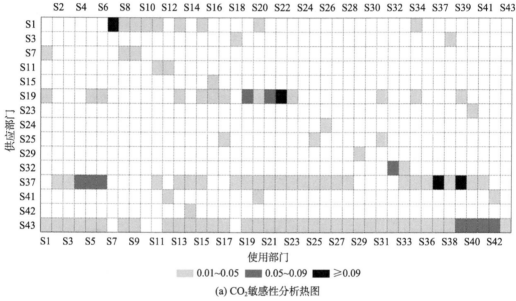

(a) CO_2敏感性分析热图

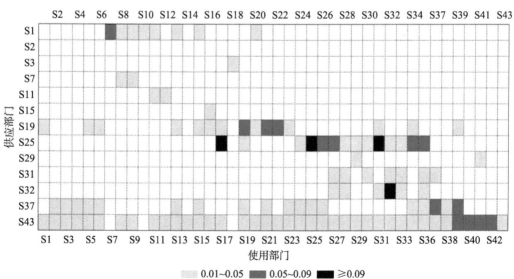

(b) SO_2敏感性分析热图

图 2-3　敏感性分析 S_α 热图

从图 2-3 中可以看出，共有 90 个产业环节同时对间接 CO_2 和 SO_2 排放较为敏感。比如，电力、热力生产和供应业→水的生产和供应业（S37→S39）对 CO_2 排放的敏感性指数 $S_\alpha = 0.112$，对 SO_2 排放的敏感性指数 $S_\alpha = 0.073$。通过对这些产业环节的管理，可同时实现居民消费间接 CO_2 和 SO_2 减排。然而，部分产业环节对两种排放物的敏感度存在较大差异。其中，对居民消费间接 CO_2 排放最为敏感（$S_\alpha > 0.09$）的产业环节包括：农、林、牧、渔、水利业→农副食品加工业（S1→S7，$S_\alpha = 0.098$），化学原料和化学制品制造业→橡胶和塑料制品业（S19→S22，$S_\alpha = 0.092$），电力、热力生产和供应业→电力、热力生产和供应业（S37→S37，$S_\alpha = 0.099$）及电力、热力生产和供应业→水的生产和供应业（S37→S39，$S_\alpha = 0.112$）。这些产业环节对 SO_2 排放也较为敏感，但 SO_2 排放敏感度相对 CO_2 排放敏感度较小。相应地，对居民消费间接 SO_2 排放最为敏感（$S_\alpha > 0.09$）的产业环节包括：有色金属冶炼和压延加工业→文教、工美、体育和娱乐用品制造业（S25→S17，$S_\alpha = 0.107$），有色金属冶炼和压延加工业→有色金属冶炼和压延加工业（S25→S25，$S_\alpha = 0.210$），有色金属冶炼和压延加工业→电气机械和器材制造业（S25→S31，$S_\alpha = 0.161$）及计算机、通信和其他电子设备制造业→计算机、通信和其他电子设备制造业（S32→S32，$S_\alpha = 0.142$）。不难发现，最为敏感的部门间交易包括一些自我供给的产业环节，如电力、热力生产和供应业→电力、热力生产和供应业（S37→S37）及有色金属冶炼和压延加工业→有色金属冶炼和压延加工业（S25→S25），这与前人的发现一致。

3. 居民最终消费量敏感性 S_y

本节测算居民消费间接 CO_2 和 SO_2 排放对居民最终消费量 y_j 的敏感性，若敏感性系数大于 0.01 则说明减少该部门产品或服务消费是具有较高效率的减排手段。CO_2 排放对其他服务业（S43，$S_y = 0.219$）与电力、热力生产和供应业（S37，$S_y = 0.148$）居民最终消费量的变化最为敏感，见表 2-3。

表 2-3　敏感性分析 S_y 结果表

部门	CO_2 排放	SO_2 排放	部门	CO_2 排放	SO_2 排放
S1	**0.059**	0.045	S29	0.047	**0.102**
S7	**0.079**	**0.059**	S30	—	0.018
S8	**0.059**	0.045	S31	0.021	**0.076**
S9	0.028	0.022	S32	0.025	**0.056**
S12	0.048	0.038	S37	**0.148**	**0.097**
S17	0.013	0.037	S41	**0.077**	0.038
S18	0.016	—	S42	**0.061**	0.049
S19	0.018	0.017	S43	**0.219**	**0.224**
S20	0.021	0.017			

注：加粗数字为敏感性系数大于 0.05，横线代表数值低于 0.01

其他较为敏感的部门还包括农副食品加工业（S7，S_y=0.079）和食品制造业（S8，S_y=0.059），以及农、林、牧、渔、水利业（S1，S_y=0.059）等。同样地，SO_2 排放对其他服务业（S43，S_y=0.224），汽车制造业（S29，S_y=0.102）及电力、热力生产和供应业（S37，S_y=0.097）居民最终消费量的变化最为敏感，然后是电气机械和器材制造业（S31，S_y=0.076）及农副食品加工业（S7，S_y=0.059），以及计算机、通信和其他电子设备制造业（S32，S_y=0.056）。不难发现，除了石油加工、炼焦和核燃料加工业（S18，S_y = 0.016）及铁路、船舶、航空航天和其他运输设备制造业（S30，S_y = 0.018）仅分别对间接 CO_2 和 SO_2 敏感，总体上两种排放物对各部门居民最终消费量的敏感性重合度较高。这说明居民消费膨胀的环境影响是多维的，同时倡导合理消费行为有助于多种污染物协同减排。

以上对投入产出分析模型中各组成部分敏感度的分析，可为居民消费间接 CO_2 和 SO_2 减排措施的制定指明大致方向。比如，通过提高能源使用效率或减少能源消耗，降低某些关键部门的直接排放强度，可以同时实现 CO_2 和 SO_2 减排。然而，居民消费间接排放是由直接排放强度、居民最终消费量和直接消耗系数共同决定的。因此，为寻求关键减排路径，需结合三部分敏感性分析结果，为政策制定者提供更具针对性的信息。

2.3.4 减排路径分析

1. PL^0 层居民消费间接排放关键减排路径

由于 PL^0 层排放由部门直接排放强度（t_i）和居民最终消费量（y_j）同时决定[式（2-7）]，该产业层关键减排路径必须满足条件（$S_t > 0.01$）∩（$S_y > 0.01$）。2017 年各部门 PL^0 层居民消费间接 CO_2 和 SO_2 排放占比如图 2-4 所示，阴影部分代表满足上述条件的关键减排部门。可以看出，PL^0 层 CO_2 与 SO_2 排放中分别有八个和三个部门同时满足以上两个条件。然而，从减排效率出发，并非所有满足敏感性条件的部门都值得重点关注。比如，化学原料和化学制品制造业（S19）对 CO_2 排放而言满足 PL^0 层敏感性条件，但其造成的 CO_2 排放仅占 PL^0 层排放的 1.76%。然而，食品制造业（S8）虽不满足敏感性条件，但其 CO_2 排放占 PL^0 层排放的 3.19%，远高于化学原料和化学制品制造业（S19）。

在选择 PL^0 层具有减排潜力的部门时，不仅要考虑各部门是否满足敏感性条件，还要考虑其排放量大小。为进一步筛选更具经济效率的减排路径，本节以各部门 CO_2 和 SO_2 排放占 PL^0 层排放比重的均值（均为 2.33%）作为临界点，分别选出了六个和三个 PL^0 层减少居民消费间接 CO_2 与 SO_2 排放的关键路径，这些关键路径的排放量分别占 PL^0 层 CO_2 和 SO_2 排放的 87.04% 与 75.41%。从图 2-4 还可以看出，电力、热力生产和供应业（S37）与农、林、牧、渔、水利业（S1）同为 CO_2 与 SO_2 减排的关键路径。这两个部门的 CO_2 和 SO_2 排放之和分别占 PL^0 层排放的 54.34% 和 71.16%。说明通过减少这些部门的排放强度或居民消费需求，可以同时有效减少间接 CO_2 和 SO_2 排放。就电力、热力生产和供应业（S37）部门而言，其 CO_2 和 SO_2 排放主要来源为燃料燃烧，当前减排措施主要为发展清洁能源发

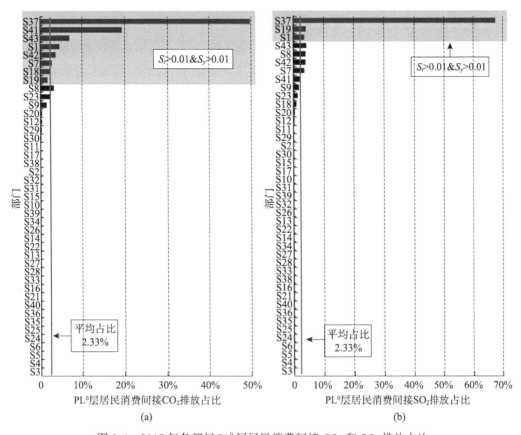

图 2-4　2017 年各部门 PL^0 层居民消费间接 CO_2 和 SO_2 排放占比

电，不断降低燃煤发电比重。未来应进一步发展脱硫脱碳一体化技术，实现两种排放物的协同减排。农、林、牧、渔、水利业（S1）的现场排放主要来自农用机械柴油消耗，但更多的排放驱动力来自大量农产品消耗，因此该部门 CO_2 和 SO_2 协同减排的主要措施为优化农产品消费结构，减少食物浪费等。

此外，PL^0 层关键减排路径同时受 S_t 和 S_y 影响。在制定减排措施时，还应该考虑不同部门 S_t 和 S_y 数值的大小。以 CO_2 排放为例，农、林、牧、渔、水利业（S1），农副食品加工业（S7），批发、零售业和住宿、餐饮业（S42）及其他服务业（S43）等部门的 S_y 大于 S_t。对于减少这些部门的间接排放，应当鼓励消费者减少最终需求或引导消费者购买更为低碳的替代产品。例如，通过绿色、合理消费方式的引导实现服务业的低碳化发展。相反，另一些关键部门 S_y 小于 S_t，包括电力、热力生产和供应业（S37）与交通运输、仓储和邮政业（S41）。这些部门的减排应主要通过降低直接排放强度，如提高能源使用效率或采用清洁能源进行替代。类似地，对于 SO_2 减排的关键路径也应根据 S_t 和 S_y 的大小制定相应减排措施。

2. $PL^{1\to3}$ 层居民消费间接排放关键减排路径

由于 $PL^{1\to\infty}$ 层排放由部门直接排放强度（t_i）、直接消耗系数（α_{ij}）和居民最终消费量（y_j）同时决定[式（2-7）]，所以该产业层关键减排路径必须满足条件（$S_{t\text{供应部门}} > 0.01$）∩（$S_\alpha > 0.01$）∩（$S_{y\text{需求部门}} > 0.01$），即供应部门的 S_t、需求部门的 S_y 和该产业环节的 S_α 应同时符合敏感性条件。如 2.3.2 节所述，我国居民消费的间接 CO_2 和 SO_2 排放主要集中在 $PL^{0\to3}$ 层，此层 CO_2 和 SO_2 占全部 CO_2 和 SO_2 排放的比重分别为 71.90% 和 62.95%。因此，$PL^{1\to\infty}$ 层 CO_2 和 SO_2 减排应主要关注 $PL^{1\to3}$ 层。符合条件的产业环节分别为 35 个（针对 CO_2 排放而言）和 18 个（针对 SO_2 排放而言），这些环节造成的排放分别占 $PL^{1\to3}$ 层 CO_2 与 SO_2 排放的 23.04% 和 39.13%，见图 2-5。CO_2 的关键减排环节多，但排放占比低，说明 $PL^{1\to3}$ 层 CO_2 排放源比 SO_2 更为分散，减排难度更大。共有 13 条产业环节同时为 CO_2 和 SO_2 减排的关键路径，如电力、热力生产和供应业→电力、热力生产和供应业（S37→S37）及化学原料和化学制品制造业→农、林、牧、渔、水利业（S19→S1）。这些共同环节上的 CO_2 和 SO_2 排放分别占 $PL^{1\to3}$ 层关键环节排放的 60.11% 与 21.71%。

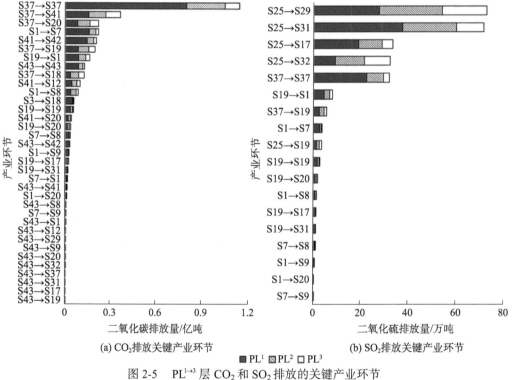

图 2-5　$PL^{1\to3}$ 层 CO_2 和 SO_2 排放的关键产业环节

此外，针对不同产业环节在制定减排措施时，应侧重不同产业层。比如，农、林、牧、渔、水利业→农副食品加工业（S1→S7）及电力、热力生产和供应业→石油加工、炼焦和核燃料加工业（S37→S18）均为 $PL^{1\to3}$ 层 CO_2 减排的关键环节（图 2-5）。然而，前者排放主要来源于 PL^1 层，占 $PL^{1\to3}$ 层排放比重为 71%；后者排放主要来源于 PL^2 层，占比为 42%。因此，从减排效率角度出发，农、林、牧、渔、水利业→农副食品加工业（S1→S7）环节减排主要关注 PL^1 层，而电力、热力生产和供应业→石油加工、炼焦和核燃料加工业

（S37→S18）则主要侧重 PL^2 层。

然而，敏感性分析仅能识别 PL$^{1→3}$ 层重要的排放环节。理论上，不同产业环节起点和终点部门间存在无数条产业路径。因此，本节采用结构路径解析方法解析关键产业环节中的不同路径，并根据不同路径上排放量大小筛选主要减排路径。经计算，PL$^{1→3}$ 层满足居民消费间接 CO_2 与 SO_2 排放敏感性条件的路径分别为 283 条和 122 条。为便于分析，本节选取了其中排放量占 PL$^{1→3}$ 层排放总量超过 1% 的路径，包括 CO_2 排放路径 18 条（表 2-4）和 SO_2 排放路径 21 条（表 2-5）。不难发现，对两种排放物减排均较为关键的路径有 5 条，包括：电力、热力生产和供应业→电力、热力生产和供应业（S37→S37），电力、热力生产和供应业→电力、热力生产和供应业→电力、热力生产和供应业（S37→S37→S37），农、林、牧、渔、水利业→农副食品加工业（S1→S7），化学原料和化学制品制造业→农、林、牧、渔、水利业（S19→S1）及电力、热力生产和供应业→化学原料和化学制品制造业（S37→S19），这些共同路径的排放分别占 PL$^{1→3}$ 层关键路径 CO_2 和 SO_2 排放的 45.87% 与 16.36%。对于路径 S37→S37 和 S37→S37→S37 而言，不断提高电厂煤炭燃烧效率和降低电厂自用电率是当前较为可行的协同减排手段，但未来应进一步加强脱硫脱碳一体化技术的研发。电力行业的清洁化和低碳化还能间接提升其他关键路径（S37→S19）的减排效果。S1→S7 路径减排依赖于低碳农业的发展和农副食品生产过程中的原料浪费率的降低。S19→S1 路径减排的主要手段是降低农业化肥和农药等的使用。

表 2-4 PL$^{1→3}$ 层居民消费间接 CO_2 排放关键路径（占比超过 1%）

排序	路径	排放量/万吨	占比	产业层
1	**S37→S37**	8004	27.05%	1
2	**S37→S37→S37**	2281	7.71%	2
3	**S1→S7**	1556	5.26%	1
4	S37→S41	1529	5.17%	1
5	S41→S42	1421	4.80%	1
6	**S19→S1**	868	2.93%	1
7	S43→S43	865	2.92%	1
8	**S37→S19**	864	2.92%	1
9	S37→S20	808	2.73%	1
10	S37→S37→S37→S37	650	2.20%	3
11	S3→S18	498	1.68%	1
12	S37→S37→S41	436	1.47%	2
13	S41→S12	431	1.46%	1
14	S1→S8	369	1.25%	1
15	S37→S18	354	1.20%	1
16	S19→S19	347	1.17%	1
17	S19→S19→S1	304	1.03%	2
18	S37→S19→S19	302	1.02%	2

注：加粗路径代表同时为 CO_2 和 SO_2 减排关键路径

表 2-5 $PL^{1\to3}$ 层居民消费间接 SO_2 排放关键路径（占比超过 1%）

排序	路径	排放量/万吨	占比	产业层
1	S25→S31	3734	16.02%	1
2	S25→S29	2758	11.83%	1
3	**S37→S37**	2241	9.62%	1
4	S25→S17	1896	8.14%	1
5	S25→S25→S31	1445	6.20%	2
6	S25→S25→S29	1067	4.58%	2
7	S25→S29→S29	954	4.10%	2
8	S25→S32	912	3.91%	1
9	S25→S25→S17	734	3.15%	2
10	**S37→S37→S37**	639	2.74%	2
11	S25→S31→S31	626	2.69%	2
12	S25→S25→S25→S31	559	2.40%	3
13	S25→S32→S32	474	2.03%	2
14	**S19→S1**	434	1.86%	1
15	S25→S25→S25→S29	413	1.77%	3
16	S25→S25→S32	353	1.51%	2
17	S25→S31→S32	312	1.34%	2
18	S25→S25→S25→S17	284	1.22%	3
19	**S1→S7**	256	1.10%	1
20	S25→S31→S29	245	1.05%	2
21	**S37→S19**	242	1.04%	1

注：加粗路径代表同时为 CO_2 和 SO_2 减排关键路径

$PL^{1\to3}$ 层关键路径存在部门集聚现象，如表 2-4 和表 2-5 所示。以间接 SO_2 排放为例，从供应部门角度看，共有 16 条关键路径的起点为有色金属冶炼和压延加工业（S25），这些路径上的排放占 $PL^{1\to3}$ 层关键路径 SO_2 排放的 71.94%。从需求部门看，主要集中在文教、工美、体育和娱乐用品制造业（S17），汽车制造业（S29），电气机械和器材制造业（S31）及计算机、通信和其他电子设备制造业（S32）。为降低排放，从供应角度应提高能源使用效率、调整能源结构或安装脱硫设施，降低有色金属冶炼和压延加工业的直接 SO_2 排放强度；从需求角度应针对文教、工美、体育和娱乐用品制造业等部门分别制定措施，提升有色金属产品在这些行业的利用效率。

此外，$PL^{1\to3}$ 层还存在一些"自循环"关键路径，即起点和终点均为同一部门的路径。比如，间接 CO_2 排放关键路径中的电力、热力生产和供应业→电力、热力生产和供应业（S37→S37），电力、热力生产和供应业→电力、热力生产和供应业→电力、热力生产和供应业（S37→S37→S37），其他服务业→其他服务业（S43→S43）及化学原料和化学制品制造业→化学原料和化学制品制造业（S19→S19）等。由于每个部门对自身的能耗结构及排放来源较为熟悉，所以针对行业自身的减排措施效果将更为明显。比如，信息化和智能化技术的发展，可以有效提升其他服务业→其他服务业（S43→S43）环节的工作效率，从而降低排放。"自循环"路径的存在也会使这些减排措施发生连锁反应，促进居民消费上游产业链减排。

2.4　应用案例主要结论

本章应用案例整合环境投入产出分析、产业层分解、结构路径解析和敏感性分析等方法，构建了居民消费间接 CO_2 和 SO_2 排放核算与关键减排路径识别分析框架，系统开展了2017 年中国居民消费间接 CO_2 和 SO_2 排放核算，并对其上游产业链进行了解剖，探寻出不同产业层减排的关键部门和路径。主要结论如下所示。

首先，2017 年我国居民消费间接 CO_2 和 SO_2 排放量分别为 28.17 亿吨与 0.13 亿吨，主要来自电力、热力生产和供应业（S37），交通运输、仓储和邮政业（S41）及化学原料和化学制品制造业（S19）。居民消费间接 SO_2 排放占比最大的三个部门分别为有色金属冶炼和压延加工业（S25），电力、热力生产和供应业（S37）及化学原料和化学制品制造业（S19）。

其次，在第 0 产业层，居民消费间接 CO_2 关键减排路径包含电力、热力生产和供应业（S37），交通运输、仓储和邮政业（S41）及其他服务业（S43）等六个部门。该产业层关键减排路径主要是提高能源利用效率或采用可再生能源降低碳排放强度，以及引导居民对这些部门的产品形成合理消费需求。具体减排措施需要通过比较部门直接排放强度敏感性和居民最终消费量敏感性数值的大小而确定。同时，我们也发现了居民消费间接 SO_2 的三个关键减排路径。

最后，在第 1～第 3 产业层，本章共识别出 18 条关键 CO_2 减排路径和 21 条 SO_2 减排路径。在制定减排措施的过程中，特别需要注意这些路径中的"部门集聚"和"自循环"现象。对个别重点部门采取提高能源效率、改善能源结构或提高减排技术等措施，可促进整个产业链的 CO_2 减排。

受限于投入产出表编制技术和环境排放统计数据的精度问题，本章的应用案例存在一定的局限性。由于投入产出表编制的时间滞后性，该案例仅关注了 2017 年中国居民消费间接排放与减排路径，但研究结果可以为未来减排政策制定提供一定的参考。此外，国家能源消费和环境排放统计数据的部门精度有限，为确保部门直接排放数据的准确性，我们对原投入产出表进行了部门合并，因此损失了一定的路径精度。该案例为探寻居民消费间接 CO_2 和 SO_2 关键减排路径提供了方法框架和大致方向，具体政策制定有赖于进一步分析不同行业能耗与生产工艺特点。未来应不断完善投入产出表编制和环境数据统计工作，以支持精准减排政策的制定和落实。

参 考 文 献

王长波, 胡志伟, 周德群. 2022. 中国居民消费间接 CO_2 排放核算及其关键减排路径[J]. 北京理工大学学报(社会科学版), 24(3): 15-27.

Mattila T, Koskela S, Seppälä J, et al. 2013. Sensitivity analysis of environmentally extended input-output models as a tool for building scenarios of sustainable development[J]. Ecological Economics, 86: 148-155.

Zhen W, Qin Q D, Zhong Z Q, et al. 2018. Uncovering household indirect energy-saving responsibility from a sectoral perspective: an empirical analysis of Guangdong, China[J]. Energy Economics, 72: 451-461.

第 3 章

CGE 模型：理论基础

CGE 模型作为国际上流行的经济学和公共政策的定量分析工具，能够描述经济体中各个部门、核算账户之间的相互作用关系，并且可以模拟与预测政策和经济活动对这些关系的影响。也因其能够综合反映经济–能源–环境之间的相互作用关系，CGE 模型被广泛应用于能源、环境的政策分析（李善同和何建武，2010；霍尔斯和曼斯博格，2009）。

近年来，我国经济发展过程中的生态环境问题，如大气污染、气候变化等，逐渐受到重视，"绿水青山就是金山银山"也已成为国家生态文明建设的基本理念。为了治理环境问题，我国采取了一系列措施，不同政策措施对环境治理的效果如何？对经济、社会的福利影响多大？采用什么路径可以更有效地实现环境治理目标？由于国民经济各个部门与能源、环境之间密切相关，牵一发而动全身，需要考虑不同系统之间的相互依存和关联关系。学习 CGE 模型有助于从宏观层面理解不同系统之间的关联，并进行定量分析，掌握相关规律，为政策分析及改进提供理论基础。

3.1 CGE 模型基本概念

CGE 模型按其字面意思包含三层含义。"G"代表"一般"，即对经济主体行为进行外在假定，如代表性家庭的特征是追求效用最大化、厂商遵循成本最小化的决策原则，此外也包含政府、贸易组织、进出口商等经济主体对价格变动做出响应的外在假定，因此价格在模型中起到非常重要的作用。"E"代表"均衡"，即从供给、需求两个方面进行定义，模型中许多价格都是由供给和需求来决定的，通过价格变动最终实现市场均衡。"C"代表"可计算"，是在一般均衡理论的基础上构建模型，并进行可量化计算。

3.1.1 一般均衡理论

借用西方经济学中常用的鲁滨孙漂流的故事介绍一般均衡理论。鲁滨孙在去非洲的航行中，不幸遇上大风暴，全船人员都葬身鱼腹，只有他幸免于难，漂流到一个荒无人烟的小岛上。鲁滨孙在岛上找到 10 粒粮食种子，他欣喜地把这些种子种在地里，来年收获 100

粒粮食。他留下 $\frac{1}{3}$ 粮食给自己吃，剩下的粮食继续作为种子种下去。假定粮食产量是种子的 10 倍，则下一年他将收获 $100 \times \frac{2}{3} \times 10 \approx 666$ 粒粮食。按照这样的比例，他的年产量将以 6.66 倍递增，每年的消费数量也将以 6.66 倍递增。鲁滨孙每年消费产量的 $\frac{1}{3}$，留下 $\frac{2}{3}$ 没有消费，称为储蓄。这 $\frac{2}{3}$ 可能用于来年播种，可能拿来喂养家禽，也可能就堆在那里作为存粮放起来。不管作什么用途，都是未来的消费，即为未来消费而准备的投资。因此，储蓄恒等于投资。

接着，引入货币因素。要理解货币的作用就必须进入一个可交易的世界。假设大海上有很多这样的孤岛，每个孤岛上都居住着一个像鲁滨孙这样的人。各个孤岛上的鲁滨孙们可以相互交换或购买产品。必要的情况下，可以假定有一个政府凌驾于各个岛屿之上。鲁滨孙们可以使用货币购买产品，它比实物交易更便利。

产品生产构成供给曲线，产品购买构成需求曲线。如果只生产和购买一种产品，就是最简单的供给曲线与需求曲线，交点就是供需平衡点。如果令供给 = 储蓄+消费、需求 = 投资+消费，则两者必定是恒等的。而当岛上生产多种产品来交换时，就是多维供给曲线和多维需求曲线。多维供需曲线的相交，就是西方经济学上大名鼎鼎的瓦尔拉斯一般均衡。阿罗和德布鲁证明了这个均衡有解，由此分别获得 1972 年和 1983 年诺贝尔经济学奖，所以后来叫作阿罗-德布鲁一般均衡。

当时的一般均衡理论适用范围极为狭窄，直到里昂惕夫将一般均衡理论用于实物经济的投入产出分析，一般均衡理论的适用范围才被拓宽，一般均衡理论才成为微观经济学中第一个比较重要的理论。

一般均衡理论的基本思想是：生产者根据利润最大化或成本最小化原则，在资源约束条件下进行最优投入决策，确定最优供给量；消费者根据效用最大化原则，在预算约束条件下进行最优支出决策，确定最优需求量；均衡价格使最优供给量与最优需求量相等，资源得到最合理的使用，消费需求得到最大的满足，经济达到稳定的均衡状态。

3.1.2 一般均衡与局部均衡的差异

局部均衡是指在假定其他市场条件不变的情况下，某一种特定产品或要素市场达到均衡的状态。局部均衡分析研究的是单个（产品或要素）市场，其方法是把某个市场从经济体系中抽取出来单独研究。在这种研究中，市场商品的需求和供给仅是其本身的价格函数，而其他商品价格不变，这些不变的价格因素只影响所研究商品的供求曲线位置。例如，孤岛上生产小麦、水稻等粮食产品，若只考虑孤岛上的小麦市场的局部均衡，即假定小麦市场的活动对其他市场没有影响，也不受其他市场的影响，此时，小麦市场的均衡只由小麦的供给和需求决定。

一般均衡是指一个经济体系中，所有市场的供给和需求同时达到均衡状态。根据一般均衡分析理论，某种商品的价格不仅取决于它本身的供给和需求状况，而且还受其他商品的价格和供求状况的影响。每一商品的价格都不能单独地决定，必须和其他商品价格联合决定。当整个经济的价格体系刚好使所有商品的供求相等时，市场达到一般均衡。考虑孤岛上存在小麦和水稻两种产品，这种情况下，由于小麦和水稻互为替代品，两个市场会相互影响。一般均衡模型中，当政府对小麦收税时，小麦供给曲线向左移动，并提高小麦价格。同时，较高的小麦价格会提高对水稻的需求并使其价格上涨，而较高的水稻价格反过来又会导致对小麦的需求提高（需求曲线向右移动），并使小麦价格进一步上涨。小麦和水稻市场会一直相互作用，直到最后实现均衡，两个市场上的需求量都等于供给量。

除了以上小麦、水稻市场，假设还有面包和牛奶两个市场。小麦是面包的投入要素，面包市场和牛奶市场互补。小麦价格上升会引起面包的成本上升，于是面包供给减少，导致面包产量下降，价格上升。牛奶和面包是互补品，因面包价格上升，所以牛奶需求减少，牛奶需求曲线左移，牛奶价格下降，产量减少。

到此为止，小麦市场供给减少，从而小麦价格上升对所有其他市场的影响是：其替代品——水稻价格上升，其产品——面包价格上升，牛奶价格下降。所有这些变化又会反过来影响小麦市场，直到整个市场全部达到供需均衡。而考虑更多商品的市场就更为复杂。

3.1.3　CGE 模型的发展

CGE 模型基于一般均衡理论，用方程组的形式描述整个社会的经济活动。一般均衡理论始于法国经济学家里昂·瓦尔拉斯（Leon Walras）1874 年的专著《纯粹经济学要义》。其中，他将经济系统看作一个整体，详细地论述了各种商品和生产要素的供给与需求关系。其论证的核心是对于整个经济体而言，是否存在一组商品价格，能够实现市场各要素和各商品的供给等于需求的状态。由于理论发展和计算机技术的限制，CGE 模型在很长一段时间内没能得到较好的应用。直到 20 世纪 50 年代，随着模型方程形式、计算机性能等困难得到解决后，CGE 模型才逐步得到应用。

1960 年，挪威的雷夫·约翰森（Leif Johansen）建立了第一个真正意义上的 CGE 模型，但当时各国经济政策侧重于经济中长期的均衡发展，线性的投入产出模型已经可以满足应用需求。随着经济政策转移到分配机制，投入产出模型很难描述各经济单位的经济行为及价格机制的作用，于是 CGE 模型应用逐渐发展起来。随后，1973 年石油危机的爆发推动了 CGE 模型的迅速发展，因为当时绝大多数基于计量模型的结果显示石油价格并非经济活动的重要决定因素，所以导致了预测失准。而 CGE 模型则通过生产、消费和贸易等途径，可以较为容易地预测石油价格波动对经济、收入分配及就业等的影响。CGE 模型成为国际油价波动分析的主要政策工具。同时，计算机技术的快速提高使得 CGE 模型逐渐成为主要的经济政策分析工具。

随着能源危机等问题的出现，能源概念也被引入宏观经济模型中。在出现第一次能源危机后，国际能源署（International Energy Agency，IEA）组织开发了市场配置（market allocation，MARKAL）模型，自下而上地描述了能源供应技术优化和长期动态线性规划模型。20 世纪 90 年代，欧盟的主要研究机构合作开发了动态递归的能源-经济-环境的一般均衡模型（general equilibrium model for energy-economy-environment，GEM-E3），其后不断地完善，将其广泛用于分析能源改革与投资对能源和环境的政策影响，以及气候变化对能源、经济、环境的影响等。20 世纪 90 年代以来，涵盖能源-经济-环境系统的 CGE 模型逐渐成为主流研究方法。

当前 CGE 模型已被广泛用于各种问题的分析，包括分析财政税收政策、社会保障支付等社会经济问题，关税、中美贸易战等国际贸易问题，碳税、碳交易等能源环境政策，以及一些特殊事件，如奥运会举办、新冠疫情的影响研究等。

3.1.4 CGE 模型的分类

CGE 模型有不同的分类方式。根据理论依据和假设的不同，可以分为新古典主义的 CGE 模型和结构主义的 CGE 模型两类。结构主义的 CGE 模型基于凯恩斯的理论，认为经济系统的结构特征是行为的基础，这些结构包括：土地租赁关系、收入和财富的分配、国际贸易关系、人口地理分布等。而新古典主义的 CGE 模型则以新古典主义经济理论为基础，从经济主体的最优化和充分就业的假设开始，结合瓦尔拉斯的一般均衡理论和经济结构，数值化地求出均衡市场下的供给水平、需求水平和价格。

根据研究派别的不同，CGE 模型分为世界银行学派、耶鲁学派、约翰森学派三大类。世界银行学派主要包括戴福瑞（Devris）、德梅洛（de Melo）、罗宾逊（Robinson）、雷斯（Grais）等学者，他们的许多研究基于世界银行的研究项目。耶鲁学派的学者主要有塞拉-普切（Serra-Puche）、基欧（Kehoe）、克拉雷特（Clarete）和沃利（Whalley）等，他们主要研究发展中国家的税收政策模型，这些模型主要是由斯卡夫（Scarf）的学生发展起来的。约翰森学派则主要致力于澳大利亚奥瑞尼（ORANI）模型的理论结构和求解技术研究，包括文森特（Vincent）、迈尔（Mayer）、库普塔（Cupta）和狄克逊（Dixon）等学者，他们追随着约翰森的线性化求解技术。

此外，根据区域划分，CGE 模型也分为单区域、多区域 CGE 模型；根据模拟时间分为静态和动态 CGE 模型。单区域 CGE 模型，其研究目标只是针对单个区域，如单个国家、单个省份、单个县市。在单个国家模型里，对外贸易就处理得相对简单，因为没有了双边贸易，其出口需求没有别的国家，所以多数为外生。多区域 CGE 模型是指一个国家有很多个州、省等，各个区域有自己的投入产出结构，区域之间通过流入流出（省际贸易）联系在一起，如中国的多区域模型，详细的可能有 31 个省区市、100 多个行业。

3.1.5 CGE 模型的优点

经济模型多种多样，各有其优缺点。相较于其他经济模型，CGE 模型的统计机理最弱，但理论机理最强。CGE 模型有着坚实的微观经济理论基础，典型的 CGE 模型一般与标准的新古典微观经济理论联系密切，它把基于微观经济学的各种经济主体行为纳入一个系统框架内，刻画了宏观变量与微观变量之间的连接关系，对因果关系和行为机制进行了描述。这一优势也使模型构建者更容易根据相应理论判断模型结果的合理性。

CGE 模型兼具了投入产出分析、线性规划等模型的优点，将要素市场和商品市场通过价格有机地联系在一起，刻画了经济体系中不同经济主体和部门之间的相互作用关系。具体来说，CGE 模型引入了经济主体（如企业、居民、政府等）的优化行为，描述了生产要素之间的替代关系，以及商品需求之间的替代和转换关系。它用非线性函数替代投入产出的线性函数，并引入价格机制，从而可以结合供给、需求、贸易和价格关系，来刻画不同经济主体对外部冲击引起相对价格变动的反应。此外，相对于投入产出模型，CGE 模型在消费上的处理也更为灵活。

由此可见，在一般均衡的分析框架下，CGE 模型充分运用了经济主体和部门之间的信息来捕捉经济系统中各经济主体、各部门的复杂联系和相互作用的传导及反馈机制。其结果也能较好地解释现象发生的原因，为政策分析提供便利的工具。

3.2　CGE 模型的基本结构

CGE 模型主要是构建一组方程来描述生产者、消费者及各要素市场间的关系，各经济决策行为者基于一定的最优化条件，如生产者成本最小化、消费者效用最大化等，在市场机制的作用下达到各市场的均衡，通过求解方程组，得到各市场都达到均衡时的一组价格和数量。

CGE 模型的具体框架描述如图 3-1 所示，企业的生产活动基于资本、劳动力和资源等要素的投入，以及其他部门的中间产品投入，并且满足生产成本最小化假设。企业生产出

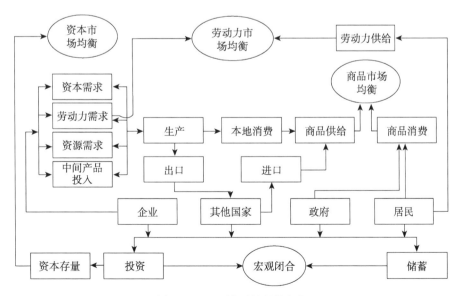

图 3-1　CGE 模型的具体框架

的产品用于本地消费和出口。国内市场的商品供给来源于国内生产和从其他国家进口。居民收入来源于生产要素（劳动力、资本和资源）供给和政府转移支付，居民获得的可支配收入用于商品消费和储蓄，且居民满足福利最大化假设。政府收入来源于企业、个人的各项税收，主要用于商品消费、投资和转移性支付。在 CGE 模型中，整个商品市场、劳动力市场及资本市场需要满足市场出清的条件，即商品、劳动力及资本均满足供给等于需求。此外，投资由储蓄决定，从而达到整个模型的宏观闭合。为了反映生产、消费和贸易中不同商品的可替代性，模型使用嵌套的固定替代弹性（constant elasticity of substitution，CES）生产函数。

从模块来看，CGE 模型将经济活动分为：生产模块、贸易模块、最终消费模块等。

3.3　CGE 模型的核心方程

3.3.1　生产模块

在生产模块中，模型假设每个生产部门只有一个竞争性企业，每个企业只生产一种产品。企业生产行为由里昂惕夫生产函数及多层嵌套的 CES 生产函数表示。其中，里昂惕夫生产函数表示固定比例投入，而 CES 生产函数则反映不同要素投入的可替代性。此外，市场结构为完全竞争，每个部门的产出水平由市场均衡条件决定。在所有部门中，企业生产按照成本最小化条件决策，生产技术在规模报酬不变的条件下进行。CGE 模型将生产函数分为四层嵌套，见图 3-2。

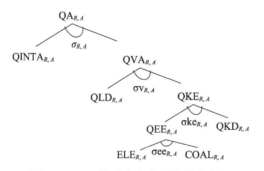

图 3-2　CGE 模型中生产函数嵌套框架

在第一层嵌套中，总产出（$QA_{R,A}$）由 CES 生产函数定义，分为非能源中间投入（$QINTA_{R,A}$）和增加值投入（$QVA_{R,A}$）两大部分；第二层嵌套将增加值投入按照 CES 生产函数分解为劳动力投入（$QLD_{R,A}$）与能源和资本投入的合成要素（$QKE_{R,A}$）；第三层嵌套将能源和资本投入的合成要素（$QKE_{R,A}$）进一步按照 CES 生产函数分解为能源要素束（$QEE_{R,A}$）和资本投入（$QKD_{R,A}$）；第四层嵌套将能源要素束又按照 CES 生产函数分为电力能源投入（$ELE_{R,A}$）和化石能源投入（$COAL_{R,A}$）。$\sigma_{R,A}$、$\sigma v_{R,A}$、$\sigma ke_{R,A}$、$\sigma ee_{R,A}$

分别表示各层嵌套函数的替代弹性系数。当该系数在 0~1 时，表示要素投入之间互为替代；当该系数为 0 时，各要素投入之间完全互补，为里昂惕夫生产函数；当该系数为无穷大时，生产函数变为柯布-道格拉斯生产函数。

根据该模型框架可以得到具体的方程组，如式（3-1）至式（3-17）所示，其中下标 R 是地区、A 是生产部门、C 是商品、ROMC 是贸易中的其他地区、H 是居民。各个变量所代表的含义如表 3-1 所示。

表 3-1　生产模块函数变量与参数说明

变量/参数	变量定义	维度
$QA_{R,A}$	总产出	$R \times A$
$QVA_{R,A}$	增加值投入	$R \times A$
$QINTA_{R,A}$	非能源中间投入	$R \times A$
$QINT_{R,C,A}$	来自部门 C 的中间投入	$R \times C \times A$
$QLD_{R,A}$	劳动力投入	$R \times A$
$QKE_{R,A}$	能源和资本投入的合成要素	$R \times A$
$QKD_{R,A}$	资本投入	$R \times A$
$QEE_{R,A}$	能源要素束	$R \times A$
$COAL_{R,A}$	化石能源投入	$R \times A$
$ELE_{R,A}$	电力能源投入	$R \times A$
$PA_{R,A}$	总产出价格	$R \times A$
$PINTA_{R,A}$	非能源中间投入价格	$R \times A$
$PVA_{R,A}$	增加值价格	$R \times A$
$tbus_{R,A}$	生产税率	$R \times A$
$PP_{R,A}$	出厂价格	$R \times A$
$WL_{R,A}$	劳动力价格	$R \times A$
$WKE_{R,A}$	资本-能源合成束价格	$R \times A$
$WK_{R,A}$	资本要素价格	$R \times A$
$WEE_{R,A}$	能源要素束价格	$R \times A$
$WCOAL_{R,A}$	化石能源价格	$R \times A$
$WELE_{R,A}$	电力能源价格	$R \times A$
$tfp_{R,A}$	全要素生产率	$R \times A$
$ad_{R,A}$	非能源中间投入份额参数	$R \times A$
$av_{R,A}$	增加值份额参数	$R \times A$
$\sigma_{R,A}$	中间投入与增加值之间的替代弹性	$R \times A$
$ica_{R,C,A}$	中间投入的直接消耗系数	$R \times C \times A$
$al_{R,A}$	劳动力份额参数	$R \times A$
$ak_{R,A}$	资本-能源合成束份额参数	$R \times A$
$\sigma v_{R,A}$	劳动力和资本-能源合成束之间的替代弹性	$R \times A$
$ake_{R,A}$	资本要素的份额参数	$R \times A$
$aee_{R,A}$	能源要素束的份额参数	$R \times A$
$\sigma ke_{R,A}$	资本投入与能源要素束之间的替代弹性	$R \times A$

续表

变量/参数	变量定义	维度
$icoa_{R,A}$	化石能源中间投入的直接消耗系数	$R×A$
$iele_{R,A}$	电力能源中间投入的直接消耗系数	$R×A$
$aco_{R,A}$	化石能源投入的份额参数	$R×A$
$aele_{R,A}$	电力能源投入的份额参数	$R×A$
$σee_{R,A}$	电力和非电力能源之间的弹性替代	$R×A$
$PQ_{R,C}$	商品购买价格	$R×C$

第一层 CES 生产函数为

$$QINTA_{R,A} = ad_{R,A} × \left(\frac{PA_{R,A}}{PINTA_{R,A}} \right)^{σ_{R,A}} × QA_{R,A} \tag{3-1}$$

$$QVA_{R,A} = av_{R,A} × \left(\frac{PVA_{R,A}}{PINTA_{R,A}} \right)^{σ_{R,A}} × QA_{R,A} \tag{3-2}$$

$$PA_{R,A} = \left(ad_{R,A} × PINTA_{R,A}^{1-σ_{R,A}} + av_{R,A} × PVA_{R,A}^{1-σ_{R,A}} \right)^{\frac{1}{1-σ_{R,A}}} \tag{3-3}$$

$$PP_{R,A} = PA_{R,A} × (1 + tbus_{R,A}) \tag{3-4}$$

$$QINT_{R,C,A} = ica_{R,C,A} × QINTA_{R,A} \tag{3-5}$$

$$PINTA_{R,A} = \sum_C ica_{R,C,A} × PQ_{R,C} \tag{3-6}$$

第二层 CES 生产函数为

$$QLD_{R,A} = al_{R,A} × tfp_{R,A}^{σv_{R,A}-1} × \left(\frac{PVA_{R,A}}{WL_{R,A}} \right)^{σv_{R,A}} × QVA_{R,A} \tag{3-7}$$

$$QKE_{R,A} = ak_{R,A} × tfp_{R,A}^{σv_{R,A}-1} × \left(\frac{PVA_{R,A}}{WKE_{R,A}} \right)^{σv_{R,A}} × QVA_{R,A} \tag{3-8}$$

$$PVA_{R,A} = (al_{R,A} × WL_{R,A}^{1-σke_{R,A}} + ak_{R,A} × WKE_{R,A}^{1-σke_{R,A}})^{\frac{1}{1-σke_{R,A}}} \tag{3-9}$$

第三层 CES 生产函数为

$$QKD_{R,A} = ake_{R,A} × \left(\frac{WKE_{R,A}}{WK_{R,A}} \right)^{σke_{R,A}} × QKE_{R,A} \tag{3-10}$$

$$QEE_{R,A} = aee_{R,A} × \left(\frac{WKE_{R,A}}{WEE_{R,A}} \right)^{σke_{R,A}} × QKE_{R,A} \tag{3-11}$$

$$WKE_{R,A} = \left(ake_{R,A} × WK_{R,A}^{1-σke_{R,A}} + aee_{R,A} × WEE_{R,A}^{1-σke_{R,A}} \right)^{\frac{1}{1-σke_{R,A}}} \tag{3-12}$$

第四层 CES 生产函数为

$$WCOAL_{R,A} = \sum_{co} \left(icoa_{R,A} \times PQ_{R,CO} \right) \tag{3-13}$$

$$WELE_{R,A} = \sum_{ga} \left(iele_{R,A} \times PQ_{R,CO} \right) \tag{3-14}$$

$$COAL_{R,A} = aco_{R,A} \times \left(\frac{WEE_{R,A}}{WCOAL_{R,A}} \right)^{\sigma ee_{R,A}} \times QEE_{R,A} \tag{3-15}$$

$$ELE_{R,A} = agas_{R,A} \times \left(\frac{WEE_{R,A}}{WELE_{R,A}} \right)^{\sigma ee_{R,A}} QEE_{R,A} \tag{3-16}$$

$$WEE_{R,A} = \left(aco_{R,A} \times WCOAL_{R,A}^{1-\sigma ee_{R,A}} + aele_{R,A} \times WELE_{R,A}^{1-\sigma ee_{R,A}} \right)^{\frac{1}{1-\sigma ee_{R,A}}} \tag{3-17}$$

3.3.2　贸易模块

CGE 模型中各地区的贸易活动框架如图 3-3 所示。本地市场上的商品（$QQ_{R,C}$），一部分来自本地生产（$QD_{R,C}$），另一部分从其他地区进口（$QDM_{R,C}$）。而从其他地区进口又分为从国内其他省份进口（$QDM_{R,C}$）及从其他国家进口（$QM_{R,C}$）[①]。该商品需求过程函数均采用阿明顿假设[②]。同时，本地的总产出（$QX_{R,C}$），一部分用于本地消费，另一部分用于出口（$QDS_{R,C}$）。根据出口的不同又分为出口到国内其他省份（$QDR_{R,C}$）及出口到其他国家（$QE_{R,C}$）。该商品供给过程函数采用恒转换弹性（constant elasticity of transformation，CET）函数表示。

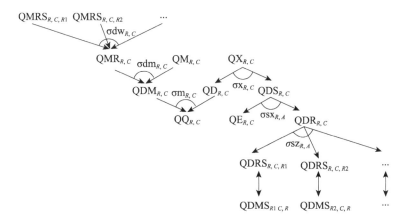

图 3-3　CGE 模型中贸易活动框架

---

① 需要注意的是，本章中与其他省份之间的进出口概念区别于一般的进出口概念，本章中与其他省份之间的进出口实际上指的是国内各省份之间的贸易往来，为表述方便，故采用进出口的形式进行表述。

② 阿明顿假设认为同一产业的产品根据其产地进行区分，在这种情况下，在同一国家生产的产品之间是完全替代的，而在不同国家生产的产品是不完全替代的。

在国际贸易方面，CGE 模型满足国际收支平衡，即一国进口等于该国出口、国际转移支付及国外净储蓄之和。如果将汇率作为外生变量，则国际贸易顺差或逆差是根据汇率来决定的，如果国外储蓄为外生变量，则国际贸易的汇率是由国外净储蓄额度来调整的。

在省际贸易方面，若不考虑省际商品贸易的离岸价格和到岸价格差，CGE 模型应满足 R_1 地区出口到 R_2 地区的 a 商品出口额等于 R_2 地区从 R_1 地区进口的 a 商品进口额。根据模型框架可以得到具体的方程组，如式（3-18）至式（3-41）所示，其中各个变量所代表的含义如表 3-2 所示。

表 3-2 贸易模块函数变量与参数说明

变量/参数	变量定义	维度
$QX_{R,C}$	地区商品供给	$R \times C$
$QD_{R,C}$	本地生产用于本地消费	$R \times C$
$QDS_{R,C}$	本地生产用于出口	$R \times C$
$QDR_{R,C}$	本地生产用于出口到国内其他省	$R \times C$
$QE_{R,C}$	本地生产用于国际出口	$R \times C$
$QDRS_{R,C,ROMC}$	本地生产出口到国内 ROMC 省	$R \times C \times ROMC$
$PX_{R,C}$	商品的销售价格	$R \times C$
$PD_{R,C}$	商品的本地出厂价格	$R \times C$
$PDS_{R,C}$	商品出口合成束价格	$R \times C$
$PDR_{R,C}$	商品出口到国内其他省价格	$R \times C$
$PE_{R,C}$	商品出口到其他国家价格	$R \times C$
$PDRS_{R,C,ROMC}$	商品出口到 ROMC 省的价格	$R \times C \times ROMC$
$\theta_{R,A,C}$	商品生产到销售的转换系数	$R \times C \times A$
$at_{R,C}$	本地商品消费的份额参数	$R \times C$
$ax_{R,C}$	出口商品的份额参数	$R \times C$
$\sigma x_{R,C}$	商品本地消费与出口之间的替代弹性	$R \times C$
$add_{R,C}$	商品出口到其他国家的份额参数	$R \times C$
$adr_{R,C}$	商品出口到其他省份的份额参数	$R \times C$
$\sigma sx_{R,C}$	商品出口到国外与出口到其他省份之间的替代弹性	$R \times C$
$gamaro_{R,C,ROMC}$	商品出口到不同省份的份额参数	$R \times C \times ROMC$
$\sigma sz_{R,C}$	商品出口到不同省份之间的替代弹性	$R \times C$
$QQ_{R,C}$	各地区商品总需求	$R \times C$
$QH_{R,C,H}$	各地区居民消费需求	$R \times C \times H$
$qg_{R,C}$	政府消费需求	$R \times C$
$QINV_{R,C}$	各地区固定资本形成	$R \times C$
$qinvt_{R,C}$	各地区存货变动	$R \times C$
$QD_{R,C}$	本地商品需求	$R \times C$
$QDM_{R,C}$	进口商品需求	$R \times C$
$QMR_{R,C}$	从其他省份进口需求	$R \times C$
$QM_{R,C}$	从国外进口需求	$R \times C$
$QMRS_{R,C,ROMC}$	从 ROMC 省份进口需求	$R \times C \times ROMC$
$PDM_{R,C}$	进口商品价格	$R \times C$

续表

变量/参数	变量定义	维度
$PM_{R,C}$	从其他省份进口商品价格	$R \times C$
$PMR_{R,C}$	从国外进口商品价格	$R \times C$
$PMRS_{R,C,ROMC}$	从 ROMC 省份进口商品价格	$R \times C \times ROMC$
$am_{R,C}$	总需求中来自本地的份额参数	$R \times C$
$adm_{R,C}$	总需求中来自进口的份额参数	$R \times C$
$\sigma m_{R,C}$	本地和进口合成束之间的替代弹性	$R \times C$
$\delta m_{R,C}$	从其他国家进口商品的份额参数	$R \times C$
$\delta mr_{R,C}$	从其他省份进口商品的份额参数	$R \times C$
$\sigma dm_{R,C}$	从其他国家和其他省份进口商品之间替代弹性	$R \times C$
$\delta ms_{R,C,ROMC}$	从 ROMC 省份进口商品的份额参数	$R \times C \times ROMC$
$\sigma dw_{R,C}$	从不同省份进口商品的替代弹性	$R \times C$
$tm_{R,C}$	进口税率	$R \times C$
$te_{R,C}$	出口税率	$R \times C$
$pwm_{R,C}$	以国际货币计算的进口价格	$R \times C$
$pwe_{R,C}$	以国际货币计算的出口价格	$R \times C$
EXR	汇率	1
FSAV	国外储蓄	1
$TRANS_R$	地区转移支付	R

商品供给为

$$QX_{R,C} = \sum_A \left(\theta_{R,A,C} \times QA_{R,A} \right) \tag{3-18}$$

$$PP_{R,A} = \sum_C \left(\theta_{R,A,C} \times PX_{R,C} \right) \tag{3-19}$$

$$QD_{R,C} = at_{R,C} \times \left(\frac{PD_{R,C}}{PX_{R,C}} \right)^{\sigma x_{R,C}} \times QX_{R,C} \tag{3-20}$$

$$QDS_{R,C} = ax_{R,C} \times \left(\frac{PDS_{R,C}}{PX_{R,C}} \right)^{\sigma x_{R,C}} \times QX_{R,C} \tag{3-21}$$

$$PX_{R,C} = \left(at_{R,C} \times PD_{R,C}^{1+\sigma x_{R,C}} + ax_{R,C} \times PDS_{R,C}^{1+\sigma x_{R,C}} \right)^{\frac{1}{1+\sigma x_{R,C}}} \tag{3-22}$$

$$QE_{R,C} = add_{R,C} \times \left(\frac{PE_{R,C}}{PDS_{R,C}} \right)^{\sigma sx_{R,C}} \times QDS_{R,C} \tag{3-23}$$

$$QDR_{R,C} = adr_{R,C} \times \left(\frac{PDR_{R,C}}{PDS_{R,C}} \right)^{\sigma sx_{R,C}} \times QDS_{R,C} \tag{3-24}$$

$$PDS_{R,C} = \left(add_{R,C} \times PE_{R,C}^{1+\sigma sx_{R,C}} + adr_{R,C} \times PDR_{R,C}^{1+\sigma sx_{R,C}} \right)^{\frac{1}{1+\sigma sx_{R,C}}} \tag{3-25}$$

$$QDRS_{R,C,ROMC} = gamaro_{R,C,ROMC} \times \left(\frac{PDRS_{R,C,ROMC}}{PDR_{R,C}} \right)^{\sigma sz_{R,C}} \times QDR_{R,C} \tag{3-26}$$

$$PDR_{R,C} = \left(\sum_{ROMC} \left(gamaro_{R,C,ROMC} \times PDRS_{R,C,ROMC}^{1+\sigma sz_{R,C}} \right) \right)^{\frac{1}{1+\sigma sz_{R,C}}} \tag{3-27}$$

商品需求为

$$QQ_{R,C} = \sum_{A} QINT_{R,C,A} + \sum_{H} QH_{R,C,H} + qg_{R,C} + QINV_{R,C} + qinvt_{R,C} \tag{3-28}$$

$$QDM_{R,C} = adm_{R,C} \times \left(\frac{PQ_{R,C}}{PDM_{R,C}} \right)^{\sigma m_{R,C}} \times QQ_{R,C} \tag{3-29}$$

$$QD_{R,C} = am_{R,C} \times \left(\frac{PQ_{R,C}}{PD_{R,C}} \right)^{\sigma m_{R,C}} \times QQ_{R,C} \tag{3-30}$$

$$PQ_{R,C} = (adm_{R,C} \times PDM_{R,C}^{1-\sigma m_{R,C}} + am_{R,C} \times PD_{R,C}^{1-\sigma m_{R,C}})^{\frac{1}{1-\sigma m_{R,C}}} \tag{3-31}$$

$$QM_{R,C} = \delta m_{R,C} \times \left(\frac{PDM_{R,C}}{PM_{R,C}} \right)^{\sigma dm_e} \times QDM_{R,C} \tag{3-32}$$

$$QMR_{R,C} = \delta mr_{R,C} \times \left(\frac{PDM_{R,C}}{PMR_{R,C}} \right)^{\sigma dm_e} \times QDM_{R,C} \tag{3-33}$$

$$PDM_{R,C} = \left(\delta m_{R,C} \times PM^{1-\sigma dm_{R,C}} + \delta mr_{R,C} \times PMR_{R,C}^{1-\sigma dm_{R,C}} \right)^{\frac{1}{1-\sigma dm_{R,C}}} \tag{3-34}$$

$$QMRS_{R,C,ROMC} = \delta ms_{R,C,ROMC} \times \left(\frac{PMR_{R,C}}{PMRS_{R,C,ROMC}} \right)^{\sigma dw_{R,C}} \times QMR_{R,C} \tag{3-35}$$

$$PMR_{R,C} = \left(\sum_{ROMC} \delta ms_{R,C,ROMC} \times PMRS_{R,C,ROMC}^{1-\sigma dw_{R,C}} \right)^{\frac{1}{1-\sigma dw_{R,C}}} \tag{3-36}$$

贸易均衡为

$$PM_{R,C} = (1 + tm_{R,C}) \times EXR \times pwm_{R,C} \tag{3-37}$$

$$PE_{R,C} = (1 - te_{R,C}) \times EXR \times pwe_{R,C} \tag{3-38}$$

$$\sum_{C} \left(PM_{R,C} \times QM_{R,C} \right) = \sum_{C} \left(PE_{R,C} \times QE_{R,C} \right) + FSAV_R \times EXR + TRANS_R \tag{3-39}$$

$$PDRS_{R,C,ROMC} = PMRS_{ROMC,C,R} \tag{3-40}$$

$$QDRS_{R,C,ROMC} = QMRS_{ROMC,C,R} \tag{3-41}$$

3.3.3 最终消费模块

1. 居民账户

在 CGE 模型中，每个地区有两种居民类型：农村居民和城镇居民。居民从企业获得要素收入、从政府和国外获得转移收入，然后根据 Stone-Geary 效用函数分配收入理论，运用扩展线性支出系统（extended linear expenditure system，ELES）模型描述居民消费倾向，如式（3-42）所示。

$$\mathrm{QH}_{R,C,H} = \theta_{R,C,H} + \frac{\mu_{R,C,H}}{\mathrm{PQ}_{R,C}} \times \left(\mathrm{YH}_{R,H} - \sum_C \mathrm{PQ}_{R,C} \times \theta_{R,C,H} \right) \tag{3-42}$$

式中，$\mathrm{QH}_{R,C,H}$ 是居民的商品消费；$\theta_{R,C,H}$ 是居民基本需求；$\mu_{R,C,H}$ 是边际消费倾向；YH 是居民收入；$\mathrm{PQ}_{R,C}$ 是商品价格。

2. 企业活动

企业的收益及政府转移支付一部分用于缴税给政府，剩下的用于储蓄。

$$\mathrm{YENT}_R = \mathrm{shifk}_R \times \sum_A (\mathrm{WK}_{R,A} \times \mathrm{QKD}_{R,A}) + \mathrm{tr}_{R,\mathrm{ent,gov}} \tag{3-43}$$

$$\mathrm{ENTASV}_R = (1 - \mathrm{tent}) \times \mathrm{YENT}_R - \sum_H \mathrm{tr}_{R,H,\mathrm{ent}} \tag{3-44}$$

式（3-43）和式（3-44）中各个变量所代表的含义见表 3-3。

表 3-3　最终消费模块函数变量与参数说明

变量/参数	变量定义	维度
$\mathrm{YH}_{R,H}$	居民收入	$R \times H$
shifk_R	企业资本投入获取的收入份额	R
$\mathrm{tr}_{R,H,\mathrm{gov}}$	政府向居民的转移支付	$R \times H$
$\mathrm{tr}_{R,H,\mathrm{ent}}$	企业向居民的转移支付	$R \times H$
$\mathrm{tr}_{R,\mathrm{ent,gov}}$	政府向企业的转移支付	R
$\mathrm{ty}_{R,H}$	个人所得税率	$R \times H$
YENT_R	企业收入	R
ENTASV_R	企业储蓄	R
YG_R	政府收入	R
EG_R	政府消费	R
$\mathrm{qg}_{R,C}$	政府商品消费	$R \times C$
$\mathrm{igc}_{R,C}$	政府商品消费份额	$R \times C$
tent	企业所得税率	1
$\mathrm{Etaxtot}_{R,C}$	环境税收总额	$R \times C$

3. 政府活动

政府收入来源于企业和居民的直接与间接税，其支出主要用于购买商品、基础设施建设，以及转移给企业、居民等。

式（3-45）～式（3-47）中的变量含义见表 3-3。

$$YG_R = \sum_H \left(ty_{R,H} \times YH_{R,H}\right) + tent \times YENT_R$$

$$+ \sum_A \left(tbus_{R,A} \times QA_{R,A} \times PA_{R,A}\right) + \sum_C \left(Etaxtot_{R,C}\right)$$

$$+ \sum_C \left(tm_{R,C} \times EXR \times pwm_{R,C} \times QM_{R,C}\right) \tag{3-45}$$

$$+ \sum_C \left(te_{R,C} \times EXR \times pwe_{R,C} \times QE_{R,C}\right)$$

$$EG_R = \sum_C \left(PQ_{R,C} \times qg_{R,C}\right) + \sum_H \left(tr_{R,H,gov}\right) + tr_{R,ent,gov} \tag{3-46}$$

$$qg_{R,C} \times PQ_{R,C} = EG_R \times igc_{R,C} \tag{3-47}$$

3.3.4 要素市场出清

模型均衡条件除了要满足国际收支平衡、投资储蓄均衡、商品市场均衡外，还要满足要素市场出清，即劳动力和资本的供求之间达到平衡，并需要对每个市场进行调整以应对政策冲击。本节假设劳动力在同一地区不同部门间完全流动，但在各个地区之间不完全流动。资本在部门间和区域间均完全流动。相关公式如式（3-48）～式（3-54）所示。

$$nksup_R \times ptotk^{\omega nksup} = anksup_R \times totnksup \times pk_R^{\omega nksup} \tag{3-48}$$

$$ptotk^{1+\omega nksup} = \sum_R anksup_R \times pk_R^{1+\omega nksup}, \quad \omega nksup \neq inf \tag{3-49}$$

$$nks_{R,A} \times pk_R^{\omega k_R} = aks_{R,A} \times nksup_R \times WK_{R,A}^{\omega k_R}, \quad nks0_{R,A} \neq 0, \; \omega k \neq inf \tag{3-50}$$

$$pk_R^{1+\omega k_R} = \sum_A aks_{R,A} \times WK_{R,A}^{1+\omega k_R}, \quad nksup0_R \neq 0, \; \omega k \neq inf \tag{3-51}$$

$$ls_R \times plev_R^{\omega l_R} = als_R \times ewage^{\omega l_R}, \quad \omega l_R \neq inf, \quad ls0 \neq 0, \quad \omega m2_R = inf \tag{3-52}$$

$$ls_R = \sum_A QLD_{R,A}, \quad ls0_R \neq 0, \quad \omega m2_R = inf \tag{3-53}$$

$$WL_{R,A} = phil_{R,A} \times ewage_R, \quad QLD\,0_{R,A} \neq 0, \quad \omega m2_R = inf \tag{3-54}$$

在资本相关等式里，totnksup 是新增资本总量；$nksup_R$ 是 R 地区的新增资本；$nks_{R,A}$ 是 R 地区 A 部门的新增资本；ptotk 是平均资本回报；pk_R 是 R 地区的资本回报；$WK_{R,A}$ 是 R 地区 A 部门的资本回报；$\omega nksup$ 是资本在区域间流动的弹性系数；ωk_R 是资本在 R 地区不同部门之间流动的弹性系数。$\omega nksup$、ωk_R 越大表示资本流动性越强，当它们无穷大时，表示资本完全流动。$anksup_R$、$aks_{R,A}$ 是规模参数。

在劳动力相关等式里，ls_R 是 R 地区劳动力实际供应量；$QLD_{R,A}$ 是 R 地区 A 部门的劳动力；$ewage_R$ 是 R 地区平均工资；$WL_{R,A}$ 是 R 地区 A 部门的工资；ωl_R 是 R 地区内不同部门劳动力流动弹性；$plev_R$ 是市场商品平均价格。als_R、$phil_{R,A}$ 是规模参数，由模型校准得到。

式（3-48）至式（3-54）中其余变量所代表的含义如表 3-4 所示。

表 3-4　要素市场出清函数变量与参数说明

变量/参数	变量定义	维度
$anksup_R$	R 地区新增资本占总量的份额参数	R
$aks_{R,A}$	A 部门新增资本占 R 地区新增资本的份额参数	$R \times A$
$plev_R$	市场商品平均价格	R
als_R	R 地区劳动力份额参数	R
$phil_{R,A}$	R 地区 A 部门劳动力份额参数	$R \times A$
$ls0_R$	初始劳动力	R

3.3.5　宏观闭合

CGE 模型中包含的函数、内生变量、外生变量等的设计要根据研究问题、经济体制和现状，依据相应的经济理论，形成特定的结构。依据宏观理论形成的结构，被称为宏观闭合。基于不同的宏观理论，通常将 CGE 模型的宏观闭合分为新古典主义宏观闭合、约翰森宏观闭合和凯恩斯宏观闭合三大类。在新古典主义宏观闭合下，假设要素充分就业，要素价格内生。约翰森宏观闭合和新古典主义宏观闭合在要素市场的设置类似，如劳动力市场达到充分就业的状态。约翰森宏观闭合和新古典主义宏观闭合的假设不同之处在储蓄投资和政府收支上。约翰森宏观闭合假设投资是外生的，而储蓄是内生的，约翰森宏观闭合下的 CGE 模型由储蓄率的调整来达到储蓄和投资平衡。在凯恩斯宏观闭合下，要素供应不等于要素禀赋，而是内生决定的。

在研究中一定要根据经济学原理，按照被研究的经济体制的类型和情况选择不同的宏观闭合方式。譬如，虽然新古典主义宏观闭合在文献中较为常用，但若直接拿来研究政府财政刺激措施，或者提价、降价措施，发现得不出结果。这是因为，标准的新古典主义宏观闭合中的价格是系统内生决定的，劳动力等要素是充分就业的，所以政府的冲击不能增加就业数量，价格为内生变量，就不能作为外生变量对政策冲击进行建模。因此，在这些情况下就需要灵活选取宏观闭合方式。

针对不同国家的具体情况，也需要采用不同的宏观闭合方式。比如，中等收入或发展中国家的经济状态中还有大量剩余劳动力，若采用新古典主义宏观闭合则不太合适。这时凯恩斯宏观闭合方式会更适用，在有大量剩余劳动力的市场上，劳动力价格接近生存工资，呈刚性，因此 CGE 模型中劳动力供给维持刚性是可以接受的。

3.3.6　动态化

以上描述的标准 CGE 模型假设要素禀赋固定不变，因此都可以归于"比较静态"模型。比较静态 CGE 模型不考虑时间因素，它表示的只是在一个给定条件下的均衡状态。如果这些条件中的一个或多个发生了变化，比较静态模型能给出另一个均衡状态。从理论上讲，这两个均衡状态之间没有任何时间上的联系，只是表示在不同的外部条件下的不同的均衡状态。另外，在标准 CGE 模型中，资本的形成和消费之间的关系没有交代，也是一个缺陷。当然标准 CGE 模型还有其他的问题，如消费者对储蓄和未来消费的决定、资本积累、劳动力增加、技术进步、劳动生产率提高等无法刻画。在研究动态和预测未来的宏观经济变量时，标准 CGE 模型是不够的，需要引入动态 CGE 模型解决这些问题。

当前有不同类型的动态 CGE 模型，比较实用的动态 CGE 模型为递归动态 CEG 模型，它是一个反复迭代计算的分期静态 CGE 模型。前后期之间的联系采用函数表示，加上必需的动态外生变量和外生给定的参数，以递归形式反复调整，以求得下一期的平衡解。

CGE 模型的动态变化主要由劳动力、资本和全要素生产率三个要素驱动。劳动力增长率（ls_R）基于相关研究外生决定。资本积累由前一期新增资本（QKD_{t-1}）乘以资本折旧率（dep）加上当期新增资本（nks_t）计算得到。不同部门全要素生产率不同，因此，对不同部门设置不同的全要素生产率来校准地区生产总值的变化率，即

$$ls_R = gpop_R \times ls0_R \tag{3-55}$$

$$QKD_{t+1} = (1 - dep)QKD_t + nks_t \tag{3-56}$$

CGE 模型在一些理想化的假设下，描述了整个宏观经济的变化，但是不可能涵盖所有的政策和经济波动因素，因此，需要提供历史数据对外生参数进行调整。例如，我国《大气污染防治行动计划》的实施不能一一反映在 CGE 模型中，但是可以采用能源排放强度系数对模型中大气污染物的排放校正。对于未来的模拟，则可以根据研究需要在不同的年份设置不同的政策情景。

3.4　CGE 模型的数据基础

CGE 模型的经济类数据主要基于社会核算矩阵（social accounting matrix，SAM），SAM 主要基于区域非竞争性投入产出表，以及其他统计数据（包括《中国统计年鉴》《中国财政年鉴》《中国税务年鉴》等）构成。SAM 提供了不同部门和经济主体之间经济活动的详细描述。CGE 模型中的份额参数，如生产份额、最终销售份额、平均储蓄率、税率等均来源于 SAM。模型中其他的弹性参数、动态模拟数据主要来源于目前已有的研究结论。

3.4.1　SAM 原理介绍

SAM 源于国民核算账户体系。由于国民核算账户偏重对国民经济及增长的核算，对收入和要素流动、分配等关注较少，而 SAM 是一个能较好地描述整个市场交易体系的生产活动、生产要素和经济行为主体的数据体系，反映一个经济体内部的生产、要素收入、分配、经济行为主体收入和消费的循环关系。

SAM 是一个方阵，它依据复式记账的原则记录各账户的收支情况，其中，横向的项目表示账户的收入，纵向的项目表示账户的支出，且满足行列总和相等。一个开放经济体的 SAM 包括生产活动账户、商品账户、生产要素账户、居民账户、企业账户、政府账户、投资−储蓄账户、国内其他地区账户及国外账户。各省份 SAM 框架结构如表 3-5 所示。

表 3-5　各省份 SAM 框架结构

项目	活动	商品	劳动力	资本	农村居民	城镇居民	政府	企业	储蓄	存货变动	个人所得税	商品税	关税	国内其他省份	其他国家	合计
活动		本地产出														
商品	中间投入				农村居民消费	城镇居民消费	政府消费		投资	存货				出口到其他省份	出口到国外	
劳动力	劳动者报酬															
资本	资本收益															
农村居民			农村劳动者报酬	农村资本收益			转移支付							转移支付	国外转移支付	
城镇居民			城镇劳动者报酬	城镇资本收益			转移支付							转移支付	国外转移支付	
政府								直接税			个人所得税	商品税	关税	转移支付		
企业				资本收益												
储蓄					农村居民储蓄	城镇居民储蓄	政府储蓄	企业储蓄						其他省份储蓄	国外储蓄	
存货变动									存货增加							
个人所得税					个人所得税	个人所得税										
商品税		商品税														
关税		关税														
国内其他省份		其他省份进口														
其他国家		其他国家进口														
合计																

3.4.2 SAM 构建

依据 SAM 结构，下面将逐一解释各账户含义及数据来源。

（1）生产活动账户：用来反映厂商所生产的商品的供给与需求。横向的项目反映地区厂商的产出，其来源于商品的本地产出。纵向的项目表示地区厂商的总投入，包括中间投入、要素投入（包括资本收益、劳动力报酬）。由于假设生产部门只有一个竞争性企业、每个企业只生产一种产品，所以表 3-5 中的活动–商品模块为对角矩阵。中间投入、要素投入均取自《区域间投入产出表》中相应的数据。

（2）商品账户：用于反映市场上商品的供给和需求。市场上企业的收入来自生产活动的中间投入、农村居民消费、城镇居民消费、政府消费、投资、存货，以及出口到其他省份、出口到国外的商品。企业的支出用于缴纳商品税与关税、从其他省份进口和从其他国家进口商品。其中，中间投入、居民消费、政府消费、投资来自《区域间投入产出表》中的相应数据。在 SAM 中，存货变动为该账户的余项。因为投入产出表中包含一个 SAM 中不存在的误差项。这是由于不同数据来源不一致导致差额的存在，如投入产出表中进口数据包含关税，而海关数据不含关税；和其他项相比，存货变动的重要性要低得多。由此，在搭建 SAM 时，将存货作为商品账户的平衡项。

（3）生产要素账户：SAM 中要素账户包括劳动力账户和资本账户。劳动力账户反映劳动力的投入及其要素收入的分配，横向的项目表示劳动力通过参与生产活动获得的劳动者报酬，纵向的项目表示劳动者报酬在城镇和农村居民之间的分配。资本账户反映资本的收入及其分配，横向的项目表示资本要素投入市场后的资本收益，纵向的项目反映资本收益在农村居民、城镇居民及企业之间的分配。劳动者报酬与资本收益数据均来源于《区域间投入产出表》，劳动者报酬即《区域间投入产出表》的"劳动者报酬"，资本收益为《区域间投入产出表》中的"固定资产折旧"与"营业盈余"之和。城镇劳动者报酬、农村劳动者报酬、城镇资本收益、农村资本收益来源于《中国统计年鉴》的相关数据，并结合投入产出表做出相应调整。

（4）居民账户：反映居民的各项收入和支出，SAM 将居民分为农村居民和城镇居民两大类。居民收入来源于劳动所得的劳动者报酬、资本收益、转移支付及国外转移支付。其中，劳动者报酬、资本收益在生产要素账户中已经列出。政府向居民的转移支付来源于《中国统计年鉴》中的"国家转移支付"。居民的国外转移支付亦可取自《中国统计年鉴》。

（5）企业账户：反映企业的收入和支出。SAM 中，企业的收入主要指对要素分配后的收入，又称为留存收益（包含税收）。企业收益来源于其资本收益和转移支付，支出主要用于上缴直接税，剩下的用于企业储蓄。其中，企业直接税来源于《中国财政年鉴》的相关数据。

（6）政府账户：用于核算政府的收入和支出。政府的收入主要来源于企业的直接税、个人所得税、商品税和关税，各项税费收入主要参考《中国财政年鉴》的数据调整。政府支出主要用于政府消费、政府储蓄，以及对居民和企业的转移支付。

（7）投资–储蓄账户：投资账户表示当期固定资本形成和存货变动，储蓄账户反映各账户的收支结余情况。

（8）国内其他地区账户：表示该省与国内其他省份之间的进出口关系，其他省份储蓄为该账户的平衡项。

（9）国外账户：反映该省与其他国家的贸易联系，国外储蓄为该账户的平衡项。

3.4.3　SAM 调平

由于初始编制的表格中数据来源、统计口径不同，行列加总的值存在不相等的现象，所以需要对表格进行调平。SAM 平衡的方法主要包括手动平衡法、双比例尺度法（biproportional scaling method，BSM）及交叉熵法（cross entropy method，CEM）。在行列总和相差不大的情况下，可以手动调节平衡，手动调节较为简单，但缺乏一致性，主观因素影响较大。BSM 是在给定的行列目标总值的情况下，计算当前值与目标值的比例，然后反复迭代达到行列平衡的状态，但该方法对于行列目标总值的设置也较为主观。之后发展出来的 CEM 是一种当前较受欢迎的方法，该方法旨在让平衡后的 SAM 更接近于原始SAM 的信息，误差通过交叉熵的距离来确定。在利用 CEM 调平时，需要确保各数值为非负值，但在实际中，其他省份储蓄和国外储蓄存在大量负值，给调平带来问题，且 CEM在调平过程中是针对所有的数据来调节，而不同来源数据的准确度有一定的差异，我们可以通过调节那些不确定性相对较大的值，或者本来数据较大的值使得最后的误差更小。

3.5　CGE 模型参数标定

3.5.1　替代弹性系数

CGE 模型中 CES 生产函数、CET 函数、阿明顿函数的份额参数，不同账户之间的转移比例参数，以及其他固定比例参数均由变量的基年数据和替代弹性进行标定。替代弹性的数值来源于其他相关研究，不同文献的 CGE 模型中弹性系数取值如表 3-6 所示。

表 3-6　不同文献的 CGE 模型中弹性系数取值

弹性	变量说明	文献取值
$\sigma_{R,A}$	中间投入和增加值之间的弹性系数	$0\sim0.3$
$\sigma v_{R,A}$	资本–能源合束与劳动力之间的弹性系数	$0.4\sim0.9$
$\sigma ke_{R,A}$	资本和能源之间的弹性系数	$0.25\sim1.1$
$\sigma ee_{R,A}$	不同能源之间的弹性系数	$0.16\sim1.6$
$\sigma x_{R,C}$	国内商品和出口商品之间的弹性系数	$0.5\sim4.6$
$\sigma m_{R,C}$	国内商品和进口商品之间的弹性系数	$0.9\sim3.5$

3.5.2 居民效用函数参数

CGE 模型中，居民消费倾向通过扩展线性支出系统模型表示，等式里个人所得税、储蓄率及消费结构均由 SAM 提供，而消费需求的收入弹性系数则参考其他国内外文献，见表 3-7。

表 3-7 消费需求的收入弹性系数

部门	弹性系数	部门	弹性系数
农、林、渔、牧业	0.25	机械制造业	1
采矿业	1	非金属矿物制品业	1
轻工业	0.9	其他制造业	1
石油化工业	1	电力、热气等	0.9
金属制造业	1	运输业	2.5
非金属制造业	1	其他服务业	2.2

3.5.3 动态模拟参数

CGE 模型可以进行长时间的动态模拟，主要通过劳动力、资本和全要素生产率来驱动。模型通常以历史 GDP 增长率作为外生变量来调节全要素生产率的值，在此基础上依据相关预测参数模拟得到未来的值，从而为政策模拟提供基础情景。资本折旧数据的设定值在不同研究中相差较大，其值设定在 3%~15%。

3.5.4 模型求解与验证

CGE 模型涉及非常多的方程与变量，且含有大量非线性联立方程式，这使得模型的求解过程变得比较复杂，有一定的难度。随着计算机技术的飞速发展，针对 CGE 模型求解的功能强大的计算理论与程序不断出现，如通用代数建模系统（general algebraic modeling system，GAMS）、一般均衡建模工具包（general equilibrium modeling package，GEMPACK）和一般均衡数学编程系统（mathematical programming system for general equilibrium，MPSGE）。国际上主要使用 GAMS 软件，其中的一些解法器（solver）适用于解 CGE 模型。GAMS 是一个由世界银行开发的数学规划和优化的高级建模系统。它常被用来解决线性、非线性和混合整数最优化等问题，很适用于搭建和求解大型经济数学模型。

CGE 模型的计算结果首先需要在 GAMS 里找到唯一的最优解，满足一般均衡模型本身的一致性和齐次性检验，其次需要进行技术性分析以验证模型和结果的可靠性，具体如下。

（1）一致性检验。由于 CGE 模型的初始参数是基于 SAM 进行校准的，所以在外生参数不变的前提下，将校准的参数代入模型后得到的结果与基期 SAM 的数据是严格相等的。如果模型里面存在辅助变量 WALRAS，则需要满足其为 0。

（2）齐次性检验。CGE 模型中的价格均为相对于基准价格的价格，因此当基准价格变化 N 倍，其他所有价格均变化 N 倍，而满足价值量不变。在模型验证中，设置任意一个价格为基准价格，如消费价格指数（consumer price index，CPI）、汇率等，将其外生变化 N 倍，检验其他价格是否均能变化 N 倍，而价值量不变。

（3）稳健性和敏感性分析。计量经济学做分析时，一个变量有很多观察值，计量经济学可以从大量数据中用统计技术直接计算结果的可信度。CGE 模型则不同，CGE 模型基于 SAM，一个变量就是一个观察数据，另外加上一些外生给定的参数，如生产函数、效用函数、供应函数的弹性数据，这些数据都会带来随机误差。因此，CGE 模型要测试这些数据在随机误差范围内扰动后，模型的模拟结果是否仍然稳健、和原来预期有没有发生重大变化。我们称这种测试为稳健性分析。当相关参数数值变化后，测试模拟结果的变化范围称为敏感性分析。因为牵扯的变量太多，在稳健性和敏感性分析中，通常需要靠理论和经验来选取主要的影响变量进行测试。

（4）结果验证。除了上述验证以外，还可以将模型结果进一步与《中国统计年鉴》的历史数据及其他研究结果进行比较，以满足模型的稳健性。

3.6　软　件　实　现

GAMS 是数学规划和优化的高级建模系统，它是计算机编译程序语言和求解算法结合在一起的求解程序。对绝大多数 CGE 模型而言，PATH 求解器基本能满足需求。安装 GAMS 后，需要将求解器装好并启动，才能顺利执行 GAMS 程序。

GAMS 软件的演示版可以直接从 GAMS 的官方网站（https://www.gams.com/）下载。演示版可以免费使用，功能有限，但是能满足课堂教学和基础练习需求。如果要运行更大型的程序，则需要购买专业版本。

本节参考相关教材以一个简单的 CGE 模型为例，介绍 GAMS 软件的实现过程（张欣，2010；Lofgren，1999），数据如表 3-8 所示。

表 3-8　SAM——一个简单案例

项目	农业活动	非农业活动	农业产品	非农业产品	劳动力	资本	城镇居民	农村居民	总产出
农业活动			125						125
非农业活动				150					150
农业产品							50	75	125
非农业产品							100	50	150
劳动力	62	55							117
资本	63	95							158
城镇居民					60	90			150
农村居民					57	68			125
总投入	125	150	125	150	117	158	150	125	

假设生产者根据生产函数实现利润最大化，居民在预算约束下实现效用最大化，要素在活动之间是可流动的，居民要素收入作为家庭的收入。模型满足瓦尔拉斯定律，商品市场满足均衡条件。将 CPI 作为基准价格，所有模拟的价格变化都可以直接解释为相对于 CPI 的变化。模型包含两类活动和相关商品（农业、非农业），并简单处理为活动和商品之间一对一映射，即一种活动生产一种商品。模型将居民分为城镇居民和农村居民两大类，包括劳动力和资本两大投入要素。构建模型等式如式（3-57）至式（3-66）所示。

（1）生产与商品模块。

生产活动方程为

$$QA_a = ad_a \times \prod_{f \in F} QF_{fa}^{\alpha_{fa}}, \ a \in A \qquad (3-57)$$

要素需求方程为

$$WF_f = \frac{a_{fa} PA_a QA_a}{QF_{fa}}, \ f \in F, a \in A \qquad (3-58)$$

活动价格方程为

$$PA_a = \sum_{c \in C} \theta_{ac} P_c, \ a \in A \qquad (3-59)$$

商品产出方程为

$$Q_c = \sum_{a \in A} \theta_{ac} QA_{ac}, \ c \in C \qquad (3-60)$$

（2）活动账户模块。

要素收入方程为

$$YF_{hf} = shry_{hf} WF_f \sum_{a \in A} QF_{fa}, \ h \in H, f \in F \qquad (3-61)$$

居民收入方程为

$$YF_h = \sum_{f \in F} YF_{hf}, \ h \in H \qquad (3-62)$$

居民需求方程为

$$QH_{ch} = \frac{\beta_{ch} YH_h}{P_c}, \ c \in C, h \in H \qquad (3-63)$$

（3）均衡约束条件模块。

要素市场均衡方程为

$$\sum_{a \in A} QF_{fa} = qfs_f, \ f \in F \qquad (3-64)$$

商品产出市场均衡为

$$Q_c = \sum_{h \in H} QH_{ch}, \ c \in C \qquad (3-65)$$

价格归一化方程为

$$\sum_{c \in C} \text{cwts}_c P_c = \text{cpi} \qquad (3\text{-}66)$$

式中，a 是生产活动（以下简称活动）；c 是商品；f 是要素；h 是居民。参数部分，ad_a 是生产方程的效率参数；cpi 是 CPI；cwts_c 是 CPI 中不同商品的权重；shry_{hf} 是要素收入占居民总收入的比重；qfs_f 是要素供应；a_{fa} 是 f 要素用于活动 a 中所获得的增加值比重；β_{ch} 是居民 h 对商品 c 的消费倾向；θ_{ac} 是活动 a 所产出的商品 c。变量部分，P_c 是市场上产品 c 的销售价格；PA_a 是生产价格；Q_c 是商品 c 的总产出；QA_a 是活动 a 的水平（a 的当前数值）；QF_{fa} 是活动 a 对要素 f 的需求量；QH_{ch} 是居民 h 对商品 c 的需求量；YF_{hf} 是居民 h 由要素 f 所获得的收入；WF_f 是要素 f 的价格；YF_h 是居民 h 的收入。假设基础 SAM 如表 3-8 所示，我们将介绍基于 GAMS 的程序。

3.6.1　对集合的命名与定义

GAMS 会先对指令进行定义或赋值，每一个集合用符号或名字定义，不同的集合不能用相同的符号或名字，指令末尾用 ";"，集合里面的要素用斜杠包括。ALIAS 用于表示集合的别名，可以避免指数定义的混淆，具体内容如下。

```
SETS
AC   Global set (SAM accounts and other items)
     / AGR-A    Agricultural activity
     MANF-A   Manufacture activity
     SERV-A    Service activity
     AGR-C    Agricultural commodity
     MANF-C   Manufacture commodity
     SERV-C    Service commodity
     LAB       Labor
     CAP       Capital
     U-HHD    Urban household
     R-HHD    Rural household
     TOTAL    Total account in SAM /
ACNT(AC) all elements in AC except total
A(AC)    Activities    / AGR-A, MANF-A, SERV-A/
C(AC)    Commodities   / AGR-C, MANF-C, SERV-C/
F(AC)    Factors       / LAB, CAP/
H(AC)    Households    / U-HHD, R-HHD/;

ALIAS(AC,ACP);  ALIAS(C,CP);  ALIAS(F,FP);
ACNT(AC)= YES;  ACNT('TOTAL') = NO;  ALIAS(ACNT,ACNTP);
```

3.6.2　对参数、变量、等式进行定义

GAMS 语言中的 PARAMETER（参数），包括参数、常数、标量和经济学上的外生变

量，它们的特点是需要外生给定。

VARIABLE 则指经济学上的内生变量，它们是需要通过程序系统求解的变量。先要宣称和定义内生变量，以"VARIABLE"或"VARIABLES"开始。每行以一个变量名字或变量符号开始，后面空几格可加注释说明，整个部分末尾加分号，如下所示。

等式的设置则以"EQUATION"或"EQUATIONS"指令开始，对等式命名，用分号结尾。

```
PARAMETERS
 ad(A)      efficiency parameter in the production function for a
 alpha(F,A)  share of value-added to factor f in activity a
 beta(C,H)   share of household consumption spending on commodity c
 cpi         consumer price index
 cwts(C)     weight of commodity c in the CPI
 qfs(F)      supply of factor f
 shry(H,F)   share for household h in the income of factor f
 theta(A,C)  yield of output c per unit of activity a
;

==========VARIABLES=====================================
VARIABLES
 P(C)      price of commodity c
 PA(A)     price of activity a
 Q(C)      output level for commodity c
 QA(A)     level of activity a
 QF(F,A)   quantity demanded of factor f from activity a
 QH(C,H)   quantity consumed of commodity c by household h
 WF(F)     price of factor f
 YF(H,F)   income of household h from factor f
 YH(H)     income of household h
;

===============EQUATIONS=========================
EQUATIONS
--------PRODUCTION AND COMMODITY BLOCK-------
 PRODFN(A)   Cobb-Douglas production function for activity a
 FACDEM(F,A)  demand for factor f from activity a
 OUTPUTFN(C)  output of commodity c
 PADEF(A)     price for activity a

----------------INSTITUTION BLOCK --------------------
 FACTTRNS(H,F) transfer of income from factor f to h-hold h
 HHDINC(H) income of household h
 HHDEM(C,H) consumption demand for household h & commodity c

------------ SYSTEM CONSTRAINT BLOCK -------------
 FACTEQ(F) market equilibrium condition for factor f
 COMEQ1  market equilibrium condition for commodity c
 COMEQ2  market equilibrium condition for commodity c
 PNORM  price normalization
 ;
```

3.6.3　等式

以".."的形式重复已经命名的等式名字,然后将等式内容写出来,等号的格式为"=E=",具体代码如下所示。

```
 * ====PRODUCTION AND COMMODITY BLOCK =========
  PRODFN(A)..   QA(A) =E= ad(A)*PROD(F, QF(F,A)**alpha(F,A));
  FACDEM(F,A)..   WF(F) =E= alpha(F,A)*PA(A)*QA(A) / QF(F,A);
 OUTPUTFN(C)..   Q(C) =E= SUM(A, theta(A,C)*QA(A));
  PADEF(A)..      PA(A) =E= SUM(C, theta(A,C)*P(C));

 * =============== INSTITUTION BLOCK ==========
 FACTTRNS(H,F).. YF(H,F) =E= shry(H,F)*WF(F)*SUM(A, QF(F,A));
 HHDINC(H)..     YH(H) =E= SUM(F, YF(H,F));
 HHDEM(C,H)..    QH(C,H) =E= beta(C,H)*YH(H)/P(C);

 * =========== SYSTEM CONSTRAINT BLOCK ========
 FACTEQ(F)..     SUM(A, QF(F,A)) =E= qfs(F);
 COMEQ1..        Q('AGR-C') =E= SUM(H, QH('AGR-C',H));
 COMEQ2..        Q('MANF-C') =E= SUM(H, QH('MANF-C',H));
 PNORM..         SUM(C, cwts(C)*P(C)) =E= cpi;
```

3.6.4　数据读取

将投入产出表的数据读入,用指令 TABLE 宣称,然后命名表格。括号里面包括行和列两个变量元素,注意对准每列的数据,没有数据的地方默认为 0,如下所示。

```
  TABLE SAM(AC,ACP) social accounting matrix
       AGR-A MANF-A SERV-A AGR-C MANF-C SERV-C LAB CAP U-HHD R-HHD
AGR-A                       125
MANF-A                              6     24
SERV-A                             24     96
AGR-C                                              50   75
MANF-C                                             20   10
SERV-C                                             80   40
LAB      62    11    44
CAP      63    19    76
U-HHD                                              60   90
R-HHD                                              57   68
  ;

  PARAMETER
   tdiff(AC)  column minus row total for account ac;
  ======= This parameter is used to check that the above SAM is balanced==
  SAM('TOTAL',ACNTP) = SUM(ACNT, SAM(ACNT,ACNTP));
  SAM(ACNT,'TOTAL')  = SUM(ACNTP, SAM(ACNT,ACNTP));
  tdiff(ACNT) = SAM('TOTAL',ACNT)-SAM(ACNT,'TOTAL');
```

3.6.5 初始值赋值

程序执行前，每个变量必须有初始值，所以先要给变量赋予初始值，如果不赋值，缺省值为零。程序求解变量数值时，先从这个初始值开始，初始值一般是用基础数据根据模型理论计算获得。准备求解的变量必须在变量名字后面加上一个大写字母的后缀 ".L"，如果后缀是 ".FX"，该数值就被固定了，这时变量就变成了参数，即由外生确定，如下所示。

```
PARAMETERS
 ====== The following parameters are used to define initial values of ===
model variables.
 P0(C), PA0(A), Q0(C), QA0(A), QF0(F,A), QH0(C,H), WF0(F), YF0(H,F),
YH0(H);

 ========== PRODUCTION AND COMMODITY BLOCK ==========
 P0(C) = 1;
 PA0(A) = 1;
 WF0(F) = 1;
 Q0(C) = SAM('TOTAL',C)/P0(C);
 QA0(A) = SAM('TOTAL',A)/PA0(A);
 QF0(F,A) = SAM(F,A)/WF0(F);
 alpha(F,A)= SAM(F,A) / SUM(FP, SAM(FP,A));
 ad(A) = QA0(A) / PROD(F, QF0(F,A)××alpha(F,A));
 theta(A,C)= (SAM(A,C)/P0(C)) / QA0(A);

 ==================== INSTITUTION BLOCK====
 QH0(C,H)  = SAM(C,H)/P0(C);
YF0(H,F) = SAM(H,F);
 YH0(H) = SAM('TOTAL',H);
 beta(C,H) = SAM(C,H)/SUM(CP, SAM(CP,H));
 shry(H,F) = SAM(H,F)/SAM('TOTAL',F);

 ================ SYSTEM CONSTRAINT BLOCK=====
cwts(C) = SUM(H, SAM(C,H)) / SUM((CP,H), SAM(CP,H));
 cpi    = SUM(C, cwts(C)×P0(C));
 qfs(F) = SAM(F,'TOTAL')/WF0(F);

 =============== INITIALIZING ALL VARIABLES======
 P.L(C) = P0(C);
 PA.L(A) = PA0(A);
 Q.L(C) = Q0(C);
 QA.L(A) = QA0(A);
 QF.L(F,A) = QF0(F,A);
 QH.L(C,H) = QH0(C,H);
 YF.L(H,F) = YF0(H,F);
 WF.L(F) = WF0(F);
 YH.L(H) = YH0(H);
```

3.6.6　模型运行

对上述所有程序组成的模型宣称 MODEL，并取名，如下方代码中所示的 CGE1、CGE2。先输入指令 MODEL，然后在指令后加模型名字。以"/ALL/"表示所有前面叙述的指令和设置。如果程序中一些等式不需要执行，就将需要执行的等式放在斜杠内，如 CGE2 里面仅包含 10 个等式，不执行等式"PADEF"。

使用指令 solve，在指令后加模型名字，用"using"来指示要用哪个算法来解，这里用"mcp"。

```
MODEL
      CGE1 Simple CGE model /ALL/
  ;
solve CGE1 using mcp
  ;

Model CGE2 /
------- Production block---
    PRODFN, FACDEM, OUTPUTFN
------ Institution block-----
  FACTTRNS, HHDINC, HHDEM
--------System constraint block ----
  FACTEQ, COMEQ1, COMEQ2, PNORM
/;
solve CGE2 using mcp
  ;
```

参 考 文 献

霍尔斯，曼斯博格. 2009. 政策建模技术:CGE 模型的理论与实现[M]. 李善同，段志刚，胡枫，译. 北京: 清华大学出版社.

李善同，何建武. 2010. 中国可计算一般均衡模型及其应用[M]. 北京: 经济科学出版社.

张欣. 2010. 可计算一般均衡模型的基本原理与编程[M]. 上海: 格致出版社.

Lofgren H. 1999. Exercises in general equilibrium modeling using GAMS[R]. Washington D.C.: International Food Policy Research Institute.

第 4 章

CGE 模型：模型应用

本章主要以中国环境保护税（以下简称环保税）为例，介绍 CGE 模型的应用。《中华人民共和国环境保护税法》（以下简称《环境保护税法》）于 2018 年 1 月 1 日开始实施，其环境经济效益还存在争议。基于多区域 CGE 模型，我们从国家、部门、区域层面及短寿命大气污染物和 CO_2 协同减排方面综合考虑中国环保税的影响，定量分析环保税对各地区和部门多种大气污染物排放的影响及对经济的作用。本章内容可进一步参考 Hu 等（2020，2019）。

4.1 环境 CGE 模型数据基础

CGE 模型的经济类数据主要基于 SAM，本章的 SAM 基于中国 2007 年的 30 个区域（西藏、中国香港、中国澳门、中国台湾地区缺少数据）的非竞争性投入产出表，以及其他 2007 年的统计数据（包括《中国统计年鉴》《中国财政年鉴》《中国税务年鉴》等）构成。模型中其他的弹性参数、动态模拟数据主要基于目前已有研究的相关数据。

本章基于 CGE 模型试图分析针对大气污染物排放征税的相关政策，因此需要明确每个经济部门各类大气污染物的排放，包括二氧化硫（ sulfur dioxide，SO_2 ）、氮氧化物（ nitrogen oxides，NO_x ）、颗粒物（ particulate matter，PM ）、一氧化碳（ carbon monoxide，CO ）、挥发性有机物（ volatile organic compound，VOC ）、有机碳（ organic carbon，OC ）、氨（ ammonia，NH_3 ）、黑碳（ black carbon，BC ）及 CO_2。本节所研究的短寿命大气污染物包括 SO_2、NO_x、总悬浮微粒（ total suspended particles，TSP ）、可吸入颗粒物（ particulate matter 10，PM_{10} ）、细颗粒物（ particulate matter 2.5，$PM_{2.5}$ ）、CO、VOC、OC、NH_3 和 BC。本节研究主要结合 2007 年的 30 个区域的能源平衡表和北京大学排放清单[①]，将网格化的排放清单根据格点所在的区域投射、合并到相应的地区。大气污染物排放清单按照部门主要分为：能源燃烧（电力行业、石油化工、钢铁制造等）、工业过程、农业活动、交通和居民活动五大类。将这五大类的排放结合能源使用的数据可以得到每个地区各个部门的大气污染物排放数据。

[①] http://inventory.pku.edu.cn/home.html。

关于环保税的分析，本章基于 2007 年的基础数据动态模拟到 2018 年，然后将 2018 年开始实施的《环境保护税法》代入模型中进行政策冲击；而关于税收中性改革的双重红利分析则从 2018 年开始税收冲击，观察短期（到 2020 年）的税收作用；在分析环保税、碳税及关税政策组合的研究中，对已经实施的环保税，冲击时间从 2018 年开始计算，对未实施的税收，假设碳税从 2020 年开始实施，关税也是模拟 2020 年冲击的情况，然后分析各项税收在 2020 年的综合效应。

本章基于多区域多部门的 CGE 模型，来探究环保税将如何影响区域短寿命大气污染物的排放及对 CO_2 的协同减排效应，旨在模拟在环保税的冲击下，短期市场的宏观经济活动变化，因此没有考虑长期的技术进步问题（如末端治理等），技术进步仅体现在全要素生产率上。

4.2 CGE 模型设置和税率情景设计

《环境保护税法》第十二条规定："下列情形，暂予免征环境保护税：（一）农业生产（不包括规模化养殖）排放应税污染物的；（二）机动车、铁路机车、非道路移动机械、船舶和航空器等流动污染源排放应税污染物的；（三）依法设立的城乡污水集中处理、生活垃圾集中处理场所排放相应应税污染物，不超过国家和地方规定的排放标准的；（四）纳税人综合利用的固体废物，符合国家和地方环境保护标准的；（五）国务院批准免税的其他情形。"尽管不对农业和交通运输部门征税，但这些部门在 CGE 模型中与其他部门的相互作用会间接为减排做出贡献。

《环境保护税法》第九条规定："每一排放口或者没有排放口的应税大气污染物，按照污染当量数从大到小排序,对前三项污染物征收环境保护税。"污染当量是一种在污染物排放量的基础上，进一步衡量污染物的危害性和治理污染物的公共成本的计量单位。污染物当量数等于污染物排放量除以其对应的污染当量值，如表 4-1 所示。根据各污染物的排放量和污染当量值得到各个地区污染物当量数，得出大部分地区的前三大大气污染物均为

表 4-1 部分大气污染物污染当量值

大气污染物	污染当量值/千克	大气污染物	污染当量值/千克
SO_2	0.95	玻璃棉尘	2.13
一般性粉尘	4.00	烟尘	2.18
CO	16.70	NH_3	9.09
硫酸雾	0.60	氯苯类	0.72
汞及其化合物	0.0001	硝基苯	0.17
炭黑尘	0.59	丙烯腈	0.22
石棉尘	0.53	氯乙烯	0.55
玻璃棉尘	2.13	光气	0.04
NO_x	0.95		

资料来源：《环境保护税法》附表 2

SO_2、NO_x 和 CO,江西和海南的 PM_{10} 的污染当量数大于 CO,但该计算过程采取的污染当量值都是按烟尘的当量值 2.18 计算的,而 PM_{10} 也包含一般性粉尘,其当量值为 4.00,所以最后的实际结果可能更小。因此,研究对象是根据每个地区的 SO_2、NO_x 和 CO 的污染当量征收的环保税。为了确保该假设的有效性,我们也评估了当税收作用于 SO_2、NO_x、CO 和 PM_{10} 四种污染物的结果。

为了评估现今环保税的减排效果,我们将目前的税收政策,即不同地区针对不同污染物的环保税税率,与法律规定的最小和最大税率进行了比较,设置了以下四种情景。

(1)基准情景(business as usual,BAU):没有环保税政策。

(2)各地区均征收 1.2 元/千克的环保税(environment pollution tax-1.2,EPT-1.2)情景。

(3)各地区当前正在实施的环保税(environment pollution tax-current,EPT-current)情景。

(4)各地区均征收 12 元/千克的环保税(environment pollution tax-12,EPT-12)情景。

根据环保税税目税额表,大气污染物的税额为 1.2 元至 12 元。在当前各个地区实施的环保税中,京津冀地区的税率是最高的,北京达到 12 元/千克。山东、上海、江苏地区的税率也相对较高。相较而言,我国东北与西北地区的税率较低,在 1.2~2 元/千克。

环保税是基于污染当量,以从量税的形式纳入 CGE 模型中。污染物的污染当量乘以税率 t 就可得到总的税收(Arıkan and Kumbaroğlu,2001)。当前环保税由地方政府征收,用于地方财政支出。

污染物排放总量由燃烧排放(E)和企业生产过程排放(P)构成。因此税收的作用也分为能源燃烧排放部分的税收(TAXE)和生产过程引起排放的税收(TAXP)。针对环保税作用的 SO_2、NO_x 和 CO 三种污染物,总税额等于三种税额的总和,具体计算等式为

$$TAXE_{R,C} = E_{R,C,SO_2} \times t_{R,C,SO_2} + E_{R,C,NO_x} \times t_{R,C,NO_x} + E_{R,C,CO} \times t_{R,C,CO} \tag{4-1}$$

$$TAXP_{R,C} = P_{R,C,SO_2} \times t_{R,C,SO_2} + P_{R,C,NO_x} \times t_{R,C,NO_x} + P_{R,C,CO} \times t_{R,C,CO} \tag{4-2}$$

然后,将税额转化成从价税的形式加入生产模块中,即

$$te_{R,C} = TAXE_{R,C}/QEE_{R,C} \tag{4-3}$$

$$tp_{R,C} = TAXP_{R,C}/QQ_{R,C} \tag{4-4}$$

式中,te 是由能源燃烧产生排放的税率;QEE 是生产中的能源需求量。征收环保税后,生产模块中,能源投入的价格变为 $(1+te) \times PEE$,其中 PEE 是生产中的能源价格。tp 是由工业过程产生排放的税率;QQ 是总产量。假设工业排放的污染物与生产量成比例变化,那么在环保税作用下,生产价格变为 $(1+tp) \times PQ$,其中 PQ 是商品消费价格。

环保税会直接影响化石能源使用和生产成本,引起整个市场的供给需求及最终消费发生变化(Guo et al.,2014),同时也伴随着能源结构和企业生产技术的调整,从而影响污染物排放。

4.3　环保税对经济和环境的作用效果

4.3.1　中国污染物排放和 GDP 对环保税的响应

不同环保税情景下我国 2018 年大气污染物排放和 GDP 的百分比变化如图 4-1 所示，不同税率的环保税对污染物排放和 GDP 影响的绝对变化量，见表 4-2。结果表明，在所有情景下，环保税对 SO_2 和 NO_x 的减排作用最明显。这是因为环保税主要由 SO_2 和 NO_x 排放量较大的部门承担，这些部门的税收更重，因而减排强度也更高。

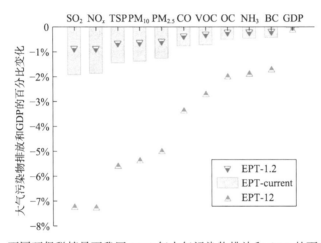

图 4-1　不同环保税情景下我国 2018 年大气污染物排放和 GDP 的百分比变化

表 4-2　不同税率的环保税对污染物排放和 GDP 影响的绝对变化量

变量	EPT-1.2	EPT-current	EPT-12
SO_2	–15.3 万吨	–32.5 万吨	–127.2 万吨
NO_x	–18.8 万吨	–38.6 万吨	–156.1 万吨
TSP	–15.6 万吨	–33.1 万吨	–131.6 万吨
PM_{10}	–5.8 万吨	–12.2 万吨	–49.0 万吨
$PM_{2.5}$	–3.2 万吨	–6.8 万吨	–27.7 万吨
CO	–54.3 万吨	–112.0 万吨	–498.0 万吨
VOC	–0.01 万吨	–0.02 万吨	–0.09 万吨
OC	–0.08 万吨	–0.18 万吨	–0.70 万吨
NH_3	–0.05 万吨	–0.12 万吨	–0.48 万吨
BC	–0.12 万吨	–0.26 万吨	–1.07 万吨
GDP	–34.4 亿元	–92.0 亿元	–341.9 亿元

EPT-current 情景下，会产生 32.5 万吨的 SO_2 减排，以及 38.6 万吨的 NO_x 减排，这些减排主要来自电力部门和非金属制造部门，后文会进一步探讨。TSP 和 PM 也有较大的减排量，TSP、PM_{10} 和 $PM_{2.5}$ 的减排量分别为 33.1 万吨、12.2 万吨和 6.8 万吨。但环保税对

CO、VOC、OC、NH_3 和 BC 的排放控制作用有限，这些污染物在 2018 年的减排率的绝对值都低于 1%，主要是因为它们的排放源受环保税的影响很小或者只受到间接的影响。

将 EPT-current 与 EPT-12、EPT-1.2 相比较，可以看出，EPT-current 情景下的污染物减排量大约是 EPT-1.2 情景下的两倍、是 EPT-12 情景下的 1/4 至 1/3。由此说明我国目前的环保税有一定的减排作用，且依旧存在很大的减排潜力。

环保税的实施会对 GDP 产生负面影响，用支出法将 GDP 分解为居民消费、政府消费、投资、出口及进口。不同环保税情景下，居民消费、政府消费、投资、净出口的相对变化量与百分比变化如表 4-3 所示。环保税的引入会提高国内产品价格，从而抑制居民消费和投资。国内产品价格上升一方面会减少国内需求，进而企业对进口商品的需求也减少；但进口价格相对较低会推动进口的增加，最终进口变化为二者共同作用的结果。研究结果显示，最终进口商品会减少，且减少的比例大于出口。环保税收作为政府的收入，会促进政府的消费，从而抵销一部分经济损失。虽然征收环保税会损失 GDP，但 GDP 变化的比例很小，在最大的环保税率下，GDP 变化的绝对值在 0.5%左右。

表 4-3　不同环保税情景下居民消费、政府消费、投资、净出口的
相对变化量与百分比变化（单位：亿元）

GDP 构成	BAU	EPT-1.2	EPT-current	EPT-12
居民消费	4548.5	4544.3（−0.09%）	4536.8（−0.26%）	4506.8（−0.92%）
政府消费	717.3	718.7（0.19%）	721.1（0.52%）	730.2（1.79%）
投资	2686.5	2685.1（−0.05%）	2682.5（−0.15%）	2672.5（−0.52%）
净出口	16.6	16.6（0.07%）	16.7（0.25%）	16.8（0.92%）

注：无括号数字为相对变化量。括号内数字为百分比变化，其数值为与 BAU 情景相比的变化率

4.3.2　部门污染减排及潜力

2018 年 BAU 情景下各个部门对各大气污染物排放的相对贡献如表 4-4 所示。SO_2 排放主要来源于非金属制造业（含钢铁和非金属材料部门等）及电力、热力生产和供应业，这两个部门的 SO_2 排放分别占总排放的 37.6%和 35.4%。近年来由于中国采用低 NO_x 燃烧技术，NO_x 排放主要来自电力、热力生产和供应业（37.1%）和非金属制造业（17.2%），同时运输业也对 NO_x 排放有较大贡献（14.6%）。TSP 和 PM_{10} 最大的来源行业均是非金属制造业，非金属制造业对 TSP 排放的贡献率为 46.1%，对 PM_{10} 排放的贡献率为 36.4%，对 $PM_{2.5}$ 排放的贡献率为 28.4%。在不考虑居民排放的情况下，电力、热力生产和供应业也对 TSP、PM_{10} 和 $PM_{2.5}$ 排放有较高贡献率，分别为 22.4%、22.0%和 19.5%。BC 和 OC 的排放也主要来源于工业，包括石油化工业（对 BC 排放贡献率为 41.6%，对 OC 排放贡献率为 28.7%）和非金属制造业（对 BC 排放贡献率为 20.7%，对 OC 排放贡献率为 22.3%）。石油化工业对 VOC 的排放贡献也很大（47.6%）。对于 CO 而言，金属制造业是其最大的来源，占总排放量的 55.5%（不包括居民和生物质排放）。除了居民和生物质的大量排放外，NH_3 还来自石油化工业和运输业。

表 4-4 2018 年 BAU 情景下各个部门对各大气污染物排放的相对贡献

部门	SO₂	NOₓ	TSP	PM₁₀	PM₂.₅	CO	OC	BC	NH₃	VOC
农、林、牧、渔、水利业	0.2%	1.7%	0.5%	1.2%	2.1%	0.6%	9.1%	3.3%	4.7%	13.9%
采矿业	3.1%	3.5%	1.7%	1.6%	1.7%	1.9%	0.9%	0.5%	0.6%	2.5%
轻工业	2.0%	2.0%	1.1%	1.0%	1.0%	1.4%	0.5%	0.2%	0.3%	7.0%
石油化工业	8.9%	8.7%	7.7%	11.1%	12.7%	9.1%	28.7%	41.6%	26.4%	47.6%
非金属制造业	37.6%	17.2%	46.1%	36.4%	28.4%	12.8%	22.3%	20.7%	10.8%	3.8%
金属制造业	9.5%	13.3%	18.4%	22.4%	28.6%	55.5%	3.8%	0.8%	1.6%	1.7%
机械制造业	0.7%	0.7%	0.3%	0.3%	0.4%	0.4%	0.2%	0.2%	0.2%	3.8%
其他制造业	0.1%	0.1%	0.1%	0.1%	0.1%	0.1%	0.0%	0.0%	0.0%	0.0%
电力、热力生产和供应业	35.4%	37.1%	22.4%	22.0%	19.5%	2.6%	3.2%	1.3%	3.5%	0.3%
建筑业	0.6%	0.7%	0.2%	0.2%	0.3%	0.2%	0.3%	0.3%	0.3%	7.7%
运输业	0.8%	14.6%	0.6%	1.4%	2.2%	13.8%	5.3%	18.6%	45.6%	9.9%
其他服务业	1.1%	0.4%	0.9%	2.3%	3.0%	1.6%	25.7%	12.5%	6.0%	1.8%

注：因环保税作用在企业，本节仅考虑税收对企业的影响，未计算其对居民排放的间接影响

EPT-current 情景下各个污染物在不同部门的减排情况如表 4-5 所示。PM、SO₂ 及 NOₓ 在电力、热力生产和供应业和非金属制造业减排量较大，因为这两个部门排放的 SO₂ 和 NOₓ 较多，会承担较高的税收。因此，这些部门会更多地减少生产和能源消费以减轻税收负担。其他有相同排放源的污染物（如 PM₁₀ 和 PM₂.₅）也会有较大的减排量。CO 则在金属制造业有较大减排量。VOC 的减排大部分来自石油化工业和轻工业。BC 和 OC 减排主要来源于非金属制造业与石油化工业。相较而言，环保税对 NH₃ 的影响最小，因为在北京大学排放清单中，NH₃ 排放没有考虑农业源，而主要考虑了石油化工业和运输业。当前《环境保护税法》规定"机动车、铁路机车、非道路移动机械、船舶和航空器等流动污染源排放应税污染物的"暂予免征环保税，并且石油化工业产量减少有限，因此整个过程对 NH₃ 排放的影响很小。

表 4-5 EPT-current 情景下各个污染物在不同部门的减排量（单位：万吨）

部门	SO₂	NOₓ	TSP	PM₁₀	PM₂.₅	CO	OC	BC	NH₃	VOC
农、林、牧、渔、水利业	0	0.01	0.01	0.01	0.01	0.07	0.28	0.11	0.11	0.34
采矿业	1.09	0.90	0.87	0.31	0.17	3.97	0.50	0.43	0.23	0.90
轻工业	0.94	0.71	0.76	0.26	0.14	3.61	0.43	0.28	0.17	5.44
石油化工业	0.69	0.52	0.70	0.34	0.21	3.17	2.48	6.27	1.58	6.30
非金属制造业	5.71	2.26	9.37	2.88	1.22	11.70	6.16	10.30	2.04	1.43
金属制造业	2.03	1.77	3.39	1.48	0.97	33.60	1.23	0.54	0.43	0.54
机械制造业	0.23	0.17	0.17	0.06	0.04	0.73	0.13	0.15	0.07	2.13
其他制造业	0.04	0.03	0.03	0.01	0.01	0.14	0.02	0.02	0.01	0
电力、热力生产和供应业	21.00	16.60	18.60	7.08	3.32	8.25	3.38	2.59	2.64	0.26
建筑业	0.08	0.06	0.03	0.02	0.01	0.09	0.06	0.14	0.04	1.11
运输业	0.03	0.46	0.03	0.03	0.02	4.81	0.35	2.24	2.89	0.92
其他服务业	0.02	0	0.02	0.02	0.01	0.13	0.63	0.54	0.12	1.37

4.3.3 中国各地区污染物减排潜力

从各地区 SO_2、NO_x、CO 的初始排放量来看，北京、天津、河北、山西、山东和广东的排放量较大。不同政策情景下各地区 SO_2、NO_x 和 CO 减排百分比如表 4-6 所示。

表 4-6 不同政策情景下各地区 SO_2、NO_x 和 CO 减排百分比

地区	SO_2			NO_x			CO		
	EPT-1.2	EPT-current	EPT-12	EPT-1.2	EPT-current	EPT-12	EPT-1.2	EPT-current	EPT-12
北京	0.4%	4.1%	3.9%	0.1%	1.4%	1.2%	0.1%	1.3%	1.0%
天津	0.2%	1.1%	2.0%	0.2%	1.0%	1.8%	0.1%	0.5%	0.9%
河北	0.5%	3.7%	4.3%	0.5%	4.0%	4.7%	0.2%	1.6%	1.7%
山西	0.3%	0.4%	2.8%	0.3%	0.5%	3.1%	0.2%	0.4%	2.4%
内蒙古	0.3%	0.3%	3.0%	0.4%	0.3%	3.4%	0.1%	0.1%	1.0%
辽宁	0.5%	0.5%	4.3%	0.5%	0.5%	4.6%	0.2%	0.2%	1.6%
吉林	0.8%	0.8%	7.5%	0.8%	0.8%	7.4%	0.4%	0.3%	3.8%
黑龙江	0.6%	0.8%	5.0%	0.5%	0.7%	4.3%	0.3%	0.4%	2.5%
上海	0.1%	0.9%	1.4%	0.1%	0.4%	0.6%	0.1%	0.4%	0.5%
江苏	0.3%	1.3%	3.1%	0.5%	1.8%	4.3%	0.1%	0.6%	1.4%
浙江	1.0%	1.1%	8.2%	1.0%	1.2%	8.6%	0.4%	0.4%	3.2%
安徽	0.4%	0.4%	3.8%	0.5%	0.5%	4.6%	0.2%	0.2%	2.0%
福建	0.8%	0.7%	6.8%	0.7%	0.6%	5.9%	0.4%	0.3%	3.5%
江西	1.7%	1.7%	12.9%	2.2%	2.1%	16.0%	0.4%	0.3%	3.1%
山东	0.5%	2.3%	4.6%	0.4%	2.1%	4.1%	0.2%	0.8%	1.8%
河南	0.5%	1.9%	4.3%	0.5%	2.1%	4.9%	0.2%	0.6%	1.9%
湖北	1.2%	2.3%	9.5%	1.3%	2.4%	10.2%	0.4%	0.6%	3.2%
湖南	0.7%	1.4%	6.4%	0.8%	1.6%	7.2%	0.3%	0.6%	2.7%
广东	0.6%	0.9%	5.6%	0.4%	0.6%	3.8%	0.4%	0.5%	3.3%
广西	1.8%	2.6%	13.1%	1.7%	2.5%	12.2%	0.5%	0.4%	3.8%
海南	3.3%	6.2%	20.4%	1.3%	2.4%	8.0%	0.4%	0.8%	2.9%
重庆	0.8%	2.2%	6.8%	0.8%	2.2%	6.8%	0.3%	0.9%	2.9%
四川	0.5%	1.6%	4.7%	0.5%	1.6%	4.6%	0.2%	0.6%	1.7%
贵州	0.8%	1.5%	6.9%	0.8%	1.5%	7.2%	0.5%	0.9%	4.5%
云南	1.9%	1.8%	13.5%	1.9%	1.9%	13.8%	0.4%	0.4%	3.5%
陕西	0.5%	0.3%	4.3%	0.5%	0.4%	4.8%	0.2%	0.1%	2.0%
甘肃	0.9%	0.9%	7.6%	0.9%	0.9%	8.2%	0.2%	0.2%	2.2%
青海	0.8%	0.7%	6.6%	0.8%	0.7%	6.5%	0.2%	0.2%	2.0%
宁夏	1.0%	1.0%	8.7%	1.1%	1.0%	9.4%	0.5%	0.4%	4.7%
新疆	1.9%	1.8%	14.2%	1.2%	1.1%	9.7%	0.9%	0.8%	8.6%

注：表中不同灰度代表污染物减排程度。灰度越高说明减排程度越高

在全国各地区税率一致的条件下（EPT-1.2 和 EPT-12），提高税率可以减少污染物排放，但是对减排的空间分布影响很小，即经济规模较大的地区（如广东、山东、浙江、河北）减排量较大，因为这些地区的经济活动导致的初始排放量较大。北京和上海虽然地区生产总值较高，但其服务业占比较高，初始排放强度较小，由环保税产生的减排量也较小。广

西、江西、云南和新疆虽然初始排放量不大，但是这些地区的排放强度较大，因此税率较高，在环保税作用下也会有较大的减排量。税率是根据生产每单位产出导致的污染物排放量计算的，也等同于排放系数。因此高的排放系数导致较高的税率，从而导致较大的减排量。

　　EPT-current 和 EPT-1.2 的减排分布类似。河北、山东、河南、四川、湖南在 EPT-current 情景下的减排幅度比在 EPT-1.2 情景下大很多，因为这些地区当前的税率较高。其中，河北在 EPT-current 下的减排量最大，其 SO_2、NO_x 和 CO 减排量分别为 6.7 万吨、6.8 万吨及 21.1 万吨。

　　在 EPT-12 情景下，经济体量较大的地区会有更高的减排潜力，如广东、山东和浙江。此外，排放系数较大的地区也会有更大的减排，如新疆、广西、江西和云南。但北京和天津的减排潜力很小，因为它们目前已经是最高税率。当所有地区都将环保税价格提升至 12 元/千克时，北京的空气污染反而可能会加重，这种现象是一种类似于"碳泄漏"的污染物排放泄漏。

　　除了地区的减排，本节还模拟了税收从 2 元/千克逐步提升至 12 元/千克时（分别是 2 元/千克、4 元/千克、6 元/千克、8 元/千克、10 元/千克、12 元/千克），SO_2、NO_x、CO 减排潜力。其中，经济规模较大的地区，如广东、浙江、山东和河北，以及排放系数较大的地区，如广西、江西和新疆，都具有较大的减排潜力。CO 则略有不同，新疆的 CO 减排量明显高于其他地区，而云南的 CO 减排量则低于其他污染物。此外，所有的污染物减排量随着环保税税率的上升大致呈线性变化的趋势，但不同地区的线性变化程度有所差异，其中排放总量较大的广东、河北及排放系数较大的新疆的线性变化趋势相对明显，因为这些地区受环保税的影响更大。而上海、北京、天津、海南则因其较低的排放强度或排放量，其减排量受环保税税率影响不大。

4.3.4　环保税对 CO_2 的协同减排效应

　　由于部分短寿命大气污染物和 CO_2 具有相似的排放源，对污染物的控制同时会减少 CO_2 的排放，为减缓气候变暖带来协同效益。这部分效益可以抵销一部分环保税实施的成本。在 EPT-current 情景下，CO_2 在 2018 年的减排为 21.2 万吨。而在 EPT-1.2 和 EPT-12 情景下，CO_2 减排量分别为 9.7 万吨和 80.5 万吨。

　　总体来看，CO_2 的减排比例大于其他短寿命大气污染物。这是因为受环保税影响较大的部门（如电力、热力生产和供应业）对 CO_2 排放量的贡献比例大于其他短寿命大气污染物。BC 和 NH_3 的变化量与 CO_2 的变化量有较大的不同，因为这几种污染物排放的主要来源不同。从不同部门的 CO_2 减排量来看，CO_2 的减排绝大部分来源于电力、热力生产和供应业。非金属制造业和金属制造业对 CO_2 减排也有一定的贡献，在 EPT-current 情景下，这两个部门分别减少了 1.7 万吨和 1.6 万吨的 CO_2 排放。

　　环保税对 CO_2 减排的空间分布与短寿命大气污染物类似。CO_2 减排量较大的地区为河北、山东、河南和江苏。与短寿命大气污染物略有不同，随着税收的增加，CO_2 在广东、浙江、山东和河北等经济规模较大，以及广西、江西等排放系数较高的地区有更大的减排潜力。

4.4 应用案例主要结论

本章基于中国 30 个区域的 CGE 模型，探讨了中国环保税对大气污染物排放与经济的影响。应用案例结果发现，当前税收政策对污染物的减排效果有限（所有污染物在 2018 年的减排均在 2% 以下），提升税收价格至最高环保税标准（12 元/千克）的政策能将目前减排潜力提升 3~4 倍。因此，要实现我国大气污染治理的目标，必须出台更为强劲的税收政策，或者与其他环境政策措施相结合。

对于经济规模较大的地区（如广东、山东、浙江和河北），以及包含较多 SO_2 密集型和 NO_x 密集型产业的地区（如新疆）而言，环保税政策对其减排量影响较大，它们自身的减排潜力也较大。因此，这些地区应该对空气污染减排做出更大的贡献。

环保税政策下，污染物（尤其是 SO_2、NO_x 和 PM）减排主要源于电力、热力生产和供应业，非金属制造业及金属制造业部门化石能源使用的减少。因而，优先加强控制这些部门化石能源的使用对全国空气污染物和 CO_2 减排至关重要。

由于部分短寿命大气污染物和 CO_2 排放具有同源性，环保税的征收会同时减少 CO_2 的排放，为减缓气候变暖带来协同效益，这部分效益可以抵消部分环保税成本。因此，政策制定者应当充分考虑不同政策的协同减排效益，以更小的成本达到更大的环境和健康收益。

此外，环保税实施还存在其他间接作用。虽然环保税的征税对象剔除了农业和交通移动源，并且仅对各地区的前三大污染物的排放征税，但是在经济市场中，部门之间的相互关联会使环保税波及所有部门，影响几乎所有类型的空气污染物（包括 PM、BC、OC、VOC 和 NH_3 等）的排放。因此，决策者应识别《环境保护税法》的直接和间接影响，综合评估，以达到更大的减排效益。

参 考 文 献

Arıkan Y, Kumbaroğlu G. 2001. Endogenising emission taxes: a general equilibrium type optimisation model applied for Turkey[J]. Energy Policy, 29(12): 1045-1056.

Guo Z Q, Zhang X P, Zheng Y H, et al. 2014. Exploring the impacts of a carbon tax on the Chinese economy using a CGE model with a detailed disaggregation of energy sectors[J]. Energy Economics, 45: 455-462.

Hu X R, Liu J F, Yang H Z, et al. 2020. Impacts of potential China's environmental protection tax reforms on provincial air pollution emissions and economy[J]. Earth's Future, 8(4): e2019EF001467.

Hu X R, Sun Y N, Liu J F, et al. 2019. The impact of environmental protection tax on sectoral and spatial distribution of air pollution emissions in China[J]. Environmental Research Letters, 14(5): 054013.

第 5 章

DSGE 模型：理论基础

科学的每一次大发展都产生于新的大胆设想。

—— 约翰·杜威（John Dewey）

DSGE 模型并不是指一成不变的一个模型或者一类模型，而是一种针对不同具体问题所构建的宏观经济学分析框架或方法。DSGE 模型是现代主流宏观经济理论的基本研究范式，不仅在学术领域占据主导地位，也在政策分析和经济预测领域中发挥巨大作用。近年来，宏观经济研究论文中采用 DSGE 模型的例子可谓不胜枚举，其国内外研究成果也越来越丰富。

5.1　DSGE 的基本概念

一般来说，DSGE 模型具有三大特征：一是动态特性，模型中各经济主体基于其偏好、预算约束等求解跨期最优化问题，从而探讨各经济变量如何随时间变化而变化的动态性质；二是随机不确定性，模型中可设定多种随机冲击，以刻画现实经济活动中的各种不确定性因素；三是一般均衡，模型的稳态满足一般均衡条件，所有市场同时出清，从而得以分析各经济主体与经济变量之间的相互联系和相互影响。

在国内，以刘斌为代表的研究者出版了多本 DSGE 模型的专著和译著，开国内 DSGE 理论研究之先河；国外入门级的 DSGE 专著主要包括 Galí（2008）、Galí（2015）、McCandless（2008）、Torres（2020），其中尤以霍尔德·加利（Jordi Galí）的研究专著最为经典。DSGE 模型的发展不仅得益于理性预期、动态优化及一般均衡分析的革命性进展，还在于其将经济增长、经济波动等宏观经济现象的分析框架建立在微观经济行为基础之上，也就是说 DSGE 模型是具有微观经济理论基础的宏观经济分析模型，这是优于传统计量经济模型的（刘斌，2008）。

一般来说，DSGE 模型有三方面的作用，即讲故事（story-telling）、政策实验（policy experiments）和经济预测（economic forecasting），这三者相辅相成、不可分割（del Negro and Schorfheide，2013）。构建符合现实的理论模型，以此探讨各经济变量之间的相互作用与联动关系，此谓"讲故事"；"政策实验"需要依托于设定良好的模型，考察不同经济政策对实际经济运行造成的影响；"经济预测"的准确性是检验模型设定是否合理的评判标准之一，更好的经济预测手段可以让政府及早发现经济问题，及时采取合适的经济政策，从而更好地稳定经济。

5.2　DSGE 的"乌托邦"

DSGE 模型最早可追溯至 Kydland 和 Prescott（1982）提出的实际经济周期（real business cycle，RBC）模型，Galí（2017）将 RBC 模型称为 DSGE 模型的"乌托邦"，而 Blanchard（2016）将其视为没有包含任何扭曲和摩擦的最早版本的 DSGE 模型，即在具有完全弹性价格和完全竞争市场的宏观经济系统中考察外生技术冲击对经济增长的传导影响。随后，在 RBC 模型中加入各种经济主体的微观决策行为、各种摩擦（如价格黏性、工资黏性等）和各种外生冲击，就会形成新凯恩斯（new Keyensian，NK）模型，它被看作初级版的 DSGE 模型。总的来说，作为"乌托邦"的 RBC 模型对 DSGE 模型的产生和发展起着奠基性作用，而包含各种扭曲、外生冲击的复杂 DSGE 模型可看作中大规模的 NK 模型。

5.2.1　实际经济周期模型

经济周期现象是指产出围绕其长期变动趋势周期波动的现象，同时重要的宏观经济变量之间也会呈现出规律性波动，如 GDP 与消费、就业、投资等。在一般经济模型中，随着人口、资本和可获得技术的进步，产出会随时间的推进而增长，在经典的索罗增长模型中，经济趋近于一种稳定状态，大多数经济变量按不变的技术进步率所决定的速率同时增长。但是，现实中经济增长过程真的这样稳定吗？为了解实际经济周期理论如何解释经济增长过程，本节借用一个著名的荒岛求生寓言故事来说明。

克鲁索是一个因船只失事漂流到荒岛求生的海员，由于他一个人在荒岛生活，考虑这个岛的经济会相对简单。通过观察克鲁索的生产消费决策及为了对变化的环境做出反应的决策如何变动，可以说明在更复杂的宏观经济中人们所面临的决策。为了使事情简化，设想克鲁索只从事少数几种活动：他把一些时间用于享受闲暇，如在岛边进行游泳等；他把其他时间用于工作，包括捕鱼和收集藤蔓来织渔网，这两种工作形式都会产生有价值的产品，鱼是克鲁索的消费，而渔网是克鲁索的投资。如果要计算荒岛上的生产总值，就可以把捕到鱼的数量和织成渔网的数量加在一起（根据某种价格加权来反映克鲁索对这两种产品的相对评价）。克鲁索可以根据自己的偏好把时间分配在游泳、捕鱼和织渔网上，假设他追求价值最大化，即给定自然带来的限制，克鲁索会选择对自己最好的闲暇、消费与投资。随着时间的推移，克鲁索的决策会随着生活中所遇到的冲击而改变。

假设有一天有一个鱼群经过这个荒岛，在克鲁索的经济中生产总值会由于两个原因而增加：一是克鲁索的生产率提高了，由于水中有大量的鱼群，每小时捕到的鱼更多了；二是克鲁索的工作时间增加了，他决定暂时减少闲暇时间，以利用不寻常的机会捕更多的鱼，因此荒岛经济处于繁荣时期。同样地，假设有一天暴风雨来了，暴风雨使室外活动变得困难和危险，克鲁索的生产率下降，每小时捕鱼和织渔网带来的边际产出减少了，那么克鲁索对此做出的决定是把较少的时间用于工作，把更多的时间用于闲暇，等待暴风雨过去。结果就是，鱼的消费和渔网的投资都减少了，生产总值也减少了，荒岛经济处于衰退时期。

这个简单的荒岛经济值得注意之处，就在于故事中，产出、就业、消费和投资的波动都是个人对其环境不可避免的变动做出的自然且合意的反应，在荒岛经济中产出波动与货币政策或任何一种市场失灵都是无关的。实际经济周期理论表达的是，现实经济中的波动与克鲁索荒岛经济中的波动大体是一样的，对生产产品与服务能力的冲击（如岛上突然的天气变化）会改变产出与就业的自然水平。

但现代工业经济中的繁荣与衰退和克鲁索岛上的波动是一样的吗？经济学家对这个问题的回答并不一致，由此对实际经济周期理论的看法也不一致，其中争论的焦点主要涉及如下四个方面。①劳动市场的解释。就业的波动反映了劳动量的自愿波动吗？②技术冲击的重要性。短期中经济的生产函数发生了重大的外生移动吗？③货币中性。货币供给的变动只有名义效应吗？④工资与价格的黏性。工资与价格可以迅速调整来达到市场供求平衡吗？无论你认为用上述寓言来比喻经济周期现象是否有道理，这四个问题的讨论对于理解 RBC 模型是有益的，也是后续 DSGE 模型建模要关注的基本问题。

对实际经济周期理论的支持者来说，RBC 模型对宏观经济理论带来的冲击主要体现在以下三个方面。①经济周期的有效性。在工业化国家中所观察到的大部分经济波动都可以被解释为在一个完全竞争和无摩擦的市场环境中，经济对实际变量的外生变化所做出的反应而导致的均衡结果。经济的周期性波动并非意味着资源配置的无效率，由标准 RBC 模型所产生的波动反而是最优的，基于此可得出一个重要推论：稳定化政策可能是不必要或不合意的，甚至可能会适得其反。这一观点与经济波动的传统解释不一致，在凯恩斯经济学中衰退被视作资源的无效率或低效率利用时期，并且可以被旨在扩张总需求的经济政策干预所终结。②技术冲击被看作经济波动的动因。在标准 RBC 模型中，技术决定了生成总产出和其他宏观经济变量"实际"波动的能力，需注意的是，实际经济周期理论采用广义的技术冲击观点，即许多事件尽管在严格意义上不是技术性的，但也像技术冲击一样影响经济，如坏天气、严厉的环境法规等。这一观点与经济波动的传统解释形成了鲜明对比，即技术变动是长期经济增长的源泉，而与短期经济周期无关。③货币因素的有限作用。就像货币在克鲁索经济中不起作用一样，实际经济周期理论假设货币是中性的，不论是在短期还是长期中，货币政策对产出和就业等实际变量不会产生影响。换句话说，RBC 模型试图在不考虑货币因素，甚至是不需要货币部门存在的情况下来解释经济波动。

RBC 模型对经济政策评估框架的影响深远，但大多数经济学家对实际经济周期理论仍持怀疑态度，认为产出与就业的短期波动偏离是因为工资和价格对变动经济状况做出的反应及调整是缓慢的，这种黏性使得总需求变化引发产出和就业的短期波动。但是，到底为什么价格是黏性的呢？新凯恩斯主义的研究试图通过考察短期价格调整背后的微观经济学来回答这个问题，随之形成了 NK 模型。

5.2.2　NK 模型

NK 模型在 RBC 模型具有的 DSGE 结构特征的基础上，增加了两个关键的假设：模型包含垄断竞争和名义刚性。名义刚性（黏性）是指名义变量，如价格或工资，在短期内不易发生变化，具有一定的黏性或刚性。名义刚性使得短期内货币政策或其他政策干预手段不再无效，反而会发挥重要作用。

短期内价格没有立即调整的一个原因是价格调整存在成本。企业为了改变自己的价格，可能需要向客户提供新的产品目录，以餐饮企业为例，经营期间需要印制菜单和价目表，如若某一道菜的价格发生变化，企业需要花成本去印制新菜单。价格调整带来的上述成本被称为菜单成本（menu costs），它使企业间断地而不是连续快速地调整价格。

经济学家对菜单成本是否能解释短期价格黏性的看法并不一致，怀疑者指出菜单成本通常是很小的，小菜单成本虽然使得价格有黏性，但如何能用来解释全社会生产部门总成本的巨大变动呢？支持者则认为小并不意味着无关紧要，尽管菜单成本对单一企业是小的，但它可以对整个经济有重大影响。根据菜单成本假设的支持者的看法，要理解价格调整缓慢的原因，就必须承认存在着价格调整的外部性，即一个企业的价格下降是有利于经济中其他企业的。当一个企业降低自身价格，可使整体物价水平略微降低，进而使得实际货币余额增加，实际货币余额的增加会扩大对所有企业产品的需求，这一传导影响也被称为总需求外部性（aggregate-demand externality）。

当存在总需求外部性时，小菜单成本就会使价格有黏性，而且这种黏性又会给社会带来很大成本。假设一个企业决定调整价格时，如考虑是否降低自身价格，该企业会比较降价带来的收益（更多的利润和销售额）与价格调整成本孰大孰小来做出决策。此时，虽然企业自身的菜单成本不大，但是由于存在总需求外部性，降价对社会整体的收益大于对企业的收益。因此，尽管降价从社会来看是合意的，企业也可能决定不支付菜单成本和降价；尽管黏性价格对整个经济是不合意的，但对制定价格的企业可能是最优的（Blanchard and Kiyotaki，1987）。

通过上述假设，NK 模型具有与 RBC 模型不同的经济和政策含义：①经济对于冲击的反应通常是无效率的；②由于存在价格黏性而导致货币政策非中性，货币当局纠正市场扭曲、增进社会福利的干预措施可对经济产生影响；③模型适用于不同货币政策的分析和比较，而不受卢卡斯批判（Lucas critique）的制约。卢卡斯批判是指传统政策分析没有充分考虑政策变动对人们预期的影响，Lucas（1976）指出由于人们对将来事态做出预期时，不但会考虑过去，还会估计现在的事件对将来自身收益的影响，并且根据他们的预期来改变现在的行为。换句话说，人们会估计当前的经济政策对将来事态的影响，并且按照估计的影响来采取对策和改变现在的行为决策，以便获取最大的利益。这种预期因素带来的行为改变会使传统模型的参数发生变化，而参数的变化又是难以衡量的，因此经济学家用传统计量经济学模型很难评估经济政策的效果。但是，新凯恩斯主义认为卢卡斯批判的有效性仅限于政策发生重大变动的情况，即当政策发生重大变动，经济模型的参数才会发生较显著的变动，卢卡斯批判才生效。然而，"斟酌使用"的政策往往发生的是微小变动，参数的变动是微不足道的，以致可以忽略不计。因此，NK 模型中不能根据卢卡斯批判而对"斟酌使用"的政策加以全盘否定。

正如上述介绍的，NK 模型吸收了新古典经济学的理性预期和微观基础，同时保持垄断竞争和价格黏性或工资黏性的设定，因此在构建 NK 模型时至少要解决两个问题。①是否存在价格或工资黏性？其存在黏性的理由是什么？②经济波动的原因是什么？然而，无论是标准形式或是复杂的扩展形式，NK 模型与 RBC 模型仍具有许多相似的核心假设。

（1）一个无限期生存的代表性家庭，在跨期预算约束下试图最大化其消费和闲暇的效用。

（2）大量厂商具有相同的、服从外生随机变动的技术。

（3）均衡具有随机过程的形式，在给定家庭和厂商的目标与约束条件下，经济中所有的内生经济变量与家庭和厂商的最优跨期决策相一致，同时所有市场达到出清状态。

很长一段时间内，NK 模型占据宏观经济模型和宏观经济分析的主流地位，至今 DSGE 模型仍然没有脱离 NK 模型的建模思路。带有扭曲和摩擦（如黏性价格、垄断竞争）设定的 NK 模型，可最终用三个关键的方程来表示，这也是 DSGE 模型的核心所在，其对数线性化[①]方程如下所示。

第一个是总需求方程，即欧拉（Euler）方程：

$$X_t = E_t X_{t+1} - \frac{1}{\sigma}(i_t - E_t \pi_{t+1} - r_t^f) \tag{5-1}$$

式中，X_t 是产出缺口；i_t 是名义利率；π_{t+1} 是通胀率；r_t^f 是自然利率，一般假设自然利率服从一阶的自回归（autoregressive，AR）过程；σ 为参数且 $\sigma > 0$。欧拉方程描述了产出缺口的决定关系。

第二个是价格调整方程，也称新凯恩斯菲利普斯曲线（new Keyensian Philips curve，NKPC）方程：

$$\pi_t = \mu X_t + \beta E_t \pi_{t+1} \tag{5-2}$$

式中，μ 是模型结构参数的函数；$\beta > 0$ 是贴现因子。NKPC 方程描述了通胀的决定关系。

第三个是货币政策规则，如常用的泰勒规则[式（5-3）]，其中 ρ_i、ϕ_π、ϕ_X 为参数且均大于 0。

$$i_t = \rho_i i_{t-1} + (1 - \rho_i)(\phi_\pi \pi_t + \phi_X X_t) + \varepsilon_{it} \tag{5-3}$$

对于欧拉方程，其最原始的含义是刻画消费与实际利率之间的关系，即消费与实际利率呈反向波动的关系，但这与许多经验研究的结论相左，也就是说在某些情况下消费和实际利率并不是负相关关系；对于简单的泰勒规则，Blanchard（2016）指出在当下非常规货币政策工具的使用和非常规宽松环境下，某一单个的政策规则已经不能满足研究和决策的需要。

---

① 关于对数线性化原理及步骤的内容，详见 5.5.2 节。

从本质上讲，DSGE 模型引入的大部分模型设定，归根结底是对上述三个方程从不同角度的拓展和修改，以提升模型对现实解释和经济数据预测的能力。

5.2.3 对于 DSGE 模型的表扬与批评

1. 表扬

学术界和金融机构在决策研究中对 DSGE 模型的广泛采用，在一定程度上说明了 DSGE 模型有其合理性，该框架在研究与实施政策组合方面具有天然的优势。Ghironi（2017）提出 DSGE 分析框架的动态属性能够帮助决策者理解不同政策长短期的效果差异，以及不同政策之间的互补或替代关系。DSGE 模型的随机属性使其具备对不确定性现象进行微观建模的基本能力，即各个行为主体的决策都基于不完全信息。此外，宏观经济学的大部分问题都可以纳入 DSGE 分析框架中。2017 年 5 月，《政治经济学》期刊（*Journal of Political Economy*，*JPE*）主编哈拉尔德·乌利希（Harald Uhlig）在"第三届思想中国论坛"上提出，当下五大宏观经济学前沿问题：科技进步与经济增长、人口老龄化与储蓄过剩、房价与金融市场、宏观经济学下的医疗保健、能源与环境经济学问题等，均可纳入 DSGE 分析框架。

同时，DSGE 模型是结构性模型，这也意味着数据的拟合要依赖于经济波动背后的基本驱动力——外生冲击，然而这些外生冲击往往是不可观测的，需要使用诸如贝叶斯估计等方法将其从数据中提取出来，并同时估计出某些结构性参数的值。在确定估计的参数值和外生冲击后，模型可用来解释过去并预测未来。除了外生冲击之外，模型中还有很多其他不可观测的变量，而这些变量却是决策者们感兴趣的，如产出缺口、自然利润率、社会福利水平等，这恰恰是传统结构模型所做不到的。

虽然 DSGE 模型已成为现代宏观经济学的主流研究框架，但是相比该模型受到的批评与质疑，其受到的表扬似乎是有限的。Blanchard（2016）认为 DSGE 模型的三个基本特征无疑是非常必要的，也是相当成功的，包括微观基础、引入各种摩擦和扭曲、多方程联立估计而非逐个估计。DSGE 模型的一大优点在于其不受卢卡斯批判的影响，因此该模型的重要贡献在于帮助识别经济周期背后的驱动力。从 RBC 模型开始，技术进步被作为经济增长和波动的主要驱动力，随后部分经济学家提出投资边际效率冲击能解释大部分经济波动（Justiniano et al.，2010；Greenwood et al.，1988）。当然也有学者提出风险冲击的解释贡献度超过投资边际效率冲击（Christiano et al.，2014）。相信随着研究的不断深入，DSGE 分析框架会带来更多更深入的认识。

2. 批评

从 2016 年开始，宏观经济学各流派对 DSGE 模型的质疑与批评可谓此起彼伏，归纳起来可大致分为两类：一类是带有否定倾向的尖锐批评，以经济学巨擘保罗·罗默（Paul Romer）、约瑟夫·斯蒂格利茨（Joseph Stiglitz）和安东·科里内克（Anton Korinek）为代表；另一类是包容性批评，在批评的同时给出改进的方向或策略，以霍尔德·加利（Jordi

Galí）、奥利弗·布兰查德（Olivier Blanchard）等为代表。英国著名统计学家乔治·博克斯（George Box）有一个著名论断，即所有模型都是错的，但有些是有用的。DSGE 模型存在缺陷已成为不争的事实，其中 Romer（2016）从两个方面对 DSGE 模型进行了批评。

　　一方面，作为 DSGE 模型的"乌托邦"，RBC 模型将经济波动归因于外生的技术冲击，其冲击不受内生变量的影响，DSGE 模型只不过是在此基础上增加更多虚拟的、无法直接观测和度量的外生冲击而已。Romer（2016）认为这是极其不合理的，认为货币政策对实体经济的影响是远大于技术冲击的，许多以往通过经验研究所得出的结论可以证明；同时指出 RBC 模型引以为豪的微观基础假设也存在漏洞，如无法从微观基础上对负向的全要素生产率冲击给出合理的经济学解释，也无法提供任何相关的理论依据。

　　另一方面，识别问题始终是 DSGE 模型无法绕过的"坎"。识别问题的根源在于模型参数的真实值无从知晓。从参数估计的技术角度来讲，无论采取何种估计方法得到的参数值总是存在争议的，同时 DSGE 模型存在一个限制条件，即引入多少虚拟外生冲击，最多可引入对应数量的观测变量，这使得识别问题更加复杂。

　　很显然，Romer（2016）的批评有一定的合理性，但其批判标准过于严苛；同样给出尖锐批评的还有 Stiglitz（2018），他特别强调 DSGE 模型的微观基础来源于简单的竞争性均衡模型，而这种模型早已被行为经济学、博弈论和信息经济学抛弃。相比上述带有否定倾向的批评，其他文献中更多是包容性批评。例如，Galí（2017）指出 DSGE 分析框架有两个太过绝对的假设：一是无限期生存的代表性家庭的基本假设，即经济系统中所有家庭都是同质的，且是可以无限期生存的；二是由外生冲击驱动的稳态和线性均衡一定存在。虽然加利对 DSGE 模型提出了质疑，但他认为这并非坏事，反而会成为该模型或技术选择向前发展的推动力。针对上述缺陷，Galí（2017）还提出可通过引入家庭异质性约束与资本流动性约束等设定来解决和完善，纽约联邦储备银行也已经着手使用更加合适的编程语言来处理参数识别和模型求解这类问题，如 Julia 和 Python 语言。

　　除上述表扬和批评外，在文献中 DSGE 模型还常常被用来和向量自回归（vector autoregression，VAR）模型进行比较。从方法论角度来讲，DSGE 模型是基于经济主体行为优化并引入各种外生冲击设定，进而求解模型均衡条件，因此其更倾向于理论建模，尝试做到"以理服人"。而 VAR 模型则是从统计学和经验分析角度建立联立方程，求解各变量之间的数理关系，其更倾向于经验建模。两种模型之间的关系常被认为是互补关系，而非竞争关系，尤其是结构向量自回归（structural vector autoregressive, SVAR）模型的研究结果和经验证据常被作为 DSGE 分析框架的建模依据。不可否认，从模型复杂程度和预测效果来看，VAR 模型一般是领先于 DSGE 模型的，但两者的差距在不断缩小。在 VAR 模型中，特别是贝叶斯 VAR 模型通过结合先验约束一般具有很好的预测效果。早期的 DSGE 模型主要用于政策分析，而非经济预测。然而，其不断提高的数据拟合能力使得 DSGE 模型具有一定的预测能力，如 del Negro 和 Schorfheide（2004）构建了一个既能用于政策分析，又有较好预测能力的 DSGE 模型。综上所示，DSGE 与 VAR 模型之间的关系决定了其各有所长，因此在后续相当长的时期内，两种建模工具将继续被广泛应用于经济学问题研究。

5.3　DSGE 模型的应用领域

DSGE 模型的发展在一定程度上推动了宏观经济学的进一步发展，近年来，该模型主要被用来研究一国的宏观经济波动问题，且多应用于金融市场、房地产及货币政策研究领域。根据 Lucas（1980）的观点，宏观经济模型研究的起点应是各参与主体的基本行为。因此，能源作为关键投入要素也被纳入 DSGE 模型来研究能源环境冲击对一国宏观经济的影响，相关分析框架被应用于能源经济学等领域。

5.3.1　金融市场的应用

金融市场的主要作用在于将闲置资金从储蓄者配置给投资者，而金融摩擦的存在使得资源传递的过程遇到障碍，金融摩擦越大，资金配置的难度与成本也会随之上升。金融市场对宏观经济波动的影响是显著的，相关金融摩擦研究也包含不同分支，金融学家通过研究金融市场结构探讨金融机构监管及系统性风险等问题，而宏观经济学家则更多关注金融摩擦对于实体经济的影响，代表性文献有 Bernanke 和 Gertler（1989）、Kiyotaki 和 Moore（1997）。2008 年金融危机过后，刻画金融冲击的文献如雨后春笋般涌现出来。Bernanke 等（1994）通过建立简单的 RBC 模型描述了借款人资产净值和代理成本（可被认为金融加速器的雏形）之间的关系。随后伯南克（Bernanke）、格特勒（Gertler）和吉尔克里斯特（Gilchrist）（后文中将三位作者合称为 BGG）在模型参数合理化条件下提出金融加速器对研究商业周期动力学有着重要的影响，信贷市场摩擦可能会显著放大各种冲击对经济波动的影响。

然而，在标准新凯恩斯 DSGE 模型里是不包含金融市场的，或者假设金融市场是完全竞争的，因此对金融市场的设计相对简单，无法详细描述不同金融机构的决策行为，自然缺少对货币政策在金融市场的传导问题的研究。随着金融创新与金融工具的迅猛发展，金融市场对实体经济的影响毋庸置疑，越来越多的学者尝试把 BGG 的金融加速器纳入 DSGE 分析框架中，金融市场不完全竞争也成了目前 DSGE 模型的主要研究方向之一（Iacoviello，2005a；Iacoviello and Neri，2010；Ng，2015；Borri and Reichlin，2018）。接下来，本节将简要介绍金融部门或金融摩擦在 DSGE 模型中的引入方式（周炎和陈昆亭，2014）。

（1）引入企业资产负债表对投资的影响效应。这依赖于一期的昂贵国家鉴定（costly state verification，CSV）随机最优债务合约。这种建模方式允许"外部融资溢价"的内生设定，外部融资溢价是指外部融资成本与内部融资机会成本之间的差额。由于借贷中存在不同代理选择，外部融资溢价会依赖于借款人的净财富，因此会放大金融冲击的效应（Bernanke et al.，1994）。

（2）引入抵押贷款。金融加速器也可以通过耐用品资产来引入 DSGE 模型，其内生的抵押约束可将借款者的信贷能力与其持有的资产价值联系起来。在经济环境良好的情况下，资产价值提高会使有融资约束的代理人扩大借款，增加消费和投资，并进一步刺激实体经济活动。反之，在经济环境不好的情况下，不利扰动会降低资产价值，进而诱发实际支出规模的下降（Kiyotaki and Moore，1997；Iacoviello，2005b）。

（3）引入金融中介。金融中介对市场价格和金融资产供给具有重要影响，金融中介在完全竞争市场或垄断竞争市场中运行。因此，可在 DSGE 模型中设定利率行为，也可通过改变市场利率条件来设置银行利率调整的异质性（Goodfriend and McCallum，2007；Christiano et al.，2007；Gertler and Kiyotaki，2010；Jermann and Quadrini，2012）。

总的来说，上述三种金融部门的引入方式使得信贷约束机制成为内生的，这是 1990～2015 年时期最重要的理论突破。随着 DSGE 模型的不断成熟，金融市场的研究开始向各方面延伸，但具有一个突出的共同特征，即强调直接作用于金融部门的外部冲击所带来的影响，且注重与货币或财政政策冲击区分开。

5.3.2　房地产市场及货币政策的应用

随着房地产市场与宏观经济发展的关联程度不断加深，学者对房地产问题的关注度也在持续增加，尤其关注我国房地产市场对居民消费、实体投资及信贷供给造成的影响等问题。相应地，研究方法选择也不再局限于计量经济模型，DSGE 模型在该领域的应用也越来越频繁。Aoki 等（2004）较早运用 DSGE 模型研究房地产价格和宏观经济的相互关系，发现金融加速器机制放大并传递了货币政策冲击对住房投资、房价和消费的影响，此外，信贷市场出现结构变化会增加货币政策冲击对消费的影响，但会降低货币政策冲击对房价和住房投资的影响。Piazzesi 和 Schneider（2016）对房地产与宏观经济的关系研究进行了综述，主要关注商业周期和金融市场特征。其他代表性文献包括 Iacoviello（2005a）、Iacoviello 和 Neri（2010）、Ng（2015）、Borri 和 Reichlin（2018）。

虽然包含房地产部门的 DSGE 模型很多，但均离不开以下经典的建模方式：经济是完全竞争的，且由产品部门和房地产部门两个主体组成；家庭的总财富等于金融资产的价值，即由物质资本和房产价值两部分组成；产品部门的生产函数为柯布-道格拉斯生产函数，Iacoviello 和 Neri（2010）把家庭分为两类，每类家庭均会为产品部门和房地产部门提供劳动力；房地产部门利用固定数量的土地外加可变数量的建筑物建造房屋，并将其出售给家庭，每一期住宅用地的供给量是固定的。

房地产市场的波动传导到实体经济可能会放大宏观经济的波动，但多年以来学术界对于货币政策是否应对房地产市场波动做出反应却一直存在争议。一些学者认为，货币政策不应对房地产价格做出反应，代表性文献为 Bernanke 等（1999）、Iacoviello（2005a）和 Mishkin（2009）；另一些学者则支持货币政策对房地产市场的波动做出反应，这有利于降低经济的波动性，进而改善社会福利水平，包括 Finocchiaro 和 von Heideken（2013）、Bofinger 等（2013）、Sun 和 Tsang（2014）等研究。2008 年次贷危机后，各界在对货币政策进行严厉批判的同时也意识到，引入宏观审慎政策可能对由房地产市场波动诱发的经济失衡更为关键。

事实上，对于在 DSGE 分析框架下如何选择最优货币政策的探索一直在继续，也取得了累累硕果。最优货币政策是指在一定的宏观经济行为方式的约束下，能够实现中央银行目标动态最优化的货币政策。Woodford 和 Walsh（2005）提出之前较少有学者讨论最优货币政策，而福利函数为最优政策讨论提供了分析框架，在实际经济周期模型中货币政策并没有发挥实际作用，而随着价格黏性的引入，货币政策的实际效应被放大了，这样就可以在新凯恩斯主义框架下分析最优货币政策了。本节将简单介绍在标准 DSGE 模型中通过引入两种扭曲来作为货币政策优劣选择的判断依据，即长期扭曲和短期扭曲。

长期扭曲：垄断竞争市场结构下，产品市场的垄断力量会使灵活价格下的产出水平低于资源最优配置下的产出水平。这是因为即使在灵活价格调整下，企业还是会利用垄断力量将价格设定在边际成本的加成处（也就是说均衡点的价格高于边际成本）。这种扭曲可通过税收等政策来解决，如劳动补贴等。

短期扭曲：主要是指价格黏性，即企业的价格不能在当期立即调整到最优。这可能是中央银行需要关心和解决的问题，中央银行需要关注产出对灵活价格产出的偏离，即产出缺口问题，同时中央银行还需要关注通货膨胀问题。

基于此，在一般 DSGE 模型中货币政策规则被设定为产出缺口和通货膨胀的二次型损失函数的贴现值形式，中央银行实施货币政策的目标是消除通胀和产出缺口，其目标函数的一般形式（Galí，2011）为

$$\min \frac{1}{2} E_0 \left(\sum_{t=0}^{\infty} \beta^t \left(\tilde{\pi}_t^2 + \omega \tilde{X}_t^2 \right) \right) \tag{5-4}$$

式中，E_0 是条件期望；$\tilde{\pi}$ 和 $\tilde{X}$ 分别是通货膨胀与产出缺口；β^t 是贴现因子；ω 是中央银行赋予产出缺口的权重。

5.3.3 能源环境政策评估的应用

近几年来，不少国外学者将 DSGE 模型引入能源环境领域，大多是讨论技术冲击和石油价格冲击对经济增长、能源消费、污染治理等宏观变量的影响（Smets and Wouters，2007；李霜等，2012；庄子罐等，2016）。目前该模型在中国能源环境研究方面的应用主要集中于技术冲击、能源价格冲击或者不同能源环境政策对宏观经济和环境治理的影响，但与标准 DSGE 模型相比，国内关于能源环境的 DSGE 模型大多不考虑金融市场。

在能源价格冲击方面，Kim 和 Loungani（1992）最早在 DSGE 模型中引入能源，设定能源消耗仅在生产方面起作用，进而观察能源价格冲击对美国经济波动的影响。随后，Hamilton（2003）、Hamilton 和 Herrera（2004）等对上述模型不断进行拓展，重点讨论第二次世界大战后，石油价格冲击与美国经济衰退之间的关系。在我国，较早关注能源价格对宏观经济冲击影响的是魏巍贤等，他们构造了涵盖四个经济主体的 DSGE 模型——家庭、中间厂商、最终厂商和政府部门，并发现能源价格冲击对中国宏观经济的影响是显著的（魏巍贤等，2012）。这拉开了国内学者利用 DSGE 模型研究能源价格冲击的序幕（武晓利，2017；王书平等，2016；郑丽琳和朱启贵，2012）。当下，能源消耗带来的碳排放

问题引起越来越多的关注，如何合理地将碳排放引入 DSGE 分析框架成为宏观经济学家努力的方向，其中代表性的成果为 Dissou 和 Karnizova（2016），其构建了多部门的 DSGE 模型，研究在不确定性环境下减少二氧化碳排放对美国宏观经济的影响。

在环境治理方面，基于新古典增长理论，国内外学者对环境污染和宏观经济的分析一般采用环境库兹涅茨曲线（environmental Kuznets curve，EKC）的分析框架，随着 DSGE 模型的不断发展，部分学者也开始尝试在 DSGE 分析框架下研究环境–经济系统的相关问题。经典文献包括 Heutel（2012）、Annicchiarico 和 di Dio（2015）等。Heutel（2012）构建了包含污染外部性的 DSGE 模型，研究环境政策如何应对持续性生产力冲击造成的经济波动。而 Annicchiarico 和 di Dio（2015）构建了包含价格弹性与不确定性的新凯恩斯 DSGE 模型，并将污染物排放作为产出的副产品引入经济系统，进而研究不同环境政策的动态经济效应。当前，国内外学者在利用 DSGE 模型研究能源环境的相关问题时大体上均沿用了上述做法来构建政策传导机制，如碳税政策、污染治理政策的实施效果评估等。

总体来说，DSGE 模型已成为宏观经济研究的中流砥柱，金融市场和货币政策选择仍然是 DSGE 模型应用的主要阵地，而能源环境政策领域是该模型发展的一个新的应用方向，对其他学科研究的应用还需要新思想、新理论和新观点的支撑。除上述应用领域外，DSGE 模型的发展还在于开放经济理论的不断完善。在经典的封闭经济 NK 框架中，对开放经济框架的 DSGE 模型开发主要分为 Galí 和 Monacelli（2005）提出的小型开放经济（small open economy，SOE）及 Clarida 等（2002）提出的两国模型（two-country model）。这两篇文献是开放经济研究的经典文献，实际上 Clarida 等（2002）的两国模型是基于 Galí 和 Monacelli（2005）的 SOE 模型拓展而来的。

5.4　DSGE 模型的结构特性

5.4.1　一个简单的 DSGE 模型

为说明 DSGE 模型的结构特性，本节引入一个简单的 DSGE 模型。设定所有家庭在 [0,1] 中连续分布，选择具有代表性的家庭 j 进行模拟（ $j \in [0,1]$ ），其代表性家庭的效用最大化目标函数为

$$\max E_t \left(\sum_{t=0}^{\infty} \beta^t u(C_t^j, L_t^j) \right) \tag{5-5}$$

式中，β^t 是第 t 期的贴现因子，满足 $0 < \beta^t < 1$。具体效用函数设定为

$$U(C_t^j, C_{t-1}^j, L_t^j) = \ln(C_t^j - b^C C_{t-1}^j) - \frac{(L_t^j)^{1+\eta}}{1+\eta} \tag{5-6}$$

式中，C_t^j 与 L_t^j 分别是家庭的当期最终产品消费和劳动供给量；η（ $\eta > 0$ ）是劳动供给弹性的倒数；b^C 是家庭的消费习惯，即该值越大表示家庭从当期消费中获得的效用越小。代表性家庭 j 在收支预算约束下追求上述预期效用贴现和最大化，即

$$C_t^j + I_t^j + M_t^j + \frac{B_t^j}{(1+R_t)} + T_t^j \leqslant M_{t-1}^j + B_{t-1}^j + R_t^K K_{t-1}^j + \Pi_t^j + W_t^j L_t^j + XG_t^j \qquad (5\text{-}7)$$

式中，I_t^j 和 B_t^j 分别是家庭当期实际投资额与上一期结转的无风险债券的期末实际价值；K_t^j 是 t 期的资本；T_t^j、Π_t^j 和 XG_t^j 分别是家庭当期上缴税收、利润分红和政府转移支付；W_t^j 是当期提供劳动的实际工资；R_t 和 R_t^K 分别是当期实际债券利率与资本实际收益率。同时，资本积累满足 $K_t^j = (1-\delta)K_{t-1}^j + I_t^j$，其中 δ 是资本折旧率，满足 $0 < \delta < 1$。在 5.5 节将详细讨论一般优化问题的求解方法，这里仅给出上述代表性家庭效用最大化问题的求解结果，即

$$\begin{cases} \lambda_t = (C_t^j - b^C C_{t-1}^j)^{-1} - \beta b^C E\left((C_{t+1}^j - b^C C_t^j)^{-1}\right) \\[2mm] (L_t^j)^\eta = \lambda_t W_t^j \\[2mm] \lambda_t = \beta E\left(\left(1 + \frac{1+R_t}{1+\pi_{t+1}}\right)\lambda_{t+1}\right) \end{cases} \qquad (5\text{-}8)$$

至此，得到了某个代表性家庭 j 的行为决策。由于模型假设经济主体的种类连续分布于 [0,1]，可借鉴代表性主体假设直接对代表性家庭的行为进行分析，不需要直接对每个家庭进行研究。为从总量上研究整个经济的规律，实现从微观经济到宏观经济的过渡，需要考虑各行为变量如何加总的问题。在加总时必须考虑的问题是，每一类经济主体是同质的（homogeneous）还是异质的（heterogeneous）？例如，5.2.3 节提到 Iacoviello 和 Neri（2010）把家庭分为两类，便是考虑了家庭之间的异质性问题。经济主体的性质不同，将会对加总结果产生影响。结合上述家庭同质的假设，可得到家庭加总后的当期最终产品消费为

$$C_t = \int_0^1 C_t^j d_j, L_t = \int_0^1 L_t^j d_j, I_t = \int_0^1 I_t^j d_j, M_t = \int_0^1 M_t^j d_j, \cdots \qquad (5\text{-}9)$$

利用得到的加总后的总量，经过处理发现式（5-8）可改写为

$$\begin{cases} \lambda_t = \left(C_t - b^C C_{t-1}\right)^{-1} - \beta b^C E\left(\left(C_{t+1} - b^C C_t\right)^{-1}\right) \\[2mm] L_t^\eta = \lambda_t W_t \\[2mm] \lambda_t = \beta E\left(\left(1 + \frac{1+R_t}{1+\pi_{t+1}}\right)\lambda_{t+1}\right) \end{cases} \qquad (5\text{-}10)$$

对比式（5-8）和式（5-10）可发现，对于同质经济主体，其代表性经济主体的行为方程与总量行为方程在形式上是一致的，这说明可通过分析单个微观主体的决策行为来反映整体经济的波动规律。

在上述简单的 DSGE 模型中，再来分析一个问题：内生变量和外生变量的设定。设定经济系统中所有生产厂商在 [0,1] 中连续分布，选择具有代表性的厂商 i 进行模拟（$i \in [0,1]$），其生产满足柯布–道格拉斯生产函数，即

$$y_t(i) = A_t K_t^\alpha(i) L_t^\beta(i) \tag{5-11}$$

$$c_t(i) = R_t^K \times K_t(i) + W_t \times L_t(i) \tag{5-12}$$

$$\ln A_t = (1 - \rho_A) \ln \overline{A} + \rho_A \ln A_{t-1} + \varepsilon_t^A \tag{5-13}$$

式中，$K_t(i)$ 和 $L_t(i)$ 分别是资本与劳动力，且 $K_t = \int_0^1 K_t(i)\mathrm{d}i$，$L_t = \int_0^1 L_t(i)\mathrm{d}i$；$\alpha$ 与 β 分别是资本和劳动力的产出弹性，一般地，α 和 β 均大于 0，且 $\alpha + \beta = 1$。在生产过程中，厂商以租金 R_t^K 租用 $K_t(i)$ 单位的资本，以工资 W_t 雇佣 $L_t(i)$ 单位劳动力。在此模型中，假设不确定性主要来自技术的不确定性，这时需要考虑技术的预期变动采用什么形式来描述，不同的预期形式会直接影响求解的结果。通常，假设其满足自适应预期，即假设当期所有中间厂商的技术水平 A_t 无差异，且技术冲击满足一阶自回归形式，其冲击方程如式（5-13）所示，其中参数 ρ_A 满足 $0 \leqslant \rho_A < 1$，ε_t^A 是不相关的随机变量，$\varepsilon_t^A \sim N(0, \sigma^A)$。

综上，对于经济主体的行为刻画包括两部分：一是经济主体的总量方程加总，二是内生变量和外生变量的确定及外生变量的变化规律。完成 DSGE 模型构建后，就可以对各经济主体的最优决策进行求解，但需要明确的是，在实际求解过程中往往不能直接得到模型的解析解，因为模型中常常涉及跨期决策的问题，如上述模型中代表性家庭的当期消费与上一期消费水平有关，同时又会对下一期家庭预期消费产生影响。对于这种问题，DSGE 模型的求解注重考察经济系统的一般均衡条件，即判断经济是否能达到长期均衡的状态，也就是稳态。当模型很复杂时，确定模型的稳态往往也是一件较难的事情，这部分内容在 5.4.3 节中将详细讨论。

5.4.2　经济主体的微观行为分析

各经济主体的微观行为刻画本质上是描述整个系统的运行机制，进而得到一系列的模型假设。一般来说，DSGE 建模的第一步为构建经济系统以进行模型设定，明确封闭经济系统或者开放经济系统，随后对系统中的经济主体进行大致分类，通常分为以下几类：家庭、厂商、金融机构、政府及对外部门。其中，厂商可细分为最终厂商和中间厂商，金融机构可细分为商业银行和中央银行两类，对外部门可细分为出口部门和进口部门。

（1）对于家庭部门，通常假设其是同质的，并在预算约束条件下对消费、劳动力供给及资产配置进行决策，其中可选择的资产既包括实物资产（家庭作为企业所有者拥有的实物资本），也包括金融资产（如现金、债券、股票及国外金融资产等）。家庭在资本积累过程中会做出投资决策，而每一期追加投资时可能会受到调整成本的影响。

（2）对于厂商部门，一般假定最终厂商将中间产品加工打包成最终产品，并提供给终端消费者，即家庭和政府等。在开放经济系统中，最终产品的设定较为复杂，从需求角度来看，最终产品的来源除国内产品外还有进口产品；从供给角度来看，最终厂商除了满足国内产品供给外，还出口部分产品到国外。作为最终产品的上游，中间厂商利用劳动力、资本及其他要素进行生产，并将中间产品出售给最终厂商，不考虑直接出售给终端消费者。通常，假设最终产品市场为完全竞争市场，而中间产品市场为垄断竞争市场。中间厂商面临需求变动时，只有部分厂商拥有定价权，可以立即调整价格，其他厂商在当期不能调整价格，原因就是 5.2.2 节中提到的存在菜单成本，也就是说价格是有黏性的。中间厂商追求利润最大化，并将超额利润转移支付给家庭。

（3）对于金融机构和政府部门，假设中央银行负责制定和实施货币政策，有些情况下中央银行和政府部门可以合并为广义政府部门，除负责政策实施外，还负责对家庭和厂商部门进行征税与转移支付等。当考察金融市场或货币政策选择等问题时，通常假定商业银行通过吸收存款与拆借资金等方式获得资金来源，并向厂商提供贷款。同时在经营过程中，商业银行会受到法定存款准备金率的约束及流动性需求的约束等。

（4）对于对外部门，在开放经济中假设其包括最终产品的进出口商和中间产品的进出口商。同样地，最终产品市场为完全竞争市场，而中间产品市场为垄断竞争市场，仅部分中间产品的进出口商具有定价权。

除上述几类经济主体外，部分学者在研究能源价格冲击及环境治理政策等问题时，还在 DSGE 模型中引入了能源部门，通常设定能源部门厂商利用劳动力、资本和各类能源禀赋进行生产，并将能源产品出售给中间厂商。中间厂商利用劳动力、资本和能源产品进行生产，进而将中间产品出售给最终厂商。在完全竞争环境下，能源厂商追求利润最大化并将超额利润转移支付给家庭。

为探讨经济主体的微观行为及动态优化方法，下面引入一个包含能源价格冲击的封闭经济 DSGE 模型。在该经济系统中包含三个经济主体，即家庭、厂商和政府。假定家庭和厂商均是同质的，家庭的收入包括劳动获取的工资收入、向厂商租赁资本获得的租金收入和向厂商提供能源资源获得的收入，家庭的支出包括消费品支出和投资品支出；政府和中央银行构成了广义形式的政府；假定产品市场是垄断竞争的，价格具有黏性。

1. 家庭的行为方程

假设家庭具有无限期的寿命，家庭的效用来源于消费和休闲，代表性家庭有如式（5-14）形式的效用函数，即

$$U = \ln C_t - \eta \ln(1 - L_t) \tag{5-14}$$

代表性家庭的规划问题就是在一定的预算约束条件下使得效用达到最大化，即

$$\max E_t \left(\sum_{t=0}^{\infty} \beta^t (\ln C_t - \eta \ln(1 - L_t)) \right) \tag{5-15}$$

$$C_t + I_t + B_t + T_t \leqslant \frac{R_t B_{t-1}}{\pi_t} + r_t^k K_t + W_t L_t + \mathrm{EP}_t Q_t \tag{5-16}$$

$$K_t = (1 - \delta) K_{t-1} + I_t \tag{5-17}$$

式中，C_t 与 L_t 分别是家庭的当期最终产品消费和劳动供给量；η（$\eta > 0$）是劳动供给弹

性的倒数；β' 是第 t 期的贴现因子，满足 $0 < \beta' < 1$；I_t 和 B_t 分别是家庭当期实际投资额与上一期结转的无风险债券的期末实际价值；K_t 是 t 期的资本，资本积累满足式（5-17）；δ 是资本折旧率，满足 $0 < \delta < 1$；T_t 是家庭当期上缴税收；W_t 是当期提供劳动的实际工资；R_t、π_t、r_t^k 分别是当期实际债券利率、通货膨胀率和租金收益率；EP_t 是 t 期的能源价格；Q_t 是 t 期的能源消费量。假设经济的不确定性来源于能源价格冲击，设定 EP_t 是外生冲击变量，服从一阶自回归过程，其估算参数 ρ_{EP} 满足 $0 \leqslant \rho_{\text{EP}} < 1$；$\varepsilon_t^{\text{EP}}$ 是均值为 0、方差为 δ_{EP}^2 的白噪声分布，则

$$\ln \text{EP}_t = \left(1 - \rho_{\text{EP}}\right) \ln \overline{\text{EP}} + \rho_{\text{EP}} \ln \text{EP}_{t-1} + \varepsilon_t^{\text{EP}} \tag{5-18}$$

2. 厂商的行为方程

设定厂商的生产满足柯布-道格拉斯生产函数形式，如式（5-19）所示。在技术进步水平 A_t 的作用下，利用资本 K_t、劳动力 L_t 和各种能源投入 Q_t 生产最终产品，α、β 和 γ 分别是资本、劳动力与能源消费量的产出弹性。其中，假设技术水平是外生冲击变量，服从一阶自回归过程，其估算参数 ρ_A 满足 $0 \leqslant \rho_A < 1$；ε_t^A 是均值为 0、方差为 δ_A^2 的白噪声分布。

$$Y_t = A_t \left(K_{t-1}\right)^\alpha \left(L_t\right)^\beta \left(Q_t\right)^\gamma \tag{5-19}$$

$$\ln A_t = \left(1 - \rho_A\right) \ln \overline{A} + \rho_A \ln A_{t-1} + \varepsilon_t^A \tag{5-20}$$

$$c_t = r_t^k K_{t-1} + W_t L_t + \text{EP}_t Q_t \tag{5-21}$$

在生产过程中，厂商以租金 r_t^k 租用 K_t 单位的资本、以工资 W_t 雇佣 L_t 单位劳动力和以价格 EP_t 购买 Q_t 单位能源，生产成本如式（5-21）所示。由于处于垄断竞争市场，部分厂商可自行设定产品价格，假定厂商遵循的定价方式为 Calvo（1983）的交错定价方式，这也是最常用的方法。假设每一期只有（$1 - \xi$）比例的厂商可以调整最优价格，其余 ξ 比例的厂商仍然保持与上一期相同的价格，厂商通过利润最大化实现产品价格的最优。

3. 政府和中央银行

政府和中央银行构成广义形式上的政府，通过向家庭征税来实施政策。假设政府收入来源为向家庭征收的税收、在市场上发行的债券，支出项目为转移支付和支付到期的债券，进而得到政府面临的预算约束，如式（5-22）所示。其中 g_t 是政府支出，假设其服从一阶自回归过程，其估算参数 ρ_g 满足 $0 \leqslant \rho_g < 1$；ε_t^g 是均值为 0、方差为 δ_g^2 的白噪声分布。

$$\frac{R_t B_{t-1}}{\pi_t} + g_t = B_t + T_t \tag{5-22}$$

$$\ln g_t = \left(1 - \rho_g\right) \ln \overline{g} + \rho_g \ln g_{t-1} + \varepsilon_t^g \tag{5-23}$$

政府和中央银行会依据最终产出与通货膨胀的变化来调整利率。对于利率调整，不同的调整规则会直接影响模型的稳态结果。鉴于从 2016 年开始，我国利率基本以市场为导向，因此在研究中国货币政策机制问题时通常选择泰勒规则来制定利率，其行为方程为

$$\ln\left(\frac{R_t}{\bar{R}}\right) = \rho_R \ln\left(\frac{R_{t-1}}{\bar{R}}\right) + (1-\rho_R)\left(\rho_\pi \ln\left(\frac{\pi_t}{\bar{\pi}}\right) + \rho_Y \ln\left(\frac{Y_t}{Y_{t-1}}\right)\right) + \varepsilon_t^R \qquad (5\text{-}24)$$

式中，$\bar{R}$、$\bar{\pi}$ 分别是利率和通胀率的稳态值；ρ_R、ρ_π、ρ_Y 分别是利率、通胀率和总产出的反应系数；ε_t^R 是不相关的随机变量，满足 $\varepsilon_t^R \sim N(0,\sigma^\gamma)$。

4. 市场出清

家庭和厂商均为同质，意味着产品市场满足如式（5-25）所示的出清条件。

$$Y_t = C_t + I_t + g_t \qquad (5\text{-}25)$$

在生产函数、资本积累方程、恒等条件的约束下，家庭和厂商会选择最优的组合从而实现家庭效用的最大化和厂商利润的最大化。这些约束使模型将理性预期、跨期消费等因素考虑在内，使模型有了微观依据，从而可以更好地反映、解释实体经济。

得到经济主体的行为方程后，接下来要对上述经济主体的最优解进行求解，也就是说在一定约束条件下（如预算约束、技术约束等），对其目标函数进行动态优化，求出一阶条件（first-order condition，FOC）。常用的动态优化方法为动态规划（dynamic programming）方法和拉格朗日乘子法（Lagrange method of multipliers，LM），这里以 LM 为例，对家庭效用最大化目标构建拉格朗日函数为

$$\hat{L} = E_t\left(\sum_{t=0}^{\infty}\beta^t(\ln C_t - \eta\ln(1-L_t))\right)$$
$$- \lambda_t\left(C_t + K_t - (1-\delta)K_{t-1} + B_t + T_t - \left(\frac{R_t B_{t-1}}{\pi_t} + r_t^k K_t + W_t L_t + \mathrm{EP}_t Q_t\right)\right) \qquad (5\text{-}26)$$

分别对消费、劳动力、资本和债券进行一阶求偏导，即

$$\begin{cases} \dfrac{\partial L}{\partial C_t}: C_t = \dfrac{1}{\lambda_t} \\[2mm] \dfrac{\partial L}{\partial L_t}: W_t\lambda_t = \dfrac{-\eta}{1-L_t} \\[2mm] \dfrac{\partial L}{\partial K_t}: \beta E_t(\lambda_{t+1}(r_{t+1}^k + 1 - \delta)) = \lambda_t \\[2mm] \dfrac{\partial L}{\partial B_t}: \beta E_t \lambda_{t+1}\dfrac{R_{t+1}}{\pi_{t+1}} = \lambda_t \end{cases} \qquad (5\text{-}27)$$

接下来，对厂商部门的利润最大化目标构建拉格朗日函数为

$$\hat{L} = P_t A_t (K_{t-1})^\alpha (L_t)^\beta (Q_t)^\gamma - \lambda_t'(r_t^k K_{t-1} + W_t L_t + \mathrm{EP}_t Q_t) \qquad (5\text{-}28)$$

分别对资本、劳动力和能源消费量进行一阶求偏导，得到结果如式（5-29）所示。因边际成本表示每一单位新增产出带来的成本增量，所以生产技术约束对应的拉格朗日乘子实际上是生产单位产品的实际边际成本，即 $\lambda_t' = mc_t$，则

$$\left.\begin{array}{l} \dfrac{\partial \hat{L}}{\partial K_t}=0 \\[3mm] \dfrac{\partial \hat{L}}{\partial L_t}=0 \\[3mm] \dfrac{\partial \hat{L}}{\partial Q_t}=0 \end{array}\right\} \Rightarrow \left.\begin{array}{l} K_{t-1}=\dfrac{\alpha\lambda_t'Y_t}{r_t^k} \\[3mm] L_t=\dfrac{\beta\lambda_t'Y_t}{W_t} \\[3mm] Q_t=\dfrac{\gamma\lambda_t'Y_t}{\mathrm{EP}_t} \end{array}\right\} \Rightarrow \lambda_t'=\dfrac{r_t^{k\alpha}W_t^{\beta}\mathrm{EP}_t^{\gamma}}{A_t\alpha^{\alpha}\beta^{\beta}\gamma^{\gamma}}=\mathrm{mc}_t \qquad (5\text{-}29)$$

由于厂商的定价行为可通过利润最大化来描述，所以根据 Calvo（1983）的做法可得到产品的最终定价，根据 $\pi_{t+1}+1=\dfrac{P_{t+1}}{P_t}$，可得到 NKPC 的线性化方程，即

$$\hat{\pi}_t=\lambda_f E_t(\hat{\pi}_{t+1})+\lambda_b\hat{\pi}_{t-1}+\lambda_{\mathrm{mc}}\widehat{\mathrm{mc}}_t \qquad (5\text{-}30)$$

式中，$\hat{\pi}_t$ 是通货膨胀率对稳态的偏离程度；$E_t(\hat{\pi}_{t+1})$ 是预期通胀对稳态的偏离程度；$\hat{\pi}_{t-1}$ 是通胀惯性对稳态的偏离程度；$\widehat{\mathrm{mc}}_t$ 是实际边际成本对稳态的偏离程度。NKPC 反映的是通货膨胀率与实体经济活动（如实际边际成本或者失业率等衡量总量经济的变量）之间的关系，式（5-30）强调了黏性价格对于后向预期的厂商的重要性，待估参数 λ_f、λ_b 和 λ_{mc} 与价格不变的厂商比例 ξ、贴现因子 β 有关，对数线性化方程求解方法将在 5.5.2 节详细讲述。

综合上述各个主体的 FOC 结果可看出，家庭的当期消费取决于当期产出、当期的劳动投入与闲暇的比率等。当期产出和家庭的当期消费水平具有正相关性，劳动投入与闲暇的比率、预期利率水平与家庭的当期消费水平具有负相关性。在当期产出保持不变的情况下，能源消费量与能源价格具有负相关性，能源价格的上升会引起能源消费量的减少，而当期能源消费量的减少又引起下一期产出的下降。由此，能源价格对家庭当期消费的影响会通过能源价格对产出的影响来间接实现。能源价格上升引起下期产出水平下降，产出的下降又会引起家庭消费的下降；反之，能源价格下降会引起下期产出上升，进而刺激家庭消费水平上升。因而，能源价格的变化对经济变量的影响主要是通过能源消费量来间接影响宏观经济中的变量。

5.4.3　模型的稳态结构特征

DSGE 模型的一个非常关键的判断标准为模型是否能够对经济的长期均衡状态（稳态）进行很好的刻画。如果模型对经济稳态没有很好的刻画，那么经济运行的最终取向也就无从把握，模型的稳健性也将受到质疑。那么，如何来描述或者求解模型的稳态方程呢？一般来说，稳态方程包括两部分：一是实体经济稳态的确定，二是名义变量稳态的确定。实体经济稳态的确定，主要涉及三方面内容。①实体经济稳态受到哪些因素的影响？是生产率变化还是货币政策调控？②实体经济稳态是否受到价格变化的影响？③实体经济中货币在长期是否中性？实体经济稳态是否受到通货膨胀率变化的影响？并在此基础上进一步判断实体经济中货币在长期是否超中性。对于名义变量的稳态，一般采用选定的目标值

来确定，即名义锚（nominal anchor），如通货膨胀率或物价水平的目标值。为保证名义变量目标值的实现，通常选择将该变量与政策操作工具的行为方程相联系，如泰勒规则就是一个常用的名义锚。

下面以 5.4.2 中的 DSGE 模型为例，具体来分析该模型的稳态特性。模型的稳态表示在随机项取其均值（通常取均值为零）的情况下，模型的解最终趋近的状态。根据各经济主体的行为方程可知，模型中的外生冲击有四个，分别是技术冲击、能源价格冲击、利率冲击和政府支出冲击，在稳态时随机项 ε_t^A、ε_t^{EP}、ε_t^R 和 ε_t^g 取均值为零，进而可得到外生变量 A^{ss}、EP^{ss}、R^{ss} 和 g^{ss} 的稳态值。在给定这些外生变量的稳态值及模型中的参数值后，就可以根据 5.4.2 节求解的 FOC 方程推导出各内生变量的稳态值，如式（5-31）至式（5-41）所示。

$$\pi^{ss} = \beta R^{ss} \tag{5-31}$$

$$r^{k,ss} = \frac{1}{\beta} + \delta - 1 \tag{5-32}$$

$$I^{ss} = \delta K^{ss} \tag{5-33}$$

$$\frac{C^{ss}}{W^{ss}} = \frac{1-L^{ss}}{-\eta} \tag{5-34}$$

$$Y^{ss} = A^{ss}(K^{ss})^\alpha (L^{ss})^\beta (Q^{ss})^\gamma \tag{5-35}$$

$$mc^{ss} = \frac{(r^{k,ss})^\alpha (W^{ss})^\beta (EP^{ss})^\gamma}{A^{ss}\alpha^\alpha \beta^\beta \gamma^\gamma} \tag{5-36}$$

$$r^{k,ss} K^{ss} = \alpha mc^{ss} Y^{ss} \tag{5-37}$$

$$W^{ss} L^{ss} = \beta mc^{ss} Y^{ss} \tag{5-38}$$

$$EP^{ss} Q^{ss} = \gamma mc^{ss} Y^{ss} \tag{5-39}$$

$$\frac{R^{ss} B^{ss}}{\pi^{ss}} + g^{ss} = B^{ss} + T^{ss} \tag{5-40}$$

$$Y^{ss} = C^{ss} + I^{ss} + g^{ss} \tag{5-41}$$

5.4.4 模型的动态结构特征

DSGE 模型的另一个非常关键的判断标准为模型是否能够对经济的动态调整机制进行很好的刻画，即模型对外生变量随机性波动的反应能力。由于实体经济常常处于非均衡状态，所以在评判 DSGE 模型时除了评判其对长期均衡的刻画能力外，还要评判其对经济系统从非均衡状态向均衡状态的动态调整机制的明晰描述能力。但需要注意的是，这里的动态调整机制并不是像传统计量经济模型里直接给定的，而是从各经济主体的最优行为决策得到的。总的来看，DSGE 模型的动态结构特性来源于两方面，一方面是外生变量的动态特性，另一方面是内生变量的动态特性。

对于外生变量的动态特性，虽然形式上与传统计量经济模型的处理方式一样，通常假设取对数后服从一阶自回归过程，但二者并不完全相同。传统的计量经济模型是为了拟合数据的需要直接对外生变量进行设定，没有进一步的经济学解释；尽管 DSGE 模型也采用这样的设定形式，但需注意的是，DSGE 模型非常重视外生变量出现的源头，或者说外生变量的作用机制，从而对这些外生变量的经济学含义有较明确的阐释。

对于内生变量的动态特性，DSGE 模型与传统的计量经济模型的处理方式存在本质上的差异。传统计量经济模型通常采用一定的统计方法对模型的动态调整机制进行描述，如误差校正（error-correction）模型，这样的动态调整机制虽然能够很好地拟合实际数据，但处理的方法具有随意性，不能真正反映经济主体行为决策的深刻含义。而 DSGE 模型中内生变量的动态调整机制是从经济主体的行为决策直接得到的，因此 DSGE 模型的动态调整机制具有坚实的理论基础，且从微观到宏观是有机地结合在一起的。以 5.4.1 节中的家庭消费动态变化为例，由式（5-42）可看出消费方程呈现的动态特性来源于家庭的跨期行为决策，家庭在预算约束条件下，不仅要对当期最优消费水平进行抉择，而且要对未来各期的最优消费水平进行决策，即

$$\begin{cases} \lambda_t = (C_t - b^C C_{t-1})^{-1} - \beta b^C E((C_{t+1} - b^C C_t)^{-1}) \\ \lambda_t = \beta E\left(\left(1 + \dfrac{1+R_t}{1+\pi_{t+1}}\right)\lambda_{t+1}\right) \end{cases} \quad （5\text{-}42）$$

总的来看，DSGE 模型具有良好的动态特性，需要坚实的微观理论基础作支撑，建模过程就是一方面对经济的长期均衡状态（稳态）进行刻画，另一方面对内生变量和外生变量的动态调整机制进行描述。

5.5　DSGE 模型求解与方程处理

5.5.1　模型求解步骤

通过上述内容的介绍，我们已对 DSGE 模型的设定、经济主体的种类、经济主体的行为方程及各种约束条件下的最优行为方程有了清晰的认识。接下来，要对模型的动态方程进行求解。一般地，根据现实经济建立的 DSGE 模型大都不是线性的，而是非线性的，通过上述例子中各经济主体的行为方程及稳态方程均可看出。如果直接对非线性方程组进行最优解求解往往是比较难的，计算量大、求解过程复杂。为解决该问题，在 DSGE 模型求解的第一步中，会先对模型进行适当变换，通过数值型或者近似的方法将非线性方程转化为线性方程，然后再对模型进行求解。

DSGE 模型的结果能否较好拟合实体经济，这在很大程度上取决于模型参数取值。因此，该模型求解的第二步是采用相关技术方法对模型的结构性参数和动态参数进行合理估计，常用的参数确定的方法为校准法和估计法。其中校准法是指根据经验或者历史数据来

确定模型中的固定参数，通常是指结构性参数，这一方法最早是由 Kydland 和 Prescott（1982）提出的，但也受到了一定的批评。Hansen 和 Heckman（1996）指出校准法缺乏坚实的理论基础，这种方法得到的参数值未必准确。但是，在样本数据很少或者很难获得的情况下，校准法不失为一种好办法（希尔等，2016）。而估计法多用来确定模型的动态参数，即设定参数为随机变量而不是一个固定值。常用方法包括极大似然估计（maximum likelihood estimation）、贝叶斯估计（Bayesian estimation）和广义矩估计（generalized method of moments）等，其中贝叶斯估计是目前使用最广泛、最常用的方法。

第三步是，利用模型进行经济分析。DSGE 模型的经济分析是指在一定假设前提下，利用历史数据对模型进行模拟，进而对各种情景进行经济分析。常见的模型经济分析主要有两种：一种是根据实体经济中政策的变化对经济系统的影响效果进行分析；另一种是通过对实体经济施加外生冲击，进而分析这些冲击对经济系统的影响效果，主要包括各种政策变化及其他外生冲击（内部冲击和外部冲击、确定性冲击和不确定性冲击、短暂性冲击和持久性冲击等）。

5.5.2 方程处理方法

对于将非线性方程转化为线性方程，这里介绍最常用的一种方法，即对数线性化方法。通过方程线性转化可大大降低求解难度，且能在仿真过程中提高模型运算速度。对数线性化是指先对非线性差分方程取对数，然后在特定点处进行一阶泰勒展开，通过近似化简，将展开式里的表达式转化为变量与稳态值的偏离程度（或偏离百分比）。以消费变量为例，其定义为

$$\hat{C}_t = \ln C_t - \ln \overline{C} \tag{5-43}$$

式中，$\hat{C}_t$ 是消费变量的对数偏差；$\overline{C}$ 是消费的稳态值。进一步地，可通过式（5-44）来了解为什么要这样处理对数偏差。

$$\hat{C}_t = \ln \frac{C_t}{\overline{C}} = \ln\left(1 + \frac{C_t}{\overline{C}} - 1\right) = \ln\left(1 + \frac{C_t}{\overline{C}} - \frac{\overline{C}}{\overline{C}}\right) = \ln\left(1 + \frac{C_t - \overline{C}}{\overline{C}}\right) \tag{5-44}$$

对于一个足够平滑的函数 $f(x_t)$ 来说，其高阶导数非常小，因此在稳态附近，函数可近似表示为 $f(x_t) \approx f(x) + f'(x)(x_t - x)$。基于此，式（5-44）可进一步近似为

$$\hat{C}_t = \ln\left(1 + \frac{C_t - \overline{C}}{\overline{C}}\right) \approx \frac{1}{\overline{C}}\left(C_t - \overline{C}\right) \tag{5-45}$$

式（5-45）右边方程描述了实际消费与稳态值的偏离百分比。针对不同的非线性方程形式，对数线性化方法存在不同的技巧，这里分三种形式进行简单说明。

1. 通用方法

以 5.4.2 节中的生产函数为例，对式（5-19）两边同时取对数，可得

$$\ln Y_t = \ln A_t + \alpha \ln K_{t-1} + \beta \ln L_t + \gamma \ln Q_t \tag{5-46}$$

接下来利用泰勒展开式对上述方程每一个变量在其稳态值点处进行泰勒一阶展开，可得

$$
\begin{cases}
\ln Y_t = \ln \overline{Y} + \dfrac{1}{\overline{Y}}(Y_t - \overline{Y}) \\[2mm]
\ln A_t = \ln \overline{A} + \dfrac{1}{\overline{A}}(A_t - \overline{A}) \\[2mm]
\ln K_{t-1} = \ln \overline{K} + \dfrac{1}{\overline{K}}(K_{t-1} - \overline{K}) \\[2mm]
\ln L_t = \ln \overline{L} + \dfrac{1}{\overline{L}}(L_t - \overline{L}) \\[2mm]
\ln Q_t = \ln \overline{Q} + \dfrac{1}{\overline{Q}}(Q_t - \overline{Q})
\end{cases}
\tag{5-47}
$$

将上述展开结果代入式（5-46），可得

$$
\begin{aligned}
\ln \overline{Y} + \frac{1}{\overline{Y}}(Y_t - \overline{Y}) = {} & \ln \overline{A} + \frac{1}{\overline{A}}(A_t - \overline{A}) + \alpha \ln \overline{K} + \frac{\alpha}{\overline{K}}(K_{t-1} - \overline{K}) + \beta \ln \overline{L} \\
& + \frac{\beta}{\overline{L}}(L_t - \overline{L}) + \gamma \ln \overline{Q} + \frac{\gamma}{\overline{Q}}(Q_t - \overline{Q})
\end{aligned}
\tag{5-48}
$$

结合生产函数的稳态方程，可对式（5-48）进行简化，得到

$$
\frac{1}{\overline{Y}}\left(Y_t - \overline{Y}\right) = \frac{1}{\overline{A}}\left(A_t - \overline{A}\right) + \frac{\alpha}{\overline{K}}\left(K_{t-1} - \overline{K}\right) + \frac{\beta}{\overline{L}}\left(L_t - \overline{L}\right) + \frac{\gamma}{\overline{Q}}\left(Q_t - \overline{Q}\right)
\tag{5-49}
$$

根据对数线性化的定义，最终得到生产函数的对数线性化方程为

$$
\hat{Y}_t = \hat{A}_t + \alpha \hat{K}_{t-1} + \beta \hat{L}_t + \gamma \hat{Q}_t
\tag{5-50}
$$

2. 乌利希（Uhlig）方法

Uhlig 方法是对式（5-43）做了进一步指数转换，具体过程为

$$
\ln C_t = \hat{C}_t + \ln \overline{C} \Rightarrow C_t = e^{\hat{C}_t + \ln \overline{C}} = e^{\hat{C}_t} e^{\ln \overline{C}} = \overline{C} e^{\hat{C}_t}
\tag{5-51}
$$

得到式（5-51）后，后续消费变量的对数线性化就可以近似用 $\overline{X} e^{\hat{X}_t}$ 来替代，其中 $\overline{X}$ 表示稳态值。例如，

$$
x_t = (C_t^j - b^C C_{t-1}^j)^{-\sigma}
\tag{5-52}
$$

根据 Uhlig 方法可对式（5-52）进行对数线性化转换，取对数后在稳态值处进行展开，可得

$$
\begin{aligned}
& \ln x_t = -\sigma \ln(C_t^j - b^C C_{t-1}^j) \Rightarrow \frac{1}{\overline{x}}\mathrm{d}x_t = -\sigma \frac{1}{\overline{C}^j(1 - b^C)}(\mathrm{d}C_t^j - b^C C_{t-1}^j) \\
& \Rightarrow \hat{x}_t \approx -\sigma \frac{1}{1 - b^C}(\hat{C}_t^j - b^C \hat{C}_{t-1}^j)
\end{aligned}
\tag{5-53}
$$

3. 置换方法

严格来说，置换方法是对 Uhlig 方法的第一步做了省略，直接对式（5-45）做了另一种转换，可得

$$\hat{C}_t \approx \frac{1}{\bar{C}}(C_t - \bar{C}) = \frac{C_t}{\bar{C}} - 1 \Rightarrow C_t \approx \bar{C}(\hat{C}_t + 1) \tag{5-54}$$

以式（5-55）为例来说明。

$$x_t + a = \frac{y_t}{z_t \omega_t} \tag{5-55}$$

对上述方程两边取对数，同时在稳态值处展开，可得到

$$\ln(x_t + a) - \ln(\bar{x} + a) = \ln y_t - \ln \bar{y} - (\ln z_t - \ln \bar{z}) - (\ln \omega_t - \ln \bar{\omega}) \Rightarrow \widehat{x_t + a} = \hat{y}_t - \hat{z}_t - \hat{\omega}_t \tag{5-56}$$

但是，到这一步对数线性化过程还没有结束，根据 $\hat{C}_t \approx \dfrac{(C_t - \bar{C})}{\bar{C}}$ 可对 $\widehat{x_t + a}$ 进一步进行对数线性化，可得

$$\widehat{x_t + a} \approx \frac{(x_t + a) - (\bar{x} + a)}{\bar{x} + a} = \frac{x_t - \bar{x}}{\bar{x} + a} = \frac{\hat{x}_t \bar{x}}{\bar{x} + a} \tag{5-57}$$

将式（5-57）代入式（5-56）即可得最终的对数线性化方程为

$$\frac{\hat{x}_t \bar{x}}{\bar{x} + a} = \hat{y}_t - \hat{z}_t - \hat{\omega}_t \tag{5-58}$$

5.6　软件实现

Dynare 是一套建立在 MATLAB 语言上的软件，用于 DSGE 模型的计算和模拟，使用者只要输入模型完整的行为方程，Dynare 可以实现线性化、稳态求解、动态解计算、脉冲响应计算、DSGE 参数值的贝叶斯估计、历史分解等。目前常用的版本为 Dynare 5.3，可以直接去 Dynare 官网下载（https://www.dynare.org/download/），有 Windows 版和 macOS 版本。Dynare 的程序语言与 MATLAB 有所不同。首先，它可以用任何文字处理软件编写，保存成.mod 文件即可；其次，Dynare 支持 MATLAB 的命令，在.mod 文件中可以直接调用 MATLAB 函数。当执行 Dynare 程序时，可以直接在 MATLAB 中调用"Dynare filename（ .mod 文件)"。

为介绍 Dynare 软件的组成及基础语言命令，本节以安徽大学经济学院许文立老师编写的随机模型 Dynare 程序为例。

```
%%模型包含10个内生变量和2个外生变量
var C N I Y W R R_b K G A;
varexo e_a e_g;

parameters beta delta alpha theta chi rho_a rho_g omega;
beta=0.934;
delta=0.1;
alpha=0.503;
theta=0.5;
chi=3;
```

```
rho_a=0.72;
omega=0.14;
rho_g=0.43;

model;
C^(-1)=beta*(C(1)^(-1)*(R(1)+(1-delta)));
C^(-1)=beta*(C(1)^(-1)*(R_b+1));
W=(1-alpha)*A*K(-1)^(alpha)*N^(-alpha);
R=alpha*A*K(-1)^(alpha-1)*N^(1-alpha);
theta*N^(chi)=C^(-1)*W;
Y=A*K(-1)^(alpha)*N^(1-alpha);
Y=C+I+G;
K=I+(1-delta)*K(-1);
G=(omega*Y)^(1-rho_g)*G(-1)^rho_g*exp(e_g);
A=A(-1)^(rho_a)*exp(e_a);
end;

initval;
C=0.86*2.0935^(0.501/0.499)-0.1*2.0935^(1/0.499);
N=(1/0.5*0.499*2.0935^(0.501/0.499)/(0.86*2.0935^(0.501/0.499)
-0.1*2.0935^(1/0.499)))^(1/4);
I=0.1*2.0935^(1/0.499)*(1/0.5*0.499*2.0935^(0.501/0.499)/
(0.86*2.0935^(0.501/0.499)-0.1*2.0935^(1/0.499)))^(1/4);
Y=2.0935^(0.501/0.499)*(1/0.5*0.499*2.0935^(0.501/0.499)/
(0.86*2.0935^(0.501/0.499)-0.1*2.0935^(1/0.499)))^(1/4);
W=0.499*2.0935^(0.501/0.499);
R=0.1707;
R_b=0.5;
K=2.0935^(1/0.499)*(1/0.5*0.499*2.0935^(0.501/0.499)/(0.86*2.0935^
(0.501/0.499)-0.1*2.0935^(1/0.499)))^(1/4);
G=0.14*2.0935^(0.501/0.499)*(1/0.5*0.499*2.0935^(0.501/0.499)/
(0.86*2.0935^(0.501/0.499)-0.1*2.0935^(1/0.499)))^(1/4);
A=1;
end;

steady;
check;

shocks;
var e_a;
stderr 1;
end;
```

```
shocks;
var e_g;
stderr 1;
end;

stoch_simul ( order=1 , periods=0 , irf=20 , conditional_variance_
decomposition =[1:20] );
```

通过上述代码能看出，一个完整的 DSGE 程序包含五个模块。

（1）前言（preamble）：说明内生变量、外生变量和参数列表。

（2）模型（model）：详细说明模型结构，将一系列最优行为方程描述出来。

（3）稳态值或初始值（initval）：对模型中的所有变量赋值，给出模型的稳态值或者模拟/脉冲效应的初始值，在线性化方程中各变量初始值一般设为零。

（4）冲击（shocks）：定义模型中的外生冲击，并对其随机波动的均值和标准差进行说明。

（5）数值计算（computation）：定义模型处理的步长、次数等信息，预测、模拟脉冲响应函数。

5.6.1　前言命令——变量声明和参数赋值

要区分内生变量和外生变量，分别进行声明，其中内生变量声明的语句为 var，外生变量声明的语句为 varexo。参数的声明语句为 parameters。所有用到的参数都要声明，没有声明的参数无法使用，同时所有声明的参数都需要赋值后才能在后续模型估计中使用。

5.6.2　模型命令——模型的形式

在 Dynare 中可以直接将得到的非线性行为方程声明，Dynare 软件可以进行线性化处理。当然，也可以将转化后的线性方程进行声明，以降低计算量、提高程序运行效率。这里需要特别强调的是，模型模块的方程数量要保证与声明的内生变量个数相等，即有 n 个未知变量需对应 n 个相互独立的方程，以保证最优解的存在。另外，在 Dynare 中，前向或后向内生变量的声明语句不同，如 5.4.1 节的家庭跨期消费 C_{t-1} 与 C_{t+1} 可分别声明为 $C(-1)$ 和 $C(+1)$。

声明语句如下。

```
model ( or linear );
%模型表达式;
%模型表达式;
%模型表达式;
end;
```

5.6.3 初始值命令

初始值用于计算模型在稳态时的值，初始值可以不是稳态值，经过模型计算后会给出一个在初始值基础上计算得到的稳态值。如果模型定义的是非线性的，那么有可能出现多重稳态的情况，程序最终给出的稳态与初始值的选择存在关系。另外，尽管可能稳态只有一个，但是非线性系统在某个维度上过于平坦，这样计算给出的稳态值不是实际上的稳态，因此对于非线性模型的 Dynare 仿真要注意初始值的选取问题。如果初始值缺省，默认为零。

声明语句如下。

```
initval;
%变量名=数值;
%变量名=数值;
%变量名=数值;
End;
```

5.6.4 计算稳态命令

声明语句如下。

```
steady;
check;
```

5.6.5 设定扰动命令

扰动设置中 var 声明扰动的变量，stderr 声明扰动的方差。上述代码例子中不包括参数估计（estimation）模块。如果模型中参数使用贝叶斯估计的话，需要设定可观测的变量，利用可观测变量的历史数据进行参数估计。一般地，可观测变量的个数越多，参数估计的准确性越好，但需要说明的是，设定的可观测变量的个数不能超过扰动变量的个数。

5.6.6 数值计算命令

随机模型的求解模拟命令为 stoch_simul（选项），该命令可计算模型的解，以及脉冲响应等各种结果。同时，选项中可自由选择调用的数据、计算方法、计算结果、显示结果等信息。

以上就是 Dynare 软件中一个 DSGE 模型的完整代码文件，更多 Dynare 软件的介绍和命令说明在 Dynare 官网上有专门的 Dynare 宏观工具箱及使用手册，感兴趣的读者可以去下载学习，更多程序代码问题也可搜索相关网站（https://forum.dynare.org/）。

参 考 文 献

李霜, 简志宏, 郑俊瑶. 2012. 石油价格冲击与经济波动风险最小化的货币供应机制分析[J]. 中国管理科学, 20(2): 26-33.

刘斌. 2008. 我国 DSGE 模型的开发及在货币政策分析中的应用[J]. 金融研究, (10): 1-21.

刘斌. 2014. 动态随机一般均衡模型及其应用[M]. 2 版. 北京: 中国金融出版社.

王书平, 戚超, 李立委. 2016. 碳税政策、环境质量与经济发展——基于 DSGE 模型的数值模拟研究 [J]. 中国管理科学, 24(S1): 938-941.

魏巍贤, 高中元, 彭翔宇. 2012. 能源冲击与中国经济波动——基于动态随机一般均衡模型的分析[J]. 金融研究, (1): 51-64.

武晓利. 2017. 环保技术、节能减排政策对生态环境质量的动态效应及传导机制研究——基于三部门 DSGE 模型的数值分析[J]. 中国管理科学, 25(12): 88-98.

希尔 B, 莫斯那 A, 刘斌, 等. 2016. 动态一般均衡建模——计算方法与应用[J]. 中国城市金融, (6): 80.

郑丽琳, 朱启贵. 2012. 技术冲击、二氧化碳排放与中国经济波动——基于 DSGE 模型的数值模拟[J]. 财经研究, 38(7): 37-48, 100.

周炎, 陈昆亭. 2014. 金融经济周期理论研究动态[J]. 经济学动态, (7): 128-138.

庄子罐, 崔小勇, 赵晓军. 2016. 不确定性、宏观经济波动与中国货币政策规则选择——基于贝叶斯 DSGE 模型的数量分析[J]. 管理世界, (11): 20-31, 187.

Annicchiarico B, di Dio F. 2015. Environmental policy and macroeconomic dynamics in a new Keynesian model[J]. Journal of Environmental Economics and Management, 69: 1-21.

Aoki K, Proudman J, Vlieghe G. 2004. House prices, consumption, and monetary policy: a financial accelerator approach[J]. Journal of Financial Intermediation, 13(4): 414-435.

Bernanke B, Gertler M. 1989. Agency costs, net worth, and business fluctuations[J]. The American Economic Review, 79(1): 14-31.

Bernanke B S, Gertler M, Gilchrist S. 1994. The financial accelerator and the flight to quality. Finance and Economics Discussion Series[R]. Washington D.C.: The Board of Governors of the Federal Reserve System (U.S.).

Bernanke B S, Gertler M, Gilchrist S. 1999. The financial accelerator in a quantitative business cycle framework[J]. Handbook of Macroeconomics, 1: 1341-1393.

Blanchard O. 2016. Do DSGE models have a future?[M]//Gürkaynak R S, Tille C. DSGE Models in the Conduct of Policy: Use as Intended. London: CEPR Press: 93.

Blanchard O J, Kiyotaki N. 1987. Monopolistic competition and the effects of aggregate demand[J]. The American Economic Review, 77(4): 647-666.

Bofinger P, Debes S, Gareis J, et al. 2013. Monetary policy transmission in a model with animal spirits and house price booms and busts[J]. Journal of Economic Dynamics and Control, 37(12): 2862-2881.

Borri N, Reichlin P. 2018. The housing cost disease[J]. Journal of Economic Dynamics and Control, 87: 106-123.

Calvo G A. 1983. Staggered prices in a utility-maximizing framework[J]. Journal of Monetary Economics, 12(3): 383-398.

Christiano L J, Motto R, Rostagno M. 2007. Financial factors in business cycles[R]. Frankfurt: The European Central Bank.

Christiano L J, Motto R, Rostagno M. 2014. Risk shocks[J]. The American Economic Review, 104(1): 27-65.

Clarida R, Galí J, Gertler M. 2002. A simple framework for international monetary policy analysis[J]. Journal of Monetary Economics, 49(5): 879-904.

del Negro M, Schorfheide F. 2004. Priors from general equilibrium models for VARs[J]. International Economic Review, 45(2): 643-673.

del Negro M, Schorfheide F. 2013. DSGE model-based forecasting[J]. Handbook of Economic Forecasting, 2: 57-140.

Dissou Y, Karnizova L. 2016. Emissions cap or emissions tax? A multi-sector business cycle analysis[J]. Journal of Environmental Economics and Management, 79: 169-188.

Finocchiaro D, von Heideken V Q. 2013. Do central banks react to house prices?[J]. Journal of Money, Credit and Banking, 45(8): 1659-1683.

Galí J. 2008. Monetary Policy, Inflation, and the Business Cycle: An Introduction to the New Keynesian Framework[M]. Princeton: Princeton University Press.

Galí J. 2011. Unemployment Fluctuations and Stabilization Policies: A New Keynesian Perspective[M]. Cambridge: MIT press.

Galí J. 2015. Monetary Policy, Inflation, and the Business Cycle: An Introduction to the New Keynesian Framework and Its Applications[M]. 2nd ed. Princeton: Princeton University Press.

Galí J. 2017. Some scattered thoughts on DSGE models[M]//Gürkaynak R S, Tille C. DSGE Models in the Conduct of Policy: Use as Intended. London: CEPR Press: 86-92.

Galí J, Monacelli T. 2005. Monetary policy and exchange rate volatility in a small open economy[J]. The Review of Economic Studies, 72(3): 707-734.

Gertler M, Kiyotaki N. 2010. Financial intermediation and credit policy in business cycle analysis[J]. Handbook of Monetary Economics, 3: 547-599.

Ghironi F. 2017. Policy packages: challenge and opportunity for DSGE research[M]//Gürkaynak R S, Tille C. DSGE Models in the Conduct of Policy: Use as Intended. London: CEPR Press: 61.

Goodfriend M, McCallum B T. 2007. Banking and interest rates in monetary policy analysis: a quantitative exploration[J]. Journal of Monetary Economics, 54(5): 1480-1507.

Greenwood J, Hercowitz Z, Huffman G W. 1988. Investment, capacity utilization, and the real business cycle[J]. The American Economic Review, 78(3): 402-417.

Hamilton J D. 2003. What is an oil shock?[J]. Journal of Econometrics, 113(2): 363-398.

Hamilton J D, Herrera A M. 2004. Comment: oil shocks and aggregate macroeconomic behavior: the role of monetary policy[J]. Journal of Money, Credit and Banking, 36(2): 265-286.

Hansen L P, Heckman J J. 1996. The empirical foundations of calibration[J]. The Journal of Economic Perspectives, 10(1): 87-104.

Heutel G. 2012. How should environmental policy respond to business cycles? Optimal policy under persistent productivity shocks[J]. Review of Economic Dynamics, 15(2): 244-264.

Iacoviello M. 2005a. House prices, borrowing constraints, and monetary policy in the business cycle[J].

The American Economic Review, 95(3): 739-764.

Iacoviello M. 2005b. Private debt and idiosyncratic volatility: a business cycle analysis[C]. The 2005 Annual Meeting of the Society for Economic Dynamics. Budapest.

Iacoviello M, Neri S. 2010. Housing market spillovers: evidence from an estimated DSGE model[J]. American Economic Journal: Macroeconomics, 2(2): 125-164.

Jermann U, Quadrini V. 2012. Macroeconomic effects of financial shocks[J]. The American Economic Review, 102(1): 238-271.

Justiniano A, Primiceri G E, Tambalotti A. 2010. Investment shocks and business cycles[J]. Journal of Monetary Economics, 57(2): 132-145.

Kim I M, Loungani P. 1992. The role of energy in real business cycle models[J]. Journal of Monetary Economics, 29(2): 173-189.

Kiyotaki N, Moore J. 1997. Credit cycles[J]. Journal of Political Economy, 105(2): 211-248.

Kydland F E, Prescott E C. 1982. Time to build and aggregate fluctuations[J]. Econometrica, 50(6): 1345-1370.

Lucas R E. 1976. Econometric policy evaluation: a critique[J]. Carnegie-Rochester Conferences Series on Public Policy, 1: 19-46.

Lucas R E. 1980. Methods and problems in business cycle theory[J]. Journal of Money, Credit and Banking, 12(4): 696-715.

McCandless G T. 2008. The ABCs of RBCs: An Introduction to Dynamic Macroeconomic Models[M]. Cambridge: Harvard University Press.

Mishkin F S. 2009. Globalization, macroeconomic performance, and monetary policy[J]. Journal of Money, Credit and Banking, 41: 187-196.

Ng E C Y. 2015. Housing market dynamics in China: findings from an estimated DSGE model[J]. Journal of Housing Economics, 29: 26-40.

Piazzesi M, Schneider M. 2016. Housing and macroeconomics[J]. Handbook of Macroeconomics, 2: 1547-1640.

Romer P. 2016. The trouble with macroeconomics[R]. Providence: The Omicron Delta Epsilon Society.

Smets F, Wouters R. 2007. Shocks and frictions in US business cycles: a Bayesian DSGE approach[J]. The American Economic Review, 97(3): 586-606.

Stiglitz J E. 2018. Where modern macroeconomics went wrong[J]. Oxford Review of Economic Policy, 34(1-2): 70-106.

Sun X J, Tsang K P. 2014. Optimal interest rate rule in a DSGE model with housing market spillovers[J]. Economics Letters, 125(1): 47-51.

Torres J L. 2020. Introduction to Dynamic Macroeconomic General Equilibrium Models[M]. 3rd ed. Wilmington: Vernon Press.

Woodford M, Walsh C E. 2005. Interest and prices: foundations of a theory of monetary policy[J]. Macroeconomic Dynamics, 9(3): 462-468.

第 6 章

DSGE 模型：模型应用

最有价值的知识是关于方法的知识。

——查尔斯·罗伯特·达尔文（Charles Robert Darwin）

本章基于我国的实际数据，利用第 5 章介绍的方法，选取煤炭领域的去产能政策评估问题作为应用案例，着重讨论 DSGE 模型在我国的开发与应用。

6.1 包含煤价波动的 DSGE 模型构建

本节采用的基础模型为 Ireland（2011）提出的模型。建模策略借鉴了 Canova（2009）的小规模模型（small-scale model）。与 Ireland（2011）的模型相比，本节的模型做了三方面的改进：对效用函数进行了修改，没有考虑持有货币的效用，仅考虑消费和闲暇；在中间厂商的生产函数中引入资本和煤炭投入要素，考察煤炭价格波动对宏观经济的影响；增加煤炭生产商部门，该部门将生产的全部煤炭产品出售给中间厂商部门，从而可以详细探讨去产能政策对煤炭部门决策的影响，进而通过上下游产业链考察对其他经济主体最优决策的影响。模型中包含的经济主体有家庭、中间厂商、最终厂商、煤炭生产商和政府，经济系统如图 6-1 所示。假设最终产品市场和煤炭产品市场均处于完全竞争状态，中间产品市场处于垄断竞争状态，中间产品的种类均连续分布于区间 [0,1]，家庭和厂商都是同质的，因此可以通过刻画代表性家庭和厂商的行为决策来描述总体经济行为方程。

模型中各经济主体的行为决策描述如下：家庭的收入来源主要包括期初储蓄的货币量和持有的有价债券、当期出售的煤炭资源，以及为中间厂商和煤炭生产商提供劳动力或资本获得的工资或利润分红，其支出主要包括消费、投资、税收等；中间厂商为最终厂商提供中间产品以获取收入，同时对家庭支付工资或利润分红，而最终厂商则负责将上述中间产品"打包"形成最终产品；煤炭产品同质，不考虑终端散煤消费，全部煤炭产品作为生产要素进入中间生产环节；政府以保持货币供给量稳定为目标，通过实施货币政策和去产能政策等方式对家庭与厂商的最优决策行为产生影响。

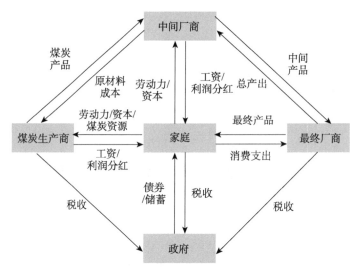

图 6-1　包含煤价波动的封闭经济系统

6.1.1　家庭

设定所有家庭在[0,1]中连续分布，选择具有代表性的家庭进行模拟，其效用最大化目标函数及效用函数分别为

$$\max E_t\left(\sum_{t=0}^{\infty}\beta^t u(c_t,h_t^y,h_t^c)\right) \tag{6-1}$$

$$u(c_t,h_t^y,h_t^c)=a_t\left(\ln(c_t-b_c c_{t-1})-\frac{(h_t^y)^{1+\eta^y}}{1+\eta^y}-\frac{(h_t^c)^{1+\eta^c}}{1+\eta^c}\right) \tag{6-2}$$

式中，β^t 是第 t 期的贴现因子，满足 $0<\beta^t<1$；c_t 是家庭的当期最终产品消费；b_c 是家庭的消费习惯，满足 $0\leqslant b_c<1$，该值越大表示家庭从当期消费中获得的效用越小；η^y 和 η^c（$\eta^y>0$，$\eta^c>0$）分别是中间厂商和煤炭生产商劳动供给弹性的倒数；效用偏好冲击 a_t 服从一阶自回归过程，a_t 的估算参数 ρ_a 满足 $0\leqslant \rho_a<1$。令 ε_t^a 是均值为 0、方差为 δ_a^2 的白噪声分布，则有

$$\ln(a_t)=\rho_a\ln(a_{t-1})+\varepsilon_t^a \tag{6-3}$$

家庭分别向中间厂商与煤炭生产商提供劳动力 h_t^y 和 h_t^c、资本 k_t^y 和 k_t^c，并向煤炭生产商提供煤炭资源禀赋 S_{t-1}。在支出方面，家庭以名义价格 P_t 购买最终产品，同时向中间厂商和煤炭生产商进行投资，分别是 i_t^y 和 i_t^c。因此，可得到资本积累方程为

$$k_t^y=(1-\delta)k_{t-1}^y+i_t^y \tag{6-4}$$

$$k_t^c=(1-\delta^c)k_{t-1}^c+i_t^c \tag{6-5}$$

式中，δ 和 δ^c 分别是中间厂商和煤炭生产商的资本折旧率，满足 $0<\delta<1$ 和 $0<\delta^c<1$。家庭的预算约束为

$$c_t + i_t^y + i_t^c + \frac{M_t}{P_t} + \frac{B_t}{P_t r_t} \leq \frac{M_{t-1} + B_{t-1} + w_t^y h_t^y + w_t^c h_t^c + r_t^k k_t^y + R_t^k k_t^c + f_t S_{t-1} + D_t + D_t^c + T_t}{P_t} \quad （6-6）$$

式中，M_t、T_t 和 B_t 分别是家庭当期持有的货币量、上缴税收及上一期结转的无风险债券的期末名义价值；D_t 和 D_t^c 分别是 t 期末来自中间厂商和煤炭生产商的利润分红；w_t^y 和 w_t^c 分别是中间厂商和煤炭生产商的名义工资率；r_t 和 R_t^K 分别是当期名义债券利率和资本实际收益率；f_t 是单位煤炭资源的开采利用成本。

通过合理选择消费、劳动力供给等，家庭在满足预算约束的同时最大化其效用，可利用 LM 求解出其最优行为决策的 FOC。式（6-7）至式（6-12）是求解过程，其中 λ_t 是拉格朗日乘子，π_t 是通胀率，$\pi_t = \dfrac{P_t}{P_{t-1}}$。

消费的欧拉方程为

$$\lambda_t = a_t (c_t - b_c c_{t-1})^{-1} - \beta b^C E_t (a_{t+1}(c_{t+1} - b_c c_t)^{-1}) \quad （6-7）$$

劳动力供给方程为

$$(h_t^y)^{\eta^y} = \frac{\lambda_t w_t^y}{a_t P_t} \quad （6-8）$$

$$(h_t^c)^{\eta^c} = \frac{\lambda_t w_t^c}{a_t P_t} \quad （6-9）$$

债券利率方程为

$$\lambda_t = \beta r_t E_t \left(\frac{\lambda_{t+1}}{\pi_{t+1}} \right) \quad （6-10）$$

投资方程为

$$\lambda_t = \beta E_t \left(\frac{\lambda_{t+1} r_{t+1}^k}{P_{t+1} + \lambda_{t+1}(1 - \delta_t)} \right) \quad （6-11）$$

$$\lambda_t = \beta E_t \left(\frac{\lambda_{t+1} R_{t+1}^k}{P_{t+1} + \lambda_{t+1}(1 - \delta_t^c)} \right) \quad （6-12）$$

6.1.2　最终厂商

最终产品由一个具有代表性的厂商在完全竞争的环境中采用常数规模回报技术生产。假定最终厂商在 $[0,1]$ 内以名义价格 $P_t(i)$ 使用中间产品量 $y_t(i)$（$i \in [0,1]$），所有中间产品均满足规模收益不变的迪克西特-斯蒂格利茨（Dixit-Stiglitz）模型，则最终产品 y_t 的函数形式为

$$y_t = \left(\int_0^1 y_t(i)^{\frac{\theta}{\theta-1}} \mathrm{d}i \right)^{\frac{\theta}{\theta-1}} \quad （6-13）$$

式中，θ 是中间产品的替代弹性，满足 $\theta > 1$；$y_t(i)$ 是生产 y_t 单位最终产品而输入的中间产

品 i 的数量。根据完全竞争市场假设，最终厂商是价格的接受者，因此最终产品的价格 P_t 等于边际成本，其与中间产品价格之间的关系为

$$P_t = \left(\int_0^1 P_t(i)^{1-\theta}\,\mathrm{d}i\right)^{\frac{1}{1-\theta}} \tag{6-14}$$

6.1.3 中间厂商

设定中间厂商在 [0,1] 中连续分布，代表性中间厂商 i（$i\in[0,1]$）利用 $h_t^y(i)$ 单位的劳动力、$k_{t-1}^y(i)$ 单位的资本和 $\mathrm{ec}(i)$ 单位的煤炭产品来生产中间产品，采用柯布-道格拉斯生产函数描述其生产行为，即

$$y_t(i) = (z_t h_t^y(i))^{\alpha_1}(k_{t-1}^y(i))^{\alpha_2}(\mathrm{ec}_t(i))^{\alpha_3} \tag{6-15}$$

式中，α_1、α_2、α_3 分别是资本、劳动力和煤炭消费的产出弹性，α_1、α_2、α_3 均大于 0，且 $\alpha_1+\alpha_2+\alpha_3=1$。假设当期所有中间厂商的技术水平 z_t 无差异，且技术冲击满足一阶自回归形式，其冲击方程如式（6-16）所示，其中参数 ρ_z 满足 $0\leqslant\rho_z<1$，ε_t^z 是不相关的随机变量，$\varepsilon_t^z\sim N(0,\sigma^z)$。

$$\ln(z_t) = \rho_z \ln(z_{t-1}) + \varepsilon_t^z \tag{6-16}$$

根据 Ireland（2011）的模型设定，中间产品价格存在黏性，设定中间企业处于垄断竞争市场，在不同时期每个中间厂商都存在名义价格的二次调整成本，该成本与中间厂商的产出有关，可以表示为 $\dfrac{\phi}{2}\left(\dfrac{P_t(i)}{\pi P_{t-1}(i)}-1\right)^2 y_t$，其中 ϕ（$\phi>0$）被用来反映价格调整成本的规模，π 是通胀率的稳态水平。在每一期期末，中间厂商通过制定最优价格来实现利润最大化，即

$$\max E_t\left(\sum_{t=0}^{\infty}\beta^t\lambda_t\left(\frac{D_t(i)}{P_t}\right)\right) \tag{6-17}$$

$$\frac{D_t(i)}{P_t} = \frac{P_t(i)y_t(i)-w_t^y h_t^y(i)-r_t^k k_{t-1}^y(i)-\mathrm{cp}_t\mathrm{ec}_t(i)}{P_t} - \frac{\phi}{2}\left(\frac{P_t(i)}{\pi P_{t-1}(i)}-1\right)^2 y_t \tag{6-18}$$

式中，$\beta^t\lambda_t$ 是家庭的边际消费效用；$\dfrac{D_t(i)}{P_t}$ 是中间厂商 i 在 t 期末获得的实际利润水平；cp_t 是煤炭价格。同样地，利用 LM 求解出其最优行为决策的 FOC，其中，实际边际成本 $\dfrac{\mathrm{mc}_t(i)}{P_t}$ 反映出每单位额外产出所产生的边际成本与技术水平、投入要素的价格有关，如式（6-19）和式（6-20）所示。

$$\frac{\mathrm{mc}_t(i)}{P_t} = \frac{(w_t^y)^{\alpha_1}(r_t^k)^{\alpha_2}(\mathrm{cp}_t)^{\alpha_3}}{(z_t)^{\alpha_1}\alpha_1^{\alpha_1}\alpha_2^{\alpha_2}\alpha_3^{\alpha_3}} \tag{6-19}$$

$$(\theta-1)\left(\frac{P_t(i)}{P_t}\right)^{-\theta} = \theta\left(\frac{P_t(i)}{P_t}\right)^{-\theta-1}\frac{\mathrm{mc}(i)}{P_t} - \phi\frac{\pi_t}{\pi}\left(\frac{\pi_t}{\pi}-1\right) + \beta\phi E_t\left(\frac{\lambda_{t+1}}{\lambda_t}\left(\frac{\pi_{t+1}}{\pi}-1\right)\frac{\pi_{t+1}}{\pi}\frac{y_{t+1}}{y_t}\right) \tag{6-20}$$

6.1.4　煤炭生产商

设定煤炭生产商在[0,1]中连续分布，代表性煤炭生产商 j（ $j \in [0,1]$ ）利用 $h_t^c(j)$ 单位的劳动力、 $k_{t-1}^c(j)$ 单位的资本和 $S_{t-1}(j)$ 单位的煤炭储量资源来生产煤炭产品 $\mathrm{ec}_t(j)$ ，采用柯布－道格拉斯生产函数来描述其生产行为，即

$$\mathrm{ec}_t(j) = (z_t' h_t^c(j))^{\beta_1} (k_{t-1}^c(j))^{\beta_2} (S_{t-1}(j))^{\beta_3} \tag{6-21}$$

式中， β_1 、 β_2 、 β_3 分别是资本、劳动力与煤炭的产出弹性， β_1 、 β_2 、 β_3 均大于 0， $\beta_1 + \beta_2 + \beta_3 = 1$ 。同样地，假设当期所有煤炭生产商的技术水平 z_t' 无差异，且技术冲击满足一阶自回归形式，其冲击方程如式（6-22）所示，其中参数 $\rho_{z'}$ 满足 $0 \leqslant \rho_{z'} < 1$ ， ε_t^z 是不相关的随机变量， $\varepsilon_t^{z'} \sim N(0, \sigma^{z'})$ 。

$$\ln(z_t') = \rho_z \ln(z_{t-1}') + \varepsilon_t^{z'} \tag{6-22}$$

需要注意的是，对于所有的煤炭生产商 j（ $j \in [0,1]$ ），开采成本 f_t 是没有差异的，而且 $S_{t-1}(j)$ 是一个很大的值，同时煤炭储量资源存在一个自然折旧率 δ^s（ $0 < \delta^s < 1$ ），由此，可推导出煤炭生产约束为

$$\mathrm{ec}_t = \int_0^1 \mathrm{ec}(j) \mathrm{d}j = \int_0^1 \mathrm{ec}(i) \mathrm{d}i = \int_0^1 ((1 - \delta^s) S_{t-1}(j) - S_t(j)) \mathrm{d}j \tag{6-23}$$

与中间厂商一样，煤炭生产商也追求利润最大化，其目标函数如式（6-24）所示，其中 $\beta^t \rho_t$ 是家庭的边际消费效用， $\dfrac{D_t^c(j)}{P_t}$ 是煤炭生产商在 t 期末获得的实际利润水平。

$$\max E_t \left(\sum_{t=0}^{\infty} \beta^t \rho_t \left(\frac{D_t^c(j)}{P_t} + \lambda_t'((1 - \delta^s) S_{t-1}(j) - S_t(j) - \mathrm{ec}(j)) \right) \right) \tag{6-24}$$

$$\frac{D_t^c(j)}{P_t} = \frac{\mathrm{cp}_t \mathrm{ec}_t(j)}{P_t} - \frac{w_t^c h_t^c(j) + R_t^k k_{t-1}^c(j) + f_t S_{t-1}(j)}{P_t} \tag{6-25}$$

根据霍特林法则，在完全竞争的市场中，先开采的是低成本的矿产资源，然后是高成本的矿产资源；同时， $t+1$ 期矿产品的预期价格等于边际开采成本与边际使用成本之和，后者是边际损失的机会成本的现值。因此，在这一法则下，随着煤炭不断被开采，煤炭储量会不断减少，所以我们预期煤炭储量和资本（或劳动力）的边际生产力有关系，根据此条件可以求解出煤炭生产商的 FOC，如式（6-26）所示。

$$\beta \rho E_t(\mathrm{cp}_{t+1}) = \frac{f_t}{1 - \delta^s} + \beta \rho E_t \left(\underbrace{\frac{1 + R_{t+1}^k - \delta^c - (1 - \delta^s)}{\underbrace{\beta_2 \left(z_t' h_t^c(j) \right)^{\beta_1} \left(k_{t-1}^c(j) \right)^{\beta_2 - 1} \left(S_{t-1}(j) \right)^{\beta_3}}_{\text{资本的边际生产力}}}}_{\text{煤炭储量的边际生产力}} \right)$$

$$- \underbrace{\frac{\beta_3 \left(z_t' h_t^c(j) \right)^{\beta_1} \left(k_{t-1}^c(j) \right)^{\beta_2} \left(S_{t-1}(j) \right)^{\beta_3 - 1}}{\underbrace{\beta_2 \left(z_t' h_t^c(j) \right)^{\beta_1} \left(k_{t-1}^c(j) \right)^{\beta_2 - 1} \left(S_{t-1}(j) \right)^{\beta_3}}_{\text{资本的边际生产力}}} \left(\frac{R_t^k}{1 - \delta^s} \right) \tag{6-26}$$

6.1.5 政府

政府和中央银行的预算约束如式（6-27）所示。为了简化货币和债券市场的清算条件，不考虑税收和债券对家庭、企业与政府收入及支出的影响，即 $M_{t-1} + T_t = M_t$、$B_{t-1} = B_t = 0$。政府负责制定货币政策和去产能政策，货币政策中利率的调整采用泰勒规则，调整机制如式（6-28）所示，其中 y 和 π 分别是总产出和通胀率的稳态值，ρ_π 和 ρ_Y 分别是通胀率和总产出的反应系数，ε_t^r 是不相关的随机变量，满足 $\varepsilon_t^r \sim N(0, \sigma^y)$。

$$M_{t-1} + B_{t-1} + T_t = \frac{B_t}{r_t} + M_t \qquad (6\text{-}27)$$

$$\ln(r_t) = \ln(r_{t-1}) + \rho_\pi \ln\left(\frac{\pi_t}{\pi}\right) + \rho_y \ln\left(\frac{y_t}{y}\right) + \varepsilon_t^r \qquad (6\text{-}28)$$

当前我国去产能政策工具主要包括产能核定及登记、落后产能淘汰、限制超能力生产、产能减量置换、276 个工作日制度等。为全面评估去产能政策的实施效果，本章设置三种情景进行模拟仿真：① S_1——直接降产能，构建煤炭储量利用能力参数 $\vartheta_t (0 < \vartheta_t \leq 1)$，当期可利用的煤炭储量为 $\vartheta_t S_{t-1}$；② S_2——强化落后产能淘汰，构建落后产能淘汰努力参数 $\tau_t (0 < \tau_t \leq 1)$，当期煤炭储量的折旧率为 $\tau_t \delta^s$；③ S_3——先进产能置换，构建先进产能置换努力参数 $\tau_t' (0 < \tau_t' \leq 1)$，当期煤炭储量的折旧率为 $\tau_t' \delta^s$，煤炭储量的开采成本为 $\tau_t' f_t$。在三种去产能政策情景中分别引入不同的外生冲击方程，如式（6-29）至式（6-31）所示。

$$\ln(\vartheta_t) = \rho_\vartheta \ln(\vartheta_{t-1}) + \varepsilon_t^\vartheta \qquad (6\text{-}29)$$

$$\ln(\tau_t) = \rho_\tau \ln(\tau_{t-1}) + \varepsilon_t^\tau \qquad (6\text{-}30)$$

$$\ln(\tau_t') = \rho_\tau \ln(\tau_{t-1}') + \varepsilon_t^{\tau'} \qquad (6\text{-}31)$$

6.1.6 市场出清条件

在均衡状态下，所有中间厂商和煤炭生产商，劳动力、资本、煤炭产品等市场均达到出清状态，即 $h_t = h_t^y + h_t^c = h_t^y(i) + h_t^c(j)$、$k_t^y = k_t^y(i)$、$k_t^c = k_t^c(i)$、$P_t = P_t(i)$、$\mathrm{mc}_t = \mathrm{mc}_t(i)$、$y_t = y_t(i)$、$\mathrm{ec}_t = \mathrm{ec}_t(i) = \mathrm{ec}_t(j)$、$D_t = D_t(i)$、$D_t^c = D_t^c(j)$ 和 $S_t = S_t(j)$。同时，最终产品市场也达到出清条件，即

$$P_t y_t - \frac{\phi}{2}\left(\frac{\pi_t}{\pi} - 1\right)^2 y_t = c_t + i_t^y + i_t^c \qquad (6\text{-}32)$$

6.2 煤炭去产能政策的参数估计

6.2.1 经济主体的行为特征分析

根据以上得到的各经济主体的行为方程，加总得到总体经济的行为方程，利用稳态值对行为方程进行线性化处理，以 S_1 情景为例得到式（6-33）至式（6-54）的线性化方程。

$$\hat{a}_t = \rho_a \hat{a}_{t-1} + \hat{\varepsilon}_t^a \tag{6-33}$$

$$\hat{z}_t = \rho_z \hat{z}_{t-1} + \hat{\varepsilon}_t^z \tag{6-34}$$

$$\hat{z}_t' = \rho_{z'} \hat{z}_{t-1}' + \hat{\varepsilon}_t^{z'} \tag{6-35}$$

$$\hat{r}_t = \rho_r \hat{r}_{t-1} + \rho_\pi \hat{\pi}_t + \rho_y \hat{y}_t + \hat{\varepsilon}_t^r \tag{6-36}$$

$$\hat{\vartheta}_t = \rho_\vartheta \hat{\vartheta}_{t-1} + \hat{\varepsilon}_t^\vartheta \tag{6-37}$$

$$(1 - \beta b_c)(1 - b_c)\hat{\lambda}_t = (1 - b_c)\hat{a}_t - \beta b_c (1 - b_c)\hat{a}_{t+1} + b_c \hat{c}_{t-1} - (1 + \beta b_c^2)\hat{c}_t + \beta b_c \hat{c}_{t+1} \tag{6-38}$$

$$\eta^y \hat{h}_t^y = \hat{\lambda}_t + \hat{w}_t^y - \hat{a}_t \tag{6-39}$$

$$\eta^c \hat{h}_t^c = \hat{\lambda}_t + \hat{w}_t^c - \hat{a}_t \tag{6-40}$$

$$\hat{\lambda}_t = \hat{r}_t + \hat{\lambda}_{t+1} - \hat{\pi}_{t+1} \tag{6-41}$$

$$\hat{\lambda}_t = \frac{r^{k,\text{ss}}}{r^{k,\text{ss}} + 1 - \delta} \hat{\gamma}_{t+1}^k + \hat{\lambda}_{t+1} \tag{6-42}$$

$$\hat{\lambda}_t = \frac{R^{k,\text{ss}}}{R^{k,\text{ss}} + 1 - \delta^c} \hat{R}_{t+1}^k + \hat{\lambda}_{t+1} \tag{6-43}$$

$$\hat{\pi}_t = \beta \hat{\pi}_{t+1} + \phi \widehat{mc}_t \tag{6-44}$$

$$\widehat{mc}_t = \alpha_1 \hat{w}_t^y + \alpha_2 \hat{r}_t^k + \alpha_3 \widehat{cp}_t - \alpha_1 \hat{z}_t \tag{6-45}$$

$$\hat{y}_t = \widehat{cp}_t + \widehat{ec}_t - \widehat{mc}_t \tag{6-46}$$

$$\hat{w}_t^c + \hat{h}_t^c = \hat{R}_t^k + \widehat{ec}_t \tag{6-47}$$

$$\widehat{cp}_t - \hat{R}_t^k = PA^{\text{ss}} ec^{\text{ss}} \widehat{ec}_t - PB^{\text{ss}} \hat{h}_t^c \tag{6-48}$$

$$\hat{N}_t = \frac{f^{\text{ss}}}{N^{\text{ss}}} \hat{f}_t - \frac{PC^{\text{ss}}}{N^{\text{ss}}}(\hat{\lambda}_{t+1} + \hat{\vartheta}_{t+1}) \tag{6-49}$$

$$\beta_1 \hat{z}_t' + \frac{cp^{\text{ss}}}{cp^{\text{ss}} - \lambda'^{\text{ss}}} \widehat{cp}_t - \frac{\lambda'^{\text{ss}}}{cp^{\text{ss}} - \lambda'^{\text{ss}}} \hat{\lambda}' = (\beta_1 - 1)\hat{w}_t^c + \beta_2 \hat{R}_t^k + \beta_3 \hat{N}_{t-1} \tag{6-50}$$

$$\widehat{cp}_{t+1} = \frac{\lambda'^{\text{ss}}(1 + R^{k,\text{ss}} - \delta^c)}{cp^{\text{ss}}} \left(\hat{\lambda}' + \frac{R^{k,\text{ss}}}{1 + R^{k,\text{ss}} - \delta^c} \hat{R}_{t+1}^k \right) + \frac{f^{\text{ss}}}{\beta \lambda^{\text{ss}} cp^{\text{ss}} \vartheta^{\text{ss}} (1 - \delta^s)} (\hat{f}_t - \hat{\vartheta}_t) \tag{6-51}$$

$$\hat{y}_t = \frac{c^{\text{ss}}}{y^{\text{ss}}} \hat{c}_t + \frac{i^{y,\text{ss}}}{y^{\text{ss}}} \hat{i}_t^y + \frac{i^{c,\text{ss}}}{y^{\text{ss}}} \hat{i}_t^c \tag{6-52}$$

$$\hat{i}_t^y = \frac{y^{\text{ss}}}{i^{y,\text{ss}}} \hat{y}_t - \frac{c^{\text{ss}}}{i^{y,\text{ss}}} \hat{c}_t - \frac{\beta_2 (1 - \delta^c) ec^{\text{ss}}}{i^{y,\text{ss}}} (\widehat{ec}_{t+1} - \widehat{ec}_t) \tag{6-53}$$

$$\hat{i}_t^c = PD^{\text{ss}} \hat{y}_t - \frac{c^{\text{ss}}}{i^{c,\text{ss}}} \hat{c}_t - PE^{\text{ss}} \hat{r}_t^k - PF^{\text{ss}} (\hat{y}_{t+1} - \hat{r}_{t+1}^k) \tag{6-54}$$

式中，PA^{ss}、PB^{ss}、PC^{ss}、PD^{ss}、PE^{ss} 和 PF^{ss} 是线性化推导过程中参数的稳态值。

6.2.2 政策情景参数估计

基于式（6-33）~式（6-54），Zhang 等（2021）选取 2005 年第一季度至 2019 年第四季度的中国实际季度数据，采用校准法对模型部分参数进行了校准，校准结果如表 6-1 所示。

表 6-1 参数校准结果

参数	校准值	参数	校准值
β	0.985	α_1	0.790
η	1.970	α_2	0.130
η^c	1.970	α_3	0.080
φ	0.100	$\overline{f}$	1.000
$\overline{\lambda}$	1.000	$\overline{\lambda'}$	1.000

本节利用贝叶斯估计，分别对基准情景和三种去产能政策情景的动态参数进行估计，这里以 S_1 情景为例，其动态参数估计结果如表 6-2 所示。其中，$\beta_1 + \beta_2 + \beta_3 \approx 1$，这接近中国经济的实际；$\rho_y$ 和 ρ_π 的后验均值表明政府调整短期名义利率主要是为了应对通货膨胀的偏差，而不是最终产出的变化。

表 6-2 S_1 情景的动态参数估计结果

参数	先验			后验		
	类型	均值	标准差	均值	10%区间	90%区间
b^c	β	0.50	0.010	0.496	0.492	0.499
δ	β	0.05	0.010	0.049	0.043	0.054
δ^c	β	0.06	0.005	0.062	0.061	0.063
δ^s	β	0.05	0.010	0.049	0.047	0.050
β_1	β	0.20	0.010	0.218	0.213	0.225
β_2	β	0.50	0.010	0.504	0.498	0.509
β_3	β	0.30	0.010	0.310	0.307	0.314
ρ_a	β	0.85	0.005	0.852	0.851	0.854
ρ_z	β	0.90	0.010	0.949	0.947	0.951
$\rho_{z'}$	β	0.55	0.010	0.531	0.526	0.534
ρ_π	N	1.00	0.050	1.153	1.122	1.191
ρ_y	N	−0.05	0.010	−0.042	−0.046	−0.038
ρ_θ	β	0.95	0.010	0.956	0.951	0.961
ε_t^a	IG	0.01	inf	0.002	0.002	0.002
ε_t^z	IG	0.01	inf	0.001	0.001	0.001
$\varepsilon_t^{z'}$	IG	0.01	inf	0.019	0.003	0.037
ε_t^r	IG	0.01	inf	0.002	0.001	0.002
ε_t^θ	IG	0.01	inf	0.008	0.002	0.014

注：inf 表示无穷大，β 代表 β 分布，N 代表正态分布，IG 代表逆伽马分布

6.3　煤炭去产能政策的实施效果评估

6.3.1　基准情景结果

效用偏好与技术水平对最终产出的正向冲击通过最终产品的生产曲线和成本曲线的移动会带来煤炭产量增加、煤炭价格下降（图 6-2）。但上述变量的波动在第 30 期后会逐渐恢复到均衡状态。这表明在基准情景下，效用偏好和技术水平的波动将对宏观经济产生短期影响。

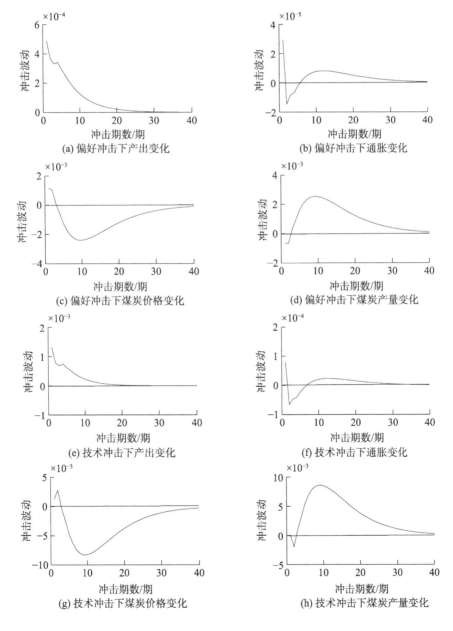

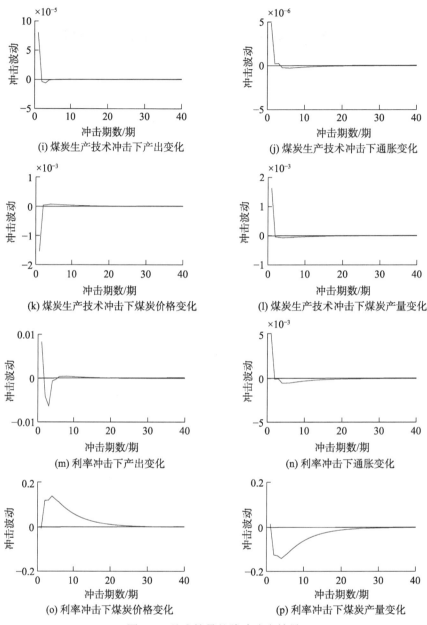

图 6-2　基准情景的脉冲响应结果

具体来说,首先,在受到正向冲击后,上述所有变量都显著偏离了当期的均衡状态。这表明产出、煤炭价格和煤炭产量对这些冲击相对敏感。其次,根据偏差的大小,外生冲击的影响顺序为:技术冲击 > 偏好冲击 > 煤炭生产技术冲击。最后,与偏好冲击和技术冲击的机制相反,煤炭生产技术冲击导致煤炭产量增加,从而会带动当期产出增长;与产出的收敛反应不同的是,受到偏好冲击和技术冲击后,煤炭产量在第 10 期出现反弹效应,煤炭产量的这种变化会带来煤炭价格的反向波动,这一结果意味着煤炭生产将通过市场的自发调整达到一个新的均衡状态。

此外，在基准情景中，利率冲击的作用类似于需求侧的干扰，产出和通胀均向同一方向移动。上述关键宏观经济变量的这些反应与 Ireland（2003）的经济直觉一致，即当期利率上升后，产出和通胀会在短期内呈现快速小幅下降。

6.3.2 去产能政策情景结果

1. 对煤炭部门的冲击影响

本节仅考察去产能政策冲击下煤炭价格的波动情况，如图 6-3 所示。在"霍特林法则"下，去产能政策冲击将直接导致煤炭供应能力下降，进而带来短期煤炭价格上涨。结合基准情景中其他外生冲击的影响（图 6-2），可得出中国煤炭价格的波动主要受市场基本面变化和技术进步的影响，受到去产能政策的影响虽小但不可忽视。图 6-3（a）~图 6-3（c）表明，从短期来看，中国煤炭市场的自发调控对去产能的三种政策手段均十分敏感，当期煤炭价格均发生了显著上涨。

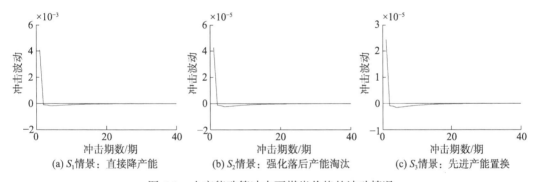

图 6-3　去产能政策冲击下煤炭价格的波动情况

一个有趣的发现是，三种政策工具的影响完全不同。具体而言，在一个标准差的正向政策冲击下：①在 S_1 情景中，政府强行减少煤炭企业的工作时间，会直接减少煤炭产量，并使得煤炭价格在当期上涨［约（4×10^{-3}）%］；②在 S_2 情景中，淘汰落后煤炭产能使得煤炭产能折旧率发生变化，从而带动煤炭产量下降和价格上涨，但变化幅度低于 S_1 情景；③在 S_3 情景中，政府同时对煤炭产量规模和产能折旧率进行调控，这使得煤炭价格略有增长［约（2.5×10^{-5}）%］。综上，直接降产能对煤价的影响是强化落后产能淘汰的近 100 倍，而先进产能置换的影响微乎其微。这一结果说明，选择的政策工具会在一定程度上决定政策的有效性。

接下来，关注去产能政策冲击对煤炭产量、煤炭部门劳动力供给和开采成本的影响，其结果如图 6-4 所示。首先，在一个正向标准差的政策冲击下，在 S_1 和 S_2 情景中，正向的政策冲击意味着短期内政府将加大去产能的力度，通过生产要素供给曲线的左移带来煤炭产量小幅下降，同时边际生产率的下降导致两种情景中煤炭部门的劳动力供给减少。但这两种情景的效果存在明显不同，S_1 情景下煤炭产量降幅［约（4×10^{-3}）%］明显高于 S_2 情景［约（4.5×10⁻⁵）%］，这与我国煤炭行业的实际情况相符。究其原因，与取消 276 个工作日制度相比，被淘汰的落后产能一般集中在效率低下的小煤矿，甚至是僵尸煤企。大型煤炭集团的产能扩张使得落后矿井的生产行为对整体煤炭产量规模几乎没有影响。

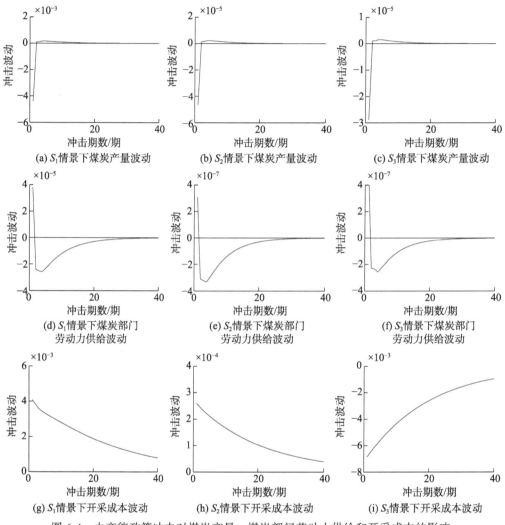

图 6-4　去产能政策冲击对煤炭产量、煤炭部门劳动力供给和开采成本的影响

其次，去产能政策的反对者认为，该政策会导致大量煤矿关闭，并使数千名煤炭工人失业。他们声称，煤矿工人再就业是去产能政策在中国推行的最大障碍。从图 6-4 可以看出，积极的去产能冲击对 S_1 情景中的劳动力供给有显著的短期负向影响［约（2.5×10⁻⁵）%］，见图 6-4（d）。但是，当政府关闭落后煤矿并以先进煤矿取而代之时，闲置的劳动力会从关闭的煤矿迁移到新煤矿，可以在一定程度上缓解去产能政策对就业的负面影响。这表明去产能政策虽然会对就业带来压力，但失业率仍将处于可接受的水平，这为后续该政策的应用提供了有力支持。

最后，由于政策工具不同，去产能政策冲击也会对开采成本带来差异化影响。在 S_1 和

S_2 情景中，加大去产能力度会使得煤炭部门的可用煤炭储量减少，导致开采成本增加。但需注意的是，在一个标准差的正向政策冲击下，直到第 40 期，S_1 情景中的开采成本仍与均衡状态保持较小的正偏差［约（8×10^{-4}）%］。这意味着经济体系的自发调节并不能消除直接降产能政策对开采成本的影响，最终会导致社会福利的减少。不同的是，S_3 情景中的政策冲击会导致开采成本持续下降，其在第 40 期仍保持较小的负偏差［约（1×10^{-3}）%］，这符合理论预期。在 S_3 情景中，去产能依赖于煤炭产能结构的优化，上述影响实际上是由煤炭产能的收缩及产能配置效率的提升共同驱动。

综上，先进产能置换的政策工具在去产能方面具有竞争优势。值得注意的是，随着煤炭去产能目标的不断提高，长期来看，煤炭产量甚至最终产出的下降可能会抵消对开采成本降低的正向效应，从而对整体经济产生消极影响。

2. 对宏观经济的冲击影响

基于以上分析，去产能政策实施后，煤炭价格和煤炭产量的波动引发了其他经济变量的连锁反应。为了描述去产能政策对宏观经济的冲击影响，按照 Ireland（2003）的实践，本节在该 DSGE 模型中，补充如下假设：①政策制定者可以选择有效的产出水平和有效的劳动力数量来分配给生产每种中间品的厂商，以使社会总福利达到最大；②产出及劳动力的选择与代表性家庭效用函数中消费和休闲决策的偏好顺序一致，并且煤炭企业是价格接受者。基于此，本节采用最终产出与有效产出之比来衡量社会总福利水平的变化，政策制定者可以根据该变量的波动特征克服名义价格调整缓慢带来的摩擦。以 S_1 情景为例，去产能政策冲击对社会总福利水平和最终产出的影响如图 6-5 所示。

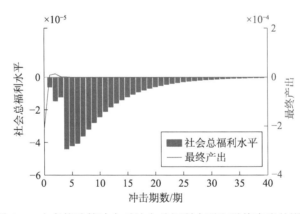

图 6-5　去产能政策冲击对社会总福利水平和最终产出的影响

注：y 轴分别表示 S_1 情景中一个正标准差政策推动下，社会总福利水平和最终产出的百分点响应，无单位

最终产出曲线说明，一个正向的政策冲击下，煤炭产量的下降会带来最终产出的下降［约（3×10^{-5}）%］，但在第 3 期时就快速反弹回归到稳态，见图 6-5。这一结果在 S_2 和 S_3 情景中也得到了验证。结果表明，去产能政策实施后，最终产出在短期内会略有下降，这与其他学者的研究结论是一致的。令人惊讶的是，社会总福利水平的变化并不像最终产出那样敏感。一般来说，有效产出和最终产出会发生同趋势的变化，但其动态特征明显不同。

一个正向的政策冲击下，有效产出的反应速度比较慢，当期产出缺口的变动滞后于最终产出，这时社会总福利水平还没有发生明显的波动，直到第 4 期时产出缺口达到负向最大[幅度约为（4.4×10^{-5}）%]，随后缓慢收敛至稳态。同样地，在 S_2 和 S_3 情景中社会总福利水平也出现了短暂下降，去产能政策带来的产出缺口在 S_2 和 S_3 情景中分别下降（6×10^{-7}）%和（4×10^{-7}）%，远小于 S_1 情景。上述结论说明无论去产能政策采取何种政策工具，其政策实施力度的加大都会不可避免地在短期内导致社会总福利的损失，其中先进产能置换对宏观经济的冲击是最弱的，直接降产能的冲击是最强的，这给我国政府制定短期战略来促进能源转型提供了不同的选择。

6.4 应用案例主要结论

本章基于包含煤价波动的 DSGE 模型，探讨了中国煤炭去产能政策对煤炭产业和宏观经济的冲击影响。研究结果发现：①去产能政策对煤炭价格上涨的扭曲影响虽然很小，但不可忽视，这与经济理论和我国的经验证据是一致的；②去产能政策的实施虽然确实会对煤炭部门的就业产生压力，但失业率仍将处于可接受的水平，这为后续该政策的应用提供了有力支持；③三种政策工具对宏观经济系统的影响存在异质性，其中直接降产能的影响>强化落后产能淘汰>先进产能置换；④无论采取何种政策工具，煤炭去产能政策在短期内都会导致社会总福利水平的下降。

上述研究的政策启示包括：①我国经济系统的高韧性表现在能源转型进程中，政府可考虑进一步释放更多的先进产能替代配额，以降低实现碳中和的经济成本；②考虑到节能成本和煤矿工人的人员安置成本，政府可考虑进一步放开能源市场，利用市场机制来减轻退煤对最终产出和社会总福利水平的负面影响，如产能许可证交易计划；③"十四五"期间政府可进一步创新去产能的政策工具，规范传统能源行业过剩产能的退出过程，一种路径是建立大型煤矿集团，整合下游产业链来转移资本和劳动力，另一种路径是加强煤炭去产能政策和其他节能减排政策的协同效应，如碳交易政策等，并加大金融配套政策的支持力度，通过员工安置、债转股等手段实现积极的经济和环境效应。

参 考 文 献

Canova F. 2009. What explains the great moderation in the U.S.? A structural analysis[J]. Journal of the European Economic Association, 7(4): 697-721.

Ireland P N. 2003. Endogenous money or sticky prices?[J]. Journal of Monetary Economics, 50(8): 1623-1648.

Ireland P N. 2011. A new Keynesian perspective on the great recession[J]. Journal of Money, Credit and Banking, 43(1): 31-54.

Zhang Y F, Shi X P, Qian X Y, et al. 2021. Macroeconomic effect of energy transition to carbon neutrality: evidence from China's coal capacity cut policy[J]. Energy Policy, 155: 112374.

第 7 章

copula 函数：理论基础

在经济或金融系统中，变量之间常常是高度联动的。例如，在全球金融危机期间，由于公司间相互担保，彼此举债，各个公司债的违约概率在系统性风险爆发时都呈现出一致上升的趋势；再例如，一国的经济增长也和旅游等多个产业的发展高度相关。这些变量之间的相关关系常常展现出复杂的非线性特征，挖掘这些经济或金融变量间的相关特征是研究经济系统运行情况、预测系统性风险发生概率的关键。

从数理统计上来说，多个变量之间的联合分布直接揭示了其联动关系的全部信息。多种参数与非参数方法为基于包含多元变量的历史样本数据来拟合联合分布提供了思路。其中 copula 函数凭借便于估计等独特优势，成为构建变量联合分布的有力工具，并在近些年被广泛应用于经济与金融变量间交互作用关系、投资组合构建、极端事件对经济的影响等问题的研究中。本章将介绍 copula 函数的一般概念及其最新进展，在阅读本章内容前，读者需掌握一般的概率论与数理统计知识。

7.1 copula 函数基本概念

copula 函数，又称连接函数（在本章中我们将采用其英文名称），采用 copula 函数建立的模型被称为 copula 模型，其功能是在已知多元变量边际分布的情况下，建立它们的联合分布。尽管变量之间真实的联合分布是永远不可能知道的，copula 函数提供了一种参数形式去尽可能拟合变量间联合分布的一些特征（Nelsen，2006），这一点类似于我们用一元或多元线性回归去拟合变量之间的关系。

copula 函数相关理论的提出要追溯到 1959 年，斯克拉（Sklar）提出可以将一个 N 元变量的联合分布函数分解为 N 个边缘分布函数和一个 copula 函数，其中 copula 函数描述了变量间的相关性特征。由此看出，copula 函数实际上是一类将联合分布函数与它们各自的边缘分布函数连接在一起的函数，故称之为连接函数。

有高维联合分布就有高维 copula 函数，在讨论复杂的高维 copula 函数前，分析二元 copula 函数的性质很有必要。一个二元 copula 函数是指具有以下性质的函数 $C(u,v)$：

① $C(u,v)$ 的定义域为 $[0,1]^2$；② $C(u,v)$ 有零基础面且是二维递增的[①]；③对任意变量 $u,v \in [0,1]$，满足 $C(u,1) = u$ 和 $C(1,v) = v$。在了解了二元 copula 函数的基本概念后，我们引入二元 Sklar 定理，从而了解二元 copula 函数如何刻画二元随机变量。

二元 Sklar 定理：二元 copula 函数 $C:[0,1]^2 \to [0,1]$，是一个二维随机向量 (U,V) 的分布函数，其中 U 和 V 服从 $(0,1)$ 均匀分布。令 $H(x,y)$ 为具有边缘分布 $X \sim F(x)$、$Y \sim G(y)$ 的联合分布函数，且 $u = F(x)$、$v = G(y)$，那么存在一个 copula 函数 $C(u,v)$，满足

$$H(x,y) = C(F(x), G(y)) \tag{7-1}$$

$$C(u,v) = H\left(F^{-1}(u), G^{-1}(v)\right) \tag{7-2}$$

以上定理表明，对于二元变量 X、Y，我们可以通过边缘累积概率分布函数 $F(x)$、$G(y)$ 和一个 copula 函数 $C(u,v)$ 构造 X、Y 的联合分布函数 $H(x,y)$。对应地，还可以利用 X、Y 的累积概率分布函数的逆函数和 X、Y 的联合分布函数，构造一个 copula 函数。

假定 $F(x)$ 和 $G(y)$ 是连续的一元累积概率分布函数，令 $u = F(x)$、$v = G(y)$，则 u 和 v 均服从 $[0,1]$ 的均匀分布，即 $C(u,v)$ 是一个边缘分布服从 $[0,1]$ 均匀分布的二元分布函数，且对于定义域内的任意一点 (u,v) 均有：$0 \leqslant C(u,v) \leqslant 1$。虽然 $C(u,v)$ 并不一定完美拟合了 X、Y 的联合分布函数，但它可以用来描述 X、Y 联合分布的一些重要信息，或者描述 X、Y 的相关性结构。

通过 copula 函数 $C(u,v)$ 的概率密度函数 $c(u,v)$ 和边缘分布函数 $F(x)$、$G(y)$，还可以求出联合分布函数 $H(x,y)$ 的概率密度函数，即

$$h(x,y) = c(u,v)f(x)g(y) \tag{7-3}$$

式中，$c(u,v) = \dfrac{\partial^2 C(u,v)}{\partial u \partial v}$，$u = F(x)$，$v = G(y)$，$f(x)$ 和 $g(y)$ 分别是边缘分布函数 $F(x)$ 和 $G(y)$ 的概率密度函数。由此可见，二元 Sklar 定理不仅提供了一个在不清楚联合分布的情况下分析二元变量之间相关性结构的途径，而且为求解联合分布函数提供了一种便捷的新方法。我们将二元 Sklar 定理扩展到多元 Sklar 定理，观察多元 copula 函数如何帮助我们构建多元随机变量之间的联合分布。

多元 Sklar 定理：d 元 copula 函数 $C:[0,1]^d \to [0,1]$ 是指具有以下性质的概率分布函数：①定义域为 $[0,1]^d$；② $C:[0,1]^d \to [0,1]$ 有零基础面且是 d 维递增的；③第 n 个变量的边缘累积概率分布函数 $C_n(u_n)$ 满足

$$C_n(u_n) = C(1,\cdots,1,u_n,1,\cdots,1) = u_n$$

式中，$u_n \in [0,1]$，$n = 1,2,\cdots,d$。令 $F(x_1,x_2,\cdots,x_d)$ 为具有边缘分布 $F_1, F_2, \cdots, F_d$ 的 d 维联合分布函数，那么存在一个 copula 函数 $C:[0,1]^d \to [0,1]$，满足

$$F(x_1,x_2,\cdots,x_d) = C(F_1(x_1), F_2(x_2), \cdots, F_d(x_d)) \tag{7-4}$$

$$C(u_1,u_2,\cdots,u_N) = F(F_1^{-1}(u_1), F_2^{-1}(u_2), \cdots, F_N^{-1}(u_N)) \tag{7-5}$$

---

① 关于零基础面和二维递增的概念不在此做深入讨论。

与二元 copula 函数情形类似，通过多元 copula 函数的概率密度函数 $c(u_1, u_2, \cdots, u_d) = \dfrac{\partial C(u_1, u_2, \cdots, u_d)}{\partial u_1 \partial u_2 \cdots \partial u_d}$ 和边缘分布 $F_1, F_2, \cdots, F_d$，可以方便地求出 d 维分布函数 $F(x_1, x_2, \cdots, x_d)$ 的联合概率密度函数，即

$$f(x_1, x_2, \cdots, x_d) = c(F_1(x_1), F_2(x_2), \cdots, F_d(x_d)) \prod_{n=1}^{d} f_n(x_n) \qquad (7\text{-}6)$$

式中，$f_n(x_n)$（$n = 1, 2, \cdots, d$）是边缘分布 F_n 的概率密度函数。

通过以上定理，我们发现利用变量的分布函数的逆函数和变量间的联合分布函数，可以求出描述变量间相关性结构的 copula 函数。而利用 copula 函数可以在不清楚变量间联合分布的情况下分析变量间的相关性结构，从而减小多变量概率模型建模和分析的难度，并使建模和分析过程更加清晰。

7.2　基于 copula 函数的相关性测度

随机变量间的相关关系或者说相关性测度是概率论与数理统计中最广泛的研究话题。相关性测度的功能是揭示变量之间的关系，从而了解某一种特定风险在变量间的传染路径或多个变量是否处于某一种共同运动中。常见的线性相关系数就是一种最基本的相关性测度。

利用变量间的联合分布，我们可以计算出两个变量的全部性质，从而得到它们间的相关关系。copula 函数是刻画变量间联合分布的有力工具，显然，利用 copula 函数我们可以在不清楚变量间联合分布的情况下，得到它们之间的某种相关性特征。

7.2.1　肯德尔（Kendall）τ 相关系数

在引入 Kendall τ 相关系数的概念前，要先了解秩相关性概念。从感官上说，对于随机变量 X 与 Y，如果 X 出现"较大"的值时，Y 较大概率也出现"较大"的值，X 出现"较小"的值时，Y 较大概率也出现"较小"的值，那么 X 与 Y 具有秩相关性。令 $(X, Y) \sim H(x, y)$，$\{(x_1, y_1), (x_2, y_2), \cdots, (x_n, y_n)\}$ 是一个由随机向量 $(\boldsymbol{X}, \boldsymbol{Y})$ 的 n 组观测值组成的样本。对于样本中的每两组观测值 (x_i, y_i) 和 (x_j, y_j)（$i \neq j$，$i, j = 1, 2, \cdots, d$），如果 $(x_i - x_j)(y_i - y_j) > 0$，则 (x_i, y_i) 和 (x_j, y_j) 是秩相关的；如果 $(x_i - x_j)(y_i - y_j) < 0$，则 (x_i, y_i) 和 (x_j, y_j) 是非秩相关的。

Kendall τ 便是一种利用秩相关性概念刻画两个随机变量 X 与 Y 相关性的测度。对于随机变量 X_1 和 X_2（它们独立同分布于 X）、Y_1 和 Y_2（它们独立同分布于 Y），Kendall τ 定义为随机变量具有秩相关性的概率减去其不具有秩相关性的概率，即

$$\begin{aligned} \text{Kendall } \tau_{X,Y} &= \Pr((X_1 - X_2)(Y_1 - Y_2) > 0) - \Pr((X_1 - X_2)(Y_1 - Y_2) < 0) \\ &= 2\Pr((X_1 - X_2)(Y_1 - Y_2) > 0) - 1 \end{aligned} \qquad (7\text{-}7)$$

通过定义可以看出 Kendall $\tau_{X,Y}$ 的变化范围在 -1 至 1 之间。当 Kendall $\tau_{X,Y}$ 为 1 时，

随机变量 X 与 Y 变化方向完全一致，X 与 Y 在 Kendall $\tau_{X,Y}$ 定义下完全正相关；当 $\tau_{X,Y}$ 为 -1 时，随机变量 X 与 Y 变化方向完全不一致，X 与 Y 在 Kendall $\tau_{X,Y}$ 定义下完全负相关；当 $\tau_{X,Y}$ 为 0 时，随机变量 X 与 Y 变化方向有一半的概率一致，X 与 Y 在 Kendall $\tau_{X,Y}$ 定义下的相关关系不确定。

可以通过二元 copula 函数计算随机变量 X 与 Y 之间的 Kendall $\tau_{X,Y}$。令 (X_1, Y_1) 和 (X_2, Y_2) 是独立随机向量，其联合分布分别为 H_1 和 H_2，$X_1, X_2 \overset{i.i.d.}{\sim} F$，$Y_1, Y_2 \overset{i.i.d.}{\sim} G$。令 (X_1, Y_1) 与 (X_2, Y_2) 的 copula 函数为 C_1 和 C_2，即 $H_1(x,y) = C_1(F(x), G(y))$，$H_2(x,y) = C_2(F(x), G(y))$，可得

$$\text{Kendall } \tau_{X,Y} = 2\Pr((X_1 - X_2)(Y_1 - Y_2) > 0) - 1 = 4\iint_{I^2} C_2(u,v)\mathrm{d}C_1(u,v) - 1 \quad （7\text{-}8）$$

当 $C_1 = C_2 = C$ 时，Kendall $\tau_{X,Y}$ 可以表示为 $4\iint_{I^2} C_2(u,v)\mathrm{d}C_1(u,v) - 1$ 或 $4\mathbb{E}(C(U,V)) - 1$，其中 U 和 V 是随机变量。

7.2.2 斯皮尔曼（Spearman） ρ 相关系数

与 Kendall τ 类似，Spearman ρ 也是一种秩相关系数。令 (X_1, Y_1)、(X_2, Y_2) 和 (X_3, Y_3) 为三个独立同分布的随机变量，它们的联合分布函数为 H，$X_1, X_2, X_3 \overset{i.i.d.}{\sim} F$，$Y_1, Y_2, Y_3 \overset{i.i.d.}{\sim} G$，则 Spearman $\rho_{X,Y}$ 的定义为

$$\text{Spearman } \rho_{X,Y} = 3(\Pr((X_1 - X_2)(Y_1 - Y_3) > 0) - \Pr((X_1 - X_2)(Y_1 - Y_3) < 0)) \quad （7\text{-}9）$$

式中，系数 3 是一个正则化常数项，其目的是让 Spearman $\rho_{X,Y}$ 的变化范围在 $[-1, 1]$。从定义来看，Spearman $\rho_{X,Y}$ 计算了 (X_1, Y_1) 与 (X_2, Y_3) 变动一致的概率与变动不一致的概率之间的差，注意到 (X_2, Y_3) 的联合分布是 $F(x)G(y)$，其 copula 函数为 $C = UV$，利用式（7-8）有

$$\begin{aligned} \rho_{X,Y} &= 12\iint_{I^2} uv\mathrm{d}C(u,v) - 3 \\ &= 12\iint_{I^2} C(u,v)\mathrm{d}u v - 3 \end{aligned} \quad （7\text{-}10）$$

用 U 与 V 表示随机变量 $F(X)$ 和 $G(Y)$，则 $\mathbb{E}(U) = \mathbb{E}(V) = 1/2$，$\mathbb{D}(U) = \mathbb{D}(V) = 1/12$，$\mathbb{E}(UV) = \iint_{I^2} uv\mathrm{d}C(u,v)$，则

$$\begin{aligned} \text{Spearman } \rho_{X,Y} &= 12\iint_{I^2} uv\mathrm{d}C(u,v) - 3 \\ &= 12(\mathbb{E}(UV) - \mathbb{E}(U)\mathbb{E}(V)) \\ &= \frac{\text{COV}(U,V)}{\sqrt{\mathbb{D}(U)\mathbb{D}(V)}} \\ &= \rho_{X,Y} \end{aligned} \quad （7\text{-}11）$$

可以看出此时 Spearman ρ 等价于 $F(X)$ 与 $G(Y)$ 之间的线性相关系数。

7.2.3 尾部相关系数

很多时候我们关心变量之间的尾部相关性。例如，当全球金融危机爆发时，各个资产

都出现了价格暴跌的现象，这意味着一个变量出现很小（很大）的极端值时也很可能引发另一个变量出现很小（很大）的极端值，我们称这种现象为两个变量之间存在尾部相关性。我们用数学语言描述这种相关关系：令变量 X 和变量 Y 的累积概率分布函数为 $F(X)$ 和 $G(Y)$，它们之间的 copula 函数为 C，当变量 X 非常大时，变量 Y 也非常大的概率为

$$
\begin{aligned}
\lambda_U &= \lim_{t \to 1^-} \mathbb{P}(Y > G^{-1}(t) \mid X > F^{-1}(t)) \\
&= \lim_{t \to 1^-} \mathbb{P}(G(Y) > t \mid F(X) > t) \\
&= \lim_{t \to 1^-} \mathbb{P}(U_2 > t \mid U_1 > t) \\
&= \lim_{t \to 1^-} \frac{1 - \mathbb{P}(U_2 < t) - \mathbb{P}(U_1 < t) + \mathbb{P}(U_2 < t, U_1 < t)}{1 - \mathbb{P}(U_1 < t)} \\
&= \lim_{t \to 1^-} \frac{1 - 2t + C(t, t)}{1 - t}
\end{aligned}
\tag{7-12}
$$

当变量 X 非常小时，变量 Y 也非常小的概率为

$$
\begin{aligned}
\lambda_L &= \lim_{t \to 0^+} \Pr(Y < G^{-1}(t) \mid X < F^{-1}(t)) \\
&= \lim_{t \to 0^+} \Pr(G(Y) < t \mid F(X) < t) \\
&= \lim_{t \to 0^+} \Pr(U_2 < t \mid U_1 < t) \\
&= \lim_{t \to 0^+} \frac{\Pr(U_2 < t, U_1 < t)}{\Pr(U_1 < t)} \\
&= \lim_{t \to 0^+} \frac{C(t, t)}{t}
\end{aligned}
\tag{7-13}
$$

需要注意的是，与之前的相关性测度不同，当 copula 函数不具有轮换对称性（copula 函数的数值并不一定关于 $u = v$ 对称）时，有

$$
\begin{aligned}
&\lim_{t \to 1^-} \Pr(Y > G^{-1}(t) \mid X > F^{-1}(t)) \neq \lim_{t \to 1^-} \Pr(X > F^{-1}(t) \mid Y > G^{-1}(t)) \\
&\lim_{t \to 1^-} \Pr(Y < G^{-1}(t) \mid X < F^{-1}(t)) \neq \lim_{t \to 1^-} \Pr(X < F^{-1}(t) \mid Y < G^{-1}(t))
\end{aligned}
\tag{7-14}
$$

式（7-12）和式（7-13）的测度呈现出一种因果方向，条件概率 λ_U 代表变量 X 的数值非常大的情况下，变量 Y 的数值也非常大的概率，即从变量 X 到变量 Y 的上尾风险传染。类似地，条件概率 λ_L 代表从变量 X 到变量 Y 的下尾风险传染。

7.3　常见 copula 函数

接下来，我们要讨论 copula 函数的具体形式。copula 函数形式多样，从维度来分可以分为二元或多元 copula 函数，根据生成元的不同可以分为椭圆 copula 函数与阿基米德 copula 函数。其中，根据拓扑结构的不同，多元 copula 函数又包含网状 copula 函数、藤（vine）-copula 函数等不同分类。这些 copula 函数性质各异，适用于不同情景的联合分布建模。在特定的建模场景下，甚至可利用不同 copula 函数构造出新的组合 copula 函数。本节介绍最常见的几类 copula 函数，先介绍二元情形，再扩展至多元情形。

7.3.1 椭圆 copula 函数

椭圆 copula 函数是构建变量间联合分布的常用 copula 函数，其主要特点是能够较好揭示多元变量间的线性相关关系。这里，先简要介绍一下椭圆分布的性质：如果一个 d 维随机向量 $\boldsymbol{X} = (X_1, X_2, \cdots, X_d)$ 服从椭圆分布，且它的均值为 $\boldsymbol{\mu} \in \mathbb{R}^d$、方差-协方差矩阵为 $\boldsymbol{\Sigma}(\sigma_{ij})$、生成元为 $g:[0,+\infty) \to [0,+\infty)$，则其满足

$$\boldsymbol{X} = \boldsymbol{\mu} + R\boldsymbol{A}\boldsymbol{U} \tag{7-15}$$

式中，$\boldsymbol{A}$ 是 $\boldsymbol{\Sigma}$ 的乔里斯基分解，满足 $\boldsymbol{A}\boldsymbol{A}' = \boldsymbol{\Sigma}$；$\boldsymbol{U}$ 是定义在单位球 $\mathbb{S}^{d-1} = \{\boldsymbol{u} \in \mathbb{R}^d : u_1^2 + \cdots + u_1^d = 1\}$ 上的多元均匀分布随机向量；R 是与 $\boldsymbol{U}$ 独立的正值随机向量，并且 R 的每一个分量 r 的边际分布为

$$f_g(r) = \frac{2\pi^{d/2}}{\Gamma(d/2)} r^{d-1} g(r^2) \tag{7-16}$$

服从椭圆分布的随机变量 $\boldsymbol{X}$ 可以表示为 $\boldsymbol{X} \sim \mathcal{E}(\boldsymbol{\mu}, \boldsymbol{\Sigma}, g)$，并且对于所有的 $\boldsymbol{X} \in \mathbb{R}^d$，有概率密度函数

$$h_g(\boldsymbol{x}) = |\boldsymbol{\Sigma}|^{-\frac{1}{2}} g\left((\boldsymbol{x} - \boldsymbol{\mu})' \boldsymbol{\Sigma}^{-1} (\boldsymbol{x} - \boldsymbol{\mu})\right) \tag{7-17}$$

当 $g(t) = (2\pi)^{-d/2} \mathrm{e}^{-t/2}$ 时，$\boldsymbol{X}$ 服从多元高斯分布，其概率密度函数为

$$h(\boldsymbol{x}; \boldsymbol{\mu}, \boldsymbol{\Sigma}) = \frac{1}{(2\pi)^{\frac{d}{2}}} |\boldsymbol{\Sigma}|^{-\frac{1}{2}} \exp\left(-\frac{1}{2}(\boldsymbol{x} - \boldsymbol{\mu})' \boldsymbol{\Sigma}^{-1} (\boldsymbol{x} - \boldsymbol{\mu})\right) \tag{7-18}$$

当 $g(t) = c(1 + t/v)^{-(d+v)/2}$ 时（其中 c 是一个参数），$\boldsymbol{X}$ 服从自由度为 v 的多元 T 分布，将 $g(t)$ 代入式（7-17），可以得到 $\boldsymbol{X}$ 的概率密度函数为（当 $c=1$ 时）

$$h(\boldsymbol{x}, v, \boldsymbol{\mu}, \boldsymbol{\Sigma}) = \frac{\Gamma\left(\dfrac{v+d}{2}\right)}{\Gamma\left(\dfrac{v}{2}\right)(v\pi)^{\frac{d}{2}}} |\boldsymbol{\Sigma}|^{-\frac{1}{2}} \left(1 + \frac{1}{v}\left((\boldsymbol{x} - \boldsymbol{\mu})' \boldsymbol{\Sigma}^{-1} (\boldsymbol{x} - \boldsymbol{\mu})\right)\right)^{\frac{v+d}{-2}} \tag{7-19}$$

椭圆 copula 函数：令 $\boldsymbol{X} \sim \mathbb{E}_d(\boldsymbol{\mu}, \boldsymbol{\Sigma}(\sigma_{ij}), g)$ 是 d 维椭圆分布随机变量，对于 $\boldsymbol{X}$ 的每一个分量 X_i（$i = 1, 2, \cdots, d$）有 $(X_i / \sqrt{\sigma_{ii}}) \sim F_g$。椭圆 copula 函数的累积概率分布函数如式（7-20）所示。

$$(U_1, U_2, \cdots, U_d) = \left(F_g\left(\frac{X_1}{\sqrt{\sigma_{11}}}\right), F_g\left(\frac{X_2}{\sqrt{\sigma_{22}}}\right), \cdots, F_g\left(\frac{X_d}{\sqrt{\sigma_{dd}}}\right)\right) \tag{7-20}$$

利用椭圆分布表达式和逆 Sklar 公式 $H_g(F_{g,1}^{-1}(u_1), \cdots, F_{g,d}^{-1}(u_d)) = C(u_1, u_2, \cdots, u_d)$，可以构造出椭圆 copula 函数。常用的椭圆 copula 函数是高斯 copula 函数和 T copula 函数。

高斯 copula 函数：在椭圆 copula 函数中，若生成元为 $g(t) = (2\pi)^{-d/2} \mathrm{e}^{-t/2}$，则椭圆 copula 函数变为高斯 copula 函数，其累积概率分布函数 $C^N(\boldsymbol{u})$ 与概率密度函数 $c^N(\boldsymbol{u})$ 分别为

$$C^N(\boldsymbol{u};\boldsymbol{R}) = \varPhi_d\left(\varPhi^{-1}(u_1),\varPhi^{-1}(u_2),\cdots,\varPhi^{-1}(u_d);\boldsymbol{R}\right) \qquad (7\text{-}21)$$

$$c^N(\boldsymbol{u};\boldsymbol{R}) = |\boldsymbol{R}|^{-\frac{1}{2}} \exp\left(\frac{\left(\varPhi^{-1}(u_1),\cdots,\varPhi^{-1}(u_d)\right)'\left(\boldsymbol{I}_d - \boldsymbol{R}^{-1}\right)\left(\varPhi^{-1}(u_1),\cdots,\varPhi^{-1}(u_d)\right)}{2}\right) \quad (7\text{-}22)$$

式中，$\varPhi$ 是一元标准正态累积概率分布函数，$\varPhi(x) = \int_{-\infty}^{x}\dfrac{1}{\sqrt{2\pi}}\mathrm{e}^{-\frac{1}{2}t^2}\mathrm{d}t$；$\varPhi_d$ 是 d 维多元正态分布的累积概率分布函数 [其相关系数矩阵为 $\boldsymbol{R}\left(r_{ij}=\sigma_{ij}\big/\sqrt{\sigma_{ii}\sigma_{jj}}\right)$]。高斯 copula 函数的参数为 $\boldsymbol{R}$ 的非对角线元素。

可以看出高斯 copula 函数完全由多元高斯分布逆变化而构造出。根据式（7-21）和式（7-22），二元高斯 copula 函数的概率密度函数为

$$c^N(u,v;\rho) = \frac{1}{\sqrt{1-\rho^2}}\exp\left(-\frac{\rho^2\left((\varPhi^{-1}(u))^2 + (\varPhi^{-1}(v))^2\right) - 2\varPhi^{-1}(u)\varPhi^{-1}(v)\rho}{2(1-\rho^2)}\right) \qquad (7\text{-}23)$$

其累积概率密度函数 $C^N(u,v;\rho)$ 为

$$C^N(u,v;\rho) = \varPhi_2(\varPhi^{-1}(u),\varPhi^{-1}(v);\rho) \qquad (7\text{-}24)$$

式中，$\varPhi_2(\cdot,\cdot;\rho)$ 是一个标准二元正态分布的概率分布函数，其参数为 ρ，ρ 是 U 和 V 之间的线性相关系数。对于二元高斯 copula 函数，其 Kendall $\tau = \dfrac{2}{\pi}\arcsin(\rho)$，上尾相关系数 $\lambda_U = 0$，下尾相关系数 $\lambda_L = 0$。二元高斯 copula 函数无法描绘两个变量之间的尾部相关性。当 $\rho = 0.6$ 时，二元高斯 copula 函数的概率密度函数如图 7-1 所示，此时它关于 $u=v$ 对称，说明二元高斯 copula 函数具有轮换对称性。

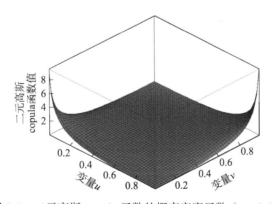

图 7-1　二元高斯 copula 函数的概率密度函数（$\rho = 0.6$）

T copula 函数：在椭圆 copula 函数中，若生成元为 $g(t) = (1 + t/v)^{-(d+v)/2}$，则椭圆 copula 函数变为 T copula 函数，其累积概率分布函数 $C^T(\boldsymbol{u})$ 与概率密度函数 $c^T(\boldsymbol{u})$ 分别为

$$C^T(\boldsymbol{u};\boldsymbol{R},v) = T_d\left(T^{-1}(u_1;v),T^{-1}(u_2;v),\cdots,T^{-1}(u_d;v);\boldsymbol{R},v\right) \qquad (7\text{-}25)$$

$$c^t(\boldsymbol{u};\boldsymbol{R},v)=|\boldsymbol{R}|^{-1/2}\cdot\frac{\Gamma\left(\dfrac{v+d}{2}\right)\left(\Gamma\left(\dfrac{v}{2}\right)\right)^{d-1}}{\left(\Gamma\left(\dfrac{v+1}{2}\right)\right)^d}\cdot\frac{\left(1+\dfrac{1}{v}\boldsymbol{\tau}\boldsymbol{R}^{-1}\boldsymbol{\tau}^{\mathrm{T}}\right)^{-(v+d)/2}}{\left(\displaystyle\prod_{i=1}^{d}\left(1+\dfrac{\left(T^{-1}(u_i;v)\right)^2}{v}\right)\right)^{-(v+1)/2}} \quad (7\text{-}26)$$

式中，$\boldsymbol{\tau}=(T^{-1}(u_1;v),T^{-1}(u_2;v),\cdots,T^{-1}(u_d;v))$；$T(x;v)$ 是一元自由度为 v 的标准 T 分布的累积概率密度函数。T_d 是 d 维多元 T 分布的累计概率分布函数［相关系数矩阵为 $\boldsymbol{R}(i,j)=\sigma_{ij}\big/\sqrt{\sigma_{ii}\sigma_{jj}}$］。可以看出 T copula 函数完全是由多元 T 分布逆变化而构造出的。根据式（7-25）式（7-26），二元 T copula 函数的概率密度函数为

$$c^T(u,v)=\frac{2}{2\pi t_v(x)t_v(y)\sqrt{1-\rho^2}}\left(1+\frac{x^2+y^2-2\rho xy}{v(1-\rho^2)}\right)^{\frac{v+2}{-2}} \quad (7\text{-}27)$$

其中

$$t_v(x)=\frac{\Gamma\left(\dfrac{v+1}{2}\right)}{\Gamma\left(\dfrac{v}{2}\right)\sqrt{\pi v}}\left(1+\frac{x^2}{v}\right)^{\frac{v+1}{-2}} \quad (7\text{-}28)$$

是一个自由度为 v 的一元 T 分布的概率密度函数。式（7-27）中 $x=t_v^{-1}(u)$，$y=t_v^{-1}(v)$。式（7-27）中的参数 ρ 反映了 U 和 V 之间的线性相关性，当 ρ 接近于 1 的时候，说明 U 和 V 之间存在很强的正向线性相关性，当 ρ 接近于–1 的时候，说明 U 和 V 之间存在很强的负向线性相关性。二元 T copula 函数的 Kendall $\tau=\dfrac{2}{\pi}\arcsin(\rho)$，这一点和二元高斯 copula 函数相同；此外，其上尾相关系数 λ_U 与下尾相关系数 λ_L 相同，都为 $2t_{v+1}\left(-\sqrt{v+1}\sqrt{\dfrac{1-\rho}{1+\rho}}\right)$，这说明二元 T copula 函数可以同时描绘具有对称性质的上下尾相关性，这一点和高斯 copula 函数有着显著区别。当 $\rho=-0.6$ 时，二元 T copula 函数的概率密度函数如图 7-2 所示，此时它关于 $u=v$ 对称。

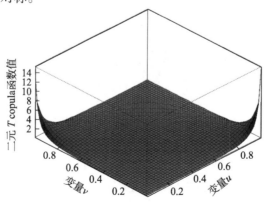

图 7-2　二元 T copula 函数的概率密度函数（$\rho=-0.6$，$v=5$）

7.3.2　阿基米德 copula 函数

阿基米德 copula 函数是典型的由生成元 $\varphi(t;\boldsymbol{\theta}_c)$ 构成的 copula 函数，其中 $\boldsymbol{\theta}_c$ 是生成元的参数向量（亦可为标量），其概率分布函数表达式为

$$C(\boldsymbol{u};\boldsymbol{\theta}_c)=\varphi^{-1}(\varphi(u_1;\boldsymbol{\theta}_c)+\varphi(u_2;\boldsymbol{\theta}_c)+\cdots+\varphi(u_d;\boldsymbol{\theta}_c);\boldsymbol{\theta}_c) \quad (7\text{-}29)$$

式中，$\boldsymbol{u}$ 是 d 维随机向量，u_i 是其分量。对于二元阿基米德 copula 函数，其概率密度函数为

$$c(u,v;\boldsymbol{\theta}_c)=-\frac{\varphi''(C(u,v;\boldsymbol{\theta}_c))\varphi'(u)\varphi'(v)}{(\varphi'(C(u,v;\boldsymbol{\theta}_c)))^3} \quad (7\text{-}30)$$

多元情形下阿基米德 copula 函数的概率密度函数为

$$c(\boldsymbol{u};\boldsymbol{\theta}_c)=(\varphi^{-1})^d\left(\sum_{i=1}^{d}\varphi(u_i)\right)\prod_{i=1}^{d}\varphi'(u_i) \quad (7\text{-}31)$$

冈贝尔（Gumbel）copula 函数：Gumbel copula 函数是生成元为 $\varphi(t;\theta_g)=(-\ln t)^{\theta_g}$ 的阿基米德 copula 函数，其中 $\theta_g\in[1,+\infty)$。其概率分布函数为

$$C^G(\boldsymbol{u};\theta_g)=\exp\left(-\left((-\ln u_1)^{\theta_g}+(-\ln u_2)^{\theta_g}+\cdots+(-\ln u_d)^{\theta_g}\right)^{1/\theta_g}\right) \quad (7\text{-}32)$$

对于二元形式的 Gumbel copula 函数有

$$C^G(u,v;\theta_g)=\exp\left(-\left((-\ln u)^{\theta_g}+(-\ln v)^{\theta_g}\right)^{1/\theta_g}\right)$$

$$c^G(u,v;\theta_g)=C^G(u,v;\theta_g)\times\left(\left((-\ln u)^{\theta_g}+(-\ln v)^{\theta_g}\right)^{1/\theta_g-2}\right)\times(\ln u\ln v)^{\theta_g-1} \quad (7\text{-}33)$$

$$\times\left(\theta_g-1+(-\ln u)^{\theta_g}+(-\ln v)^{\theta_g}\right)\times\left(1/(uv)\right)$$

Gumbel copula 函数的 Kendall $\tau=1-\theta_g^{-1}$，上尾相关系数 $\lambda_U=2-2^{1/\theta_g}$，下尾相关系数 $\lambda_L=0$。这意味着二元 Gumbel copula 函数并不能描述具有下尾相关性的两个随机变量 U 和 V。当 $\theta_g=1.1$ 时，二元 Gumbel copula 函数的概率密度函数如图 7-3 所示，可以看出它关于 $u=v$ 对称。

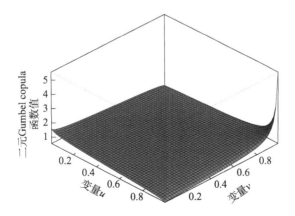

图 7-3　二元 Gumbel copula 函数的概率密度函数（$\theta_g=1.1$）

克莱顿（Clayton）copula 函数：Clayton copula 函数是生成元为 $\varphi(t;\theta_c)=t^{-\theta_c}-1$，$\theta_c\in(0,+\infty)$ 的阿基米德 copula 函数，其概率分布函数 $C(\boldsymbol{u};\boldsymbol{\theta}_c)$ 为

$$C(u_1^{-\theta_c}+u_2^{-\theta_c}+\cdots+u_d^{-\theta_c}-n+1)=(u_1^{-\theta_c}+u_2^{-\theta_c}+\cdots+u_d^{-\theta_c}-n+1)^{-1/\theta_c} \qquad (7\text{-}34)$$

对于二元形式的 Clayton copula 函数有

$$C(u_1,u_2)=(u_1^{-\theta_c}+u_2^{-\theta_c}-1)^{-\frac{1}{\theta_c}}$$

$$c(u_1,u_2)=(1+\theta_c)(u_1u_2)^{-1-\theta_c}(u_1^{-\theta_c}+u_2^{-\theta_c}-1)^{-\frac{1}{\theta_c}-2} \qquad (7\text{-}35)$$

二元 Clayton copula 函数的 Kendall $\tau=\dfrac{\theta_c}{\theta_c+2}$，上尾相关系数 $\lambda_U=0$，下尾相关系数 $\lambda_L=2^{-\frac{1}{\theta_c}}$。这意味着二元 Clayton copula 函数并不能描述具有上尾相关性的两个变量。图 7-4 描绘了当 $\theta_c=0.2$ 时，二元 Clayton copula 函数的概率密度函数，可以看出它关于 $u=v$ 对称。

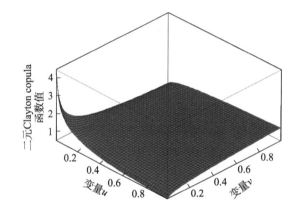

图 7-4　二元 Clayton copula 函数的概率密度函数（$\theta_c=0.2$）

弗兰克（Frank）copula 函数：Frank copula 函数是生成元为 $\varphi(t;\theta_F)=-\ln\left(\dfrac{\mathrm{e}^{-\theta_F t}-1}{\mathrm{e}^{-\theta_F}-1}\right)$ 的阿基米德 copula 函数，$\theta_F\in(-\infty,+\infty)\setminus\{0\}$，其概率分布函数为

$$C(u_1,u_2,\cdots,u_N;\theta_F)=-\frac{1}{\theta_F}\ln\left(1+\frac{\displaystyle\prod_{n=1}^{N}\left(\mathrm{e}^{-\theta_F u_n}-1\right)}{\left(\mathrm{e}^{-\theta_F}-1\right)^{N-1}}\right) \qquad (7\text{-}36)$$

当 $N\geqslant 3$ 时，有 $\theta_F\in(0,\infty)$。对于二元 Frank copula 函数有

$$C(u_1,u_2;\theta_F)=-\frac{1}{\theta_F}\ln\left(1+\frac{\left(\mathrm{e}^{-\theta_F u_1}-1\right)\left(\mathrm{e}^{-\theta_F u_2}-1\right)}{\mathrm{e}^{-\theta_F}-1}\right)$$

$$c(u_1,u_2;\theta_F)=\frac{-\theta_F\left(\mathrm{e}^{-\theta_F}-1\right)\mathrm{e}^{-\theta_F(u_1+u_2)}}{\left(\left(\mathrm{e}^{-\theta_F}-1\right)+\left(\mathrm{e}^{-\theta_r u_1}-1\right)\left(\mathrm{e}^{-\theta_F u_2}-1\right)\right)^2} \qquad (7\text{-}37)$$

对于二元 Frank copula 函数，其 Kendall　$\tau = 1 - \dfrac{4}{\theta_F} + 4\dfrac{D_1(\theta_F)}{\theta_F}$，其中 $D_1(\theta_F) = \displaystyle\int_0^{\theta_F} \dfrac{x/\theta_F}{e^x - 1} dx$。

此外，二元 Frank copula 函数的上尾相关系数 $\lambda_U = 0$，下尾相关系数 $\lambda_L = 0$。二元 Frank copula 函数只能描述两个变量间的线性相关性，而不能描述它们的尾部相关性，这一点和高斯 copula 函数相同。当 $\theta_F = 4$ 及 $\theta_F = -4$ 时，二元 Frank copula 函数的概率密度函数分别如图 7-5 和图 7-6 所示，可以看出它们都关于 $u = v$ 对称。这说明二元 Frank copula 函数具有轮换对称性。

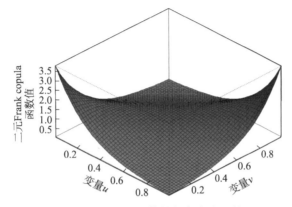

图 7-5　二元 Frank copula 函数的概率密度函数（$\theta_F = 4$）

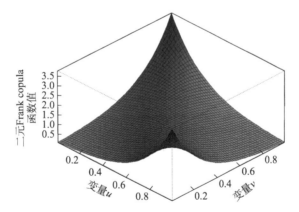

图 7-6　二元 Frank copula 函数的概率密度函数（$\theta_F = -4$）

7.4　动态参数二元 copula 函数

由于经济系统的动态变化，变量之间的相关性结构也会随着时间而变化，这体现在模型中即参数存在一个动态演变过程。在全球金融危机期间，多种金融资产价格都出现了暴跌，而在危机以外时段，却很少出现资产价格同步下跌的情形，这就是一种变量间相关性结构的时变特征。如果用二元 copula 函数对这些资产收益率的联合分布建模，可以预料到能够刻画尾部相关性的 copula 函数参数的动态变化，如 Clayton copula 函数的参数会在全球金融危机期间很高，而在其他时刻则相对较低。如果在样本期内采用一个恒定的参数，则不能刻画出变量间相关关系的动态性，此外也会使得 copula 函数的拟合优度降低。然而，人们对于这种动态演变过程的知识掌握并不充分，只能依赖先验知识设定相应的参数化或半参数化演变过程。

7.4.1 条件 copula 函数

从感官认识上不难发现，如果 copula 函数的参数呈现出动态性，那么一定会有一些其他因子在驱动着 θ_c 的变化，或者更通俗地讲，θ_c 的数值会随着其他变量的变化而变化。在研究动态参数的 copula 函数前，我们先引出二元条件 copula 函数的定义（Patton，2001）。

二元条件 copula 函数：令 H 是一个二元条件分布函数，其条件边际分布是 F 和 G，令 $\mathcal{F}$ 是某一个信息集，那么有且仅有一个二元条件 copula 函数 $C:[0,1]\times[0,1]\to[0,1]$ 满足

$$H(x,y\,|\,\mathcal{F}) = C\big(F(x\,|\,\mathcal{F}),G(y\,|\,\mathcal{F})\,|\,\mathcal{F}\big) \tag{7-38}$$

反之，在某个信息集 $\mathcal{F}$ 下，如果 C 是一个二元条件 copula 函数，F 和 G 是条件变量为 $\mathcal{F}$ 的随机变量 X 与 Y 的条件边际分布，那么由式（7-38）定义的函数 H 是一个二元条件分布函数。

在二元条件 copula 函数的定义下，我们可以将无条件情况的式（7-2）和式（7-3），替换为

$$C(u,v\,|\,\mathcal{F}) = H\big(F^{-1}(u\,|\,\mathcal{F}),G^{-1}(v\,|\,\mathcal{F})\,|\,\mathcal{F}\big) \tag{7-39}$$

$$h(x,y\,|\,\mathcal{F}) = c(u,v\,|\,\mathcal{F})f(x\,|\,\mathcal{F})g(y\,|\,\mathcal{F}) \tag{7-40}$$

在不考虑详细证明的情况下，二元条件 copula 函数的性质很好理解，虽然其形式简单，但意义却非常重大。条件 copula 函数是我们进一步学习动态参数 copula 函数的理论基础。在金融和经济系统中，模型参数的动态性暗示了过去的信息会驱动着当前人们决策的变化，从而改变经济变量间的关系。如果我们把信息集 $\mathcal{F}$ 看成所有过去信息的集合，那么二元条件 copula 公式描绘了当前的二元随机变量 X 和 Y 之间的联合分布，如式（7-39）和式（7-40）所示。

7.4.2 依赖观测值的动态参数 copula 函数

在 7.3 节中，我们所介绍的五种最常见的二元 copula 函数，除了二元 T copula 函数外都只有一个参数，它们唯一的一个参数的动态变化过程就是整个 copula 函数动态变化的过程。对于二元 T copula 函数，其自由度参数 ν 对 T copula 函数性质的影响远不及 ρ，所以我们在讨论动态二元 T copula 函数时，一般只讨论 ρ 的动态变化过程，而不考虑自由度参数 ν 的动态变化特征。为了统一符号，在本节中，我们令一个二元 copula 函数的参数为 θ_c，当 θ_c 发生动态变化时，即 $\theta_{c,t}$。在后面的介绍中，除非有特别区分，我们将省去"二元"的说明，默认讨论二元 copula 函数。

一个基础的情形是 $\theta_{c,t}$ 由过去的观测值 $\{(u_{t-1},v_{t-1}),(u_{t-2},v_{t-2}),\cdots\}$ 或过去的参数 $\{\theta_{c,t-1},\theta_{c,t-2},\cdots\}$ 所驱动，这种思想类似于时间序列中的自回归模型的变化驱动方式。例如，对于

高斯 copula 函数而言，如果在 t 时刻变量之间的相关系数 $\theta_{c,t}$ 数值非常大，在 $t+1$ 时刻 $\theta_{c,t+1}$ 的数值也会倾向于非常大。回顾式（7-38），如果我们令信息集 $\mathcal{F}$ 是过去的观测值或过去的参数集合，那么条件 copula 公式依然成立，从这一点可以看出，条件 copula 公式是我们讨论动态 copula 函数的基础。

　　Patton（2001，2006，2009）提出了一种同时由过去的参数与过去的观测值构成的驱动方程来刻画椭圆 copula 函数（高斯 copula 函数或 T copula 函数）中参数 θ_c 的变动，其动态演变方程为

$$\tilde{\theta}_{c,t} = \omega + \alpha \times \frac{1}{p} \times \sum_{i=1}^{p} \left[\Phi^{-1}(u_{t-i}) \times \Phi^{-1}(v_{t-i}) \right] + \beta \times \theta_{c,t-1} \tag{7-41}$$

$$\theta_{c,t} = \frac{1 - \exp(-\tilde{\theta}_{c,t})}{1 + \exp(-\tilde{\theta}_{c,t})} \tag{7-42}$$

式中，ω、α 和 β 是参数；p 是滞后的阶数（一般设置为 10）；$\tilde{\theta}_{c,t}$ 是一个不受约束的参数，而 $\theta_{c,t}$ 是一个受约束的参数。我们称此为巴顿（Patton）结构的动态演变方程。

　　演变方程由两部分组成，我们先观察式（7-41）。式（7-41）用过去的观测值 $\frac{1}{p} \times \sum_{i=1}^{p} \left[\Phi^{-1}(u_{t-i}) \times \Phi^{-1}(v_{t-i}) \right]$ 和过去的参数 $\tilde{\theta}_{c,t-1}$ 来描述参数 $\tilde{\theta}_{c,t}$ 的动态演变过程。这是一个经典的线性过程，我们可以将其看成是一个自回归滑动平均（autoregressive moving average，ARMA）结构。高斯 copula 函数和 T copula 函数中的参数需要在区间 $[-1,1]$ 内，而式（7-41）所描述的过程无法保证这一点。由此需要通过式（7-42）的放缩函数，将动态参数 $\tilde{\theta}_{c,t}$ 的数值放缩为 $\theta_{c,t}$，使之满足高斯 copula 函数和 T copula 函数的定义。

　　举一个简单的算例来说明式（7-41）和式（7-42）是如何驱动动态高斯 copula 函数的参数变化的。对于从 1～6 的时点，即 $t = 1,2,\cdots,6$，令观测值 $\{(u_t, v_t)\}_{t=1,2,\cdots,6}$ 为

$$\{(0.1,0.6),(0.2,0.7),(0.3,0.4),(0.6,0.8),(0.5,0.2),(0.6,0.1)\}$$

我们假设 $t = 4$ 时刻高斯 copula 函数的参数为 $\theta_4 = 0.1$，令式（7-41）中 $p = 4$，且所估计出的参数为 $\hat{\omega} = 3$、$\hat{\alpha} = 0.36$、$\hat{\beta} = 0.11$，那么对于 $t = 5$ 时刻的 θ_5 有

$$\tilde{\theta}_{c,5} = 3 + 0.36 \times \frac{1}{4} \Big[\Phi^{-1}(0.6) \times \Phi^{-1}(0.8) + \Phi^{-1}(0.3) \times \Phi^{-1}(0.4)$$
$$+ \Phi^{-1}(0.2) \times \Phi^{-1}(0.7) + \Phi^{-1}(0.1) \times \Phi^{-1}(0.6) \Big] + 0.11 \times 0.1$$
$$\approx 2.9732$$

$$\theta_{c,5} = \frac{1 - \exp(-2.9732)}{1 + \exp(-2.9732)} = 0.902$$

对于 $t = 6$ 时刻的 θ_6 有

$$\tilde{\theta}_{c,6} = 3 + 0.36 \times \frac{1}{4} \Big[\Phi^{-1}(0.5) \times \Phi^{-1}(0.2) + \Phi^{-1}(0.6) \times \Phi^{-1}(0.8)$$
$$+ \Phi^{-1}(0.3) \times \Phi^{-1}(0.4) + \Phi^{-1}(0.2) \times \Phi^{-1}(0.7) \Big] + 0.11 \times 0.902$$
$$\approx 3.0024$$

$$\theta_{c,6} = \frac{1 - \exp(-3.0024)}{1 + \exp(-3.0024)} = 0.905$$

对于阿基米德 copula 函数（如 Clayton copula 函数、Gumbel copula 函数），巴顿也提出了一种基于过去参数和过去观测值来描述参数动态变化的方程。不过区别于式（7-41），对于阿基米德 copula 函数，巴顿提出了如式（7-43）的方程以替代式（7-41），即

$$\tilde{\theta}_{c,t} = \omega + \alpha \frac{1}{p} \sum_{i=1}^{p} |u_{t-i} - v_{t-i}| + \beta \theta_{c,t-1} \tag{7-43}$$

式（7-43）无法保证参数的变动范围处于阿基米德 copula 函数的定义区间内。为了能够使 $\tilde{\theta}_{c,t}$ 数值放缩在特定的范围内，依然需要类似于式（7-42）的具有良好放缩性质的变换函数。例如，对于 Clayton copula 函数，可以采用 $\theta_{c,t} = \exp(\tilde{\theta}_{c,t})$ 作为变换函数；对于 Gumbel copula 函数，可采用 $\theta_{c,t} = \exp(\tilde{\theta}_{c,t}) + 1$ 作为变换函数。事实上，对 $\tilde{\theta}_{c,t}$ 进行放缩的函数并不唯一，二次函数、反三角函数都可以作为变换函数。

以上我们所讨论的是一种基于 ARMA 结构的 copula 函数参数动态变化形式，我们也常称这种动态变化形式为 Patton 结构。Patton 结构的动态 copula 函数最典型的特征就是当前参数会受到过去观测值与过去参数的影响。此外，还有一类 copula 函数，其参数的动态变化过程只基于过去的观测值。它以二元变量 (U, V) 间的相关系数 ρ 或 Kendall τ 的数值来驱动 copula 函数的参数演变，其中比较常用的有动态条件相关（dynamic conditional correlation，DCC）结构的动态 copula 函数（DCC-copula），接下来，我们简要介绍这种动态 copula 函数的思想。

令 $Y_{i,t} = \Phi^{-1}(u_{i,t})$，$i = 1, 2, \cdots, N$，$\Phi(x)$ 是标准正态分布的累积概率密度函数，$Y_t = (Y_{1,t}, Y_{2,t}, \cdots, Y_{N,t})^{\mathrm{T}}$，则变量间的动态线性相关系数矩阵 $\boldsymbol{R}_t$ 的演变过程可以用式（7-44）和式（7-45）表示，即

$$\boldsymbol{R}_t = \mathrm{diag}\{\boldsymbol{Q}_t\}^{-1/2} \boldsymbol{Q}_t \mathrm{diag}\{\boldsymbol{Q}_t\}^{-1/2} \tag{7-44}$$

$$\boldsymbol{Q}_t = \boldsymbol{\Omega}(1 - \alpha - \beta) + \alpha Y_{t-1} Y'_{t-1} + \beta \boldsymbol{Q}_{t-1} \tag{7-45}$$

在式（7-45）中，$Y_{t-1} Y'_{t-1}$ 是之前时刻的样本方差-协方差矩阵，由此我们可以将 $\boldsymbol{Q}_t$ 视为条件方差-协方差矩阵。标量参数 α、β 及标量矩阵参数 $\boldsymbol{\Omega}$ 是驱动 $\boldsymbol{Q}_t$ 变化的参数，也是这个模型中的待估参数，可以看出式（7-45）是一个类似于广义自回归条件异方差（generalized autoregressive conditional heteroskedasticity，GARCH）结构的多元模型[①]。在得到条件方差-协方差矩阵 $\boldsymbol{Q}_t$ 后，根据相关系数矩阵的定义，通过式（7-44）得到 $\boldsymbol{R}_t$，可以看出 $\boldsymbol{R}_t$ 与 $\boldsymbol{Q}_t$ 是同期变化的，通过迭代可知是过去的观测值在控制 $\boldsymbol{R}_t$。$\boldsymbol{R}_t$ 中的元素是椭圆 copula 函数（如高斯 copula 函数、T copula 函数等）中的参数，所以椭圆 copula 函数的参数动态性完全可以由式（7-44）和式（7-45）决定。先对 $\boldsymbol{Q}_t$ 的动态性建模，再将其转化

[①] 回忆标准 GARCH 模型，其方差方程设定与式（7-45）类似。GARCH 模型中当前时刻的方差由之前时刻的方差及之前时刻的新息所决定，当一元的方差变为多元的方差-协方差矩阵时，便有式（7-45）的形式。

为 $\mathbf{R}_t$ 的好处是：除了符合经济学含义以外，还能保证 $\mathbf{R}_t$ 中元素变化范围始终在[-1,1]中。

对于阿基米德 copula 函数，由于它们的参数 θ_c 和 Kendall τ 存在一一对应的关系，如果能利用 Kendall τ 的定义刻画出其自身的动态演变过程，那么就可以得到动态参数的阿基米德 copula 函数。在式（7-44）和（7-45）的基础上，再利用

$$\text{Kendall } \tau_t = \frac{2}{\pi}\arcsin(\rho_t) \tag{7-46}$$

可以得到对应 DCC 结构驱动下的动态参数阿基米德 copula 函数，并且式（7-46）已经将 τ_t 放缩在定义范围内。对于一些特殊的 copula 函数，如果它的参数 $\theta_{c,t}$ 只能刻画变量之间正的线性相关系数 ρ 或 Kendall τ，则需要施加额外的转换函数。例如，替换 $\mathbf{Q}_t(i,j)=q_{ij,t}$ 中非对角线元素为 $\max(0,q_{ij,t})$（$i \neq j$），以确保 ρ 或 Kendall τ 的变化范围始终为正，从而让 $\theta_{c,t}$ 始终在定义域内。

从本节所介绍的方法来看，观测值驱动下的 $\theta_{c,t}$ 并不具有随机性。以二元变量为例，尽管 $(X_t,Y_t)\sim C(u,v;\theta_{c,t})$ 为随机变量，但在 t 时刻下，$\{(X_{t-1},Y_{t-1}),\cdots,(X_1,Y_1)\}$ 都坍缩为非随机变量（因为它们已经发生了）。在这种 $\theta_{c,t}$ 不具有随机性的假设下，依靠过去观测值驱动 $\theta_{c,t}$，不仅结构简单，便于参数估计，而且符合现实世界中的经济学假设。

7.4.3　依赖得分值的动态参数 copula 函数

在 7.4.2 节中，我们介绍了基于 Patton 结构与 DCC 结构的两类动态参数 copula 函数，它们的优势在于结构简单，便于参数估计。然而如 7.4 节引导语所述，了解 $\theta_{c,t}$ 的真实变动过程是困难的，仅仅只能依靠先验知识，甚至在一些情况下，$\theta_{c,t}$ 不存在或仅有很弱的动态性［这体现在式（7-41）中即 α 和 β 统计不显著］，导致不能在先验知识中得知其变动过程。例如，当参数 $\theta_{c,t}$ 是一个随机过程时（在 7.4.2 节中，参数不具有随机性），式（7-41）仅刻画了 $\theta_{c,t}$ 的一阶矩特征，式（7-45）仅刻画了 $\theta_{c,t}$ 的二阶矩特征。

想要精准预测随机过程状态下的 $\theta_{c,t}$，需要了解 $\theta_{c,t}$ 过去的全部矩特征或分布特征，而单纯依靠过去观测值无法精准描述 $\theta_{c,t}$ 这些特征。利用对数似然函数中的得分值来驱动 $\theta_{c,t}$ 的变化可以有效弥补观测值信息提供不足的问题（Creal et al.，2013），在介绍它之前，先简要介绍极大似然估计中的得分向量与广义自回归得分（generalized autoregressive scoring，GAS）模型等概念。

假设 N 元随机向量 $\mathbf{X}_t$ 服从于多元分布 $p(\mathbf{X}_t \mid \mathbf{f}_t;\boldsymbol{\theta})$，其中 $\mathbf{f}_t$ 是分布函数 $p(\cdot)$ 中的 m 维动态参数集，$\boldsymbol{\theta}$ 是一系列刻画 $\mathbf{f}_t$ 变动的静态参数（或参数的参数），类似于式（7-41）中的 ω、α 和 β。先构造如式（7-47）的 ARMA 结构形式的 GAS（p，q）动态演变机制，即

$$\mathbf{f}_{t+1} = \boldsymbol{\omega} + \sum_{i=1}^{p}\mathbf{A}_i\mathbf{s}_{t-i+1} + \sum_{j=1}^{q}\mathbf{B}_j\mathbf{f}_{t-j+1} \tag{7-47}$$

式中，$\boldsymbol{\omega}$ 是 $m\times 1$ 维常数向量；$\mathbf{A}$ 和 $\mathbf{B}$ 均是 $m\times m$ 维标量矩阵；$\mathbf{s}$ 是由 $t-i-1$ 时刻以前的数

据所组成的 $m \times 1$ 维向量，它包含了 X_t 的对数似然函数关于 f_t 的得分信息。所有未知系数，即 $\boldsymbol{\omega}$、$\boldsymbol{A}$ 和 $\boldsymbol{B}$ 中的元素构成了 $\boldsymbol{\theta}$，它们是待估参数。对于 s_t 有

$$s_t = S_t \nabla_t \tag{7-48}$$

$$\nabla_t = \frac{\partial \ln p(X_t \mid f_t; \boldsymbol{\theta})}{\partial f_t} \tag{7-49}$$

$$S_t = S(f_t; \boldsymbol{\theta}) \tag{7-50}$$

可以看出式（7-49）中的 ∇_t 即 X_t 的对数似然函数关于 f_t 的得分向量。由于 $p(X_t \mid f_t; \boldsymbol{\theta})$ 是关于 f_t 的函数，最大化对数似然函数实际上是在 m 维的"超曲面"上寻求最大值，从而让对数似然函数值能够在时刻 t 以最速下降方向变大。由于不同 f 数值（注意这里不带下标 t 以表示一般性）下的寻优曲面形状不同，需要对得分向量 ∇_t 做一定的尺度变换（更严格地说，是一种可逆的仿射变换），让 ∇_t 的方向和大小进行适应性变化，以让 $\ln p(X_t \mid f_t; \boldsymbol{\theta})$ 在某一个 f 值附近的寻优曲面附近稳健变化。式（7-50）中的尺度变换矩阵 S_t 发挥了这样的作用。由于寻优曲面由 f 所在空间构成，要适应不同的 f，意味着 S_t 是关于 f 的函数。这里，我们引入三种常用的尺度变换方程，如式（7-51）至式（7-53）所示。

$$S_t = \mathcal{I}_{t|t-1}^{-1}, \quad \mathcal{I}_{t|t-1} = \mathbb{E}_{t-1}(\nabla_t \nabla_t') \tag{7-51}$$

$$S_t = \mathcal{J}_{t|t-1}, \quad \mathcal{J}_{t|t-1}' \mathcal{J}_{t|t-1} = \mathcal{I}_{t|t-1}^{-1} \tag{7-52}$$

$$S_t = I \tag{7-53}$$

式（7-51）中的 $\mathcal{I}_t$ 即费雪信息矩阵，这里选取了它的条件期望形式以刻画出其动态过程。需要注意的是 $\mathbb{E}_{t-1}(\nabla_t \nabla_t')$ 是对 X_t 的随机性取条件期望，由于 X_t 的矩特征是关于 f_t 的函数，所以 S_t 是关于之前时刻 f_{t-1} 的函数。

下面介绍依赖得分值的动态参数 copula 函数，我们称这种 copula 函数为 GAS-copula 函数。我们假设一个 N 元 copula 函数 $U_t \sim C(u_{1,t}, u_{2,t}, \cdots, u_{N,t}; \Theta_{c,t})$ 中的全部动态参数为 $\Theta_{c,t}$，这里我们放松了 7.4.2 节中只有一个参数 $\theta_{c,t}$ 的假设。类似于式（7-41）和式（7-42），先用得分驱动一个非 $C(u_{1,t}, u_{2,t}, \cdots, u_{N,t}; \Theta_{c,t})$ 参数定义域范围内的 $\widetilde{\Theta}_{c,t}$，再通过某种转换函数得到定义域范围内的 $\Theta_{c,t}$。假设转换函数为

$$\Theta_{c,t} = \Lambda(\widetilde{\Theta}_{c,t}), \quad \widetilde{\Theta}_{c,t} = \Lambda^{-1}(\Theta_{c,t}) \tag{7-54}$$

令 $\dot{\Lambda}_t = \partial \Lambda(\widetilde{\Theta}_{c,t}) / \partial \widetilde{\Theta}_{c,t}$，且 $\dot{\Lambda}_t^{-1} = \partial \Lambda^{-1}(\Theta_{c,t}) / \partial \Theta_{c,t}$，那么 U_t 的对数似然函数关于 $\widetilde{\Theta}_{c,t}$ 的得分向量 $\widetilde{\nabla}_t$ 为

$$\widetilde{\nabla}_t = \frac{\partial \ln p(X_t \mid \Theta_{c,t}(\tilde{\Theta}_{c,t}); \boldsymbol{\theta})}{\partial \widetilde{\Theta}_{c,t}} \frac{\partial \Theta_{c,t}}{\partial \Theta_{c,t}} = \frac{\partial \ln p(X_t \mid \Theta_{c,t}(\tilde{\Theta}_{c,t}); \boldsymbol{\theta})}{\partial \Theta_{c,t}} \frac{\partial \Theta_{c,t}}{\partial \widetilde{\Theta}_{c,t}} = \dot{\Lambda}_t^{-1} \nabla_t \tag{7-55}$$

U_t 的对数似然函数关于 $\widetilde{\Theta}_{c,t}$ 的费雪信息矩阵的逆 $\widetilde{\mathcal{I}}_{t|t-1}^{-1}$ 为

$$\widetilde{\mathcal{I}}_{t|t-1}^{-1} = \widetilde{\mathcal{J}}_{t|t-1}' \widetilde{\mathcal{J}}_{t|t-1} = \left(\mathbb{E}_{t-1}(\widetilde{\nabla}_t \widetilde{\nabla}_t')\right)^{-1} = \left(\mathbb{E}_{t-1}\left((\dot{\Lambda}_t^{-1})' \nabla_t \nabla_t' (\dot{\Lambda}_t^{-1})\right)\right)^{-1} = \dot{\Lambda}_t \mathcal{I}_{t|t-1}^{-1} \dot{\Lambda}_t' \tag{7-56}$$

式（7-56）中的平方根矩阵 $\widetilde{\mathcal{J}}_{t|t-1}$ 为

$$\widetilde{\mathcal{J}}'_{t|t-1} = \widetilde{\mathcal{J}}_{t|t-1}\dot{\Lambda}_t^{\mathrm{T}} \tag{7-57}$$

式（7-56）中的 $\mathcal{I}_{t|t-1}^{-1}$ 是 U_t 的对数似然函数关于 $\Theta_{c,t}$ 的费雪信息矩阵的逆。由此，如果以式（7-51）作为尺度变换方程，则 $U_t \sim C\left(u_{1,t}, u_{2,t}, \cdots, u_{N,t}; \Theta_{c,t}\left(\widetilde{\Theta}_{c,t}\right)\right)$ 基于得分值的动态 copula 参数演变方程可以表示为

$$\widetilde{\Theta}_{c,t+1} = \omega + \sum_{i=1}^{p} A_i \widetilde{\mathcal{I}}_{t-i+1|t-i}^{-1} \widetilde{\nabla}_{t-i+1} + \sum_{j=1}^{q} B_j \widetilde{\Theta}_{c,t-j+1}$$
$$= \omega + \sum_{i=1}^{p} A_i \dot{\Lambda}_{t-i+1} \mathcal{I}_{t-i+1|t-i}^{-1} \dot{\Lambda}_{t-i+1}^{\mathrm{T}} \dot{\Lambda}_{t-i+1}^{-1} \nabla_{t-i+1} + \sum_{j=1}^{q} B_j \widetilde{\Theta}_{c,t-j+1} \tag{7-58}$$

以式（7-52）作为尺度变换方程，则动态 copula 函数参数演变方程可以表示为

$$\widetilde{\Theta}_{c,t+1} = \omega + \sum_{i=1}^{p} A_i \widetilde{\mathcal{J}}_{t-i+1|t-i}^{-1} \widetilde{\nabla}_{t-i+1} + \sum_{j=1}^{q} B_j \widetilde{\Theta}_{c,t-j+1}$$
$$= \omega + \sum_{i=1}^{p} A_i \mathcal{J}_{t-i+1|t-i} \dot{\Lambda}_{t-i+1}^{\mathrm{T}} \dot{\Lambda}_{t-i+1}^{-1} \nabla_{t-i+1} + \sum_{j=1}^{q} B_j \widetilde{\Theta}_{c,t-j+1} \tag{7-59}$$

以式（7-53）作为尺度变换方程，则动态 copula 函数的参数演变方程可以表示为

$$\widetilde{\Theta}_{c,t+1} = \omega + \sum_{i=1}^{p} A_i \widetilde{\nabla}_{t-i+1} + \sum_{j=1}^{q} B_j \widetilde{\Theta}_{c,t-j+1}$$
$$= \omega + \sum_{i=1}^{p} A_i \dot{\Lambda}_{t-i+1}^{-1} \nabla_{t-i+1} + \sum_{j=1}^{q} B_j \widetilde{\Theta}_{c,t-j+1} \tag{7-60}$$

从式（7-58）、式（7-59）和式（7-60）发现，在利用得分值计算动态参数 copula 函数的关键是得出 $\nabla_{t|t-1}$ 的解析解。对于某些复杂的 copula 函数或只能采用数值方法求出当前时刻的样本 $\nabla_{t|t-1}$。

我们以高斯 copula 函数为例，说明如何构建动态 GAS 参数结构的 copula 函数。这里我们考虑构建如式（7-51）结构的 GAS 参数。高斯 copula 函数的概率密度函数只有一个静态参数 ρ，即

$$c^N(u,v;\rho) = \frac{1}{2\pi\sqrt{1-\rho^2}}\exp\left(-\frac{\rho^2\left(x_1^2+x_2^2\right)-2\rho x_1 x_2}{2\left(1-\rho^2\right)}\right) \tag{7-61}$$

式中，$\rho \in [-1,1]$；$x_1 = \Phi^{-1}(u)$；$x_2 = \Phi^{-1}(v)$。注意到多元正态分布的边际分布和联合分布相互独立，这意味着 $\frac{\partial x_1}{\partial \rho} = \frac{\partial x_2}{\partial \rho} = 0$。我们先计算式（7-49）中的 ∇，注意这里的 ∇ 是标量不是矩阵，并且我们先不考虑下标 t，这是因为高斯 copula 函数只拥有一个参数，我们有

$$\nabla(\rho) = \frac{\partial \ln\left(c^N(u,v;\rho)\right)}{\partial \rho}$$

$$= \frac{\partial}{\partial \rho}\left(-0.5\left(1-\rho^2\right) - \frac{\rho^2\left(x_1^2+x_2^2\right) - 2\rho x_1 x_2}{2\left(1-\rho^2\right)}\right)$$

$$= \frac{\rho^3 - x_1 x_2 \rho^2 + \left(x_1^2+x_2^2\right)\rho - \rho - x_1 x_2}{\left(1-\rho^2\right)^2}$$

$$\frac{\partial \nabla(\rho)}{\partial \rho} = \frac{\partial^2 \ln\left(c^N(u,v;\rho)\right)}{\partial \rho \, \partial \rho} \tag{7-62}$$

$$= \frac{\left(3\rho^2 - 2\rho x_1 x_2 + x_1^2 + x_2^2 - 1\right)\left(1-\rho^2\right)^2}{\left(1-\rho^2\right)^4}$$

$$+ \frac{4\rho^4\left(1-\rho^2\right) - 4x_1 x_2 \rho^3\left(1-\rho^2\right)}{\left(1-\rho^2\right)^4}$$

$$+ \frac{4\rho^2\left(1-\rho^2\right)\left(x_1^2+x_2^2\right) - 4\rho^2\left(1-\rho^2\right) - 4x_1 x_2\left(1-\rho^2\right)\rho}{\left(1-\rho^2\right)^4}$$

利用 $\mathbb{E}\left(x_1^2\right) = \mathbb{E}\left(x_2^2\right) = 1$ 及 $\mathbb{E}(x_1 x_2) = \rho$，式（7-51）中的 $\mathbb{E}(\nabla\nabla)$ 可以表示为（这里我们依然先不考虑时间下标）

$$\mathbb{E}(\nabla\nabla) = -\mathbb{E}\left(\frac{\partial \nabla(\rho)}{\partial \rho}\right) = \frac{1+\rho^2}{\left(1-\rho^2\right)^2} \tag{7-63}$$

注意，这里我们利用了公式 $\mathbb{E}(\nabla\nabla) = -\mathbb{E}\left(\dfrac{\partial \nabla(\rho)}{\partial \rho}\right)$，其证明方式可参考高等数理统计学中有关费雪信息矩阵的相关知识。接下来考虑式（7-61）中的转换函数，由于 $\rho \in [-1,1]$，一个经典的转换函数 $\Lambda : \mathbb{R} \to [-1,1]$ 是

$$\rho = \Lambda(\theta) = \frac{1+e^{-f}}{1-e^{-f}}$$

$$\frac{\partial \theta}{\partial \rho} = \frac{\partial \Lambda^{-1}(\rho)}{\partial \rho} = \frac{2}{1-\rho^2} \tag{7-64}$$

此时我们加上时间下标，由此得到式（7-51）结构的动态 GAS-高斯 copula 函数，其参数的驱动方程为

$$\theta_t = \omega + A\frac{2}{1-\rho_{t-1}^2}\left(x_{1,t-1}x_{2,t-1} - \rho_{t-1} - \rho_{t-1}\frac{x_{1,t-1}^2+x_{2,t-1}^2-2}{1+\rho_{t-1}^2}\right) + B\theta_{t-1} \tag{7-65}$$

由于高斯 copula 函数只有一个参数，与式（7-47）不同的是，这里 ω、A 和 B 均为标量。

7.5　copula 函数参数估计

copula 函数的参数估计方法多样，本节着重介绍在不同情形下 copula 函数的极大似然估计过程，以及极大似然估计下的参数渐进性质。在讨论 copula 函数参数分布及其参数的渐进性质之前，需要了解模型参数的时变性。对于一个静态参数模型，求解任务是估计出每时每刻不变化的静态模型参数；而对于动态参数模型，求解任务是估计出描述模型参数演变的动态过程中的参数，也就是描述参数变化的参数。先以静态 copula 函数的参数估计为例，随后再讨论动态 copula 函数的参数估计。本节的讨论都基于二元 copula 函数，对于多元 copula 函数可以采用相同思想估计其参数。

7.5.1　静态边际分布–静态 copula 函数参数估计

以二元变量 $(X_t, Y_t) \sim C(u, v; \theta_c)$ 为例，一个基本情形是二元时间序列 $X_t \sim F(x; \theta_f)$、$Y_t \sim G(y; \theta_g)$，这意味着它们的边际分布是静态的，且 copula 函数中的参数也是静态的。对于 T 个样本 $\{(x_1, y_1), (x_2, y_2), \cdots, (x_T, y_T)\}$，它们彼此间应当是"相互独立"的。由此，二元联合似然函数可以写为

$$
\begin{aligned}
f_{1,2,\cdots,T} &= f_{T|T-1,\cdots,2,1} \times f_{T-1|T-2,\cdots,2,1} \times \cdots \times f_{3|2,1} \times f_{2|1} \times f_1 \\
&= f_T \times f_{T-1} \times \cdots \times f_3 \times f_2 \times f_1 \\
&= f_T(x_T, y_T) \times \cdots \times f_2(x_2, y_2) \times f_1(x_1, y_1)
\end{aligned}
\tag{7-66}
$$

利用公式 $c(u, v) \times f(x) \times g(y) = h(x, y)$，可得

$$
f_{1,2,\cdots,T}(\theta_c, \theta_f, \theta_g) = \prod_{i=1}^{T} c(F(x_i), G(y_i); \theta_c) \times \prod_{i=1}^{T} f(x_i; \theta_f) \times \prod_{i=1}^{T} g(y_i; \theta_g)
\tag{7-67}
$$

$$
\ln(f_{1,2,\cdots,T}(\theta_c, \theta_f, \theta_g)) = \sum_{i=1}^{T} \left(\ln c(F(x_i), G(y_i); \theta_c) \right) + \sum_{i=1}^{T} \left(\ln f(x_i; \theta_f) + \ln g(y_i; \theta_g) \right)
$$

由于分别最大化式（7-67）中两个等式得到的结果等价，用标准极大似然估计求解 $\Theta = \{\theta_c, \theta_f, \theta_g\}$ 的过程即可转换为

$$
\max_{\Theta = (\theta_c, \theta_f, \theta_g)} f_{1,2,\cdots,T}(\theta_c, \theta_f, \theta_g)
$$
$$
\max_{\Theta = (\theta_c, \theta_f, \theta_g)} \ln(f_{1,2,\cdots,T}(\theta_c, \theta_f, \theta_g))
\tag{7-68}
$$

利用非线性寻优方法，如 DFP（Davidon-Fletcher-Powell）算法、BFGS（Broyden-Fletcher-Goldfarb-Shanno）算法等可以求解出规划式（7-68）。

由于初值敏感性或可能面临的奇异值问题，直接对式（7-68）寻优可能会面临诸多问题。除上述非线性寻优方法外，通常采用分步极大似然估计方法求出 θ_f 和 θ_g，即

$$
\max_{\theta_f} \prod_{i=1}^{T} f(x_i; \theta_f), \quad \max_{\theta_f} \sum_{i=1}^{T} \ln(f(x_i; \theta_f))
\tag{7-69}
$$

$$\max_{\theta_g} \prod_{i=1}^{T} g\left(y_i; \theta_g\right), \max_{\theta_g} \sum_{i=1}^{T} \ln\left(g\left(y_i; \theta_g\right)\right) \quad （7\text{-}70）$$

利用求解出的 $\hat{\theta}_f$ 和 $\hat{\theta}_g$ 进行概率积分变换，得到 $\left\{(\hat{u}_1, \hat{v}_1),(\hat{u}_2, \hat{v}_2),\cdots,(\hat{u}_T, \hat{v}_T)\right\}$ 为观测值序列，即 $\left\{\left(F(x_1; \hat{\theta}_f), G(y_1; \hat{\theta}_g)\right),\cdots,\left(F(x_T; \hat{\theta}_f), G(y_T; \hat{\theta}_g)\right)\right\}$，由此再进行极大似然估计求解出 θ_c，则此时的对数似然函数为

$$\ln\left(f_{1,2,\cdots,T}\left(\boldsymbol{\hat{u}}, \boldsymbol{\hat{v}}; \boldsymbol{\theta}_c\right)\right) = \sum_{i=1}^{T} \ln c\left(\hat{u}_i, \hat{v}_i; \boldsymbol{\theta}_c\right) \quad （7\text{-}71）$$

然后，通过非线性寻优方法求解出 $\hat{\theta}_c$，即

$$\boldsymbol{\hat{\theta}}_c = \arg\max_{\hat{\theta}_c} \sum_{i=1}^{T} \ln c\left(\hat{u}_i, \hat{v}_i; \boldsymbol{\theta}_c\right) \quad （7\text{-}72）$$

这种求解 copula 函数参数的方法又被称为两步极大似然估计，与之前的标准极大似然估计相比，它计算更加简便，且估计量具有一致性和渐进性。

7.5.2　静态边际分布-动态 copula 函数参数估计

依然以二元变量 (X_t, Y_t) 为例，接着讨论静态分布 $X_t \sim F(x; \theta_f)$、$Y_t \sim G(y; \theta_g)$，且动态 copula 函数参数 $(X_t, Y_t) \sim C(u, v; \theta_t)$ 情况下的参数估计过程。我们依旧从式（7-66）出发，不过一个关键区别在于由于当前的 θ_t 会受到之前时刻 $\{\theta_{t-1}, \theta_{t-2}, \theta_{t-3}, \cdots\}$ 的影响，这意味着 $f_{T|T-1,\cdots,2,1} \neq f_T$（其他项也类似）。由此，$(X_t, Y_t)$ 的二元联合分布为

$$f_{1,2,\cdots,T} = f_{T|T-1,\cdots,2,1} \times f_{T-1|T-2,\cdots,2,1} \times \cdots \times f_{3|2,1} \times f_{2|1} \times f_1 \quad （7\text{-}73）$$

如 7.5 节引导语所述，对于动态参数模型，极大似然估计的任务是求解参数的参数，也就是求解刻画 $\theta_{c,t}$ 变动过程的参数。我们以二元动态 copula 函数为例，令其条件概率密度函数为 $c(u_{1t}, u_{2t}; \theta_t)$、驱动 θ_t 变化的函数为 $\theta_t = f(\theta_{t-1}, \theta_{t-2}, \cdots; \theta_c)$，则利用 $c(u,v) \times f(x) \times g(y) = h(x,y)$，可得对数极大似然函数为

$$\begin{aligned} \ln\left(f_{1,2,\cdots,T}\left(\boldsymbol{\theta}_c, \theta_f, \theta_g\right)\right) =& \sum_{i=1}^{T}\left(\ln c\left(F(x_i; \theta_f), G(y_i; \theta_g); \boldsymbol{\theta}_c\right)\right) \\ &+ \sum_{i=1}^{T}\left(\ln f(x_i; \theta_f) + \ln g(y_i; \theta_g)\right) \end{aligned} \quad （7\text{-}74）$$

通过最大化式（7-74），我们就能得到所需要估计的参数 $\boldsymbol{\theta}_c$、θ_f 和 θ_g。

7.5.3　动态边际分布-动态 copula 函数参数估计

目前为止，本章的所有关于 X_t 边际分布的介绍都围绕其静态特征展开，然而 X_t 作为金融价格或其他经济变量等时间序列时，其边际分布特征的动态性早已在绝大多数重要市场中被佐证，尤其是波动率的动态性。由于市场参与者对于极端价格的敏感性（大多数市场参与者具有风险厌恶型偏好，相比于高风险且高收益的资产，他们更爱低风险但收益也

较低的资产），当之前时刻的市场变动比较稳定时，接下来一段时间的市场变动也会比较稳定；而之前时刻市场变动剧烈，则会导致接下来一段时间的市场变动同样剧烈。这种特征意味着变量的边际分布每时每刻都是时变的。比较常用的动态边际分布有 GARCH 族模型和随机波动率（stochastic volatility，SV）族模型，我们在本节中将展示当变量 x_t 的边际分布是动态的标准 GARCH 模型和 SV 模型且联合分布是动态 copula 函数时如何进行参数估计。

　　标准 GARCH 模型和标准 SV 模型的形式不在此赘述，读者可参考相关书籍和文献。假设一元均值（收益率）过程 r_t 是一个 GARCH（p,q）过程，即

$$
\begin{aligned}
r_t &= \mu_t + \epsilon_t \\
\epsilon_t &= \sigma_t v, \quad v \sim \text{i.i.d.}(0,1) \\
\sigma_t &= \alpha_0 + \sum_{i=1}^{p} \alpha_i \epsilon_{t-i}^2 + \sum_{j=1}^{q} \beta_j \sigma_{t-j}^2
\end{aligned}
\tag{7-75}
$$

式中，μ_t 是一个均值过程，读者可认为其服从经典的差分自回归移动平均（autoregressive integrated moving average，ARIMA）模型或其他非线性模型。如果式（7-75）中 v 是标准正态分布，那么 r_t 就是每时每刻均值为 μ_t、标准差为 σ_t 的正态过程。如果式（7-75）中 σ_t 也是随机的，那么 r_t 变为一个 SV（p）过程，即

$$
\begin{aligned}
r_t &= \mu_t + \epsilon_t \\
\epsilon_t &= \sigma_t v, \quad v \sim \text{i.i.d.}(0,1) \\
\ln \sigma_t^2 &= \alpha_0 + \sum_{i=1}^{p} \alpha_i \ln \sigma_{t-i}^2 + \delta, \quad \delta \sim \text{i.i.d.}(0,1)
\end{aligned}
\tag{7-76}
$$

　　我们采用两步极大似然估计求解动态边际分布-动态 copula 函数。

　　第一步：用极大似然估计求解动态边际分布的参数，并做概率积分变换。

　　我们以二元变量 (r_{1t}, r_{2t})（$t=1,2,\cdots,T$）的边际分布服从 ARMA（1,1）-GARCH（1,1）且新息分布 v 为正态分布为例，变量的动态边际分布形式为

$$
\begin{aligned}
r_{it} &= a_{i0} + a_{i1} r_{it-1} + \epsilon_{it} + b_{i1} \epsilon_{it-1} \\
\epsilon_{it} &= \sigma_{it} v, \quad v \sim N(0,1) \\
\sigma_{it}^2 &= \alpha_{i0} + \alpha_{i1} \epsilon_{it-1}^2 + \beta_{i1} \sigma_{it-1}^2, \quad i = 1,2
\end{aligned}
\tag{7-77}
$$

我们先求出两个变量各自的 ARMA（1,1）-GARCH（1,1）模型参数 $\hat{a}_{i0}$、$\hat{a}_{i1}$、$\hat{b}_{i1}$、$\hat{\alpha}_{i0}$、$\hat{\alpha}_{i1}$ 和 $\hat{\beta}_{i1}$，随后计算出所拟合的条件均值序列 $\hat{r}_{it}$ 和条件标准差序列 $\hat{\sigma}_{it}$。对于某一个变量 i 而言，它每时每刻都服从正态分布，且每时每刻正态分布的条件均值与条件标准差分别为 $\hat{r}_{it}$ 和 $\hat{\sigma}_{it}$，我们给出变量 1 和变量 2 的对数似然函数为

$$
\begin{aligned}
l\left(\hat{a}_{i0}, \hat{a}_{i1}, \hat{b}_{i1}, \hat{\beta}_{i1}; r_{it}\right) &= -\frac{T}{2} \ln(2\pi) - \sum_{t=1}^{T} \ln \hat{\sigma}_{it} - \frac{1}{2} \sum_{t=1}^{T} \left(\frac{r_{it} - \hat{r}_{it}}{\hat{\sigma}_{it}}\right)^2 \\
&\approx -\frac{T}{2} \ln(2\pi) - \frac{1}{2} \sum_{t=2}^{T} \ln\left(\hat{\alpha}_{i0} + \hat{\alpha}_{i1} \epsilon_{it-1}^2 + \hat{\beta}_{i1} \sigma_{t-1}^2\right) \\
&\quad - \frac{1}{2} \sum_{T=2}^{T} \frac{\left(r_{it} - \hat{a}_{i0} + \hat{a}_{i1} r_{it-1} + \hat{b}_{i1} \epsilon_{it-1}\right)^2}{\hat{\alpha}_{i0} + \hat{\alpha}_{i1} \epsilon_{it-1}^2 + \hat{\beta}_{i1} \sigma_{t-1}^2}
\end{aligned}
\tag{7-78}
$$

注意，r_{it} 和 σ_{it}^2 可以不断迭代，所以式（7-78）还需要不停迭代，而这种迭代必须从 $t=2$ 开始，因为此处 ARMA-GARCH 模型的最高滞后阶数是一阶，这意味着我们损失了一个观测值。虽然丢失了一个观测值，但我们依然近似认为式（7-78）就是变量 i 的对数似然函数。这种对数似然函数又被称为条件极大似然估计，它和精确极大似然估计的区别就在于是否舍弃了部分观测值。在估计出参数后，我们进一步得到 $\hat{r}_{it}$ 和 $\hat{\sigma}_{it}$，由此我们对变量 i 做概率积分变换，得到 $u_{it} = \Phi\left(\dfrac{r_{it} - \hat{r}_{it}}{\hat{\sigma}_{it}}\right)$。

第二步：将伪观测值序列放入动态 copula 函数的对数似然函数中，求解参数。

我们以二元动态 copula 函数为例，并令其条件概率密度函数为 $c(u_{1t}, u_{2t}; \boldsymbol{\theta}_t)$，驱动 $\boldsymbol{\theta}_t$ 变化的函数为 $\boldsymbol{\theta}_t = f(\boldsymbol{\theta}_{t-1}, \boldsymbol{\theta}_{t-2}, \cdots; \boldsymbol{\theta}_c)$。得到 (u_{1t}, u_{2t})（$t = 1, 2, \cdots, T$）后，我们将其放入动态 copula 函数的对数似然函数中，这类似于 7.5.2 节中的做法，此时对数似然函数为

$$l(\boldsymbol{\theta}_c; u_{1t}, u_{2t}) = \sum_{t=1}^{T} \ln c\big(u_{1t}, u_{2t}; \boldsymbol{\theta}_t = f(\boldsymbol{\theta}_{t-1}, \boldsymbol{\theta}_{t-2}, \cdots; \boldsymbol{\theta}_c)\big) \tag{7-79}$$

注意这里的 l 是关于 $\boldsymbol{\theta}_c$ 的函数，而非时变参数（time-varying parameter，TVP）$\boldsymbol{\theta}_t$。通过最大化式（7-79），我们可以得到所需要的参数 $\boldsymbol{\theta}_c$。

7.6 vine 结构 copula 函数

目前为止，我们介绍的多是二元 copula 函数。对于高维随机变量，依然可以利用 copula 函数拟合其联合分布，如高维椭圆 copula 函数及高维阿基米德 copula 函数。然而高维变量之间的关系复杂，很难用一个统一的参数形式去表达它们之间的关系。例如，变量 X_1 和 X_2 具有线性相关性，而 X_2 和 X_3 只有尾部相关性，那么仅使用三元高斯 copula 函数或三元 Clayton copula 函数无法做到精确描绘每一对变量之间的关系。对于更高维度的随机变量更是如此，如果我们能够对每一对变量选用特定的二元 copula 函数，再把一个个二元 copula 函数连接起来，那么便可以较好地拟合高维随机变量。本节将介绍这种模型，我们称之为 vine-copula 函数。vine-copula 函数不是一种具体的模型，而是一种利用多个二元 copula 函数构建高维随机变量联合分布的思想。本节我们从多元联合分布的分解出发，一步步了解 vine-copula 函数的构建过程。

7.6.1 多元联合分布的分解

令 N 维随机变量 $\boldsymbol{X} = (X_1, \cdots, X_N)$ 的联合分布为 $f_{1, \cdots, N}$，回忆条件概率密度公式，我们有

$$\begin{aligned} f_{1, \cdots, N}(x_1, \cdots, x_N) = {} & f_N(x_N) \times f_{N|N-1}(x_N \mid x_{N-1}) \\ & \times f_{N-2|N-1,N}(x_{N-2} \mid x_{N-1}, x_N) \times \cdots \times f_{1|2, \cdots, N}(x_1 \mid x_2, \cdots, x_N) \end{aligned} \tag{7-80}$$

或者我们还可以把 $f_{1, \cdots, N}$ 分解为

$$f_{1,\cdots,N}\left(x_1,\cdots,x_N\right)=f_{N|N-1,\cdots,1}\left(x_N\mid x_{N-1},\cdots,x_1\right)\times f_{N-1|N-2,\cdots,1}\left(x_{N-1}\mid x_{N-2},\cdots,x_1\right)$$
$$\times\cdots\times f_{3|2,1}\left(x_3\mid x_2,x_1\right)\times f_{2|1}\left(x_2\mid x_1\right)\times f_1\left(x_1\right) \tag{7-81}$$

当然分解方式不局限于式（7-80）和式（7-81），接下来我们尝试如何用多个二元 copula 函数来表示 $f_{1,\cdots,N}$ 分解后的概率密度函数。

观察 $f_{2|1}\left(x_2\mid x_1\right)$，利用 $f_{1,2}\left(x_1,x_2\right)=c_{1,2}\left(F_1\left(x_1\right),F_2\left(x_2\right)\right)\times f_1\left(x_1\right)\times f_2\left(x_2\right)$，有

$$f_{2|1}\left(x_2\mid x_1\right)=\frac{f_{12}\left(x_1,x_2\right)}{f_1\left(x_1\right)}=c_{1,2}\left(F_1\left(x_1\right),F_2\left(x_2\right)\right)\times f_2\left(x_2\right) \tag{7-82}$$

观察 $f_{1|2,3}\left(x_1\mid x_2,x_3\right)$，利用式（7-39），有

$$\begin{aligned}f_{1|2,3}\left(x_1\mid x_2,x_3\right)&=\frac{f_{1,3|2}\left(x_1,x_3\mid x_2\right)}{f_{3|2}\left(x_3\mid x_2\right)}\\&=c_{1,3|2}\left(F_{1|2}\left(x_1\mid x_2\right),F_{3|2}\left(x_3\mid x_2\right)\right)\times f_{1|2}\left(x_1\mid x_2\right)\\&=c_{1,3|2}\left(F_{1|2}\left(x_1\mid x_2\right),F_{3|2}\left(x_3\mid x_2\right)\right)\times c_{1,2}\left(F_1\left(x_1\right),F_2\left(x_2\right)\right)\times f_1\left(x_1\right)\end{aligned} \tag{7-83}$$

事实上，对于任意 d 维向量 $\boldsymbol{v}$，v_j 是 $\boldsymbol{v}$ 中的任意一个子成分，$\boldsymbol{v}_{-j}$ 是向量 $\boldsymbol{v}$ 去除 v_j 之后的子向量，有

$$f\left(x\mid\boldsymbol{v}\right)=c_{x,v_j|\boldsymbol{v}_{-j}}\left(F\left(x\mid\boldsymbol{v}_{-j}\right),F\left(v_j\mid\boldsymbol{v}_{-j}\right)\right)\times f\left(x\mid\boldsymbol{v}_{-j}\right) \tag{7-84}$$

利用条件 copula 公式，其证明过程并不复杂。式（7-83）中的 $F_{1|2}\left(x_1\mid x_2\right)$ 与式（7-84）中的 $F\left(x\mid\boldsymbol{v}_{-j}\right)$ 是条件累积概率分布函数，可由二元 copula 函数的偏导数表示。对于 $F_{1|2}\left(x_1\mid x_2\right)$，有

$$\begin{aligned}F_{1|2}\left(x_1\mid x_2\right)&=\int f_{1|2}\left(x_1\mid x_2\right)\mathrm{d}x_1\\&=\int c_{1,2}\left(F_1\left(x_1\right),F_2\left(x_2\right)\right)\times f_1\left(x_1\right)\mathrm{d}x_1\\&=\int c_{1,2}\left(F_1\left(x_1\right),F_2\left(x_2\right)\right)\mathrm{d}F_1\left(x_1\right)\\&=\frac{\partial C_{1,2}\left(F_1\left(x_1\right),F_2\left(x_2\right)\right)}{\partial F_2\left(x_2\right)}\end{aligned} \tag{7-85}$$

利用条件 copula 公式，对于更复杂的情况有

$$F_{x|\boldsymbol{v}}\left(x\mid\boldsymbol{v}\right)=\frac{\partial C_{x,v_j|\boldsymbol{v}_{-j}}\left(F_{x|\boldsymbol{v}_{-j}}\left(x\mid\boldsymbol{v}_{-j}\right),F_{v_j|\boldsymbol{v}_{-j}}\left(v_j\mid\boldsymbol{v}_{-j}\right)\right)}{\partial F_{v_j|\boldsymbol{v}_{-j}}\left(v_j\mid\boldsymbol{v}_{-j}\right)} \tag{7-86}$$

由此利用式（7-84）和式（7-86），我们可以将分解后的 $f_{1,\cdots,N}$ ［式（7-80）或式（7-81）］表达为若干个二元 copula 函数乘积的形式。我们把这种用二元 copula 函数乘积表示多元变量联合分布的形式称为 vine-copula 函数，在 7.6.2 节中我们将明白何为 "vine"，以及根据 $f_{1,\cdots,N}$ 分解方式的不同会有不同结构的 vine-copula 函数。对于二元情形，式（7-86）变为

$$F_{u|v}\left(u\mid v\right)=\frac{\partial C_{u,v}\left(F_u(u),F_v(v)\right)}{\partial F_v(v)} \tag{7-87}$$

我们令 $\hbar\left(u,v\right)=F_{u|v}\left(u\mid v\right)$，在随后的分析中我们会发现偏导数函数 $\hbar\left(u,v\right)$ 有着重要的作用。

7.6.2 不同结构下的 vine-copula 函数

通过式（7-80）和式（7-81），我们认识到可以利用二元 copula 函数将 $f_{1,\cdots,N}$ 分解为多个二元条件 copula 函数与一元边际分布的乘积。我们以五元变量 $f_{1,\cdots,5}$ 为例，观察它会被如何分解，进而感受什么是 vine 结构。对于五元变量，我们有

$$
\begin{aligned}
f_{12345}\left(x_1,x_2,x_3,x_4,x_5\right)&=f_{1|2345}\left(x_1\mid x_2,x_3,x_4,x_5\right)\times f_{2|345}\left(x_2\mid x_3,x_4,x_5\right)\\
&\times f_{3|45}\left(x_3\mid x_4,x_5\right)\times f_{4|5}\left(x_4\mid x_5\right)\times f_5\left(x_5\right)
\end{aligned}
\tag{7-88}
$$

以 $f_{3|45}\left(x_3\mid x_4,x_5\right)$ 为例，利用式（7-86），它可以被分解为

$$
\begin{aligned}
f_{3|45}\left(x_3\mid x_4,x_5\right)&=c_{34|5}\left(F_{3|5}\left(x_3\mid x_5\right),F_{4|5}\left(x_4\mid x_5\right)\right)\times f_{3|5}\left(x_3\mid x_5\right)\\
&=c_{34|5}\left(F_{3|5}\left(x_3\mid x_5\right),F_{4|5}\left(x_4\mid x_5\right)\right)\times c_{35}\left(F_3\left(x_3\right),F_5\left(x_5\right)\right)\times f_3\left(x_3\right)
\end{aligned}
\tag{7-89}
$$

或

$$
\begin{aligned}
f_{3|45}\left(x_3\mid x_4,x_5\right)&=c_{35|4}\left(F_{3|4}\left(x_3\mid x_4\right),F_{5|4}\left(x_5\mid x_4\right)\right)\times f_{3|4}\left(x_3\mid x_4\right)\\
&=c_{35|4}\left(F_{3|4}\left(x_3\mid x_4\right),F_{5|4}\left(x_5\mid x_4\right)\right)\times c_{34}\left(F_3\left(x_3\right),F_4\left(x_4\right)\right)\times f_3\left(x_3\right)
\end{aligned}
\tag{7-90}
$$

对于式（7-88）中的 $f_{2|345}\left(x_2\mid x_3,x_4,x_5\right)$ 和 $f_{1|2345}\left(x_1\mid x_2,x_3,x_4,x_5\right)$，它们的分解方式更加复杂，以至于 $f_{12345}\left(x_1,x_2,x_3,x_4,x_5\right)$ 可能会被分解成多种不同的二元 copula 函数与边际分布的乘积。事实上，不同的分解方式也被称为不同的"vine 结构"。vine 是图论中的一种概念，它由多层树组成（N 个节点与 $N-1$ 个边所形成的连通图被称为树。关于树的概念，读者可参考相关图论书籍），每一层树代表 $f_{12345}\left(x_1,x_2,x_3,x_4,x_5\right)$ 的分解层数与分解结构。我们将分步来说明如何快速分解 $f_{12345}\left(x_1,x_2,x_3,x_4,x_5\right)$。

第一步：以 $F_1\left(x_1\right)$、$F_2\left(x_2\right)$、$F_3\left(x_3\right)$、$F_4\left(x_4\right)$、$F_5\left(x_5\right)$ 为五个节点，并用四个边连接它们，使其成为连通图（连通图，形象地说就是，每一个节点都被边所连接，没有孤立的节点），见图 7-7。

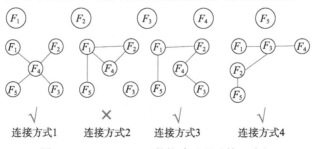

图 7-7　vine-copula 函数构建过程（第一步）

注意，在构建 vine-copula 函数时，初始节点是经过概率积分变换后的变量。在本例中，我们有五个节点，需要用四个边连接它们。根据节点的位置和边的分布，连通图的连接方式多种多样，我们给出了三种连接方式，见图 7-7。

一般地，我们采用最大生成树（maximum spanning tree，MST）方法确定初始 N 个节点的连接方式。我们计算出变量（节点）i 和变量（节点）j 之间的某种相关系数（如 Kendall τ_{ij}）来代表边的大小，并选取 $N{-}1$ 个边使得这 $N{-}1$ 个边 e_{ij} 满足

$$\max \sum_{e_{ij}} |\tau_{ij}| \tag{7-91}$$

当然，根据具体需要采用特定规则选取边。我们以图 7-7 中的连接方式 4 为例，进行下一步。

第二步：确定好边的位置后，采用选好的二元 copula 函数连接第一层树各个节点，见图 7-8。

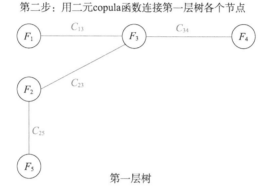

图 7-8　vine-copula 函数构建过程（第二步）

用二元 copula 函数连接节点，就是以某一个边所连接的两个节点为二元 copula 函数的变量，然后用某一种二元 copula 函数（如二元高斯 copula 函数、二元 Clayton copula 函数）对其进行拟合。构建二元高斯 copula 函数 $C_{13}\left(F_1(x_1),F_3(x_3)\right)$，连接 $F_1(x_1)$ 和 $F_3(x_3)$，形成第一层树，见图 7-8。在第一层树中，我们需要构建 $C_{13}\left(F_1(x_1),F_3(x_3)\right)$、$C_{34}\left(F_3(x_3),F_4(x_4)\right)$、$C_{23}\left(F_2(x_2),F_3(x_3)\right)$ 和 $C_{25}\left(F_2(x_2),F_5(x_5)\right)$ 共四个二元无条件 copula 函数。具体选择何种 copula 函数，可以采用赤池信息量准则（Akaike information criterion，AIC）或贝叶斯信息准则（Bayesian information criterion，BIC）。在构建好这四个二元 copula 函数后，我们紧接着构建第二层树。

第三步：以第一层树的边为节点，以公共节点为边，形成第二层树，见图 7-9。

例如，C_{13} 边和 C_{34} 边以 F_3 节点为枢纽（图 7-8），所以在第二层树中，C_{13} 和 C_{34} 变为节点，并用一个边连接它们（图 7-9）。类似地，C_{23} 边和 C_{25} 边以 F_2 节点为枢纽，在第二层树中便以 C_{23} 和 C_{25} 为节点，用一个边连接它们（图 7-9）。同理，在第二层树中节点为 C_{13}、C_{23}、C_{25} 和 C_{34}，用三个边连接它们。注意，此时我们需要保证每一个节点连通起来依然是一棵树，所以我们需要用三个边来连接这四个节点，见图 7-9。

第三步：以第一层树的边为节点，以公共节点为边，形成第二层树

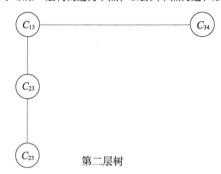

第二层树

图 7-9 vine-copula 函数构建过程（第三步）

第四步：用二元条件 copula 函数连接第二层树各个节点。

此时用二元条件 copula 函数连接节点的方式与第一层树的情形相比发生了变化。我们以图 7-9 中 C_{13} 节点和 C_{34} 节点为例，C_{13} copula 函数事实上是变量 X_1 和变量 X_3 的联合分布函数，C_{34} copula 函数事实上是变量 X_3 和变量 X_4 的联合分布函数，C_{13} 和 C_{34} 节点重复的变量是 X_3，那我们便用 copula 函数 $C_{14|3}\left(F_{1|3}\left(x_1 \mid x_3\right), F_{4|3}\left(x_4 \mid x_3\right)\right)$（简写为 $C_{14|3}$）连接节点 C_{13} 和 C_{34}。具体方式为，利用 $C_{13}\left(F_1\left(x_1\right), F_3\left(x_3\right)\right)$ 和式（7-86）计算出 $F_{1|3}\left(x_1 \mid x_3\right)$，利用 $C_{34}\left(F_3\left(x_3\right), F_4\left(x_4\right)\right)$ 和式（7-86）计算出 $F_{4|3}\left(x_4 \mid x_3\right)$。随后，我们用二元 copula 函数拟合 $F_{1|3}\left(x_1 \mid x_3\right)$ 和 $F_{4|3}\left(x_4 \mid x_3\right)$，形成 $C_{14|3}$（图 7-10）。

第四步：用二元条件copula函数连接第二层树各个节点

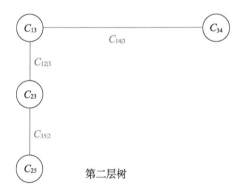

第二层树

图 7-10 vine-copula 函数构建过程（第四步）

运用类似原理，我们再拟合出 $C_{12|3}\left(F_{1|3}\left(x_1 \mid x_3\right), F_{2|3}\left(x_2 \mid x_3\right)\right)$ 和 $\left[\ C_{35|2}\left(F_{3|2}\left(x_3 \mid x_2\right), F_{5|2}\left(x_5 \mid x_2\right)\right)\right]$，从而形成第二层树的三个边，其结果如图 7-10 所示。

第五步：以第二层树的边为节点，以公共节点为边，形成第三层树，如图 7-11 上半部分所示。

第五步：以第二层树的边为节点，以公共节点为边，形成第三层树

第三层树

第六步：用二元条件copula函数连接第三层树各个节点

第三层树

图 7-11　vine-copula 函数构建过程（第五步、第六步）

此步骤与第三步相似。具体地，在第二层树中 $C_{14|3}$ 边和 $C_{12|3}$ 边的公共节点为 C_{13}，所以在第三层树中 $C_{14|3}$ 和 $C_{12|3}$ 变为节点，并用一个边连接它们；在第二层树中 $C_{12|3}$ 边和 $C_{35|2}$ 边为公共节点，所以在第三层树中 $C_{12|3}$ 和 $C_{35|2}$ 变为节点，并用一个边连接它们（图 7-11）。

第六步：用二元条件 copula 函数连接第三层树各个节点，如图 7-11 下半部分所示。

此步骤与第四步类似。在第三层树中，$C_{14|3}\left(F_{1|3}\left(x_1\,|\,x_3\right),F_{4|3}\left(x_4\,|\,x_3\right)\right)$ 节点是条件随机变量 $X_1\,|\,X_3$ 和条件随机变量 $X_4\,|\,X_3$ 的联合分布，$C_{12|3}$ 节点是条件随机变量 $X_1\,|\,X_3$ 和条件随机变量 $X_2\,|\,X_3$ 的联合分布，可见 $C_{14|3}$ 和 $C_{12|3}$ 节点都包含了 $X_1\,|\,X_3$ 变量，此时我们用 $C_{24|13}$ 来连接 $C_{14|3}$ 和 $C_{12|3}$ 节点。$C_{24|13}$ 其实反映的是条件随机变量 $X_2\,|\,X_1,X_3$ 和条件随机变量 $X_4\,|\,X_1,X_3$ 的联合分布。利用 $C_{14|3}$ 和式（7-86），我们可以计算出 $F_{4|13}\left(x_4\,|\,x_1,x_3\right)$；利用 $C_{12|3}$ 和式（7-86），我们可以计算出 $F_{2|13}\left(x_2\,|\,x_1,x_3\right)$。在得到 $F_{4|13}\left(x_4\,|\,x_1,x_3\right)$ 和 $F_{2|13}\left(x_2\,|\,x_1,x_3\right)$ 后，选择合适的 copula 函数，我们便可以计算出 $C_{24|13}\left(F_{4|13}\left(x_4\,|\,x_1,x_3\right),F_{2|13}\left(x_2\,|\,x_1,x_3\right)\right)$。

利用相同方法，我们可以计算出 $C_{15|23}\left(F_{1|23}\left(x_1\,|\,x_2,x_3\right),F_{5|23}\left(x_5\,|\,x_2,x_3\right)\right)$，如图 7-11 下半部分所示。

第七步：以第三层树的边为节点，以公共节点为边，形成第四层树

第四层树

第八步：用二元copula函数连接第四层树各个节点

第四层树

图 7-12　vine-copula 函数构建过程（第七步、第八步）

第七步：以第三层树的边为节点，以公共节点为边，形成第四层树，见图 7-12 上半部分。

第八步：用二元 copula 函数连接第四层树各个节点，见图 7-12 下半部分。

当我们结束第八步的时候，我们会发现第四层树此时只剩下两个节点和一条边，这时便停止树的构建。

第九步：将所有树中连接节点的二元（条件）copula 函数与边际分布相乘，便得到 $f_{12345}(x_1,x_2,x_3,x_4,x_5)$ 的分解。

在第一层树中，我们得到的作为连接节点的二元 copula 函数是 $C_{13}(F_1(x_1),F_3(x_3))$、$C_{34}(F_3(x_3),F_4(x_4))$、$C_{23}(F_2(x_2),F_3(x_3))$ 和 $C_{25}(F_2(x_2),F_5(x_5))$；在第二层树中，我们得到的作为连接节点的二元 copula 函数是 $C_{14|3}(F_{1|3}(x_1|x_3),F_{4|3}(x_4|x_3))$、$C_{12|3}(F_{1|3}(x_1|x_3),F_{2|3}(x_2|x_3))$ 及 $C_{35|2}(F_{3|2}(x_3|x_2),F_{5|2}(x_5|x_2))$；在第三层树中，我们得到的作为连接节点的二元 copula 函数是 $C_{24|13}(F_{2|13}(x_2|x_1,x_3),F_{4|13}(x_4|x_1,x_3))$ 及 $C_{15|23}(F_{1|23}(x_1|x_2,x_3),F_{5|23}(x_5|x_2,x_3))$；在第四层树中，我们得到的作为连接节点的二元 copula 函数是 $C_{45|123}(F_{4|123}(x_4|x_1,x_2,x_3),F_{5|123}(x_5|x_1,x_2,x_3))$。由此，$f_{12345}(x_1,x_2,x_3,x_4,x_5)$ 可以被分解为

$$
\begin{aligned}
f_{12345}(x_1,x_2,x_3,x_4,x_5)=&f_1(x_1)\times f_2(x_2)\times f_3(x_3)\times f_4(x_4)\times f_5(x_5)\\
&\times c_{13}(F_1(x_1),F_3(x_3))\times c_{34}(F_3(x_3),F_4(x_4))\times c_{23}(F_2(x_2),F_3(x_3))\\
&\times c_{25}(F_2(x_2),F_5(x_5))\times c_{14|3}(F_{1|3}(x_1|x_3),F_{4|3}(x_4|x_3))\\
&\times c_{12|3}(F_{1|3}(x_1|x_3),F_{2|3}(x_2|x_3))\times c_{35|2}(F_{3|2}(x_3|x_2),F_{5|2}(x_5|x_2))\qquad(7\text{-}92)\\
&\times c_{24|13}(F_{2|13}(x_2|x_1,x_3),F_{4|13}(x_4|x_1,x_3))\\
&\times c_{15|23}(F_{1|23}(x_1|x_2,x_3),F_{5|23}(x_5|x_2,x_3))\\
&\times c_{45|123}(F_{4|123}(x_4|x_1,x_2,x_3),F_{5|123}(x_5|x_1,x_2,x_3))
\end{aligned}
$$

观察式（7-92），二元条件 copula 函数的乘积中非条件变量不会有重复。这种利用多个二元 copula 函数的乘积和树结构来表示一系列多元变量分布的方法被称为 vine-copula 函数。在实际应用中，可以根据某些先验知识设定 vine-copula 函数的连接方式，即"vine 结构"。常用的 vine 结构有 R vine、C vine 及 D vine 等，其中 D vine 结构最为简单，且有诸多扩展用途，这里我们重点介绍 D vine 结构的 vine-copula 函数（D-vine-copula）。如果每一层树都是以一个节点作为中心节点连接其他节点，那么所生成的 vine 结构被称为 C vine（图7-7 中的连接方式 1）；如果每一层树都是类似于一条直线而没有分支，那么所生成的 vine 结构被称为 D vine（图 7-7 中的连接方式 3）；其他情形的 vine 结构被称为 R vine。vine-copula 函数在经济、金融建模中有着重要作用。

7.7　软　件　实　现

R 是属于 GNU 系统的一个自由、免费、源代码开放的软件，它是一个用于统计分析、

绘图的语言和操作环境。R语言社区——综合 R 档案网络(comprehensive R archive network，CRAN)（ https://cran.r-project.org/ ）中包含众多可以帮助计算 copula 函数数值及参数的包（ packages)。利用这些包，我们可以轻松使用 copula 函数。这里我们介绍部分常用的在计算 copula 函数时所需的函数包。在具体使用时，我们可以访问 CRAN 或使用类似于 "??rugarch（)"（双问号+函数+括号）的方法查询某一个具体的包或函数的帮助（ help ）文档。此外，R 语言是一种面向对象的语言，针对不同的对象（ class)，R 语言设计了对应的方法，这些方法在 R 语言中称为 methods。在 help 文档中，针对某一个对象，我们可以查询它有哪些 methods，从而进行对应操作。

在进行金融时间序列建模之前，对数据的预处理非常重要，特别是多元数据的对齐过程。这是因为并非每一个金融或经济变量在相同的时点都存在交易数据，而我们只需要保留每一个变量都具有交易数据的时点；此外，月度或季度数据中的日期常常会保留到 "日" 这个精度，但其实 2022 年 3 月 1 日和 2022 年 3 月 31 日代表的是同一个月份。R 语言的 zoo 包、xts 包及 lubridate 包可以快捷进行数据对齐工作，merge 函数可以将数据保留在同一个精度上，从而完成数据预处理工作。

不过，读者需要明白的是，任何前沿的模型都不可能有现成的代码供参考。换句话说，如果想要在模型上有所创新、有所建树，那么必须自己完成运算算法的设计。但是，掌握基础的软件实现，有助于解决基础运算任务，从而为进阶算法的设计铺路搭桥。

7.7.1　边际分布计算的软件实现

当变量的边际分布的设定为静态时，可以采用某一种分布（如高斯分布）进行参数估计，或采用核密度估计等非参数方法。R 语言中 rugarch 包（ https://cran.r-project.org/web/packages/rugarch/index.html ）可以用于计算变量的 GARCH 过程及相关概率积分变换：rugarch 包中的 ugarchspec 函数用于 GARCH 结构设定，其中 variance.model 参数可以设置方差方程中的具体 GARCH 族模型，如标准 GARCH 模型、指数 GARCH（ exponential GARCH，EGARCH ）模型等，以及 GARCH 族模型的滞后阶数；mean.model 参数可以设置均值方程形式及滞后阶数等；distribution.model 参数可以设置新息分布的种类，如正态分布为 norm、T 分布为 std、广义误差分布为 ged 等。在设定好整个 GARCH 模型后，我们将数据和 ugarchspec 对象放入 ugarchfit 函数。

ugarchfit 函数用于拟合 GARCH 族模型，它是一个 R 语言中的 S4 对象（ R 语言是面向对象的编程语言，S4 是 R 语言的一种对象类型）。有一些针对 ugarchfit 对象的方法可以使用，它们被列于 help 文档中的 methods 部分，其中 coef 方法可以提取 ugarchfit 对象的参数，也就是 GARCH 族模型的估计结果；sigma 方法可以提取 ugarchfit 对象所拟合出的条件标准差；fitted 方法可以提取 ugarchfit 对象所拟合出的条件均值；show 方法可以总览 ugarchfit 的各项结果。

经过 ugarchfit 函数的计算后，我们有两种方法进行概率积分变换。一种方法是对

ugarchfit 对象采用 pit［pit 即概率积分变换（probability integral transform）的英文缩写］方法，所得结果就是某一个一元变量的伪观测值。另一种方法是采用 pdist 函数，其可以将一个分布的观测值进行概率积分变换。采用 pdist 函数及其对应的 qdist 函数，可以方便地进行概率积分变换及逆概率积分变换，这在应用 copula 函数方法生成随机数或计算条件在险价值（conditional value at risk，CoVaR）时有着非常重要的作用，pdist 函数也是 rugarch 包中的一部分。注意，pdist 函数中的 distribution 参数和 ugarchspec 中的 distribution.model 参数有着相同的名称。例如，在 ugarchspec 的 distribution.model 参数中输入了'norm'，那么在 pdist 函数的 distribution 参数中也应当输入'norm'。此外，pdist 函数可进行向量化操作，我们将条件均值、条件标准差（条件方差）及观测值向量全部输入 pdist 函数中，就可以得到向量形式的伪观测值序列。Pdist 函数中的 q 参数对应的是观测值序列，mean 和 sigma 对应的是观测值所属分布的均值和方差，如果对应观测值的分布不是正态分布，而是偏态分布或其他分布，那么需要在相应 skew 参数的位置输入对应的偏态系数或自由度等。与 pdist 函数相对应的是 qdist 函数，qdist 函数的参数与 pdist 函数完全对应，不同的是 qdist 函数进行的是逆概率积分变换。此外，stochvol 包可进行 SV 模型的估计。

当不想采用 GARCH 族/SV 族模型来描述动态边际分布时，可以对一元变量的边际分布进行核密度估计及概率积分变换，利用 R 语言的 kde1d 包（https://cran.r-project.org/web/packages/kde1d/index.html）可以轻松完成此操作。先利用 kde1d 函数构建一个 kde1d 对象，接着有 dkde1d、pkde1d、qkde1d 和 rkde1d 四种函数可以分别给出核密度估计的概率密度函数、概率积分变换、拟概率积分变换和随机数生成结果，且这四种函数都是向量化函数，可以将观测值一并输入其中，就可以返回相应数值。

7.7.2 copula 函数估计与仿真的软件实现

完成概率积分变换后，我们要对多元伪观测值序列进行 copula 函数估计。VineCopula 包是一个非常重要的工具，它可以完成几乎所有静态二元 copula 函数及静态 vine-copula 函数的估计与仿真过程。VineCopula 包中的函数（或对象）以字符 BiCoP 开头的代表和二元 copula 函数有关，以字符 RVine 开头的代表和 vine-copula 函数有关。对于动态二元 copula 函数或动态 vine-copula 函数的估计和仿真，虽然 VineCopula 包无法实现，但它提供了重要的基础运算函数，能够帮助我们写出相应动态模型的代码。

VineCopula 包中的 BiCopEst 函数可以进行二元 copula 参数的估计，其中 family 参数是设定具体的 copula 函数种类。BiCopCDF 与 BiCopPDF 函数可以计算具体某种二元 copula 函数的累积概率分布函数和概率密度函数，特别是 BiCopPDF 在计算动态参数二元 copula 函数时非常有用，它可以帮助我们快速计算出对数似然函数，且是向量化计算。BiCopHFunc 可以计算二元 copula 函数的偏导数，利用 BiCopHFunc 我们可以自行写出想要的动态二元 copula 函数及动态 vine-copula 函数。

VineCopula 包中的 RVineStructureSelect 函数可以帮助我们计算并估计 vine-copula 函

数的最优结构，并返回一个 RVineMatrix 对象。此外，采用 plot 方法，我们可以观察到所拟合的 vine-copula 函数的树结构。当有了明确的 RVineMatrix 对象后，可以用 RVineSim 函数进行仿真。

参 考 文 献

Creal D, Koopman S J, Lucas A. 2013. Generalized autoregressive score models with applications[J]. Journal of Applied Econometrics, 28(5): 777-795.

Nelsen R B. 2006. An Introduction to Copulas[M]. 2nd ed. Berlin: Springer.

Patton A J. 2001. Modelling time-varying exchange rate dependence using the conditional copula[R]. La Jolla: Department of Economics, University of California, San Diego (UCSD).

Patton A J. 2006. Modelling asymmetric exchange rate dependence[J]. International Economic Review, 47(2): 527-556.

Patton A J. 2009. Copula-based models for financial time series[M]//Andersen T G, Davis R A, Kreiß J P, et al. Handbook of Financial Time Series. Berlin: Springer: 767-785.

第 8 章

copula 函数：模型应用

8.1 黄金、原油和美元汇率间的相关性结构

本节模型应用案例中，我们利用 copula 函数来分析黄金、原油和美元汇率之间的相关性结构，其原理是对三个变量两两之间构建合适的二元 copula 函数，从而得到变量之间的联合分布信息。由于在经济大衰退时期，资产价格同时呈现出极端变化趋势，所以三个金融变量之间的相关性结构很可能呈现出动态特征，动态 copula 函数恰好是揭示这一特征的经济学理论工具。在本节中，我们将学习如何构建边际分布为 ARMA-GARCH 的二元动态 copula 函数，以及如何利用构建好的动态 copula 函数计算 CoVaR 等内容。本节内容主要参考了 Dai 等（2020），读者可以阅读原文进一步了解动态 copula 模型的相关应用。

8.1.1 背景与数据选择

原油和黄金是经济发展中的重要商品，并且它们的价格变动会影响世界经济和全球金融市场。与此同时，由于它们都采用美元定价，美元的升贬值也会影响它们的价格。当美元贬值时，黄金价格必须提升才能消除掉潜在的套利机会，而原油价格的上升会使得一国物价上升，并让一国货币在长期形成贬值的趋势。可以说，黄金、原油与美元汇率间任意两者都高度交织，任何参与了这三者其中之一市场的投资者都不能忽视其两两之间的相关性结构，且这种相关性结构不仅发生在线性联动上，而且可能发生在尾部相关性上（如当重大危机事件爆发时，由于缺乏流动性，广大投资者更需要现金而非实物资产，原油和黄金价格都可能急剧暴跌，而美元指数可能会急剧上升）。动态 copula 函数可以很好地描述这一问题，下面我们尝试对两两变量构建动态 copula 函数。

本节选择西得克萨斯中质（West Texas intermediate，WTI）原油期货每日收盘价作为原油价格的代理，数据选取自美国能源信息署（Energy Information Administration，EIA），WTI 原油期货是北美油价的标杆，与黄金及美元汇率之间的互动性强；选择世界黄金协会的每日黄金现货价格作为黄金价格的代理，其标价单位为美元每盎司；选取两种美元汇率，一种是欧元兑美元（数值越高，说明美元越贬值），另一种是美元兑日元（数值越高，说

明美元越升值），它们是美元指数中成分最高的两种汇率。全部选取日度频率数据，样本期为 1997 年 1 月 3 日至 2018 年 9 月 21 日，一共 5456 个交易日。样本期覆盖了亚洲金融危机、伊拉克战争、全球金融危机、阿拉伯之春与页岩气革命等重大地缘政治事件。对于收盘价序列，采用对数收益率计算公式 $R_t = 100 \times \ln\left(\dfrac{p_t}{p_{t-1}}\right)$ 将其转换为收益率序列。

在构建边际分布之前，先要观察数据的统计性质（表 8-1），这也是实证类研究的基础。统计量检验是进一步构建 GARCH 模型或 copula 函数的基础。所有变量的均值见表 8-1，可以看出它们非常接近于 0，这意味着资产的收益率具有均值回复性，从长期来看，收益率不可能处于过大或过小的数值，否则一定有套利机会让它重新回到 0，这一点也是金融资产的共性。方差表示资产收益率在样本期内的波动特征（样本波动率），从数值来看原油的波动性明显高于黄金和两种美元汇率。

表 8-1　原油、黄金、欧元兑美元、美元兑日元描述性统计

变量	均值	方差	峰度系数	偏态系数	ADF 检验	LB-Q 检验	ARCH-LM 检验
原油	0.019	2.45	−0.09	4.549	−16.8**	108.436*	4868.3*
黄金	0.019	1.07	−0.14	6.029	−17.9**	104.502**	2765.1*
欧元兑美元	0.001	0.62	0.02	1.489	−16.8**	91.927***	3433.8*
美元兑日元	−0.001	0.69	−0.37	6.195	−17.2**	115.743*	1388.0*

注："ADF 检验"即增广迪基–富勒（augmented Dickey-Fuller，ADF）检验，"LB-Q 检验"即 Ljung-Box 自相关性检验，"ARCH-LM 检验"中的"ARCH"表示自回归条件异方差（autoregressive conditional heteroskedasticity）

*、**和***分别表示 1%、5% 和 10% 的显著性水平

从偏态系数、峰度系数的结果来看，资产收益率的分布特征显著区别于正态分布（表 8-1）。四种资产的偏态系数都大于 0，这说明资产收益率的中位数大于资产收益率的均值。由于资产收益率均值几乎都为 0，且较大的偏态系数说明资产上涨的概率大于下跌的概率，所以从样本期来看，这四种资产的价格一直呈现出上涨的态势。

ADF 检验是一种测试资产收益率平稳性的工具，类似的工具还有很多，但不可否认 ADF 检验是采用最多的检验。ADF 检验的原假设认为数据应该是不平稳的，统计量越大，说明拒绝原假设犯第一类错误的概率越小。如果数据是不平稳的，那么将不适合采用 ARMA 模型描述条件均值的变动！从描述性统计的结果来看，这四个变量都是平稳的序列，没有明显的时间趋势，这也和它们的均值非常接近 0 这一特征相一致。

LB-Q 检验的原假设认为数据没有自相关性，但从表 8-1 中的结果来看，这四个资产收益率具有较强的自相关性，即当期数值和前期数值之间的相关系数较大，这意味着可以采用 ARMA 模型来描述四个资产收益率条件均值的变化。注意，条件均值实际上暗含了资产收益率的变化存在动态性，而 ARMA 只是其中一种可能的模型，任何可以描绘资产收益率条件均值变化的模型都可以尝试使用。

ARCH-LM 检验是一种 LM 检验，其原假设认为时间序列不具有线性条件方差，即时间序列前期的方差不会线性影响当期的方差。在原假设下统计量服从 χ^2 分布。ARCH-LM 检验结果显示，四个资产收益率都在 1%显著性水平上拒绝了原假设，说明它们的方差均存在时变性，且当期条件方差和前期条件方差具有一定线性关系（表 8-1）。

8.1.2 边际分布构建

经过描述性统计，发现这四个资产收益率拒绝正态分布，呈现出"尖峰厚尾"特征。相比于正态分布，资产收益率分布的尾部更加厚，中心部分更加尖、更加高，这意味着收益率分布出现极端值的概率非常大，由此我们采用 T 分布作为资产收益率的新息分布；条件均值具有自相关性，我们采用 ARMA（2,2）模型来描述资产收益率的条件均值变动；条件方差具有 ARCH 效应，且由偏态系数可知这四个资产收益率具有一定的非对称性，我们采用 EGARCH（2,2）模型来描述条件方差。最终，构建的模型如式（8-1）所示。

$$r_t = \eta_0 + \eta_1 r_{t-1} + \eta_2 r_{t-2} + \varepsilon_t + \theta_1 \varepsilon_{t-1} + \theta_2 \varepsilon_{t-2}$$

$$\varepsilon_t = \zeta_t \sigma_t, \quad \zeta_t \sim \text{i.i.d.}\, T(0,1)$$

$$f_v(\zeta_t) = \frac{\Gamma\left(\dfrac{v+1}{2}\right)}{\Gamma\left(\dfrac{v}{2}\right)\sqrt{\pi v}} \left(1 + \frac{\zeta_t^2}{v-2}\right)^{\frac{v+1}{-2}} \qquad (8\text{-}1)$$

$$\ln \sigma_t^2 = \alpha_0 + \sum_{i=1}^{2}\left(\alpha_i \zeta_{t-i} + \gamma_i |\zeta_{t-i}|\right) + \sum_{i=1}^{2}\left(\beta_i \ln \sigma_{t-i}^2\right)$$

表 8-2 展现了 ARMA-EGARCH-T 模型边际分布构建及 K-S 检验结果。我们采用 AIC 确定了合理的阶数，由于最大阶数设定为 2，所以对于 ARMA-EGARCH 部分的每一个需要确定阶数的地方，我们都从 0 至 2 进行了尝试。我们先来观察原油收益率的边际分布构建结果，根据 AIC，原油收益率的边际分布为 ARMA（1,1）-EGARCH（2,2）-T。其中 η_1 与 θ_1 的数值分别为 0.216 和–0.240，说明前一期的原油收益率每变化 1 单位，会让原油当期收益率变化 0.216 个单位，前一期的新息冲击 ε_{t-1} 每变化 1 单位会让原油当期收益率反向变化 0.240 个单位，这说明原油收益率确实存在自回归特征。观察原油收益率的 EGARCH 部分，α_1 与 α_2 的系数都为负数，说明在样本期内原油收益率的波动性在正向冲击和负向冲击之下是不对称的。由式（8-1）可知，在 γ_1 和 γ_2 的系数都为正数的情况下，当 $\zeta_t > 0$ 时，新息对波动的贡献为 $\alpha_i + \gamma_i$，而当 $\zeta_t < 0$ 时，新息对波动的贡献为 $-\alpha_i + \gamma_i$。由于原油资产收益率的 EGARCH 部分 α_1 和 α_2 的数值都小于 0（表 8-2），所以一个正向冲击实际上减少了波动，而一个负向冲击实际上增加了波动，这说明正向冲击引发的波动弱于负向冲击。这很大程度上是原油投资者宁愿价格不上涨也不愿看到价格下跌所引发的情绪造成的。此外，v 显著不为 0 说明确实应当用 T 分布刻画 ζ_t。

表 8-2　ARMA-EGARCH-T 模型边际分布构建及 K-S 检验结果

系数	原油	黄金	欧元兑美元	美元兑日元
η_0	0.046（0.024）***	0.016（0.011）	0.003（0.010）	0.010（0.007）
η_1	0.216（0.048）*	−0.183（0.019）*	0.951（0.017）*	0.382（0.106）*
η_2	—	—	0.041（0.017）**	—
θ_1	−0.240（0.047）*	0.165（0.019）*	−0.990（0.000）*	−0.409（0.104）*
θ_2	—	—	—	—
α_0	0.022（0.007）*	0.000（0.001）	−0.005（0.003）	−0.012（0.004）*
α_1	−0.043（0.009）*	0.031（0.007）*	−0.010（0.005）*	−0.088（0.024）*
α_2	−0.042（0.009）*	—	—	0.075（0.023）*
β_1	0.012（0.004）*	0.991（0.000）*	0.995（0.003）*	0.987（0.004）*
β_2	0.973（0.001）*	—	—	—
γ_1	0.083（0.016）*	0.109（0.000）*	0.072（0.009）*	0.138（0.034）*
γ_2	0.115（0.015）*	—	—	−0.012（0.036）
ν	6.847（0.584）*	4.449（0.288）*	9.859（0.212）*	5.800（0.428）*
K-S 检验	[0.7602]	[0.3186]	[0.1366]	[0.4479]

注：括号中的数值是标准误差，K-S（Kolmogorov-Smirnov）检验用于检测标准化残差是否服从均匀分布，原假设为标准化残差服从均匀分布，方括号中是 P 值

*、**和***分别表示 1%、5%、10% 的显著性水平

类似地，黄金、欧元兑美元、美元兑日元收益率的边际分布构建结果如下：黄金的边际分布为 ARMA(1,1)-EGARCH(1,1)-T，欧元兑美元的边际分布为 ARMA(2,1)-EGARCH(1,1)-T，美元兑日元的边际分布为 ARMA(1,1)-EGARCH(2,1)-T。与原油的情况类似，我们发现黄金、欧元兑美元、美元兑日元的 γ 参数（γ_1 和 $\gamma_1 + \gamma_2$）都为正数，说明三个资产收益率的正向冲击引发的波动弱于负向冲击引发的波动，这暗示了我们采用 EGARCH 模型构建边际分布的正确性。T 分布的自由度参数 ν 都并不大，说明这三个资产收益率的分布均具有"尖峰厚尾"性。

构建动态边际分布的作用是把这四个序列转换为伪观测值序列。我们把 ARMA-EGARCH-T 的均值方程部分记为 μ_t、方差部分记为 σ_t，那么简约化的结构为

$$r_t = \mu_t(r_{t-1}, r_{t-2}, \cdots) + \epsilon_t$$
$$\epsilon_t = \sigma_t \zeta, \quad \zeta \sim T(0,1,\nu) \qquad (8\text{-}2)$$
$$\sigma_t = \sigma_t(\epsilon_{t-1}, \epsilon_{t-2}, \cdots, \sigma_{t-1}, \sigma_{t-2}, \cdots)$$

我们需要把 r_t 转换为伪观测值序列 $u_t \sim U(0,1)$，就必须知道 r_t 的概率密度函数。由 $\dfrac{r_t - \mu_t}{\sigma_t} = \zeta$ 可知，r_t 是一个均值为 μ_t、标准差为 σ_t 的 T 分布。对于这四个已经构建好 ARMA-EGARCH-T 模型的变量，我们把估计出的它们各自的 $\hat{\mu}_t$ 序列和 $\hat{\sigma}_t$ 序列提取出来，作为参数放入标准 T 分布的累积概率密度函数 [式（8-1）] 中，从而得到原油、黄金、欧元兑美元、美元兑日元这四个变量的伪观测值序列 $u_t = F_T(r_t; \hat{\mu}_t, \hat{\sigma}_t, \hat{\nu})$。接着，我们利用这四个 u_t 序列，计算二元 copula 函数。

8.1.3 动态 copula 函数构建

二元 copula 函数种类繁多，在采用 copula 函数对二元变量进行建模的实证分析中，一般选取高斯 copula、T copula、Gumbel copula、Clayton copula 及 Frank copula 函数作为备选 copula 函数。因为它们分别描述了两个变量之间的线性相关性与非对称的尾部相关性。分别用以上五种二元 copula 函数拟合数据后，再根据某些拟合优度评价指标选取最优的 copula 函数。这里我们简要介绍对称的乔–克莱顿（symmetrized Joe-Clayton，SJC）copula 函数与 Gumbel copula 函数的旋转形式，它们可以作为经典的五个 copula 函数的补充，并应用于相关研究中。

在介绍 SJC copula 函数前，我们先给出乔–克莱顿（Joe-Clayton，JC）copula 函数的表达式。JC copula 函数是 Clayton copula 函数经拉普拉斯变换后所得的结果，其概率分布函数表达式为

$$C_{JC}(u,v\,|\,\kappa,\gamma) = 1 - (\{[1-(1-u)^{\kappa}]^{-\gamma} + [1-(1-v)^{\kappa}]^{-\gamma} - 1\}^{-1/\gamma})^{1/\kappa} \qquad (8\text{-}3)$$

JC copula 函数拥有两个参数 γ 和 κ，这两个参数控制着尾部相关性，其中对于 JC copula 函数有

$$\lambda_U = \lim_{\delta \to 1} \Pr[U > \delta\,|\,V > \delta] = \lim_{\delta \to 1} \Pr[V > \delta\,|\,U > \delta] = 2 - 2^{\frac{1}{\kappa}}$$

$$\lambda_L = \lim_{\delta \to 0} \Pr[U \leqslant \delta\,|\,V \leqslant \delta] = \lim_{\delta \to 0} \Pr[V \leqslant \delta\,|\,U \leqslant \delta] = 2^{-\frac{1}{\gamma}} \qquad (8\text{-}4)$$

可以看出 JC copula 函数的尾部相关性不对称，不过相比于 Clayton copula 函数或 Gumbel copula 函数，JC copula 函数展现出能够同时刻画上下尾相关性的性质。为了将 JC copula 函数的尾部相关性变得对称，我们构造如下的 SJC copula 函数，其概率分布函数为

$$C_{SJC}(u,v\,|\,\kappa,\gamma) = 0.5 \times (C_{JC}(u,v\,|\,\kappa,\gamma) + C_{JC}(1-u,1-v\,|\,\kappa,\gamma) + u + v - 1) \qquad (8\text{-}5)$$

由此，我们得到上下尾数值对称的 SJC copula 函数。类似于时变的阿基米德 copula 函数，SJC copula 函数的参数也可以时变，由于其有两个参数 κ 和 γ 控制它们的变化，我们需要两个动态演变方程来控制对应的参数。由于 γ、κ 这两个参数与 λ_L、λ_U 一一对应，我们不妨用动态演变方程控制 λ_L、λ_U 的变化，从而控制动态的 SJC copula 函数，我们有

$$\lambda_{U,t} = \Lambda\left(\omega_U + \beta_U \times \lambda_{U,t-1} + \alpha_U \times \frac{1}{10} \times \sum_{j=1}^{10} |u_{t-j} - v_{t-j}|\right)$$

$$\lambda_{L,t} = \Lambda\left(\omega_L + \beta_L \times \lambda_{L,t-1} + \alpha_L \times \frac{1}{10} \times \sum_{j=1}^{10} |u_{t-j} - v_{t-j}|\right) \qquad (8\text{-}6)$$

式中，Λ 是一个放缩函数，其目的是让 λ_L 和 λ_U 在 $(0,1)$ 之间变化，一个经典的放缩函数是 $\Lambda = \dfrac{1}{1 + e^{-x}}$。

在介绍旋转 copula 函数之前，我们思考这样一个问题：一个资产价格非常高，是否会让另一个资产价格非常低？或者一个资产价格非常低，是否会让另一个资产价格非常高？要描述这个问题，当前介绍的尾部相关性变量远远不够。这里引入两个新的尾部相关系数：

下上尾相关系数 λ_{LU} 和上下尾相关系数 λ_{UL}，其定义分别为

$$\lambda_{LU} = \lim_{\delta \to 0} \Pr\left[U < \delta \,|\, V > 1 - \delta\right]$$
$$\lambda_{UL} = \lim_{\delta \to 0} \Pr\left[U > 1 - \delta \,|\, V < \delta\right] \tag{8-7}$$

我们可以利用已知的二元 copula 模型描述变量间的 λ_{LU} 和 λ_{UL} 关系。对于一个二元 copula 函数 $(U, V) \sim C_j(u, v; \theta)$，其概率密度函数为 $c_j(u, v; \theta)$，那么我们有

$$(1 - U, V) \sim C_j^{\text{R1}}$$
$$C_j^{\text{R1}}(u, v; \theta) = v - C_j(1 - u, v; \theta) \tag{8-8}$$
$$c_j^{\text{R1}}(u, v; \theta) = c_j(1 - u, v; \theta)$$

$$(1 - U, 1 - V) \sim C_j^{\text{R2}}$$
$$C_j^{\text{R2}}(u, v; \theta) = C_j(1 - u, 1 - v; \theta) + u + v - 1 \tag{8-9}$$
$$c_j^{\text{R2}}(u, v; \theta) = c_j(1 - u, 1 - v; \theta)$$

$$(U, 1 - V) \sim C_j^{\text{R3}}$$
$$C_j^{\text{R3}}(u, v; \theta) = u - C_j(u, 1 - v; \theta) \tag{8-10}$$
$$c_j^{\text{R3}}(u, v; \theta) = c_j(u, 1 - v; \theta)$$

式中，上标 R1、R2 和 R3 分别是对二元 copula 函数的概率密度函数的三维图像以坐标点 $(0.5, 0.5, 0)$ 为中心，以 z 轴负方向为观测方向，以 z 轴为旋转轴逆时针旋转 90°、180° 和 270°。从式（8-8）到式（8-10）不难看出，$(1 - U, V)$、$(1 - U, 1 - V)$、$(U, 1 - V)$ 的概率密度函数是俯视 (U, V) 的概率密度函数，并分别使其逆时针旋转 90°、180°、270° 所得。回忆 7.3.2 节，Gumbel copula 函数可以刻画 (U, V) 的上尾风险 λ_U，即式（7-33）。将 $(1 - U, V)$ 变量代入标准二元 Gumbel copula 函数，便可以得出 (U, V) 变量之间的 λ_{LU}；将 $(1 - U, 1 - V)$ 变量代入标准二元 Gumbel copula 函数，便可以得出 (U, V) 变量之间的 τ^{LL}，此时 $(U, V) \sim$ R2 Gumbel copula 函数；将 $(U, 1 - V)$ 变量代入标准二元 Gumbel copula 函数，便可以得出 (U, V) 变量之间的 λ_{UL}，此时 $(U, V) \sim$ R3 Gumbel copula 函数。事实上，由于把 $(1 - U, 1 - V)$ 变量代入标准二元 Gumbel copula 函数可以得到 (U, V) 变量之间的 τ^{LL}，而把 (U, V) 变量代入标准二元 Clayton copula 函数可以得到 (U, V) 变量之间的 λ_L，我们选取 R2 Gumbel copula 函数替代 Clayton copula 函数。我们利用式（7-41）驱动动态高斯 copula 函数和 T copula 函数参数的变化，利用式（7-43）驱动 Gumbel copula 函数和其三种旋转衍生形态中参数的变化，利用式（8-6）驱动动态 SJC copula 函数参数的变化。

我们将 8.1.2 节中计算出的原油、黄金、欧元兑美元、美元兑日元的四个伪观测值序列两两组合，并采用不同的 copula 函数对其进行拟合，用 AIC 挑选出每一对变量的最优 copula 函数，其结果如表 8-3 所示。

表 8-3 AIC 下的静态与动态 copula 函数估计结果

copula 函数类型	原油–黄金	原油–欧元兑美元	原油–美元兑日元	黄金–美元兑日元	黄金–欧元兑美元
N	−80.02	−119.49	1.91	−231.58	−422.00
T	−85.21	−135.22	−13.65	−269.59	−468.64
Gumbel	−47.45	−120.81	103.10	400.05	−407.14
R1 Gumbel	293.97	348.49	132.92	−228.56	496.17
R2 Gumbel	−70.35	−97.23	100.91	393.28	−387.82
R3 Gumbel	310.03	315.55	126.88	−210.92	495.16
SJC	−85.16	−129.10	44.32	152.84	−437.11
TVP-N	−114.70	−203.76	−12.16	−269.04	−478.18
TVP-T	**−116.63**	**−210.29**	**−31.28**	**−302.05**	**−513.78**
TVP-Gumbel	−84.79	−166.84	2.93	9.04	−445.47
TVP-R1 Gumbel	6.79	8.14	−3.61	−249.34	10.09
TVP-R2 Gumbel	−105.87	−150.42	−5.27	8.54	−437.06
TVP-R3 Gumbel	6.75	8.54	−7.06	−228.36	10.22
TVP-SJC	−103.21	−163.71	30.99	196.41	−481.10

注：最优的二元 copula 函数被粗体标出

我们发现 TVP-T copula 函数最适合描述原油–黄金、原油–欧元兑美元、原油–美元兑日元、黄金–美元兑日元、黄金–欧元兑美元这五组二元变量对。这意味着以上五组变量对之间存在强烈的动态线性相关性，而非动态尾部相关性。

8.1.4 相关性结构分析

由 8.1.3 节的分析我们可知动态 TVP-T copula 函数是 AIC 下的最优 copula 函数。这一节我们利用拟合的结果来分析原油–黄金、原油–欧元兑美元、原油–美元兑日元、黄金–美元兑日元、黄金–欧元兑美元这五组二元变量对的相关性结构。

利用动态演变方程

$$\tilde{\theta}_{c,t} = \omega + \alpha \frac{1}{p} \sum_{i=1}^{p} \Phi^{-1}\left(u_{t-i}\right) \Phi^{-1}\left(v_{t-i}\right) + \beta \tilde{\theta}_{c,t-1}$$

$$\theta_{c,t} = \frac{1 - \exp\left(-\tilde{\theta}_{c,t}\right)}{1 + \exp\left(-\tilde{\theta}_{c,t}\right)}$$

（8-11）

我们可以求出 TVP-T copula 函数的参数序列 $\theta_{c,t}$，该序列表达的含义即两个变量之间的动态相关性结构。图 8-1 展示了原油、黄金和美元汇率之间的相关性结构，包括由序列 $\theta_{c,t}$ 代表的动态相关性结构及由静态 T copula 函数所求出的参数代表的静态相关性结构，以此来对比两者之间的差异。从中我们发现黑色线条（动态相关性结构）具有明显的动态特征，这反映出 TVP-T copula 函数对资产建模具有比较优势。

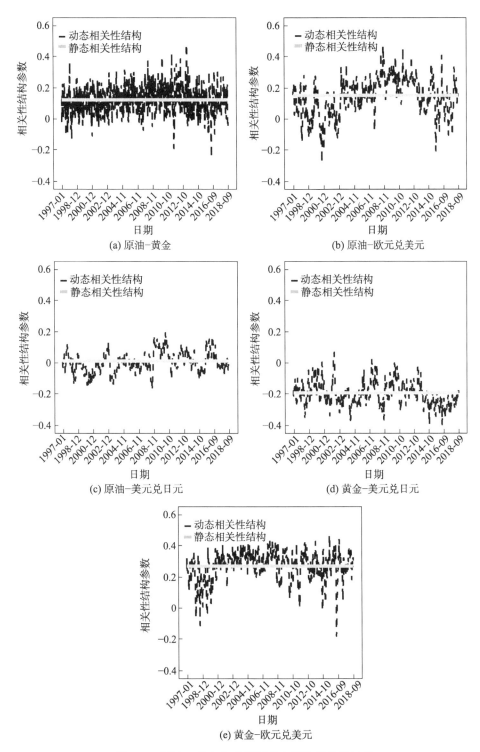

图 8-1　原油、黄金和美元汇率之间的相关性结构

我们发现原油-黄金及原油-欧元兑美元在 2008 至 2012 年之间 $\theta_{c,t}$ 的数值较高，且为

正值,说明这个时间段内原油与黄金,以及原油与欧元兑美元呈现出同涨同跌的运动态势。原油-美元兑日元的 $\theta_{c,t}$ 的绝对值几乎都小于 0.2,这说明这两种资产的线性相关性比较小,不太具有线性的同涨同跌现象。黄金-美元兑日元大多时刻的 $\theta_{c,t}$ 是负值,且在 2014 年之后其绝对值一度超过 0.35,展现出它们在这段时间范围内反向运动的特性。与之相反的是,黄金-欧元兑美元大多时刻的 $\theta_{c,t}$ 是正值,特别是在 2000 年至 2008 年这段时间。总体来说,动态 copula 函数参数都围绕着静态 copula 函数参数在运动,展现出了样本期内两个变量相关关系的动态特征。

除了可以计算动态参数 $\theta_{c,t}$ 来了解变量之间的相关性结构,还可以利用动态 T copula 模型计算两个变量之间的 CoVaR。在讨论 CoVaR 之前,我们先简要给出在险价值(value at risk,VaR)的概念。

VaR 是指在一定的时间内和一定的置信度下,投资者所面临的最大损失。VaR 是为了度量一项给定的资产或负债在一定的时间内和一定的置信度下,其价值最大的损失额。假设一个资产的收益率为 r_t,其累积概率密度函数为 $F_t(x)$,当确定某一个显著性水平 α 时,r_t 在时点 t 的 $\text{VaR}_{\alpha,t}(r_t)$ 为

$$\text{VaR}_{\alpha,t} = \inf\{x \mid F_t(x) \geqslant \alpha\} \tag{8-12}$$

特别地,若 $F_t(x)$ 连续,则有

$$\alpha = \Pr(r_t \leqslant \text{VaR}_{\alpha,t}) \tag{8-13}$$

在实际应用中,一般选取 0.1%、1%或 5%显著性水平作为计算因素,其中 0.1%显著性水平常用于压力测试,而 1%或 5%显著性水平常用于判断市场风险。在实证中,经常把非常小的数值的显著性水平称为"下尾风险",而把非常高的置信水平,如 95%、99%等称为"上尾风险"。这样区分的原因是对于不同投资者来说,资产收益率 r_t 的数值并非越高越好。例如,对于期货市场中的空头头寸投资者来说,资产价格越高,其损失越大;资产价格越低,其收益越高,所以其更加关心当资产价格出现巨大增幅情况下的"上尾"VaR。再例如,对于美元兑日元汇率,如果其价格越高,越有利于看多美元的投资者,越不利于看多日元的投资者;而对于看多日元的投资者来说,美元兑日元汇率的不断上涨将给其带来巨大风险,所以研究资产的"上尾风险"非常有必要。我们依然用标准的 α 数值表示显著性水平,用 $\text{VaR}_{\alpha,t}^{\text{down}}$ 和 $\text{VaR}_{\alpha,t}^{\text{up}}$ 分别表示下尾 VaR 与上尾 VaR,则有

$$\begin{aligned} \text{VaR}_{\alpha,t}^{\text{down}} &= \inf\{x \mid F_t(x) \geqslant \alpha\} \\ \text{VaR}_{\alpha,t}^{\text{up}} &= \sup\{x \mid F_t(x) \leqslant 1-\alpha\} \end{aligned} \tag{8-14}$$

以及

$$\begin{aligned} \alpha &= \Pr(r_t \leqslant \text{VaR}_{\alpha,t}^{\text{down}}) \\ \alpha &= \Pr(r_t \geqslant \text{VaR}_{\alpha,t}^{\text{up}}) \end{aligned} \tag{8-15}$$

由此可以看出,VaR 这个概念是针对一元变量而言的,它的数值可看作某个一元变量上 α 水平或下 α 水平的分位数。

利用 8.1.2 节中的 ARMA-EGARCH-T 模型可以计算出 $\text{VaR}_{\alpha,t}^{\text{up}}$ 和 $\text{VaR}_{\alpha,t}^{\text{down}}$。以原油为

例，我们计算出其 ARMA（1,1）-EGARCH（2,2）-T 模型后，估计出原油序列的条件均值 $\hat{r}_t$、条件方差 $\hat{\sigma}_t$ 和自由度参数 $\hat{v}$，则在时点 t，原油的累积概率分布函数为 $F_t(x)$，$\text{VaR}_{\alpha,t}^{\text{down}} = F_t^{-1}(\alpha;\hat{r}_t,\hat{\sigma}_t,\hat{v})$，$\text{VaR}_{\alpha,t}^{\text{up}} = F_t^{-1}(1-\alpha;\hat{r}_t,\hat{\sigma}_t,\hat{v})$。

在了解 VaR 的含义后，我们给出 CoVaR 的定义。当一个变量处于某一显著性水平 β 下的 VaR 值时，另一个变量处于某一显著性水平 α 下的 VaR 值被定义为 CoVaR。可以看出，CoVaR 是刻画一个变量对另一个变量风险溢出的测度，由于每一个变量都存在"上尾"和"下尾"风险，那么组合起来一共有四种类型的 CoVaR。我们用 U 表示上尾、D 表示下尾、$F_t(x|y)$ 表示第一个资产在 t 时刻的条件累积概率分布函数、$G_t(y)$ 表示第二个资产在 t 时刻的累积概率分布函数、$\text{VaR}_{\beta,t}^{D}$ 和 $\text{VaR}_{\beta,t}^{U}$ 表示第二个资产在 t 时刻的下尾 VaR 和上尾 VaR，则用数学语言来描述这四种 CoVaR 即如式（8-16）~式（8-19）所示。

（1）下尾–下尾 CoVaR 为

$$\text{CoVaR}_{\alpha,t}^{D|D} = \inf\{x \mid F_t(x \mid G_t(y) \leqslant \text{VaR}_{\beta,t}^{D}) \geqslant \alpha\} \qquad (8\text{-}16)$$

（2）下尾–上尾 CoVaR 为

$$\text{CoVaR}_{\alpha,t}^{D|U} = \inf\{x \mid F_t(x \mid G_t(y) \geqslant \text{VaR}_{\beta,t}^{U}) \geqslant \alpha\} \qquad (8\text{-}17)$$

（3）上尾–下尾 CoVaR 为

$$\text{CoVaR}_{\alpha,t}^{U|D} = \sup\{x \mid F_t(x \mid G_t(y) \leqslant \text{VaR}_{\beta,t}^{D}) \leqslant 1-\alpha\} \qquad (8\text{-}18)$$

（4）上尾–上尾 CoVaR 为

$$\text{CoVaR}_{\alpha,t}^{U|U} = \sup\{x \mid F_t(x \mid G_t(y) \geqslant \text{VaR}_{\beta,t}^{U}) \leqslant 1-\alpha\} \qquad (8\text{-}19)$$

我们以下尾–下尾 CoVaR 为例说明 $\text{CoVaR}_{\alpha,t}^{D|D}$ 的含义：它表示当一个资产 B［累积概率分布函数为 $G_t(y)$］的价格小于 β 水平的下尾 VaR 时（条件概率中的条件），另一个资产 A［条件累积概率分布函数为 $F_t(x|y)$］的 α 水平的下尾 VaR 的数值。很明显，此时资产 A 的 α 水平的下尾 VaR 是条件于资产 B 的状态的，也就是说 $\text{CoVaR}_{\alpha,t}^{D|D}$ 测度了一个资产价格很低时，另一个资产价格也很低情况下的 VaR。同理，$\text{CoVaR}_{\alpha,t}^{D|U}$ 测度了一个资产价格很高时，另一个资产价格很低情况下的 VaR。利用 CoVaR 的概念，我们可以测度金融资产之间不同尾部状态的风险溢出效应，它在经济、金融风险管理中发挥着重要作用。

式（8-16）到式（8-19）的计算方式复杂，但利用 8.1.2 节与 8.1.3 节的 ARMA-EGARCH-T 模型及二元 copula 函数可以计算出其 CoVaR 数值。CoVaR 也有类似于式（8-15）的性质，假设 CoVaR 测度的资产收益率在 t 时刻为 $r_{1,t}$，条件概率中的资产收益率为 $r_{2,t}$，针对式（8-16）到式（8-19）我们有

$$\Pr\left(r_{1,t} \leqslant \text{CoVaR}_{\alpha,t}^{D|D} \mid r_{2,t} \leqslant \text{VaR}_{\beta,t}^{D}\right) = \alpha \qquad (8\text{-}20)$$

$$\Pr\left(r_{1,t} \leqslant \text{CoVaR}_{\alpha,t}^{D|U} \mid r_{2,t} \geqslant \text{VaR}_{\beta,t}^{U}\right) = \alpha \qquad (8\text{-}21)$$

$$\Pr\left(r_{1,t} \geqslant \text{CoVaR}_{\alpha,t}^{U|D} \mid r_{2,t} \leqslant \text{VaR}_{\beta,t}^{D}\right) = \alpha \qquad (8\text{-}22)$$

$$\Pr\left(r_{1,t} \geqslant \text{CoVaR}_{\alpha,t}^{U|U} \mid r_{2,t} \geqslant \text{VaR}_{\beta,t}^{U}\right) = \alpha \qquad (8\text{-}23)$$

假设 $r_{1,t}$ 和 $r_{2,t}$ 在 t 时刻的累积概率分布函数是 $F_{1,t}(x)$ 和 $F_{2,t}(x)$，且有一个合适的 TVP-copula 函数使得 $\left(F_{1,t}(r_{1,t}), F_{2,t}(r_{2,t})\right) \sim C_t(u,v)$，则

$$
\begin{aligned}
&\Pr\left(r_{1,t} \leqslant \text{CoVaR}_{\alpha,t}^{D|D} \mid r_{2,t} \leqslant \text{VaR}_{\beta,t}^{D}\right) = \alpha \\
&\Rightarrow \frac{\Pr\left(r_{1,t} \leqslant \text{CoVaR}_{\alpha,t}^{D|D}, r_{2,t} \leqslant \text{VaR}_{\beta,t}^{D}\right)}{\Pr\left(r_{2,t} \leqslant \text{VaR}_{\beta,t}^{D}\right)} = \alpha \\
&\Rightarrow \frac{C_t\left(F_{1,t}\left(\text{CoVaR}_{\alpha,t}^{D|D}\right), \beta\right)}{\beta} = \alpha
\end{aligned}
\qquad (8\text{-}24)
$$

在 t 时刻，知道 C_t 的具体形式时，式（8-24）其实是一个方程，我们先通过二分法求出 $F_{1,t}\left(\text{CoVaR}_{\alpha,t}^{D|D}\right) = m$，再利用已知 $F_{1,t}$ 的具体形式，求出 t 时刻 $\text{CoVaR}_{\alpha,t}^{D|D} = F_{1,t}^{-1}(m)$。

类似地，观察式（8-21）、式（8-22）和式（8-23），我们有

$$
\begin{aligned}
&\Pr\left(r_{1,t} \leqslant \text{CoVaR}_{\alpha,t}^{D|U} \mid r_{2,t} \geqslant \text{VaR}_{\beta,t}^{U}\right) = \alpha \\
&\Rightarrow \frac{\Pr\left(r_{1,t} \leqslant \text{CoVaR}_{\alpha,t}^{D|U}, r_{2,t} \geqslant \text{VaR}_{\beta,t}^{U}\right)}{\Pr\left(r_{2,t} \geqslant \text{VaR}_{\beta,t}^{U}\right)} = \alpha \\
&\Rightarrow \frac{\Pr\left(r_{1,t} \leqslant \text{CoVaR}_{\alpha,t}^{D|U}\right) - \Pr\left(r_{1,t} \leqslant \text{CoVaR}_{\alpha,t}^{D|U}, r_{2,t} \leqslant \text{VaR}_{\beta,t}^{U}\right)}{\beta} = \alpha \\
&\Rightarrow \frac{F_{1,t}\left(\text{CoVaR}_{\alpha,t}^{D|U}\right) - C_t\left(F_{1,t}\left(\text{CoVaR}_{\alpha,t}^{D|U}\right), 1-\beta\right)}{\beta} = \alpha
\end{aligned}
\qquad (8\text{-}25)
$$

$$
\begin{aligned}
&\Pr\left(r_{1,t} \geqslant \text{CoVaR}_{\alpha,t}^{U|D} \mid r_{2,t} \leqslant \text{VaR}_{\beta,t}^{D}\right) = \alpha \\
&\Rightarrow \frac{\Pr\left(r_{1,t} \geqslant \text{CoVaR}_{\alpha,t}^{U|D}, r_{2,t} \leqslant \text{VaR}_{\beta,t}^{D}\right)}{\beta} = \alpha \\
&\Rightarrow \frac{\Pr\left(r_{2,t} \leqslant \text{VaR}_{\beta,t}^{D}\right) - \Pr\left(r_{1,t} \leqslant \text{CoVaR}_{\alpha,t}^{U|D}, r_{2,t} \leqslant \text{VaR}_{\beta,t}^{D}\right)}{\beta} = \alpha \\
&\Rightarrow \frac{\beta - C_t\left(F_{1,t}\left(\text{CoVaR}_{\alpha,t}^{U|D}\right), \beta\right)}{\beta} = \alpha
\end{aligned}
\qquad (8\text{-}26)
$$

$$
\begin{aligned}
&\Pr\left(r_{1,t} \geqslant \text{CoVaR}_{\alpha,t}^{U|U} \mid r_{2,t} \geqslant \text{VaR}_{\beta,t}^{U}\right) = \alpha \\
&\Rightarrow \frac{1 - \Pr\left(r_{1,t} \leqslant \text{CoVaR}_{\alpha,t}^{U|U}\right) - \Pr\left(r_{2,t} \leqslant \text{VaR}_{\beta,t}^{U}\right) + \Pr\left(r_{1,t} \leqslant \text{CoVaR}_{\alpha,t}^{U|U}, r_{2,t} \leqslant \text{VaR}_{\beta,t}^{U}\right)}{\beta} = \alpha \\
&\Rightarrow \frac{1 - F_{1,t}\left(\text{CoVaR}_{\alpha,t}^{U|U}\right) - (1-\beta) + C_t\left(F_{1,t}\left(\text{CoVaR}_{\alpha,t}^{U|U}\right), 1-\beta\right)}{\beta} = \alpha
\end{aligned}
\qquad (8\text{-}27)
$$

在知道 C_t 和 $F_{1,t}$ 具体形式的情况下，可以通过增值寻根法计算出式（8-25）、式（8-26）和

式（8-27）中的 $F_{1,t}\left(\text{CoVaR}_{\alpha,t}^{D|U}\right)$、$F_{1,t}\left(\text{CoVaR}_{\alpha,t}^{U|D}\right)$ 和 $F_{1,t}\left(\text{CoVaR}_{\alpha,t}^{U|U}\right)$，进而求出在时刻 t 的 $\text{CoVaR}_{\alpha,t}^{D|U}$、$\text{CoVaR}_{\alpha,t}^{U|D}$ 和 $\text{CoVaR}_{\alpha,t}^{U|U}$。通过分析 $\text{CoVaR}_{\alpha,t}^{D|D}$、$\text{CoVaR}_{\alpha,t}^{D|U}$ 与 $\text{VaR}_{\alpha,t}^{\text{down}}$ 之间的数量关系，我们可以判断在 α 显著性水平下一个资产的上涨与下跌对另一个资产的下尾风险值的影响；通过分析 $\text{CoVaR}_{\alpha,t}^{U|D}$、$\text{CoVaR}_{\alpha,t}^{U|U}$ 与 $\text{VaR}_{\alpha,t}^{\text{up}}$ 之间的数量关系，我们可以判断在 α 显著性水平下一个资产的上涨与下跌对另一个资产的上尾风险值的影响。根据一般经验，选取 $\alpha = \beta = 5\%$，我们计算出了原油、黄金和美元汇率之间的 VaR 与 CoVaR，其结果如图 8-2 所示。从图 8-2 可以看出，所有的子图中的六个曲线都离 0 值较远，这是因为它们都代表着不同资产收益率的下 5%、上 5%，以及条件下 5%、条件上 5%分位数。由于我们选取的是 T 分布作为新息分布，越靠近 0 则表示越接近 50%分位数水平，自然它们的数值都距离 0 较远。

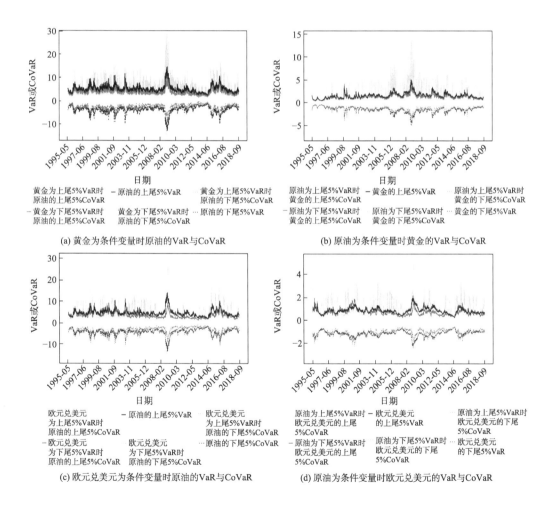

(a) 黄金为条件变量时原油的 VaR 与 CoVaR

(b) 原油为条件变量时黄金的 VaR 与 CoVaR

(c) 欧元兑美元为条件变量时原油的 VaR 与 CoVaR

(d) 原油为条件变量时欧元兑美元的 VaR 与 CoVaR

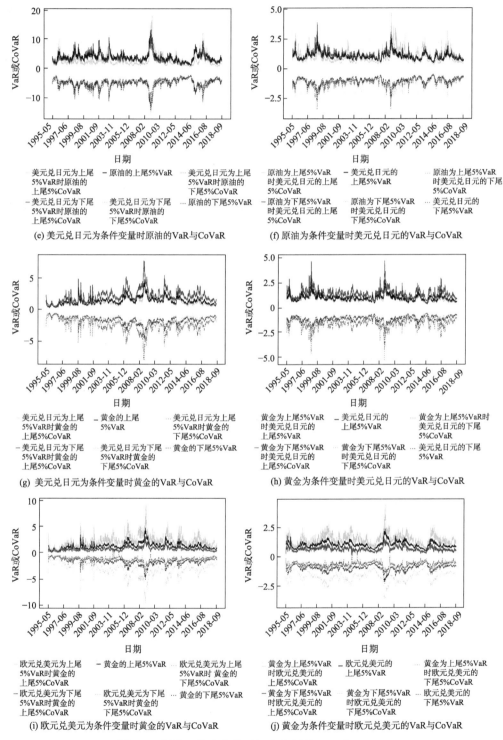

图 8-2 原油、黄金和美元汇率之间的 VaR 与 CoVaR

如图 8-2（a）所示，几乎在所有时刻下，都有 $\mathrm{CoVaR}_{\alpha,t}^{U|D} \leqslant \mathrm{VaR}_{\alpha,t}^{\mathrm{up}} \leqslant \mathrm{CoVaR}_{\alpha,t}^{U|U}$ 和

$\mathrm{CoVaR}_{\alpha,t}^{D|U} \geqslant \mathrm{VaR}_{\alpha,t}^{\mathrm{down}} \geqslant \mathrm{CoVaR}_{\alpha,t}^{D|D}$ 成立，这说明原油价格上涨增加了黄金价格的上尾风险（使黄金的条件上 5%分位数相比于无条件上 5%分位数更加远离 0）、降低了黄金价格的下尾风险（使黄金的条件下 5%分位数相比于无条件下 5%分位数更加接近 0）；原油价格下跌增加了黄金价格的下尾风险（使黄金的条件下 5%分位数相比于无条件下 5%分位数更加远离 0）、降低了黄金价格的上尾风险（使黄金的条件上 5%分位数相比于无条件下 5%分位数更加接近 0）。此外，我们还发现在 2008 年全球金融危机期间，原油收益率的 VaR 和 CoVaR 非常高，展现出在黑天鹅事件爆发的市场环境下原油资产波动率的飙升。黄金收益率受到原油收益率风险溢出的 VaR 及 CoVaR 如图 8-2（b）所示，其特征与原油受到黄金影响的特征类似。

美元兑日元收益率对黄金收益率的风险溢出，以及黄金收益率对美元兑日元收益率的风险溢出如图 8-2（g）和图 8-2（h）所示。以图 8-2（g）为例，在多数时刻有 $\mathrm{CoVaR}_{\alpha,t}^{U|U} \leqslant \mathrm{VaR}_{\alpha,t}^{\mathrm{up}} \leqslant \mathrm{CoVaR}_{\alpha,t}^{U|D}$ 及 $\mathrm{CoVaR}_{\alpha,t}^{U|D} \leqslant \mathrm{VaR}_{\alpha,t}^{\mathrm{up}} \leqslant \mathrm{CoVaR}_{\alpha,t}^{U|U}$，这与之前的情况截然相反。这说明美元兑日元收益率的上涨降低了黄金收益率的上尾风险（使黄金的条件上 5%分位数相比于无条件上 5%分位数更加接近 0）、增加了黄金收益率的下尾风险（使黄金的条件下 5%分位数相比于无条件下 5%分位数更加远离 0）；美元兑日元收益率的下跌降低了黄金收益率的下尾风险（使黄金的条件下 5%分位数相比于无条件下 5%分位数更加接近 0）、增加了黄金收益率的上尾风险（使黄金的条件上 5%分位数相比于无条件上 5%分位数更加远离 0）。

另外，我们注意到 $\mathrm{CoVaR}_{\alpha,t}^{D|D}$、$\mathrm{CoVaR}_{\alpha,t}^{D|U}$、$\mathrm{CoVaR}_{\alpha,t}^{U|D}$、$\mathrm{CoVaR}_{\alpha,t}^{U|U}$ 的数值每时每刻都在变化，具有很强的动态性。这是在 $r_{1,t}$ 和 $r_{2,t}$ 的边际分布是动态模型，以及它们的联合分布（copula 函数）也是动态模型这两个因素的共同作用下形成的。通过二元动态 copula 模型，我们展现了黄金、原油和美元汇率之间的动态风险传染特征。可以看出，在全球金融危机期间，各个资产之间的风险溢出效应都非常大，这体现为上尾 CoVaR 的数值远远超过上尾 VaR，而下尾 CoVaR 的数值远远小于下尾 VaR（图 8-2）。

8.2　主权 CDS 价格风险情景模拟

利用 D-vine-copula 函数可以对某一个目标经济变量进行风险情景模拟，即观察在其他经济变量处于不同价格的风险水平时，目标经济变量的条件分布变化。风险情景模拟在经济和金融建模中有着诸多作用，如观察某一主体在资产价格处于不同水平时的违约概率、处理大宗商品价格处于不同水平下避险资产的价格变化问题，甚至可以帮助人们模拟风力-光伏等自然条件水平以仿真风光电场的出力效率。

采用 D-vine-copula 函数进行风险情景模拟的原理是利用 D-vine-copula 函数进行分位数-分位数回归，被仿真的目标经济变量作为被解释变量，风险情景中的构成元素作为解释变量。当解释变量处于不同分位数水平时，我们便可以观察被解释变量的条件分位数水平,从而观察被解释变量的条件分位数特征。采用 D-vine-copula 函数而非其他函数进行分位数–分位数回归的优势有两点:一是 vine-copula 函数会对两两变量的(条件)联合分布进行参数建模,从而挖掘变量之间的尾部相关性等特征,拟合精度高;二是其能够利用动态参数的 copula 函数刻画目标变量在时变风险情景下的表现,这是一般的分位数–分位数回归模型很难做到的。

假设风险情景模拟中的目标变量 Y 的分位数可以由风险情景中的因子 $X_1,\cdots,X_d$($d>1$)所解释,并且 $Y \sim F_Y$、$X_j \sim F_j$,那么风险情景模拟可以用分位数–分位数回归来刻画,其形式为

$$q_\alpha(x_1,\cdots,x_d) \triangleq F_{Y|X_1,\cdots,X_d}(\alpha \,|\, X_1,\cdots,X_d) \qquad (8\text{-}28)$$

利用第 7 章中的概率积分变换 $v = F_Y(y)$、$u_j = F_j(x_j)$,有

$$
\begin{aligned}
F_{Y|X_1,\cdots,X_d}(y\,|\,x_1,\cdots,x_d) &= P\big(Y \leqslant y \,|\, X_1 = x_1,\cdots,X_d = x_d\big) \\
&= P\big(F_Y(Y) \leqslant v \,|\, F_1(X_1) = u_1,\cdots,X_d = x_d\big) \\
&= C_{V|U_1,\cdots,U_d}(v\,|\,u_1,\cdots,u_d)
\end{aligned}
\qquad (8\text{-}29)
$$

由此可见,利用 vine-copula 函数可以描绘多元变量间的分位数关系,即

$$F_{Y|X_1,\cdots,X_d}^{-1}(\alpha\,|\,x_1,\cdots,x_d) = F_Y^{-1}\Big(C_{V|U_1,\cdots,U_1}^{-1}(\alpha\,|\,u_1,\cdots,u_d)\Big) \qquad (8\text{-}30)$$

在随后的分析中,我们会发现 D-vine-copula 函数非常适合描绘式(8-30)。本节我们以巴西、俄罗斯、印度、中国、南非、美国、日本、英国、德国、法国、意大利为例,展现由黄金、原油、股票指数等变量构成的经济系统风险情景如何影响一国主权信用违约互换(credit default swap,CDS)。

本节内容主要参考 Wang 等(2022),读者可以阅读原文进一步了解动态 copula 函数的相关应用。

8.2.1 背景与数据选择

黑天鹅事件,如全球金融危机、欧洲债务危机或新冠疫情等,使投资者担心一个国家偿还主权债务的能力。主权 CDS 作为一种金融衍生品吸引了很多人的注意,它不仅能为投资者对冲债务风险,而且还通过利差提供了一个国家的主权信用度的指示。主权 CDS 买方一般拥有主权债券的多头头寸,当主权 CDS 所标的的主权债券违约时,主权 CDS 的卖方应当支付主权 CDS 买方一笔损失金。主权 CDS 的价格和其标的债券的违约概率高度相关,当主权债券违约概率非常高时,主权 CDS 卖方必须抬升主权 CDS 价格以提高风险溢价。一国主权债务危机的产生原因是复杂且多因素的,比较客观的手段是观察重要经济和金融指标的价格变化,来推断一国经济发展情况或主权债务偿还能力情况。由此可见,主权 CDS 的价格和多种经济变量高度相关,所以,本章我们将多种商品价格或经济指数包含于一个风险情景之中,并观察在不同的风险情景下,一国主权 CDS 的变化。

本节采用原油、黄金、股票指数、美元指数、波罗的海干散货指数(Baltic dry index,

BDI）和铜等作为一篮子变量构建风险情景，使用具有动态参数的 *D*-vine-copula 模型模拟它们处于不同的分位数（价格）水平下主权 CDS 的表现。在同一个分位数水平下，我们以情景模拟中的主权 CDS（有条件主权 CDS）和非情景模拟中的主权 CDS（无条件主权 CDS）之间的概率密度差异来反映不同风险情景对主权 CDS 的影响。如果在某一个分位数水平下，无条件主权 CDS 和有条件主权 CDS 没有区别，说明当前风险情景对主权 CDS 价格没有影响。

数据方面，我们选取巴西、俄罗斯、印度、中国、南非、美国、日本、英国、德国、法国、意大利 11 个国家各自的主权 CDS 价格、布伦特（Brent，BRT）原油现货价格、黄金现货价格、美元指数、以上 11 个国家各自的股票指数、BDI 和铜价格作为经济、金融指标的代理变量。风险情景包括主权 CDS（变量 1）、原油（变量 2）、黄金（变量 3）、美元指数（变量 4）、股票指数（变量 5）、BDI（变量 6）和铜（变量 7）。

表 8-4 是主权 CDS、股票指数、原油等变量的指标选择，一共 11 个国家，由此需要构建 11 个 *D*-vine-copula 函数。为了观察主权 CDS 在不同风险情况下的表现，在方法上，我们首先为主权 CDS 及其风险因素构建单独的动态边际分布；其次用动态 *D*-vine-copula 函数来构建主权 CDS 及其风险因素的动态联合分布；最后，知道了它们的联合分布，我们就可以构建我们需要的风险情景。

表 8-4　主权 CDS、股票指数、原油等变量的指标选择

变量	指标选择
主权 CDS	美元计价的五年期巴西、俄罗斯、印度、中国、南非、美国、日本、德国、法国、意大利主权 CDS 价格；欧元计价的英国五年期主权 CDS 价格
原油	BRT 原油期货近一月交割连续合约收盘价
黄金	世界黄金协会黄金现货价格
美元指数	美元指数
股票指数	巴西的博维斯帕指数、俄罗斯交易系统指数、印度的孟买敏感 30 指数、中国的上证 50 指数、南非的南非富时指数、美国的标普 500 指数、日本的日经 225 指数、英国的富时 100 指数、德国的 DAX 30 指数、法国的 CAC 40 指数、意大利的富时 MIB 指数
BDI	BDI
铜	纽约商品交易所的铜期货近一月交割连续合约收盘价

注：DAX 是德语 "Deutscher Aktienindex" 的缩写，意为 "德国股票指数"；CAC 是法语 "Cotation Assistée en Continu" 的缩写，意为 "持续辅助评级"；MIB 是意大利语 "Milano Indice Borsa" 的缩写，意为 "米兰证券交易所指数"

8.2.2　边际分布构建

我们利用 ARMA（1,1）-GARCH（1,1）模型对这 27 个变量构建动态边际分布，即

$$r_t = \eta_0 + \eta_1 r_{t-1} + \theta_1 \varepsilon_{t-1} + \varepsilon_t$$
$$\varepsilon_t = \xi_t \sigma_t, \quad \xi_t \sim \text{i.i.d.}(0,1) \qquad (8\text{-}31)$$
$$\sigma_t^2 = \alpha_0 + \alpha_1 \varepsilon_{t-1}^2 + \beta_1 \sigma_{t-1}^2$$

对于新息分布 ξ_t，我们选择偏态（skewed）T 分布（为下文模型描述简便，以下简称 ST 分布），它的优势在于可以描绘上尾与下尾的非对称性，其分布函数 $f(\xi)$ 为

$$f(\xi) = \frac{2}{\lambda + \lambda^{-1}}\left(f_t(\lambda x)H(-\xi) + f_t(\lambda^{-1}x)H(\xi)\right)$$

$$f_t(x) = \frac{\Gamma\left(\dfrac{v+1}{2}\right)}{\sqrt{v\pi}\,\Gamma\left(\dfrac{v}{2}\right)}\left(1 + \frac{x^2}{\beta v}\right)^{-\frac{v+1}{2}} \tag{8-32}$$

式中，λ 是控制偏度的参数，当 $\lambda \to 1$ 时，$f(\xi)$ 退化为对称分布；$f_t(x)$ 是标准 T 分布；$H(\xi)$ 是赫维赛德函数。基于 ARMA-GARCH-ST 过程，我们可以计算出 r_t 的每时每刻的概率积分变换，即

$$u_t = F\left(\frac{r_t - \hat{r}_t}{\hat{\sigma}_t}\right) = F(\xi_t) \tag{8-33}$$

式中，F 是 ST 的累积概率分布函数；u_t 是经过概率积分变换后的伪观测值。构建动态 D-vine-copula 函数的关键步骤是为主权 CDS、原油、黄金、美元指数、股票指数、BDI 和铜构建合理的动态边际分布与概率积分变换，其检验方式是概率积分变换结果应遵循均匀分布。此外，式（8-32）中 ST 分布的关键参数是它的偏态系数。接下来，我们观察表 8-4 中 27 个变量的边际分布是否能被 ARMA（1,1）-GARCH（1,1）-ST 模型良好拟合，具体拟合结果见表 8-5。

表 8-5 给出了 27 个变量的诊断性检验，具体含义请读者参考表 8-5 的注释。从结果来看，这些变量的偏态系数并不大，ST 分布几乎退化为一般的 T 分布。此外，几乎所有变量在建立边际分布模型后的残差都不存在自相关，反映了 ARMA（1,1）-GARCH（1,1）的合理性。最重要的是，概率积分变换后的伪观测值几乎都服从均匀分布，说明 ARMA（1,1）-GARCH（1,1）充分描述了变量的边际分布，满足进一步构建 D-vine-copula 函数的条件。

表 8-5　ARMA（1,1）-GARCH（1,1）-ST 模型拟合结果

变量	主权 CDS		
	λ	Res.	PIT
巴西主权 CDS	1.04(0.02)**	0.19(0.67)	0.07(0.73)
俄罗斯主权 CDS	1.03(0.02)**	11.09(0.00)***	0.09(0.44)
印度主权 CDS	0.99(0.02)**	34.21(0.00)***	0.20(0.00)***
中国主权 CDS	1.05(0.02)**	1.95(0.16)***	0.09(0.44)
南非主权 CDS	1.03(0.02)**	5.47(0.02)	0.08(0.59)
美国主权 CDS	1.00(0.01)***	14.48(0.00)***	0.13(0.07)*

续表

变量	主权 CDS		
	λ	Res.	PIT
日本主权 CDS	0.98（0.02）**	0.08（0.77）	0.14（0.06）*
英国主权 CDS	0.96（0.01）***	80.18（0.00）***	0.17（0.01）***
德国主权 CDS	0.99（0.01）***	8.18（0.00）***	0.21（0.00）***
法国主权 CDS	0.96（0.01）***	22.56（0.00）***	0.13（0.08）*
意大利主权 CDS	1.00（0.02）**	8.60（0.00）***	0.10（0.33）
原油	0.90（0.02）**	1.76（0.18）	0.09（0.38）
黄金	0.99（0.02）**	0.15（0.69）	0.11（0.16）
美元指数	1.02（0.02）**	1.17（0.27）	0.12（0.09）*
巴西股票指数	0.94（0.02）**	3.27（0.07）*	0.07（0.80）
俄罗斯股票指数	0.94（0.02）**	2.88（0.09）	0.07（0.77）
印度股票指数	0.90（0.03）**	6.76（0.01）***	0.10（0.32）
中国股票指数	0.95（0.02）**	0.63（0.43）	0.08（0.58）
南非股票指数	0.98（0.02）**	2.30（0.13）	0.11（0.19）
美国股票指数	0.82（0.02）**	11.65（0.00）***	0.06（0.85）
日本股票指数	0.95（0.02）**	0.93（0.34）	0.06（0.81）
英国股票指数	0.88（0.02）**	2.14（0.14）	0.11（0.21）
德国股票指数	0.90（0.02）**	4.09（0.04）**	0.08（0.57）
法国股票指数	0.88（0.02）**	2.28（0.13）	0.09（0.46）
意大利股票指数	0.87（0.02）**	1.60（0.21）	0.09（0.39）
BDI	1.05（0.02）**	44.68（0.00）***	0.07（0.60）
铜	0.97（0.02）**	0.00（0.94）	0.04（0.97）

注：λ 代表 ARMA-GARCH-ST 模型中的偏态系数。Res.是指 ARMA-GARCH-ST 模型中过滤后的残差的自相关检验。PIT 列的数值是概率积分变换后序列的 K-S 检验结果。括号内的数值是统计的 P 值，P 值越大，自相关越弱，越能够接受"伪观测值"是均匀分布的假设

***、**和*分别表示 1%、5%和 10%的显著性水平

8.2.3　动态 *D*-vine-copula 构建

多变量联合分布的构建是本节的核心问题之一。回忆 *D*-vine-copula 函数，令 $l \in D$ 及 $D_{-1} \triangleq D \backslash \{l\}$，我们有

$$
\begin{aligned}
F_{i|D}\left(x_i \mid \boldsymbol{x}_D\right) &= \left.\frac{\partial C_{i,l|D_{-l}}\left(F_{i|D_{-l}}\left(x_i \mid \boldsymbol{x}_{D_{-l}}\right), v; \theta_{i,l|D_{-l}}\right)}{\partial v}\right|_{v = F_{l|D_{-l}}\left(x_l \mid \boldsymbol{x}_{D_{-l}}\right)} \\
&= \hbar\left(F_{i|D_{-l}}\left(x_i \mid \boldsymbol{x}_{D_{-l}}\right), F_{l|D_{-l}}\left|x_l \mid \boldsymbol{x}_{D_{-l}}\right|\right)
\end{aligned}
\tag{8-34}
$$

利用式（8-33），我们可以得到主权 CDS、原油、黄金、美元指数、股票指数、BDI 和铜的收益率序列的伪观测值结果，分别为 $F_{1,t}$、$F_{2,t}$、$F_{3,t}$、$F_{4,t}$、$F_{5,t}$、$F_{6,t}$ 及 $F_{7,t}$。接着，我

们采用极大似然估计,计算动态 D-vine-copula 函数的第一层树结构的参数 $\theta_{12,t}$、$\theta_{23,t}$、$\theta_{34,t}$、$\theta_{45,t}$、$\theta_{56,t}$ 及 $\theta_{67,t}$(这意味着,我们必须先计算控制动态变化的静态参数)。然后继续利用式(8-34)计算第二层树所需要的伪观测值,即

$$
\begin{aligned}
&F_{1|2,t} = \hbar\left(F_{1,t}, F_{2,t}; \theta_{12,t}\right), \quad F_{3|2,t} = \hbar\left(F_{3,t}, F_{2,t}; \theta_{23,t}\right), \quad F_{2|3,t} = \hbar\left(F_{2,t}, F_{3,t}; \theta_{23,t}\right), \\
&F_{4|3,t} = \hbar\left(F_{4,t}, F_{3,t}; \theta_{34,t}\right), \quad F_{3|4,t} = \hbar\left(F_{3,t}, F_{4,t}; \theta_{34,t}\right), \quad F_{5|4,t} = \hbar\left(F_{5,t}, F_{4,t}; \theta_{45,t}\right), \\
&F_{4|5,t} = \hbar\left(F_{4,t}, F_{5,t}; \theta_{45,t}\right), \quad F_{6|5,t} = \hbar\left(F_{6,t}, F_{5,t}; \theta_{56,t}\right), \quad F_{5|6,t} = \hbar\left(F_{5,t}, F_{6,t}; \theta_{56,t}\right), \\
&F_{7|6,t} = \hbar\left(F_{6,t}, F_{7,t}; \theta_{67,t}\right)
\end{aligned}
\tag{8-35}
$$

这些条件伪观测值可以帮助我们计算出第二层动态 D-vine-copula 函数树结构,我们利用极大似然估计和 AIC 选择第二层树的五个二元动态 copula 函数及其动态参数 $\theta_{13|2,t}$、$\theta_{24|3,t}$、$\theta_{35|4,t}$、$\theta_{46|5,t}$、$\theta_{57|6,t}$,并遵循之前的步骤计算第三层树所需要的伪观测值,即

$$
\begin{aligned}
&F_{1|23,t} = \hbar\left(F_{1|2,t}, F_{3|2,t}; \theta_{13|2,t}\right), \quad F_{4|23,t} = \hbar\left(F_{4|3,t}, F_{2|3,t}; \theta_{24|3,t}\right), \\
&F_{2|34,t} = \hbar\left(F_{2|3,t}, F_{4|3,t}; \theta_{24|3,t}\right), \quad F_{5|34,t} = \hbar\left(F_{5|4,t}, F_{3|4,t}; \theta_{35|4,t}\right), \\
&F_{3|45,t} = \hbar\left(F_{3|4,t}, F_{5|4,t}; \theta_{35|4,t}\right), \quad F_{6|45,t} = \hbar\left(F_{6|5,t}, F_{4|5,t}; \theta_{46|5,t}\right), \\
&F_{4|56,t} = \hbar\left(F_{4|5,t}, F_{6|5,t}; \theta_{46|5,t}\right), \quad F_{7|56,t} = \hbar\left(F_{7|6,t}, F_{5|6,t}; \theta_{57|6,t}\right)
\end{aligned}
\tag{8-36}
$$

当动态 D-vine-copula 函数进入较高层的树结构时,伪观测值之间的相关性结构可能变得不那么紧密,因为主权 CDS 和其他六个变量之间的依赖关系主要表现在树状结构的前两层。我们在这里采用一种截断结构的 D-vine-copula 函数:对于前两层,采用 AIC 选取最优的二元动态 copula 函数,从第三层开始,仅采用二元动态 copula 函数刻画节点之间的关系。由此,利用式(8-34),可以计算出第三层树中的二元动态高斯 copula 参数 $\theta_{14|23,t}$、$\theta_{25|34,t}$、$\theta_{36|45,t}$ 和 $\theta_{47|56,t}$。接着,计算第四层树所需要的伪观测值,即

$$
\begin{aligned}
&F_{1|234,t} = \hbar\left(F_{1|23,t}, F_{4|23,t}; \theta_{14|23,t}\right), \quad F_{5|234,t} = \hbar\left(F_{5|34,t}, F_{2|34,t}; \theta_{25|34,t}\right), \\
&F_{2|345,t} = \hbar\left(F_{2|34,t}, F_{5|34,t}; \theta_{25|34,t}\right), \quad F_{3|456,t} = \hbar\left(F_{3|45,t}, F_{6|45,t}; \theta_{36|45,t}\right), \\
&F_{6|345,t} = \hbar\left(F_{6|45,t}, F_{3|45,t}; \theta_{36|45,t}\right), \quad F_{7|456,t} = \hbar\left(F_{7|56,t}, F_{4|56,t}; \theta_{47|56,t}\right)
\end{aligned}
\tag{8-37}
$$

利用式(8-37)中的伪观测值,可以得到高斯 copula 函数参数 $\theta_{15|234,t}$、$\theta_{26|345,t}$ 和 $\theta_{37|456,t}$。注意,从第二层以后,我们不再用 AIC 选择二元 copula 函数,而采用二元高斯 copula 函数拟合节点。然后,继续计算第五层树所需要的伪观测值,即

$$
\begin{aligned}
&F_{1|2345,t} = \hbar\left(F_{1|234,t}, F_{5|234,t}; \theta_{15|234,t}\right), \quad F_{6|2345,t} = \hbar\left(F_{2|345,t}, F_{6|345,t}; \theta_{26|345,t}\right), \\
&F_{2|3456,t} = \hbar\left(F_{6|345,t}, F_{2|345,t}; \theta_{26|345,t}\right), \quad F_{7|3456,t} = \hbar\left(F_{7|456,t}, F_{3|456,t}; \theta_{37|456,t}\right)
\end{aligned}
\tag{8-38}
$$

此时,节点已经非常少了,我们用伪观测值 $F_{1|2345,t}$ 和 $F_{6|2345,t}$ 构建二元动态高斯 copula 函数,并得到动态高斯 copula 函数参数 $\theta_{16|2345,t}$;用伪观测值 $F_{2|3456,t}$ 和 $F_{7|3456,t}$ 得到 $\theta_{27|3456,t}$。由此,第五层树只剩下两个节点 $F_{1|23456,t}$ 和 $F_{7|23456,t}$,即

$$F_{1|23456,t} = \hbar\left(F_{1|2345,t}, F_{6|2345,t}; \theta_{16|2345,t}\right)$$
$$F_{7|23456,t} = \hbar\left(F_{2|3456,t}, F_{7|3456,t}; \theta_{27|3456,t}\right)$$

（8-39）

当我们利用 $F_{1|23456,t}$ 和 $F_{7|23456,t}$ 得到二元动态高斯 copula 的参数 $\theta_{17|23456,t}$ 时，第五层树只有一条边，或者说第六层树只有一个节点，此时可得

$$
\begin{aligned}
C_{1|234567,t}\left(u_{1,t}\big|u_{2,t},u_{3,t},u_{4,t},u_{5,t},u_{6,t},u_{7,t}\right) &= \frac{\partial C_{17|23456,t}\left(F_{1|23456,t}, F_{7|23456,t}; \theta_{17|23456,t}\right)}{\partial F_{7|23456,t}} \\
&= \hbar\left(F_{1|23456,t}, F_{7|23456,t}; \theta_{17|23456,t}\right)
\end{aligned}
$$

（8-40）

可以看出，通过 D vine 结构连接二元 copula 函数，主权 CDS 可以被表达为以原油、黄金、美元指数、股票指数、BDI 和铜为条件的随机变量，主权 CDS 与其他变量的 D vine 拓扑结构如图 8-3 所示。

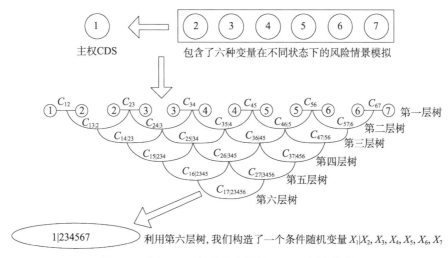

图 8-3　主权 CDS 与其他变量的 D vine 拓扑结构

注：字符 1 至 7 分别表示主权 CDS、原油、黄金、美元指数、股票指数、BDI 和铜这七个变量。本节的主要目的是研究在多变量情况下，主权 CDS 利差将如何承受压力。为此，需要构建一个条件随机变量，使其代表主权 CDS 利差与其他变量的条件，D-vine-copula 函数能够做到这一点。请注意，变量的顺序不是完全自由的，我们必须把主权 CDS 放在第 1 个或第 7 个变量中。图中弯曲的边代表连接不同节点的不同动态配对 copula 函数

可以发现，从 C_{12} 到 $C_{17|23456}$，我们一共需要构建 21 个二元动态 copula 函数（图 8-3）。这里我们采用 AIC，从几个经典的 ARMA 结构的动态模型中挑选出最优的二元动态 copula 函数。以美国为例，其七元动态 D-vine-copula 函数的构建结果如表 8-6 所示。可以发现，控制 ARMA 结构动态 copula 函数演变的参数 α 和 β 在树结构的第一层与第二层基本都是显著的，这暗示了该七元系统呈现出非常显著的动态相关性。而到了第三层，我们发现参数 α 的系数不那么显著了，这说明从第三层开始，美国这七个变量"伪观测值"之间的相关性结构已经比较稳定，不太具有动态性。这也暗示了在构建高维度的 vine-copula 函数时，

重要的是前几层树中二元 copula 函数的设定。

表 8-6　美国主权 CDS、原油、黄金、美元指数、股票指数、
BDI 及铜之间的动态 *D*-vine-copula 函数构建结果

节点	二元动态 copula 函数	ω	α	β	ν
12	TVP-*T*	0.00（0.00）***	1.95（0.00）***	0.01（0.00）***	118.84（361.00）
23	TVP-*T*	0.24（0.06）***	−0.41（5.38）	0.46（0.17）***	15.69（22.55）
34	TVP-*T*	−0.01（0.00）***	1.99（0.01）***	0.05（0.00）***	10.91（5.02）***
45	TVP-*T*	−0.01（0.00）***	1.93（0.00）***	0.09（0.00）***	9.10（2.71）***
56	TVP-*T*	0.01（0.00）***	−1.82（0.07）***	0.19（0.03）***	84.91（298.00）
67	TVP-*T*	0.02（0.00）***	−0.65（0.01）***	0.55（0.00）***	2.49（0.67）***
13|2	TVP-*T*	−0.01（0.00）***	1.01（1.10）	0.05（0.00）***	101.59（326.00）
24|3	TVP-*T*	−0.51（0.01）***	−1.29（0.17）**	0.49（0.01）***	10.88（4.88）***
35|4	TVP-*T*	−0.01（0.00）***	1.81（0.01）***	0.04（0.00）***	11.06（5.49）***
46|5	TVP-*T*	−0.05（0.00）***	−1.68（0.06）***	−0.24（0.02）***	24.39（116.10）
57|6	TVP-*T*	−0.01（0.00）***	2.05（0.00）***	0.04（0.00）***	19.57（50.27）
14|23	TVP-*N*	0.08（0.00）***	−0.96（1.78）	0.11（0.01）***	
25|34	TVP-*N*	0.29（0.09）***	0.91（1.30）	0.20（0.03）***	
36|45	TVP-*N*	0.01（0.00）***	1.35（1.45）	0.05（0.01）***	
47|56	TVP-*N*	−0.69（0.04）***	−1.36（0.73）	0.38（0.02）***	
15|234	TVP-*N*	−0.13（0.01）***	−0.46（3.32）	−0.09（0.01）***	
26|345	TVP-*N*	0.07（0.00）***	−1.27（0.24）***	−0.46（0.03）***	
37|456	TVP-*N*	0.26（0.05）***	0.18（2.59）	0.42（0.11）***	
16|2345	TVP-*N*	−0.01（0.00）***	0.97（1.16）	0.04（0.00）***	
27|3456	TVP-*N*	0.00（0.00）***	−0.53（25.37）	−0.02（0.02）***	
17|23456	TVP-*N*	0.00（0.00）***	1.84（0.03）***	−0.01（0.00）***	

注：二元动态 copula 函数一列中 TVP-*N* 表示由动态参数二元高斯 copula 函数拟合节点，TVP-*T* 表示由动态参数二元 *T* copula 函数拟合节点。括号内的数字表示标准误差

***、**分别表示 1%、5%的显著性水平

随着前几层树结构的不断过滤，后面几层树结构中节点之间的相关性已经较弱。这里给出一个直觉上的"解释"，供读者简单理解。我们令 n 维随机向量 $\boldsymbol{X}=(\boldsymbol{X}_1,\boldsymbol{X}_2)' \sim N(\boldsymbol{\mu},\boldsymbol{\Sigma})$，其中 $\boldsymbol{\mu}\in\mathbb{R}^n$，$\boldsymbol{\Sigma}\in\mathbb{R}^{n\times n}$（$n\geq2$），$\boldsymbol{X}_1$ 是 q 维随机向量。如果 $\boldsymbol{\mu}$ 和 $\boldsymbol{\Sigma}$ 可以被分解为 $\boldsymbol{\mu}=\begin{pmatrix}\boldsymbol{\mu}_1\\\boldsymbol{\mu}_2\end{pmatrix}$，

$\boldsymbol{\Sigma}=\begin{pmatrix}\boldsymbol{\Sigma}_{11}&\boldsymbol{\Sigma}_{12}\\\boldsymbol{\Sigma}_{21}&\boldsymbol{\Sigma}_{22}\end{pmatrix}$，其中 $\boldsymbol{\mu}_1\in\mathbb{R}^q$，$\boldsymbol{\Sigma}_{11}=\mathbb{R}^{q,q}$，$1\leq q\leq n$，则条件分布 $\boldsymbol{X}_1|\boldsymbol{X}_2=\boldsymbol{a}$ 依然是正态分布且服从 $N(\bar{\boldsymbol{\mu}},\bar{\boldsymbol{\Sigma}})$，同时

$$\bar{\boldsymbol{\mu}}=\boldsymbol{\mu}_1+\boldsymbol{\Sigma}_{12}\cdot\boldsymbol{\Sigma}_{22}^{-1}(\boldsymbol{a}-\boldsymbol{\mu}_2)$$
$$\bar{\boldsymbol{\Sigma}}=\boldsymbol{\Sigma}_{11}-\boldsymbol{\Sigma}_{12}\cdot\boldsymbol{\Sigma}_{22}^{-1}\cdot\boldsymbol{\Sigma}_{21}$$
（8-41）

假设一个三元正态随机变量

$$\begin{pmatrix} X_1 \\ X_2 \\ X_3 \end{pmatrix} \sim N\left(\begin{pmatrix} 0 \\ 0 \\ 0 \end{pmatrix}, \begin{pmatrix} 1 & \sigma_{12} & \sigma_{13} \\ \sigma_{12} & 1 & \sigma_{23} \\ \sigma_{13} & \sigma_{23} & 1 \end{pmatrix} \right)$$

利用式（8-41），我们可以得到条件随机变量 $X_1 \mid X_3$ 和 $X_2 \mid X_3$ 的条件相关系数，即

$$\rho_{1,2|3} \triangleq \frac{\mathbb{E}\left(X_1 \mid X_3 \cdot X_2 \mid X_3\right) - \mathbb{E}\left(X_1 \mid X_3\right) \cdot \mathbb{E}\left(X_2 \mid X_3\right)}{\sqrt{\mathbb{D}\left(X_1 \mid X_3\right)} \cdot \sqrt{\mathbb{D}\left(X_2 \mid X_3\right)}} = \rho_{1,2} - \rho_{1,3} \cdot \rho_{2,3} \qquad （8\text{-}42）$$

注意我们在选择 vine 结构时，一般都采用最大支撑树原则。在这一原则下，如果对于条件随机变量 $X_1 \mid X_3$ 和 $X_2 \mid X_3$，有 $\rho_{1,3}$ 和 $\rho_{2,3}$ 大于 $\rho_{1,2}$，则式（8-42）可以放缩为

$$\rho_{1,2|3} = \rho_{1,2} - \rho_{1,3} \cdot \rho_{2,3} \leqslant \rho_{1,2} - \rho_{1,2}^2 \leqslant \rho_{1,2} \qquad （8\text{-}43）$$

从式（8-43）可以看出，低层树的观测值之间的相关性结构构建得越紧密（ $\rho_{1,2}$ 越大），高层树的观测值之间的相关性结构会变得越来越弱（ $\rho_{1,2|3}$ 越小），ρ 是椭圆 copula 函数中的重要参数，阿基米德 copula 函数也有类似原理，这里不做深入证明。在构建高维度的 vine-copula 函数时，需要细致寻找第一层或第二层中拟合优度高的二元（动态）copula 函数，而在树的较高层，由于变量之间的相关性结构弱，可以直接使用二元高斯 copula 函数刻画伪观测值之间的相关性结构。

由此，我们构建了 11 个国家的七元变量动态 D-vine-copula 函数，这其实意味着，该七元变量的联合分布已经完成拟合，并且拟合出的联合分布与边际分布都是动态的。如果已经知道了多元变量的联合分布，那么也就知道了关于它们的全部信息。接下来，我们将展示如何利用构建好的动态 D-vine-copula 函数进行风险情景模拟，并计算主权 CDS 的条件分位数。

这里，我们解释一下为何需要用 D vine 结构来做分位数–分位数回归，而不能使用一般的 R vine 结构。原因在于，D vine 结构可以让某一个变量始终处于每一层树的边缘位置，如在图 8-3 中，从第一层树到第六层树，变量 1 始终在图的边缘位置，这样就能保证最高层树（第六层树）中起到连接作用的二元 copula 函数中，变量 1 必定不在条件变量之中，从而方便我们进行如式（8-30）的分位数–分位数回归。

8.2.4　分位数–分位数回归结果与风险情景模拟

在构建完成 D-vine-copula 函数之后，我们需要计算出类似于式（8-29）的条件概率分布，其中某一个国家的主权 CDS 对应式（8-29）中的 y（我们标记其为 x_1），而其他的原油、黄金、美元指数、股票指数、BDI 及铜则对应式（8-29）中的 $x_2 \sim x_7$。我们设置 $x_2 \sim x_7$ 处于不同的分位数水平来模拟不同的风险情景，以分析在这种特定的风险情景下主权 CDS（ x_1 ）的条件值和无条件值有何差异，即主权 CDS 在某个风险情景和无风险情景条件中分位数水平的差异。这里先给出一些概念，随后我们将利用这些基础概念描述如何刻画风险情景。

$\alpha_{1,t}$：在时点 t，主权 CDS 的分位数水平。

$r_{1,t}^{\alpha}=F_{1,t}^{-1}(\alpha_{1,t})$：在时点 t，主权 CDS 的无条件 $\alpha_{1,t}$ 分位数。

$F_{1|234567,t}(x_1\,|\,x_2,\cdots,x_7)$：在时点 t，主权 CDS 基于原油、黄金、美元指数、股票指数、BDI 及铜的条件累积概率分布函数。

$\alpha_{1|234567,t}$：$\alpha_{1|234567,t}$ 是满足式（8-44）的一个条件分位数水平，即

$$F_{1|234567,t}^{-1}\left(\alpha_{1|234567,t}\,|\,x_2,\cdots,x_7\right)=F_{1,t}^{-1}\left(\alpha_{1,t}\right) \tag{8-44}$$

其含义为在时点 t，当原油、黄金、美元指数、股票指数、BDI 及铜处于某一个价格时，条件主权 CDS 为了达到无条件主权 CDS 的 $\alpha_{1,t}$ 分位数所应当有的分位数水平。

假设在时点 t，无条件主权 CDS 的 95%分位数为 16%，则此时 $\alpha_{1,t}$ 为 95%，$r_{1,t}^{\alpha}$ 为 16%。在条件主权 CDS 的累积概率分布函数中，假设条件是原油收益率为 5.3%、黄金收益率为 -1.2%、美元指数收益率为 12.8%、股票指数收益率为 3.6%、BDI 收益率为 -0.7%、铜收益率为 1.5%，此时条件主权 CDS 作为一个随机变量，如果其 $r_{1,t}^{\alpha}$ 还处于 16%这个数值，则它此时的条件分位数水平为 90%，即 $\alpha_{1|234567,t}=90\%$。可以想象出，如果要让 $\alpha_{1|234567,t}$ 达到 95%，则一定有 $F_{1|234567,t}^{-1}\left(\alpha_{1|234567,t}=95\%\,|\,x_2,\cdots,x_7\right)>F_{1,t}^{-1}\left(\alpha_{1,t}=95\%\right)$。这说明我们设定的风险情景（$x_2=5.3\%$、$x_3=-1.2\%$、$x_4=12.8\%$、$x_5=3.6\%$、$x_6=-0.7\%$、$x_7=1.5\%$）增加了主权 CDS 的上尾风险。每时每刻 $\alpha_{1|234567,t}$ 与 $\alpha_{1,t}$ 的差异，或 $\alpha_{1|234567,t}$ 与 $\alpha_{1,t}$ 的差异，是风险情景分析的重要依据，也可以根据 $F_{1|23456,t}^{-1}(\alpha_{1,t})-F_{1,t}^{-1}(\alpha_{1,t})$ 的数值测度风险。例如，对于一个下尾风险水平 $\alpha_{1,t}$（如 5%），如果 $F_{1|23456,t}^{-1}(\alpha_{1,t})-F_{1,t}^{-1}(\alpha_{1,t})$ 的结果为正，说明风险情景的设定减小了主权 CDS 的下尾风险，而如果 $F_{1|23456,t}^{-1}(\alpha_{1,t})-F_{1,t}^{-1}(\alpha_{1,t})$ 的结果为负，则说明风险情景的设定增加了主权 CDS 的下尾风险。同理，我们也可以判断某一个风险情景的设定是否增加或减小了主权 CDS 的上尾风险。

在构建完 D-vine-copula 函数后，我们便可以计算出 $F_{Y|X_1,\cdots,X_d}\left(y\,|\,x_1,\cdots,x_d\right)$ 或 $C_{V|U_1,\cdots,U_d}\left(v\,|\,u_1,\cdots,u_d\right)$。根据式（8-35）至式（8-40）和 vine-copula 函数的计算规则，有

$$\begin{aligned}
\alpha_{1,t}&=F_{1|234567,t}\left(x_{1,t}\,|\,x_{2,t},x_{3,t},x_{4,t},x_{5,t},x_{6,t},x_{7,t}\right)=C_{1|234567,t}\left(u_{1,t}\,|\,u_{2,t},u_{3,t},u_{4,t},u_{5,t},u_{6,t},u_{7,t}\right)\\
&=\hbar_{17|23456,t}\left(F_{1|23456,t},F_{7|23456,t}\right)\\
&=\hbar_{17|23456,t}\left(\hbar_{16|2345,t}\left(F_{1|2345,t},F_{6|2345,t}\right),F_{7|23456,t}\right)\\
&=\hbar_{17|23456,t}\left(\hbar_{16|2345,t}\left(\hbar_{15|234,t}\left(F_{1|234,t},F_{5|234,t}\right),F_{6|2345,t}\right),F_{7|23456,t}\right)\\
&=\hbar_{17|23456,t}\left(\hbar_{16|2345,t}\left(\hbar_{15|234,t}\left(\hbar_{14|23,t}\left(F_{1|23,t},F_{4|23,t}\right),F_{5|234,t}\right),F_{6|2345,t}\right),F_{7|23456,t}\right)\\
&=\hbar_{17|23456,t}\left(\hbar_{16|2345,t}\left(\hbar_{15|234,t}\left(\hbar_{14|23,t}\left(\hbar_{13|2,t}\left(\hbar_{12,t}\left(u_{1,t},u_{2,t}\right),F_{3|2,t}\right),F_{4|23,t}\right),F_{5|234,t}\right),F_{6|2345,t}\right),F_{7|23456,t}\right)
\end{aligned}$$

$$\tag{8-45}$$

定义 $\hbar(u,v)=\alpha$ 及 $\hbar^{-1}(\alpha,v)=u$，对式（8-45）采用逆运算，有

$$\alpha_t = \hbar_{17|23456,t}\left(\hbar_{16|2345,t}\left(\hbar_{15|234,t}\left(\hbar_{14|23,t}\left(\hbar_{13|2,t}\left(\hbar_{1|2,t}\left(u_{1,t},u_{2,t}\right),F_{3|2,t}\right),F_{4|23,t}\right),F_{5|234,t}\right),F_{6|2345,t}\right),F_{7|23456,t}\right)$$

$$\Rightarrow \hbar_{17|23456,t}^{-1}\left(\alpha_t,F_{7|23456,t}\right)=\hbar_{16|2345,t}\left(\hbar_{15|234,t}\left(\hbar_{14|23,t}\left(\hbar_{13|2,t}\left(\hbar_{1|2,t}\left(u_{1,t},u_{2,t}\right),F_{3|2,t}\right),F_{4|23,t}\right),F_{5|234,t}\right),F_{6|2345,t}\right)$$

$$\Rightarrow \hbar_{16|2345,t}^{-1}\left(\hbar_{17|23456,t}^{-1}\left(\alpha_t,F_{7|23456,t}\right),F_{6|2345,t}\right)=\hbar_{15|234,t}\left(\hbar_{14|23,t}\left(\hbar_{13|2,t}\left(\hbar_{1|2,t}\left(u_{1,t},u_{2,t}\right),F_{3|2,t}\right),F_{4|23,t}\right),F_{5|234,t}\right)$$

$$\Rightarrow \hbar_{15|234,t}^{-1}\left(\hbar_{16|2345,t}^{-1}\left(\hbar_{17|23456,t}^{-1}\left(\alpha_t,F_{7|23456,t}\right),F_{6|2345,t}\right),F_{5|234,t}\right)=\hbar_{14|23,t}\left(\hbar_{13|2,t}\left(\hbar_{1|2,t}\left(u_{1,t},u_{2,t}\right),F_{3|2,t}\right),F_{4|23,t}\right)$$

$$\Rightarrow \hbar_{14|23,t}^{-1}\left(\hbar_{15|234,t}^{-1}\left(\hbar_{16|2345,t}^{-1}\left(\hbar_{17|23456,t}^{-1}\left(\alpha_t,F_{7|23456,t}\right),F_{6|2345,t}\right),F_{5|234,t}\right),F_{4|23,t}\right)=\hbar_{13|2,t}\left(\hbar_{1|2,t}\left(u_{1,t},u_{2,t}\right),F_{3|2,t}\right)$$

$$\Rightarrow \hbar_{13|2,t}^{-1}(\hbar_{14|23,t}^{-1}(\hbar_{15|234,t}^{-1}(\hbar_{16|2345,t}^{-1}(\hbar_{17|23456,t}^{-1}(\alpha_t,F_{7|23456,t}),F_{6|2345,t}),F_{5|234,t}),F_{4|23,t}),F_{3|2,t})=\hbar_{1|2,t}\left(u_{1,t},u_{2,t}\right)$$

$$\Rightarrow \hbar_{1|2,t}^{-1}\left(\hbar_{13|2,t}^{-1}\left(\hbar_{14|23,t}^{-1}\left(\hbar_{15|234,t}^{-1}\left(\hbar_{16|2345,t}^{-1}\left(\hbar_{17|23456,t}^{-1}\left(\alpha_t,F_{7|23456,t}\right),F_{6|2345,t}\right),F_{5|234,t}\right),F_{4|23,t}\right),F_{3|2,t}\right),u_{2,t}\right)=u_{1,t}=\alpha_{1|234567,t}$$

$$(8\text{-}46)$$

观察式（8-46）中最后一行——$\hbar_{1|2,t}^{-1}\left(\hbar_{13|2,t}^{-1}\left(\hbar_{14|23,t}^{-1}\left(\hbar_{15|234,t}^{-1}\left(\hbar_{16|2345,t}^{-1}\left(\hbar_{17|23456,t}^{-1}\left(\alpha_t,F_{7|23456,t}\right),\right.\right.\right.\right.\right.$

$\left.\left.\left.\left.F_{6|2345,t}\right),F_{5|234,t}\right),F_{4|23,t}\right),F_{3|2,t}\right),u_{2,t})=u_{1,t}=\alpha_{1|234567,t}$，我们将其与 $C_{V|U_1,\cdots,U_d}\left(v\,|\,u_1,\cdots,u_d\right)$ 进行比

较，会发现其即 $u_1=C^{-1}_{U_1|U_2,\cdots,U_7}\left(\alpha_t\,|\,u_{2,t},\cdots,u_{7,t}\right)$。我们观察到式（8-46）中最后一项有 $u_{2,t}$ 这一

变量，而 $u_{3,t}$ 这一变量则隐藏在 $F_{3|2,t}$ 之中，因为根据式（8-35），我们有 $F_{3|2,t}=$

$\hbar\left(F_{3,t},F_{2,t};\theta_{23,t}\right)$。同理，$u_{4,t}$ 隐藏在 $F_{4|23,t}$ 之中，其余变量与之类似。因此，可以重新将式（8-46）

整理为

$$\alpha_{1|234567,t}=f\left(\alpha_{1,t},u_{2,t},u_{3,t},u_{4,t},u_{5,t},u_{6,t},u_{7,t}\right) \qquad (8\text{-}47)$$

由此，$\alpha_{1|234567,t}$ 可视为关于 $\alpha_{1,t}$ 和 $\{u_{2,t},u_{3,t},u_{4,t},u_{5,t},u_{6,t},u_{7,t}\}$ 的函数。$\{u_{2,t},u_{3,t},u_{4,t},u_{5,t},u_{6,t},u_{7,t}\}$
是原油、黄金、美元指数、股票指数、BDI 及铜的分位数水平，我们通过设定 $\{u_{2,t},u_{3,t},u_{4,t},u_{5,t},u_{6,t},u_{7,t}\}$ 的数值（每一个元素都在 0 到 1 之间）来决定所要模拟的风险情景。

1. 静态风险情景分析

在金融研究中，常常会遇见"静态分析""动态分析"之类的词汇，它们在具体语境下会有不同的内涵。在采用动态模型分析变量之间关系的研究中，由于变量之间的关系每时每刻都在发生变化，为了综合反映整个样本期变量之间的关系，一般会计算出一个值来表现变量在整个样本期的关系，我们常称此种方法为静态分析。例如，采用二元动态高斯 copula 函数构建两个变量的相关关系时会得到动态参数 ρ_t，ρ_t 的平均值反映了一段样本期内两个变量总体线性相关程度的大小。相应地，动态分析则是具体观察 ρ_t 的变化特征。在实证分析中，常常需要结合静态分析与动态分析来从不同视角得到我们所需要的结论。

我们先进行静态分析。根据分位数的大小，我们设定了 12 种不同的风险情景。令 $\alpha_{1,t}=k$，以及 $\{u_{2,t},u_{3,t},u_{4,t},u_{5,t},u_{6,t},u_{7,t}\}$ 中所有元素均为 k，其中 k 就是分位数水平，其数值依次为 99%、97.5%、95%、90%、85%、80%、70%、60%、40%、30%、20%、15%、

10%、5%、2.5%、1%。这些数值几乎覆盖了全部市场上行或下行的风险情景，当 k 的数值大于 50%时（变量超过 50%分位数水平时），认为市场存在上行风险；当 k 的数值小于50%时（变量低于 50%分位数水平时），认为市场存在下行风险。

例如，一国主权 CDS 的无条件 95%分位数水平 $\alpha_{1,t}$ 每时每刻都是 95%，而条件分位数水平 $\alpha_{1|234567,t}$ 则每时每刻都在变化。我们计算出 $\alpha_{1|234567,t}$ 后，对其取平均值并比较在相同国家、相同 k 值之下，$\alpha_{1,t}$ 和 $\alpha_{1|234567,t}$ 平均值的差异（我们对 $\alpha_{1,t}$ 和 $\alpha_{1|234567,t}$ 的平均值取差值以反映它们之间的差异，这种做法体现出了一种静态特征），该差值便反映了在风险情景下原油、黄金、美元指数、股票指数、BDI 和铜对一国主权 CDS 的综合影响。图 8-4 和图 8-5 分别展现了当 k 的数值为 99%、97.5%、95%、90%、85%、80%、70%、60%及 k 的数值为 40%、30%、20%、15%、10%、5%、2.5%、1%时的计算结果。

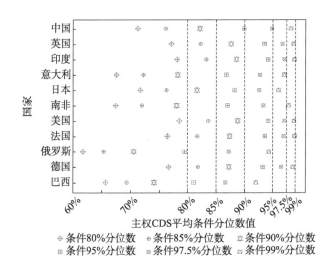

图 8-4　静态分析视角下市场上行风险情景下各国主权 CDS 所承受压力

注：图例中的条件 99%分位数指风险情景中的动态主权 CDS 收益率的条件 99%分位数，即我们将式（8-47）设置为 $\alpha_{1,t} = \{99\%\}$、$\{u_{2,t}, u_{3,t}, u_{4,t}, u_{5,t}, u_{6,t}, u_{7,t}\} = \{99\%, 99\%, 99\%, 99\%, 99\%, 99\%\}$。我们采用同样的方法定义了条件 97.5%分位数条件 95%分位数等。采用动态 D-vine-copula 函数，我们计算出动态的 $\alpha_{1|234567,t}$，并取 $\alpha_{1|234567,t}$ 的平均值标注在图 8-4 中。条件分位数的点与对应无条件分位数的虚线越远，说明 $\alpha_{1,t}$ 与 $\alpha_{1|234567}$ 的平均值差别越大

市场上行风险情景下各国主权 CDS 所承受压力如图 8-4 所示，其中所设置的 k 的数值都大于 50%。观察图 8-4，我们有三点发现。首先，对于某一个国家来说，某一个条件分位数的点总在对应无条件分位数虚线的左侧，这说明相同分位数水平下，处于某个风险情景中的条件主权 CDS 的值要高于无条件主权 CDS，这说明我们所设定的风险情景确实会对一国主权 CDS 产生显著影响。主权 CDS 的数值越高，说明对应债券的违约风险越大。图 8-4 中条件分位数的点都在对应无条件分位数虚线的左侧，这说明条件主权 CDS 出现很高数值的概率要比无条件主权 CDS 出现很高数值的概率大得多。本章所设置的风险情景是由原油、黄金、美元指数、股票指数、BDI 和铜所构成的，这些变量的数值非常高时，

一般说明经济环境并不明朗，如黄金和美元指数的升高说明人们的避险情绪在上升，这会使得一些国家的主权债务违约概率升高。

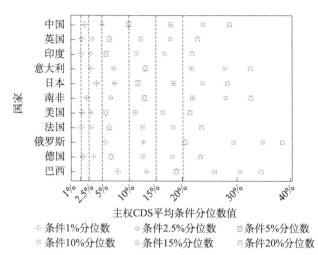

图 8-5　静态分析视角下市场下行风险情景下各国主权 CDS 所承受压力

　　其次，我们观察到不同国家在风险情景下主权 CDS 所承受的压力具有差异。相同 k 值下，俄罗斯和巴西的条件主权 CDS 分位数与无条件主权 CDS 分位数之间的差值明显大于其他国家，这展现出当风险情景设置为存在市场上行压力时，俄罗斯和巴西主权债务的违约概率会大幅上升。相比之下，美国、法国、德国等国家的无条件主权 CDS 和条件主权 CDS 之间的差值则相对较小，这反映出在市场上行压力之下，市场不认为这些国家的违约概率会有很大幅度的提升，只认为会有小幅度的提升。结合之前的分析，当风险情景中变量的数值上升时，说明投资者的避险情绪在增加，这种情况下发达国家的债务违约概率总体来说不会有太大变化，而由于投资者的避险情绪，发展中国家，如巴西、俄罗斯等，它们的主权债券很有可能出现被抛售现象，从而导致较大的违约风险。

　　最后，我们的第三点发现是，对于同一个国家而言，当 k 的数值越接近 50% 时，无条件主权 CDS 和有条件主权 CDS 分位数水平之间的差别越大。这是由于当 k 值很高时（市场处于高度上行压力之下），无论风险情景如何，投资者都认为一国的债券违约概率会很高，这是投资者的共识，不会太受到风险情景的影响。而 k 接近于 50% 水平时，投资者对于主权 CDS 是否会进一步升高具有分歧。在这种分歧的情绪之下，如果我们给主权 CDS 施加一定的风险情景的条件，那么相当于给分歧的市场带来了重要信息，市场的观点会立刻由分歧变为一致，条件主权 CDS 必然会发生较大的变化。

　　市场下行风险情景下各国主权 CDS 所承受压力如图 8-5 所示。我们发现，对于某一个国家来说，某一个图案的点（代表不同条件分位数）总在对应无条件分位数虚线的右侧。这说明相同分位数水平下，处于某个风险情景中的条件主权 CDS 的值要低于无条件主权 CDS，风险情景中的变量都处于较低的分位数水平时，带来的总体效应使得各国的主权债务违约概率下降了。风险情景中的一些变量，如黄金等反映了一种市场避险情绪，这些变量数值的下降反映出投资者不再具有很浓的避险情绪。然而，风险情景中的原油和股票指数的下降，是市场不景气的表现，暗含了投资者可能具有较浓的避险情绪。这就是说，当我们把所有风险情景中的变量都设置为非常小的分位数水平时，一部分风险情景变量可能会诱发主权 CDS 上升，一部分风险情景变量可能会诱发主权 CDS 下降，而总体的作用下，整个风险情景是会导致主权 CDS 下降的。Wang 等（2022）具体分析了单独考虑一种风险情景变量变化，而保持其他风险情景变量不变时，总体会产生何种变化。读者可以阅读 Wang 等（2022）进一步学习相关分析方法。

俄罗斯和巴西的主权 CDS 在市场下行的风险情景中价格变化相比其他国家较大。这反映了投资者对俄罗斯和巴西主权 CDS 的敏感性较强，当风险情景中的变量都处于低分位数水平时，投资者会迅速降低他们对俄罗斯及巴西主权债务违约概率的预期。我们还发现，对于同一个国家而言，当 k 的数值愈加接近 50% 时，无条件主权 CDS 和有条件主权 CDS 分位数水平之间的差别越大（图 8-5）；而 k 接近 50% 水平时，投资者对于主权 CDS 是否会进一步升高具有分歧。具体原因同图 8-4 的分析，这里不再重复。

2. 动态风险情景分析

我们进一步来观察不同市场风险情景下各国主权 CDS 所承受压力的动态特征，即我们需要观察每时每刻在风险情景中各国主权 CDS 和非风险情景中各国主权 CDS 之间的差异。在动态视角下，为了更好展现 $\alpha_{1|234567,t}$ 与 $\alpha_{1,t}$ 的差异，可以通过逆变换观察 $F_{1,t}^{-1}(\alpha_{1|234567,t})$ 与 $F_{1,t}^{-1}(\alpha_{1,t})$ 之间的差异。回顾 8.2.3 节，$F_{1,t}(\cdot)$ 指主权 CDS 的概率分布函数。如果 $S_t = F_{1,t}^{-1}(\alpha_{1|234567,t}) - F_{1,t}^{-1}(\alpha_{1,t})$ 大于 0，说明风险情景中主权 CDS 发生违约的概率降低了。要理解这一点，我们还需要再回顾一下 $\alpha_{1|234567,t}$ 与 $\alpha_{1,t}$ 的定义。我们知道有

$$F_{1|234567,t}^{-1}(\alpha_{1|234567,t} \mid x_2, \cdots, x_7) = F_{1,t}^{-1}(\alpha_{1,t}) \qquad (8\text{-}48)$$

如果 $F_{1,t}^{-1}(\alpha_{1|234567,t}) - F_{1,t}^{-1}(\alpha_{1,t}) > 0$，那么我们有

$$F_{1,t}(\alpha_{1|234567,t}) > F_{1|234567,t}(\alpha_{1|234567,t} \mid x_2, \cdots, x_7) \qquad (8\text{-}49)$$

我们令 $X \sim F_{1,t}$、$Y \sim F_{1|234567,t}$，则对于相同的分位数 $\alpha_{1|234567,t}$，总有

$$P(X > \alpha_{1|234567,t}) > P(Y > \alpha_{1|234567,t}) \qquad (8\text{-}50)$$

即处于风险情景中的主权 CDS 出现较大数值的概率（主权违约概率较高）比无风险情景中的主权 CDS 出现较大数值的概率更小。

在静态分析中，我们发现不同国家主权 CDS 所承受的压力有差异，且在相同风险情景下发达国家主权 CDS 的变动要小于发展中国家。为了更好区分主权 CDS 所承受风险情景压力的动态特征，图 8-6 展示了巴西、俄罗斯、印度、中国、南非（发展中国家）的主权 CDS 所承受的动态风险情景压力，图 8-7 展示了美国、日本、英国、法国、德国、意大

利（发达国家）的主权 CDS 所承受的动态风险情景压力。

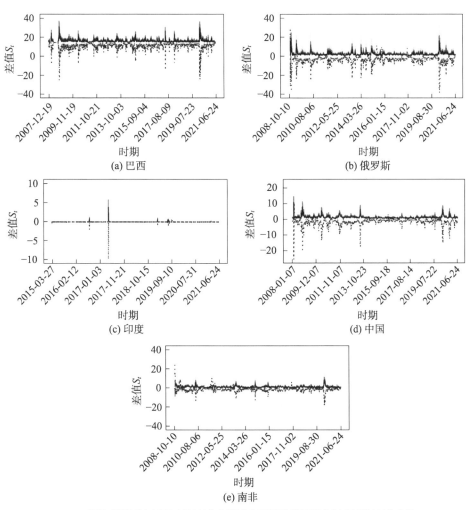

　　— 风险情景下主权CDS的1%分位数减去无风险情景下主权CDS的1%分位数
　　— 风险情景下主权CDS的5%分位数减去无风险情景下主权CDS的5%分位数
　　— 风险情景下主权CDS的10%分位数减去无风险情景下主权CDS的10%分位数
　　　风险情景下主权CDS的90%分位数减去无风险情景下主权CDS的90%分位数
　　·· 风险情景下主权CDS的95%分位数减去无风险情景下主权CDS的95%分位数
　　·· 风险情景下主权CDS的99%分位数减去无风险情景下主权CDS的99%分位数

图 8-6　动态分析视角下市场下行风险情景下巴西、俄罗斯、印度、
中国和南非的主权 CDS 所承受压力

注：$S_t = F_{1,t}^{-1}(\alpha_{1|234567,t}) - F_{1,t}^{-1}(\alpha_{1,t})$。当 $\alpha = 1\%$ 时，$F_{1,t}^{-1}(\alpha_{1|234567,t})$ 表示条件 1%分位数水平的主权 CDS

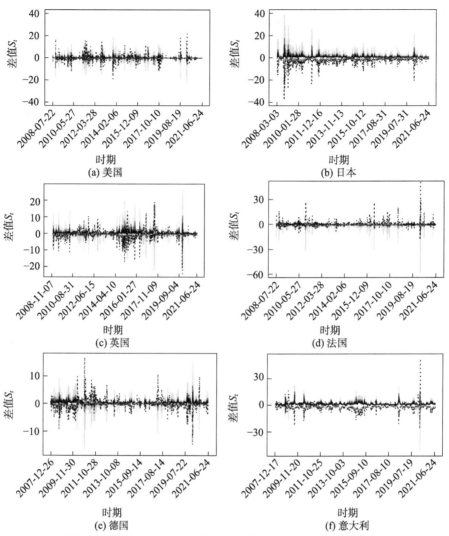

图 8-7 动态分析视角下市场下行风险情景下美国、日本、英国、法国、
德国、意大利的主权 CDS 所承受压力

注：$S_t = F_{1,t}^{-1}(\alpha_{1|234567,t}) - F_{1,t}^{-1}(\alpha_{1,t})$。当 $\alpha=1\%$ 时，$F_{1,t}^{-1}(\alpha_{1|234567,t})$ 表示条件 1%分位数水平的主权 CDS

我们选取了具有代表性的 k 值来反映上行或下行风险情景：k 的数值为 1%、5%和 10%时，表示下行风险情景；k 的数值为 90%、95%和 99%时，表示上行风险情景。我们发现：当主权 CDS 处于上行风险压力之下时，$S_t = F_{1,t}^{-1}(\alpha_{1|234567,t}) - F_{1,t}^{-1}(\alpha_{1,t})$ 的数值几乎都小于 0；而当主权 CDS 处于下行风险压力时，$S_t = F_{1,t}^{-1}(\alpha_{1|234567,t}) - F_{1,t}^{-1}(\alpha_{1,t})$ 的数值几乎都大于 0。这

一点和之前静态分析的结论一致。

具体观察 S_t 的轨迹，发现大多数发展中国家在 2008 年全球金融危机和 2020 年新冠疫情全球扩散之际的 S_t 都呈现出非常高的峰值。由于在这两个时期，全球经济系统性风险较高，此时我们施加给主权 CDS 一定的风险压力，主权 CDS 会比其他时刻展现出更剧烈的变化。尽管我们常说全球金融危机爆发于发达国家，但是观察图 8-6 与图 8-7 全球金融危机和新冠疫情暴发区间，发展中国家 S_t 的变化峰值明显高于发达国家的变化峰值，这映射出投资者在系统性风险爆发的时刻，依然对发达国家债务保持信心，投资者不会太改变他们对于发达国家主权 CDS 变化的预期。而在系统性风险爆发期间，发展中国家的主权债务持有者则对该国是否能合理偿还主权债务表示怀疑，这一点对中国这个世界第二大经济体也不例外。俄罗斯和巴西的主权 CDS 展现出了最为剧烈的波动特征，它们在 2008 年和 2020 年风险与无风险差值的峰值一度接近 40 或–40。由于俄罗斯长期遭受制裁，投资者对其主权债务的偿还能力深表怀疑，在风险情景之下，相比于无风险情景，俄罗斯主权 CDS 出现了大幅变动。

风险情景下的英国主权 CDS 在 2016 年也出现了比较大的变动，其 S_t 轨迹较长时间位于波峰，该时期正值英国脱欧，投资者对其各类主权债务偿还能力产生了怀疑。在风险情景之下，这一时期英国的 S_t 轨迹特征与其他时期的 S_t 轨迹特征差别较大。

8.3　应用案例主要结论

在这一章中，我们展示了两个应用案例：用二元动态 copula 函数探索黄金、原油和美元汇率之间的动态相关性特征，以及采用动态 vine-copula 函数构造分位数–分位数模型探索一系列宏观经济变量或指标所构成的一篮子风险情景如何影响一个国家的主权 CDS。这两个应用案例详细展示了动态 copula 函数的构建、参数设定及模型计算结果解读的全过程。

8.1 节的应用案例提供了很多重要的实证经验与启示。首先，对于黄金、原油和美元汇率这三个重要的经济变量而言，我们可以采用动态的 EGARCH 模型拟合三者的边缘分布。这说明经济变量每时每刻的分布特征不尽相同，在考虑对经济变量的边际分布建模时，需要更多考虑采用动态模型。在应用案例中，我们采用了 EGARCH 模型，而实际上动态边际分布模型种类繁多，读者可以针对不同经济变量的统计特征，采用不同的动态模型。需要明确的是，模型必须符合数据特征，且采用任何模型都应当进行拟合优度检验，来确认模型的拟合效果。

其次，我们同时采用了二元静态 copula 函数、二元动态 copula 函数、能刻画尾部相关性的 copula 函数及能刻画线性相关性的 copula 函数来描述黄金、原油和美元汇率这三个变量之间的联合分布。结果发现，对于任意两个变量之间的联合分布而言，TVP-T copula 函数的拟合效果优于其他 copula 函数，这说明这三个变量之间的相关性结构具有动态特征，且总体而言它们三者之间的线性相关性特征要强于它们的尾部相关性特征。读者在今后构建变量之间的联合分布时，应当主动考虑并尝试采用不同的 copula 函数，并根据拟合优度挑选最适合的 copula 函数。通过动态 T copula 函数的拟合结果，我们可以得到动态参数 ρ_t，观察 ρ_t 的变化过程，可以得到变量之间的动态相关性。应用案例的实证结果表明，原油与黄金之间的动态相关性持续激烈变化，而原油与美元汇率，以及黄金与美元汇率之间的动态相关性在全球金融危机期间展现出较高的数值。

最后，在得到变量之间的联合分布的情况下，我们计算了 CoVaR。CoVaR 是变量之间风险传染的测度指标，由于我们采用 TVP-T copula 函数拟合变量的联合分布，所以计算出的 CoVaR 也是时变的。应用案例发现黄金、原油和美元汇率之间的风险传染主要发生在全球金融危机期间。原油和黄金互为传染源时，任何一个变量处于较高（较低）的价格分位数水平时，都会诱发另一个变量处于比以往更高（更低）的价格分位数水平；同样的结论也发现在原油和美元兑日元、黄金和美元兑日元之间。然而，当原油和欧元兑美元、黄金和欧元兑美元这两对互为风险传染源时，我们发现任何一个变量处于较低（较高）的价格分位数水平时，都会诱发另一个变量处于比以往更低（更高）的价格分位数水平。

8.1 节的应用案例实际上是构建了三个不同的二元 Coupla 函数来描述黄金、原油和美元汇率之间的联合分布，进而分析它们两两之间的动态相关性结构，实际上，还可以进一步利用 vine-copula 函数直接构建三元变量的联合分布。在 8.2 节的应用案例中，我们采用 D-vine-copula 函数构建了七元变量之间的联合分布。回顾第 7 章内容，vine-copula 函数是由众多二元 copula 函数"拼接"而成的，vine-copula 函数的性质实际上就是一个个二元 copula 函数性质的组合。8.2 节中，我们采用二元动态 copula 函数对 vine-copula 函数中的每一个二元变量组合拟合其联合分布，由此便得到了一种动态参数驱动的 vine-copula 函数。接着，我们利用动态参数驱动的 vine-copula 函数，构造出动态参数的分位数–分位数回归模型。

在 8.2 节的实证中，我们用原油、黄金、美元指数、股票指数、BDI 和铜价格构成一篮子经济变量并组成风险情景，观察在不同风险情景之下，一国主权 CDS 的表现。我们发现当以上六个变量均处于低分位数水平时，各个国家主权 CDS 价格会降低，不过发展中国家降低的程度大于发达国家；而当上述六个变量均处于高分位数水平时，各个国家主权 CDS 价格会升高，且发展中国家升高的程度大于发达国家。此外，相同风险情景设置下，主权 CDS 变化特征具有动态性，在 2008 年全球金融危机和 2020 年新冠疫情暴发期，风险情景对主权 CDS 的影响程度高于其他时期。

本章的两个案例生动展示了如何采用 copula 函数构建多元变量之间的联合分布。读者需要明白，二元 copula 函数远不止本书所介绍的五种基本结构，二元动态 copula 函数参数驱动过程的形式也非常多样，这意味着应用 copula 函数挖掘变量之间互动关系的信息具有非常广阔的应用前景，读者可以根据具体研究需要，学习更多不同功能的 copula 函数来实现研究目的。

参 考 文 献

Dai X Y, Wang Q W, Zha D L, et al. 2020. Multi-scale dependence structure and risk contagion between oil, gold, and US exchange rate: a wavelet-based vine-copula approach[J]. Energy Economics, 88: 104774.

Wang Q W, Liu M M, Xiao L, et al. 2022. Conditional sovereign CDS in market basket risk scenario: a dynamic vine-copula analysis[J]. International Review of Financial Analysis, 80: 102025.

第 9 章

计量经济模型：理论基础

9.1　计量经济模型的性质与数据结构

9.1.1　什么是计量经济模型

在介绍计量经济模型概念之前，先思考两个实际案例。

案例一：设想高等院校聘任你从事定量研究工作，让你对学生宿舍用电量的影响因素进行分析。通过数据收集，假设你已经拥有了学生宿舍用电量、学生性别、月消费支出、日平均课程数量、节能意愿等数据，你应该通过什么方法识别学生性别等因素对学生宿舍用电量的影响？

案例二：设想某低碳研究所聘任你从事环境管理研究，让你对地区的可再生能源技术创新对碳排放的影响进行研究。通过数据收集，你获取了地区能源结构、经济发展水平、环境规制、产业结构等数据，如何在控制这些变量之后检验可再生能源技术创新对碳排放的影响？

回答上述两个问题会让没有计量经济基础的人感到迷惑。通过系统学习计量经济学课程，你会清楚如何利用计量估计方法规范地回答上述问题，或者检验相关经济理论。顾名思义，计量经济模型是一门通过计量方法研究经济现象的模型、是一门运用概率统计原理对经济变量间的关系进行定量分析的科学。众所周知，社会科学和自然科学的核心区别在于前者没有现场实验作为基础，在计量经济学出现之前，经济学和管理学多处于理论研究阶段。在计量经济学出现之后，经济学家采用客观数据对一些基本经济理论进行检验，得到了一些精确且令人信服的研究结果，在一定程度上拓宽了社会科学研究的范畴。

9.1.2　计量经济分析步骤

计量经济模型几乎可以应用到应用经济学的每一个领域。如果我们想通过计量经济模型去分析某一经济问题，应该如何构建一个完整的计量分析框架呢？在这里，我们分五个步骤简要介绍一次完整的计量经济分析过程。

第一步：理论分析。理论经济分析是应用经济学分析的基础。在分析一个经济问题时，有必要先通过相关经济理论阐述经济变量之间的理论关联。如果两个经济变量之间在理论上没有必然联系，那么进一步展开计量分析将失去意义。例如，在理论上，一棵树的高度变化并不会影响人均收入水平，但当我们通过计量方法去验证的时候可能会发现二者存在显著的正相关关系，显然这一结论不符合科学原理。

第二步：构建计量模型。计量经济学通过模型参数的估计来达到实证检验的目的。计量经济模型主要包括因变量、自变量、控制变量、待估参数和随机误差项等组成要素。例如，在 9.1.1 节的案例二中，碳排放是因变量，可再生能源技术创新是自变量，经济发展水平等则属于控制变量。

第三步：收集样本数据。在进行计量经济模型估计之前，我们必须根据所构建的模型收集样本数据。样本数据一般有两类来源：一类是一手数据，主要包括调研数据；另一类是二手数据，主要包括官方公布的数据。

第四步：模型参数估计。参数估计是计量经济学的核心内容。随着过去几十年计量经济学的快速发展，参数估计的准确性要求越来越严格。例如，在参数估计之前，研究者需要对模型进行识别、对变量进行检验、对估计方法进行筛选、对估计软件进行选择等。

第五步：估计结果分析。估计结果分析是基于理论研究和计量研究综合工作的进一步讨论。一般地，研究者需要根据变量间的理论联系、参数估计结果、统计显著性等，对研究结论进行总结归纳。

9.1.3 经济数据结构

在计量经济分析过程中，一般存在三种类型的数据用于实证分析，分别为截面数据、时间序列数据和面板数据。

1. 截面数据

截面数据是指多个不同个体经济变量在同一时间维度上的取值。例如，2021 年中国 34 个省级行政区划单位的能源消费量所组成的数据集合。

2. 时间序列数据

时间序列数据是指同一个体经济变量在不同时间维度上的取值。例如，1950~2021 年北京市能源消费量所组成的数据集合。

3. 面板数据

面板数据是指时间序列数据和截面数据的组合。面板数据由于能同时反映个体差异和时序差异，是计量研究中最为常见的数据类型。面板数据也称纵向数据，是指不同个体经济变量在不同时间维度上的取值。例如，1950~2021 年中国 34 个省级行政区划单位的能源消费量所组成的数据集合。

9.2 概率统计回顾

在进行计量经济估计之前，我们先对概率统计相关知识进行简要的回顾，主要包括概率与条件概率、分布与条件分布、常见的连续型统计分布及统计推断的基本思想。

9.2.1 概率与条件概率

1. 概率

概率是统计推断中最重要的概念之一。我们通过一个案例具象化介绍概率的含义。假如，课题组的同学问你："什么是概率？"你会如何作答呢？若回答"概率就是可能性"，那么同学可能会反问你："那为什么不直接采用可能性，而要用概率一词进行表述？"同时，追问你一个更加具体的问题："天气预报说明天有 50% 的概率会降雨，这是什么意思？"你更准确的回答应该是："如果有 50 次天气预报都预报明天有 50% 的概率降雨，则明天降雨的可能性就是 50%。"因此，概率可以理解为大量重复实验中某一事件发生的可能性趋向于某个稳定值。如果在统计上标记事件为 A，将 A 发生的概率记为 $P(A)$，显然，概率是对随机事件发生的可能性的度量，一般取值范围介于 0 到 1 之间。$P(A)$ 越接近于 1，表明事件 A 发生的可能性越高，越接近于 0，表明事件 A 发生的可能性越低。因此，对于任意事件，均满足 $0 \leqslant P(A) \leqslant 1$，且 $P(A)=1$ 表示必然事件（在一定条件下一定会发生），$P(A)=0$ 表示不可能事件（在一定条件下一定不会发生）。

2. 条件概率

顾名思义，条件概率即在一定条件下，某事件发生的概率。例如，如果你是名校博士，那么你发顶级期刊的概率有多大？在统计上，我们记事件"名校博士"为 B，记事件"发顶级期刊"为 A，则在 B 发生的前提下，A 发生的"条件概率"为

$$P(A|B) = \frac{P(A \cap B)}{P(B)} \tag{9-1}$$

式中，$\cap$ 是事件的交集，故 $P(A|B)$ 是"名校博士发顶级期刊"的概率，见图 9-1。

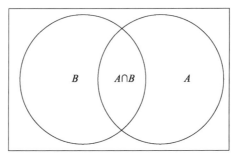

图 9-1 条件概率示意图

9.2.2　分布与条件分布

1. 离散型概率分布

假设随机变量 X 的可能取值为 $\{x_1, x_2, \cdots, x_k, \cdots\}$，对应的概率为 $\{p_1, p_2, \cdots, p_k, \cdots\}$，则称 X 为离散型随机变量，其分布律可以表示为

$$
\begin{array}{cccccc}
X & x_1 & x_2 & \cdots & x_k & \cdots \\
P & p_1 & p_2 & \cdots & p_k & \cdots
\end{array}
\tag{9-2}
$$

式中，$p_k \geqslant 0$，$\sum\limits_k p_k = 1$。一般地，常见的离散型概率分布有两点分布、二项分布、泊松分布与负二项分布。

2. 连续型概率分布

不同于离散型概率分布，连续型随机变量的取值可以为任意实数。对于连续型随机变量 X，其概率密度函数 $f(x)$ 满足如下条件。

（1）$f(x) \geqslant 0, \ \forall x$。

（2）$\int_{-\infty}^{+\infty} f(x)\,\mathrm{d}x = 1$。

（3）X 落入区间 $[a,b]$ 的概率为 $P(a \leqslant X \leqslant b) = \int_a^b f(x)\mathrm{d}x$。

连续型随机变量 X 的累积概率分布函数 $F(x)$ 为

$$
F(x) \equiv P(-\infty < X \leqslant x) = \int_{-\infty}^x f(t)\mathrm{d}t
\tag{9-3}
$$

式中，t 是积分变量。$F(x)$ 度量的是概率密度函数与坐标轴在区间 $(-\infty, x]$ 上所围成的面积。

3. 多维随机向量的概率分布

计量经济建模可能会涉及两个或多个随机变量，以二维连续型随机向量 (X, Y) 为例，其联合概率密度函数 $f(x, y)$ 满足如下条件。

（1）$f(x, y) \geqslant 0, \ \forall x, y$。

（2）$\int_{-\infty}^{+\infty}\int_{-\infty}^{+\infty} f(x, y)\,\mathrm{d}x\mathrm{d}y = 1$。

（3）(X, Y) 落入平面区域 D 的概率为 $P\{(X, Y) \in D\} = \iint\limits_D f(x, y)\mathrm{d}x\mathrm{d}y$。

二维随机向量 (X, Y) 的累积概率分布函数为

$$
F(x, y) \equiv P(-\infty < X \leqslant x; -\infty < Y \leqslant y) = \int_{-\infty}^x \int_{-\infty}^y f(x, y)\mathrm{d}x\mathrm{d}y
\tag{9-4}
$$

一般地，二维随机向量落入平面区域 D 的概率就是联合概率密度函数在区域 D 上的体积。

4. 条件分布

条件分布的概念在统计分析中具有举足轻重的地位。以连续型随机变量 X 为例，考虑

在 $X = x$ 条件下 Y 的条件分布，即 $Y|X = x$，若连续型随机变量 X 的概率密度函数为 $f(x)$，则其条件概率密度函数为

$$f(y|x) = \frac{f(x, y)}{f_x(x)} \tag{9-5}$$

显然，该函数的形式与条件概率的表达式含义相近。

9.2.3 常见的连续型统计分布

本节将简要回顾常见的连续型统计分布。常见的连续型统计分布主要包括正态分布、χ^2 分布、T 分布和 F 分布。

1. 正态分布

如果随机变量 X 的概率密度函数为

$$f(x) = \frac{1}{\sigma\sqrt{2\pi}} e^{-(x-\mu)^2/(2\sigma^2)} \tag{9-6}$$

则称 X 服从正态分布，记为 $X \sim N(\mu, \sigma^2)$，其中 μ 是期望，σ^2 是方差。一般地，均值为 0 且方差为 1 的正态分布被称为标准正态分布，记为 $X \sim N(0,1)$。若称 X 服从标准正态分布，则随机变量 X 的概率密度函数可进一步简化为

$$f(x) = \frac{1}{\sqrt{2\pi}} e^{-x^2/2} \tag{9-7}$$

正态分布的以下几个性质决定了其在概率统计中的重要作用。

（1）正态分布的概率密度函数以其均值为中心对称。

（2）正态分布的概率密度函数的图形中间高、两边低，在均值点取得最大值，且两尾段的概率很小。

（3）服从正态分布的随机变量的线性组合仍服从正态分布，如两个相互独立的随机变量 X 和 Y 均服从正态分布，则它们的线性组合 $M = aX + bY$ 同样服从正态分布，即

$$M \sim N\left(a\mu_X + b\mu_Y, \, a^2\sigma_X^2 + b^2\sigma_Y^2\right) \tag{9-8}$$

（4）正态分布的线性变换依然服从正态分布，如随机变量 X 服从正态分布，则 $W = a + bX$ 也服从正态分布，即

$$W \sim N\left(a + b\mu_X, \, b^2\sigma_X^2\right) \tag{9-9}$$

2. χ^2 分布

假定随机变量 X 服从标准正态分布 $X \sim N(0,1)$，则其平方服从自由度为 1 的 χ^2 分布，即

$$X^2 \sim \chi_1^2 \tag{9-10}$$

式中，下标 1 是分布的自由度，同均值、方差等参数一样，自由度是 χ^2 分布的参数，即平

方和中独立变量的个数。若令 $X_1, X_2, \cdots, X_k$ 为 k 个独立的服从标准正态分布的随机变量，则称它们的平方和服从自由度为 k 的 χ^2 分布，即

$$X = \sum X_i^2 = X_1^2 + X_2^2 + \cdots + X_k^2 \sim \chi_k^2 \tag{9-11}$$

χ^2 分布具有如下重要性质。

（1）不同于正态分布，χ^2 分布只取正值且呈右偏分布。

（2）χ^2 分布具有期望为自由度 k 、方差为 $2k$ 的特殊性质。

3. T 分布

假定 Z 服从标准正态分布，X 服从自由度为 k 的 χ^2 分布，且二者相互独立，则称

$$t = \frac{Z}{\sqrt{X/k}} \tag{9-12}$$

是服从自由度为 k 的 T 分布（又称学生氏分布）。

4. F 分布

在多元回归分析中，F 分布多用于检验模型的显著性。一般地，如果两个服从 χ^2 分布的随机变量相互独立，且其自由度分别为 k_1 和 k_2 ，则称

$$F(k_1, k_2) = \frac{\chi_{k_1}^2/k_1}{\chi_{k_2}^2/k_2} \tag{9-13}$$

是服从自由度为 (k_1, k_2) 的 F 分布，k_1 和 k_2 分别是分子自由度和分母自由度。

9.2.4 统计推断的基本思想

在现实分析中，研究者总是希望得到所有研究对象（又称"总体"），但对于总体中包含个体数量较多的情况，研究者受限于成本因素、时间因素等无法获取所有样本数据。在此背景下，研究者通常在总体中随机抽取部分个体（又称"样本"），通过样本数据对总体的统计特征进行推断。因为样本来自总体，所以样本必然带有总体的信息（图 9-2 ）。

图 9-2　总体与样本

9.3 经典假设下的计量经济模型

回归分析是计量经济分析中应用最为广泛的方法，可用于研究一个变量对于另一个变量的依赖关系。一般地，可以通过后者已知值去预测前者的总体期望（均值），前者被称为被解释变量（又称因变量），后者被称为解释变量（又称自变量）。若回归模型中仅包含一个解释变量，该模型为一元回归模型；若回归模型中包含两个及两个以上的解释变量，该模型为多元回归模型。

9.3.1 一元线性回归模型

一般地，一元线性回归模型的一般形式为

$$y_i = \alpha_0 + \alpha_1 x_i + \mu_i \qquad (9\text{-}14)$$

式中，i 是样本个数；x 是解释变量；y 是被解释变量；μ 是随机误差项。这种表达式通常被称作 y 对 x 的总体线性回归模型。在回归分析中，我们最为感兴趣的参数是 α_1，它表示解释变量 x 对被解释变量 y 的影响程度。值得注意的是，被解释变量的变动不仅受到解释变量的影响，还受到除解释变量之外的其他因素的影响，这也是模型引入随机误差项的实际意义。随机误差项的内容非常丰富，深刻理解其含义是进行回归分析的初步工作，随机误差项在计量经济建模与应用中起着至关重要的作用，主要用于代表以下信息。

（1）代表未知和次要的影响因素。在计量经济模型建模过程中，我们无法，也不可能在模型中纳入所有被解释变量的影响因素，因此我们通常将无法获取的或者次要的影响因素纳入随机误差项中。

（2）代表数据的测量误差。在进行计量分析时，采用的观测数据总是不可避免地存在一定误差，我们通常将这部分不可观测的误差纳入随机误差项之中。

（3）代表模型设定误差。考虑到经济现象的复杂性，我们通常无法确定模型的真实函数形式，因此在建模过程中只能基于相关理论来构建模型的具体形式，但一般而言会与真实函数关系存在一定偏差，而这一部分偏差被包含在随机误差项中。

9.3.2 多元线性回归模型

作为一元线性回归模型的扩展形式，多元线性回归模型可以用于检验若干因素（两个及两个以上）对被解释变量的影响。由于多元回归分析能够控制其他影响被解释变量的因素，相对更适合其他条件不变情况下的分析，我们也更寄希望于多元回归模型来推断因果关系。一般地，多元线性回归模型的一般形式为

$$y_i = \alpha_0 + \alpha_1 x_{1i} + \alpha_2 x_{2i} + \cdots + \alpha_k x_{ki} + \mu_i \qquad (9\text{-}15)$$

式中，所有变量的含义同一元线性回归模型。α_k 是偏回归系数，主要用于反映其他解释变量保持不变的情况下，第 k 个解释变量变化一个单位引起被解释变量的变化程度。同样地，多元线性回归模型中的随机误差项包含的信息与一元线性回归模型是一致的。

9.3.3 线性回归模型的经典假设

为了得到最优线性无偏估计量，古典线性回归模型做出了如下假设。

（1）随机误差项具有零均值和同方差的特性，即

$$E(\mu_i) = 0, \ \mathrm{Var}(\mu_i) = \sigma^2, \ i = 1, 2, \cdots, n \qquad (9\text{-}16)$$

也就是说，被解释变量 y 对于每个样本点上给定的 x 的条件分布具有相同的方差。有必要说明的一点是，这一假设条件往往不成立，多数回归模型中都存在异方差。

（2）随机误差项相互独立，即

$$\text{Cov}(\mu_i, \mu_j)，\quad i \neq j \text{且} i, j = 1, 2, \cdots, n \tag{9-17}$$

也就是说，对于两个不同的样本点而言，其随机误差项是互不干扰的。

（3）随机误差项与任意解释变量之间是不相关的，即

$$\text{Cov}(X_i, \mu_x) = 0，\quad i = 1, 2, \cdots, n \tag{9-18}$$

（4）随机误差项服从零均值、同方差的正态分布，即

$$\mu_i \sim N(0, \sigma^2) \tag{9-19}$$

（5）解释变量 X 是非随机型变量，而且在重复抽样中取值相同。

以上五条假设被称为线性回归模型的经典假设，也称高斯–马尔可夫假设，满足以上假设的线性回归模型被称为古典线性回归模型。只有满足上述全部假设，采用普通最小二乘法得到的估计参数才是最优线性无偏估计量。

9.3.4 参数显著性检验：T 检验

如果某个解释变量对被解释变量的影响不重要，那么应该从回归模型中剔除该变量，重新建立更为简单的回归模型，以利于更准确地检验解释变量对被解释变量的影响程度。因此，本节将重点介绍单个参数的检验方法——T 检验，且以多元线性回归模型为例进行说明。

通过构造 T 统计量来检验参数的显著性：用 $\hat{\sigma}^2$ 代替真实的但不可观测的 σ^2，则多元回归模型的普通最小二乘估计量 $\hat{\alpha}_i$ 服从自由度为 $[n-(k+1)]$ 的 T 分布，即

$$T = \frac{\hat{\alpha}_i - \alpha_i}{\text{Se}(\hat{\alpha}_i)} \sim T(n-k-1) \tag{9-20}$$

式中，$\text{Se}(\hat{\alpha}_i)$ 是 $\hat{\alpha}_i$ 的标准误差。需要说明的是，在计算 $\sum e_i^2$ 和 $\hat{\sigma}^2$ 时，会失去 $k+1$ 个自由度，因此此时的自由度为 $[n-(k+1)]$。

根据变量显著性检验的思路，构造如式（9-21）所示的原假设 H_0 和备择假设 H_1。

$$H_0: \alpha_i = 0；\quad H_1: \alpha_i \neq 0 \tag{9-21}$$

在给定的显著性水平 ∂ 下，我们可以通过 T 分布表查询自由度为 $[n-(k+1)]$ 的临界值 $t_{\partial/2}$。若满足 $|t| > t_{\partial/2}$，则拒绝原假设，认为 α_i 显著不为 0；若满足 $|t| < t_{\partial/2}$，则拒绝备择假设，认为 α_i 显著为 0。

9.3.5 模型显著性检验：F 检验

除了对单个参数的显著性进行检验以外，我们通常在回归分析过程中需要对模型总体的显著性进行检验，也就是对所有的偏回归系数做出同时为 0 的原假设，以及不全为 0 的备择假设，即

$$H_0: \alpha_1 = \alpha_2 = \cdots = \alpha_k = 0$$
$$H_1: \alpha_i \text{ 不全为} 0, \quad i = 1, 2, \cdots, k \tag{9-22}$$

在统计学中，这种假设也被称为联合假设。显然，我们可以通过上述假设判断被解释变量与解释变量之间是否在总体上具有显著的线性关系。若原假设成立，表明被解释变量和所有解释变量间不具有显著的线性关系；若备择假设成立，表明至少有一个解释变量对被解释变量的影响是显著的。这种检验方法被称为模型显著性的 F 检验。

F 统计量可以写为

$$F = \frac{\text{ESS}/k}{\text{RSS}/(T-k-1)} \sim F(k, T-k-1) \tag{9-23}$$

式中，ESS 是回归平方和（explained sum of squares）；RSS 是残差平方和（residual sum of squares）。显然，如果被解释变量被解释的部分比未被解释的部分大，则随着这个比例的增大，F 统计量也将变大。

一般地，模型显著性的 F 检验包括四个主要步骤。

（1）提出原假设与备择假设。

（2）构造 F 统计量。

（3）结合给定的显著性水平 ∂、分子自由度 k 和分母自由度 $T-k-1$，查询对应的临界值 $F_\alpha[k, T-k-1]$。

（4）比较 F 统计量和临界值的大小并验证假设。

9.4 放宽假设下的计量经济模型

9.3 节围绕经典假设对一元线性回归模型和多元线性回归模型做了简要介绍。在实际中，一旦经典假设不成立，我们无法期望通过普通最小二乘法得到最优线性无偏估计量。因此，本节主要围绕线性回归模型的经典假设是否得到满足，介绍在放宽经典假设下使用其他方法对模型进行估计的方法，主要包括异方差性（详见 9.4.1 节）、序列相关性（详见 9.4.2 节）和多重共线性（详见 9.4.3 节）三大板块的内容。

9.4.1 异方差性

1. 异方差的概念

回顾 9.3.2 节讨论的多元线性回归模型：

$$y_i = \alpha_0 + \alpha_1 x_{1i} + \alpha_2 x_{2i} + \cdots + \alpha_k x_{ki} + \mu_i \tag{9-24}$$

经典假设下，不同样本点的随机误差项 μ_i 具有相同的方差，也就是说不同样本点的随机分散程度是相同的，即 $E(\mu_i^2) = \sigma^2$。如这一假设不能成立，则至少存在一个样本点的随机误差项与其他样本点的随机误差项显著不同。直观上，不同样本点对应的方差如果不是同一固定的常数，即存在异方差，也就是 $E(\mu_i^2) = \sigma_i^2$。

2. 异方差产生的原因

9.3.1 节详细介绍了随机扰动项中包含的因素，据此我们从以下两点来分析异方差产生的原因。

（1）模型遗漏重要解释变量。以式（9-25）所示的回归模型为例，即

$$y_i = \alpha_0 + \alpha_1 x_{1i} + \mu_i \tag{9-25}$$

假设模型中缺少解释变量 x_{2i} 和 x_{3i}，则随机误差项中将包含 x_{2i} 和 x_{3i} 对 y_i 的影响。此外，x_{1i}、x_{2i} 和 x_{3i} 具有某种内在联系，随机误差项 μ_i 会随着 x_{1i} 的变化而变化，因此在不同样本点下会得到不同的方差。

（2）存在异常值或样本数据测量误差。异常值是导致异方差最为常见的一种原因，但易于发现与处理。样本数据测量误差也会导致异方差，特别是对于没有统一测量标准的样本。一般地，异方差多见于截面数据和面板数据中，主要是由于这两种数据类型中包含多个不同样本点，很难期望多个不同样本点的分散程度是完全相同的。

3. 异方差导致的后果

如果回归模型中出现异方差，仍然采用普通最小二乘法估计模型参数，会导致以下不良后果。

（1）无法得到有效的估计量。尽管普通最小二乘估计量依然是线性无偏的，但不具有有效性，破坏了最佳线性无偏估计的要求。

（2）参数显著性检验（T 检验）和模型显著性检验（F 检验）失效。回顾式（9-20）和式（9-23），可以发现用于参数显著性检验的 T 统计量在同方差假设下服从 T 分布。当不同样本点同方差的假设被违背，该统计量不再服从 T 分布，故而 T 检验失去了意义。此外，由于异方差的存在，模型显著性检验也会失去有效性，这是因为建立在 F 分布上的置信区间改变，会导致异方差被低估，进而导致 F 统计量被高估，最终使得部分本不显著的参数变得显著。

（3）模型预测的精度大大降低。由于存在异方差，参数估计量的方差随着样本点的变化而变化，这会导致预测区间变大或者变小，进而使得预测结果失效。

4. 异方差性的检验

随着过去几十年计量经济学的快速发展，异方差性的检验方法已经非常成熟。常见的方法有图示法、Breusch-Pagan-Godfrey 检验法、Goldfeld-Quanadt 检验法、Park 检验法、White 检验法等。本节以 White 检验法为例，介绍其用于检验异方差性的思路与步骤。

我们以二元回归模型为例，假定回归模型为

$$y_i = \alpha_0 + \alpha_1 x_{1i} + \alpha_2 x_{2i} + \mu_i \tag{9-26}$$

White 检验法主要分为四个核心步骤。

第一步：采用普通最小二乘法估计模型（9-26），并计算其残差平方 e_i^2。

第二步：建立 e_i^2 和 x_i 的辅助回归模型。

$$e_i^2 = \alpha_0 + \alpha_1 x_{1i} + \alpha_2 x_{2i} + \alpha_3 x_{1i}^2 + \alpha_4 x_{2i}^2 + \alpha_5 x_{1i} x_{2i} + \mu_i \tag{9-27}$$

显然地，辅助回归模型是为了检验 e_i^2 和解释变量 x_i 潜在关系的显著性。需要说明的是，辅助回归模型的表达式并不是固定的，我们还可以在回归方程中引入解释变量的更高次方项，但这样也会使自由度下降。

第三步：根据第二步的估计结果，计算统计量 nR^2。在同方差假设下，nR^2 渐进服从自由度等于解释变量个数 k［模型（9-27）中的 k 为 5］的 χ^2 分布，即

$$nR^2 \sim \chi^2(k) \tag{9-28}$$

第四步：比较 nR^2 统计量和给定显著性水平下的 χ^2 临界值，并得出结论。若 $nR^2 < \chi_\alpha^2(k)$，则认为模型（9-26）不存在异方差性；若 $nR^2 > \chi_\alpha^2(k)$，则认为模型（9-26）存在异方差性，采用普通最小二乘法会得到无效的估计结果。

5. 异方差性的修正

在证明存在异方差性的情况下，需要采取补救措施消除异方差性对参数估计结果的干扰。常见的用于消除异方差性的方法有加权最小二乘法、模型变换法、对数变换法、广义最小二乘法等。本节重点围绕加权最小二乘法对异方差性的修正进行介绍。

加权最小二乘法的基本估计思路是对存在异方差性的原始模型进行加权处理，使其成为一个不存在异方差性的新模型，进而采用普通最小二乘法进行估计。加权，就是对较小的 σ_i^2 赋予较大的权重，而对较大的 σ_i^2 赋予较小的权重。以式（9-29）所示的一元回归模型为例：

$$y_i = \alpha_0 + \alpha_1 x_i + \mu_i \tag{9-29}$$

假设随机误差项的方差为

$$\mathrm{Var}(\mu_i) = E(\mu_i^2) = \sigma_i^2 \tag{9-30}$$

对式（9-29）的两边同除以 σ_i，即

$$\frac{y_i}{\sigma_i} = \alpha_0 \left(\frac{1}{\sigma_i}\right) + \alpha_1 \left(\frac{x_i}{\sigma_i}\right) + \frac{\mu_i}{\sigma_i} \tag{9-31}$$

令

$$y_i^* = \alpha_0^* + \alpha_1 x_i^* + \mu_i^* \tag{9-32}$$

此时有

$$\mathrm{Var}(\mu_i^*) = E(\mu_i^*)^2 = \frac{E(\mu_i^2)}{\sigma_i^2} = \frac{\sigma_i^2}{\sigma_i^2} = 1 \tag{9-33}$$

显然，加权处理后的随机误差项不存在异方差性，对所有样本点而言，其对应的方差恒等于 1。需要说明的是，当随机误差项的方差 σ_i^2 未知时，常以残差绝对值的倒数 $\frac{1}{|e_i|}$ 作为权重进行加权处理。

9.4.2　序列相关性

1. 序列相关性的定义

线性回归模型的经典假设之一就是随机误差项相互独立。当模型的随机误差项不再相互独立时，即存在序列相关性。以式（9-34）所示的多元线性回归模型为例：

$$y_i = \alpha_0 + \alpha_1 x_{1i} + \alpha_2 x_{2i} + \cdots + \alpha_k x_{ki} + \mu_i \tag{9-34}$$

若随机误差项之间相互独立，则满足

$$\mathrm{Cov}(\mu_i, \mu_j) = 0, \quad i \neq j \tag{9-35}$$

若随机误差项之间不相互独立，则满足

$$\mathrm{Cov}(\mu_i, \mu_j) = E(\mu_i \mu_j) \neq 0, \quad i \neq j \tag{9-36}$$

如果存在

$$E(\mu_i \mu_j) \neq 0, \quad i \neq j \tag{9-37}$$

则称模型存在一阶序列相关性，这也是序列相关性中最为常见的。产生序列相关性的原因主要包括两个方面：一方面是经济现象的惯性，多见于时间序列数据中，如前一期的 GDP 会决定后一期的 GDP；另一方面是模型设定偏误，如遗漏了重要的解释变量、选择了不正确的回归模型形式等。

2. 序列相关性可能引起的后果

在计量经济建模与分析中，序列相关性是经常出现的。当模型出现序列相关性，普通最小二乘法不再适用于模型参数估计，主要原因包括以下三点。

（1）在存在序列相关性的情况下，虽然参数是无偏一致估计量，但参数的方差不再满足最小方差的假定，参数估计值不再是有效的。

（2）普通最小二乘法会高估或者低估参数的方差，使得 T 检验失效。也就是说，序列相关性会使参数的显著性检验失去意义。

（3）模型的区间预测是基于最小方差的假定得到的，序列相关性会导致方差有偏差，使得预测结果失去意义。

3. 序列相关性的检验

常见的序列相关性检验方法主要包括图示法、DW（Durbin-Waston）检验、Q 统计量检验、序列相关的 LM 检验等。本节以 DW 检验为例，介绍如何对序列相关性进行检验。

DW 统计量用于检验序列相关性，需要遵循以下四个前提条件。

（1）变量 x 是非随机变量，在重复抽样中其取值是固定的。

（2）随机误差项 μ_i 存在一阶序列相关性，即满足 $\mu_i = \rho \mu_{i-1} + \varepsilon_i (0 \leqslant \rho \leqslant 1)$，$\rho$ 为自相关系数。

（3）解释变量中不能包含被解释变量的滞后值。

（4）模型中必须包含截距项。

在 DW 检验中，上述四个前提条件必须同时得到满足，否则 DW 检验不再有效。显然，该检验的重点就是自相关系数是否显著。因此，DW 检验的原假设为 $H_0: \rho = 0$，备择假设为 $H_1: \rho \neq 0$。进一步构造 DW 统计量为

$$DW = \frac{\sum_{i=2}^{n}(e_i - e_{i-1})^2}{\sum_{i=1}^{n}(e_i)^2} \tag{9-38}$$

显然，我们只需要计算出相关残差，便可计算出 DW 统计量。同时，再根据观测值个数 n 和自由度 k 在 DW 分布表上查询得到 d_U 与 d_L。一般地，可通过如图 9-3 所示的规则判断随机误差项是否存在序列相关性。

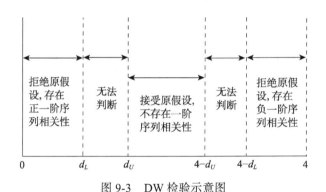

图 9-3 DW 检验示意图

若 $0 < DW < d_L$，则拒绝原假设 H_0，认为随机误差项存在正一阶序列相关性。

若 $d_L < DW < d_U$，则无法判断。

若 $d_U < DW < 4 - d_U$，则接受原假设 H_0，认为随机误差项不存在一阶序列相关性。

若 $4 - d_U < DW < 4 - d_L$，则无法判断。

若 $4 - d_L < DW < 4$，则拒绝原假设 H_0，认为随机误差项存在负一阶序列相关性。

4. 序列相关性的修正

在检验出随机误差项存在序列相关性以后，采用普通最小二乘法无法得到有效的参数估计。因此，本节将围绕广义差分法介绍如何消除序列相关性。

广义差分法的思想是将原模型进行差分处理，以消除序列相关性，进而采用普通最小二乘法对差分处理后的模型进行估计。具体地，以一元回归模型为例，即

$$y_t = \alpha_0 + \alpha_1 x_t + \mu_t \tag{9-39}$$

对模型（9-39）进行一阶差分处理，两边同时乘以 ρ 并作变换 $y_t - \rho y_{t-1}$，则有

$$\begin{aligned} y_t - \rho y_{t-1} &= \alpha_0 + \alpha_1 x_t + \mu_t - \rho(\alpha_0 + \alpha_1 x_{t-1} + \mu_{t-1}) \\ &= \alpha_0(1-\rho) + \alpha_1(x_t - \rho x_{t-1}) + (\mu_t - \pi\mu_{t-1}) \end{aligned} \tag{9-40}$$

令 $y_t^* = y_t - \rho y_{t-1}$，$x_t^* = x_t - \rho x_{t-1}$，$\alpha_0^* = \alpha_0(1-\rho)$，$\alpha_1^* = \alpha_1$，$\varepsilon_t = \mu_t - \pi\mu_{t-1}$，则有

$$y_t^* = \alpha_0^* + \alpha_1^* x_t^* + \varepsilon_t \tag{9-41}$$

由于满足无序列相关性假定，式（9-41）不存在序列相关性。若 ρ 已知，则 y_t^* 和 x_t^* 已知，采用普通最小二乘法可估计出参数 $\hat{\alpha}_0$ 和 $\hat{\alpha}_1$，即

$$\hat{\alpha}_0 = \frac{\hat{\alpha}_0^*}{1-\rho}, \quad \hat{\alpha}_1 = \hat{\alpha}_0^* \tag{9-42}$$

上述处理仅考虑存在一阶序列相关性的情形，p 阶序列相关性的消除思路同一阶序列相关性完全一致，本节不再赘述。

9.4.3　多重共线性

1. 多重共线性的概念

多重共线性违背了多元回归模型中解释变量之间互不相关的基本假设，因此不能直接采用普通最小二乘法进行估计，必须对这种多重共线性进行处理和修正。假定多元线性回归模型为

$$y_i = \alpha_0 + \alpha_1 x_{1i} + \alpha_2 x_{2i} + \cdots + \alpha_k x_{ki} + \mu_i \tag{9-43}$$

一般地，若模型中两个或多个解释变量之间表现出较强的线性相关性，则称存在多重共线性，根据相关程度可分为完全多重共线性和不完全多重共线性。若满足

$$\alpha_1 x_{1i} + \alpha_2 x_{2i} + \cdots + \alpha_k x_{ki} = 0, \quad i = 1, 2, \cdots, n \tag{9-44}$$

式中，α_i 不全为 0，则表明解释变量间存在严格的线性关系，即存在完全多重共线性；若满足

$$\alpha_1 x_{1i} + \alpha_2 x_{2i} + \cdots + \alpha_k x_{ki} + \upsilon_i = 0, \quad i = 1, 2, \cdots, n \tag{9-45}$$

式中，α_i 不全为 0，且恒等式需要引入随机误差项 υ_i，则表明解释变量间存在近似的线性关系，即存在不完全多重共线性。

2. 多重共线性产生的原因

一般地，多重共线性产生的原因主要来源于三个方面。

第一，经济变量之间存在内在联系。事实上，在回归分析中，多数的多重共线性均是由于经济变量之间存在内在联系。以柯布-道格拉斯生产函数为例，能源投入与劳动力投入具有高度相关性，这是因为能源投入增加以后需要增加劳动力以匹配生产规模，因此二者存在内在联系。

第二，经济变量在时间上具有相近的变化趋势。例如，在一定的技术水平下，经济高速增长的同时，能源投入、劳动力投入、碳排放量等也会趋于高速增长；而在经济负向增长的同时，能源投入、劳动力投入、碳排放量也会趋于负向增长。一般而言，采用时间序列数据的多元线性回归模型总是存在多重共线性。

第三，解释变量中含有滞后变量。一般而言，包含滞后项的模型几乎都存在多重共线性，这主要是因为多数变量都与其前后期值存在相互关联性。

3. 多重共线性的后果

在分析多重共线性可能产生的后果之前，先通过一个简单的例子计算参数估计值和其方差。以二元线性回归方程为例，即

$$y_i = \alpha_1 x_{1i} + \alpha_2 x_{2i} + \mu_i \tag{9-46}$$

式中，当 x_{1i} 和 x_{2i} 存在完全线性关系时，即满足 $x_{1i} = \lambda x_{2i}$（常数 $\lambda \neq 0$），则 α_1 的普通最小二乘估计值为

$$\hat{\alpha}_1 = \frac{\sum x_{2i}^2 \sum x_{1i} y_i - \sum x_{1i} x_{2i} \sum x_{2i} y_i}{\sum x_{1i}^2 \sum x_{2i}^2 - \left(\sum x_{1i} x_{2i}\right)^2} = \frac{\lambda \sum x_{2i}^2 \sum x_{2i} y_i - \lambda \sum x_{2i}^2 \sum x_{2i} y_i}{\lambda \left(\sum x_{2i}^2\right)^2 - \lambda \left(\sum x_{2i}^2\right)^2} = \frac{0}{0} \tag{9-47}$$

同理可得，α_2 的普通最小二乘估计值也为 0。此时，可以计算出 α_1 估计值的方差为

$$\text{Var}(\hat{\alpha}_1) = \frac{\sigma_i^2 \sum x_{2i}^2}{\lambda^2 \left(\sum x_{2i}^2\right)^2 - \lambda^2 \left(\sum x_{2i}^2\right)^2} = \infty \tag{9-48}$$

同理可得，α_2 估计值的方差也为无穷大。可见，当存在多重共线性时，参数估计值和方差均不准确。因此，多重共线性的存在会对回归分析造成如下四个方面的影响。

第一，难以区分解释变量的单独影响。在解释变量存在多重共线性时，采用普通最小二乘法得到的参数方差和标准差都非常大，这使得参数估计的误差很大，无法正确区分各个解释变量对被解释变量的单独影响。

第二，参数估计值不稳定，模型缺乏稳定性。在普通最小二乘法的估计中，参数估计值和标准差均对数据较敏感，样本值的轻微变化就会引起估计值的大幅度变化。

第三，参数估计值的回归系数和符号不准确，不符合经济理论假设。这主要表现在参数的符号会发生正负相反的变化。

第四，T 检验失去意义。根据式（9-48）可知，普通最小二乘法得到的参数的标准差和方差非常大，这直接会使置信区间变宽，导致某些参数不再显著。

4. 多重共线性的检验

多重共线性的检验方法主要包括不显著系数法、判定系数检验法、相关系数法、方差膨胀因子（variance inflation factor，VIF）判别法等。本节重点介绍如何利用 VIF 识别是否存在多重共线性。对于多元线性回归模型，$\hat{\alpha}_i$ 的方差可以表示为

$$\text{Var}(\hat{\alpha}_i) = \frac{\sigma^2}{\sum (x_i - \bar{x}_i)^2 (1 - R_i^2)} = \frac{\sigma^2 \text{VIF}}{\sum (x_i - \bar{x}_i)^2} \tag{9-49}$$

式中，R_i^2 是第 i 个解释变量与其他解释变量回归所得的多元相关系数；VIF 可表示为

$$\text{VIF} = \frac{1}{1 - R_i^2} \tag{9-50}$$

一般地，当 VIF < 5 时，表明存在轻度的多重共线性；当 5 ≤ VIF < 10 时，表明存在较严重的多重共线性；当 VIF ≥ 10 时，表明存在严重的多重共线性。根据经验研究，当 VIF 超过 10 时，相关系数可能高达 0.9 以上，此时需要对共线变量进行处理。

5. 多重共线性的修正

多重共线性的修正是回归分析中的重要工作。常见的消除多重共线性的方法包括先验信息法、替换变量法、增大样本容量法和逐步回归法。本节重点围绕逐步回归法简要介绍如何消除多重共线性的影响。

逐步回归法是诸多方法中最常用于消除多重共线性的，其基本思想如下：首先将被解释变量对每个解释变量进行回归，得到单个变量的基本回归方程；其次，对所有单个基本回归方程进行统计检验，并结合经济理论选出最优基本方程，再将其他解释变量逐一引入，建立一组回归方程；最后，根据每个新引入变量的标准差和复相关系数考察新引入变量的影响，一般地，可根据如下两大经验进行分类判别。

第一，如果新引入的解释变量使模型的拟合优度得以提高，且其他参数的符号、显著性和经济理论是合理的，则认为该解释变量可予以保留；相反地，如果模型的拟合优度提高不明显，则认为该变量对其他参数没有显著影响，则认为该解释变量可予以剔除。

第二，如果新引入的解释变量使模型的拟合优度显著提高，但其他回归参数的数值、符号和显著性有明显改变，则认为该解释变量的引入与已有的个别或全部其他解释变量存在多重共线性。

显然，新引入的变量需要进行严格的经济理论分析，如果通过检验证明存在显著线性相关的两个解释变量中的一个可以被另一个所解释，则一般可以选择剔除对被解释变量影响相对较小的那个变量，保留影响相对较大的那个变量。

9.5　常见的几种计量经济模型

9.5.1　面板数据模型

对一些经济变量进行研究时，我们多数情况下会遇到涉及的数据既不是时间序列数据，也不是截面数据，而是二者的结合。例如，式（9-51）所示的模型即面板数据模型。

$$C_{it} = \alpha_0 + \alpha_1 X_{it} + \mu_{it} \tag{9-51}$$

式中，下标 i 是不同地区；下标 t 是不同年份；C_{it} 是我国第 i 个地区第 t 年的碳排放量；X_{it} 是一组影响碳排放量的驱动因素；μ_{it} 是随机误差项。显然，与经典计量经济学模型不同的是，该模型同时包含个体、时间和指标三个方面的信息，能同时考察截面关系和时间序列关系，显然比单纯的截面和时间序列模型提供的信息更加全面。面板数据模型一般包括三种类型，即混合回归模型、固定效应模型和随机效应模型。

1. 混合回归模型

混合回归模型的一般形式为

$$y_{it} = \alpha_0 + \boldsymbol{\alpha}_1 \boldsymbol{x}_{it} + \mu_{it}, \quad i = 1, 2, \cdots, N, \quad t = 1, 2, \cdots, T \tag{9-52}$$

在混合回归模型中，对于任何样本个体而言，回归系数 α_0 和系数向量 $\boldsymbol{\alpha}_1$ 都相同，也就是说回归系数既不受个体影响也不存在结构变化。在混合回归模型中，如果不存在模型设定偏误的前提下，解释变量与随机误差项满足 $\text{Cov}(x_{it}, \mu_{it}) = 0$，采用（混合）普通最小二乘法可以得到一致有效估计量。

2. 固定效应模型

在面板数据中，如果个体不同或时间序列不同，模型的截距项不同，一般可以用在模型中加虚拟变量的方法估计回归参数。一般地，固定效应模型主要分为三个类型：个体固定效应模型、时间固定效应模型和时间个体固定效应模型。

1）个体固定效应模型

个体固定效应模型用来捕捉不随时间变化的个体之间的差异，可以克服遗漏变量的问题。例如，不随时间变化的个体的特征变量"性别"，或者一段时间内的工作、学校等特征变量。个体固定效应模型的一般形式为

$$y_{it} = \boldsymbol{\beta}\boldsymbol{x}_{it} + \alpha_1 W_{1it} + \alpha_2 W_{2it} + \cdots + \alpha_N W_{Nit} + \mu_{it}, \quad i = 1, 2, \cdots, N, \quad t = 1, 2, \cdots, T \quad (9\text{-}53)$$

式中，y_{it} 与 $\boldsymbol{x}_{it}$ 分别是被解释变量与解释变量；μ_{it} 是随机误差项；W_j 是个体虚拟变量，在任意时点 t，第 j 个虚拟变量定义为

$$W_j = \begin{cases} 1, & j = i \\ 0, & \text{其他} \end{cases} \quad (9\text{-}54)$$

式（9-53）可以更直观地表示为

$$\begin{cases} y_{1t} = \alpha_1 + \boldsymbol{\beta}\boldsymbol{x}_{1t} + \mu_{1t}, & i = 1, \quad t = 1, 2, \cdots, T \\ y_{2t} = \alpha_2 + \boldsymbol{\beta}\boldsymbol{x}_{2t} + \mu_{2t}, & i = 2, \quad t = 1, 2, \cdots, T \\ \qquad\qquad\vdots \\ y_{Nt} = \alpha_N + \boldsymbol{\beta}\boldsymbol{x}_{Nt} + \mu_{Nt}, & i = N, \quad t = 1, 2, \cdots, T \end{cases} \quad (9\text{-}55)$$

2）时间固定效应模型

时间固定效应模型是指不同截面有不同截距的模型。如果不同截面的截距显著不同，但时间序列的截距是相同的，那么，需要建立如式（9-56）所示的时间固定效应模型，即

$$y_{it} = \boldsymbol{\beta}\boldsymbol{x}_{it} + \gamma_1 D_{1it} + \gamma_2 D_{2it} + \cdots + \gamma_T D_{Tit} + \mu_{it}, \quad i = 1, 2, \cdots, N, \quad t = 1, 2, \cdots, T \quad (9\text{-}56)$$

式中，y_{it} 和 $\boldsymbol{x}_{it}$ 分别是被解释变量和解释变量；μ_{it} 是随机误差项；D_j 是时间虚拟变量，在任意时点 t，第 j 个虚拟变量定义为

$$D_j = \begin{cases} 1, & j = i \\ 0, & \text{其他} \end{cases} \quad (9\text{-}57)$$

式（9-56）可以更直观地表示为

$$\begin{cases} y_{i1} = \gamma_1 + \boldsymbol{\beta}\boldsymbol{x}_{i1} + \mu_{i1}, & t = 1, \quad i = 1, 2, \cdots, N \\ y_{i2} = \gamma_2 + \boldsymbol{\beta}\boldsymbol{x}_{i2} + \mu_{i2}, & t = 2, \quad i = 1, 2, \cdots, N \\ \qquad\qquad\vdots \\ y_{iT} = \gamma_N + \boldsymbol{\beta}\boldsymbol{x}_{iT} + \mu_{iT}, & t = T, \quad i = 1, 2, \cdots, N \end{cases} \quad (9\text{-}58)$$

3）时间个体固定效应模型

顾名思义，时间个体固定效应模型就是不同的截面、不同的时间序列都有不同的截距项的模型。时间个体固定效应模型的一般形式为

$$y_{it} = \boldsymbol{\beta}\boldsymbol{x}_{it} + \alpha_1 W_{1it} + \alpha_2 W_{2it} + \cdots + \alpha_N W_{Nit} + \gamma_1 D_{1it} + \gamma_2 D_{2it} + \cdots + \gamma_T D_{Tit} + \mu_{it},$$
$$i = 1, 2, \cdots, N, \quad t = 1, 2, \cdots, T \tag{9-59}$$

结合式（9-53）至式（9-58），式（9-59）可以更直观地表示为

$$\begin{cases} y_{11} = \alpha_1 + \gamma_1 + \boldsymbol{\beta}\boldsymbol{x}_{11} + \mu_{11}, & i = 1, \ t = 1 \\ y_{21} = \alpha_1 + \gamma_2 + \boldsymbol{\beta}\boldsymbol{x}_{21} + \mu_{21}, & i = 2, \ t = 1 \\ \quad\vdots \\ y_{N1} = \alpha_1 + \gamma_N + \boldsymbol{\beta}\boldsymbol{x}_{N1} + \mu_{N1}, & i = N, \ t = 1 \end{cases}$$
$$\begin{cases} y_{12} = \alpha_2 + \gamma_1 + \boldsymbol{\beta}\boldsymbol{x}_{12} + \mu_{12}, & i = 1, \ t = 2 \\ y_{22} = \alpha_2 + \gamma_2 + \boldsymbol{\beta}\boldsymbol{x}_{22} + \mu_{22}, & i = 2, \ t = 2 \\ \quad\vdots \\ y_{N2} = \alpha_2 + \gamma_N + \boldsymbol{\beta}\boldsymbol{x}_{N2} + \mu_{N2}, & i = N, \ t = 2 \end{cases} \tag{9-60}$$
$$\begin{cases} y_{1T} = \alpha_T + \gamma_1 + \boldsymbol{\beta}\boldsymbol{x}_{12} + \mu_{12}, & i = 1, \ t = T \\ y_{2T} = \alpha_T + \gamma_2 + \boldsymbol{\beta}\boldsymbol{x}_{22} + \mu_{22}, & i = 2, \ t = T \\ \quad\vdots \\ y_{NT} = \alpha_T + \gamma_N + \boldsymbol{\beta}\boldsymbol{x}_{NT} + \mu_{NT}, & i = N, \ t = T \end{cases}$$

3. 随机效应模型

固定效应模型是采用虚拟变量来解释没有纳入模型的变量对被解释变量的影响的模型，这并非唯一的解决办法，我们也可以通过对随机误差项的分解来描述缺失的信息。假设面板数据模型为

$$C_{it} = \alpha_0 + \alpha_1 X_{it} + \mu_{it} \tag{9-61}$$

式中，随机误差项在时间序列上和截面上都存在自相关，可通过三个分量表示为

$$\mu_{it} = \mu_i + \upsilon_t + \omega_{it} \tag{9-62}$$

式中，μ_i 是截面的随机误差项；υ_t 是时间的随机误差项；ω_{it} 是混合随机误差项。μ_i、υ_t、ω_{it} 之间互不相关，且 μ_i 不存在截面自相关、υ_t 不存在时间序列自相关、ω_{it} 不存在混合自相关。满足上述条件的模型称为随机效应模型。与固定效应模型相似，随机效应模型也可以分为个体随机效应模型、时间随机效应模型和时间个体随机效应模型，此处不再详述。

9.5.2　多元非线性回归与面板门槛回归模型

1. 多元非线性回归模型

顾名思义，非线性回归模型即被解释变量和解释变量之间具有较为复杂的非线性函数关系。对于多元非线性回归模型的求解，传统做法是通过进一步建模将非线性模型转换为

线性模型，但需要说明的是，并非所有的非线性模型均可以被转换为线性模型。一般能够进行线性转换的模型称为内蕴线性回归模型，无法进行线性转换的模型称为内蕴非线性回归模型。

从现有的计量经济模型来看，常见的内蕴多元线性回归模型主要有以下四种。

（1）多重弹性模型，即

$$y_i = \alpha_0 x_{i1}^{\alpha_1} x_{i2}^{\alpha_2} \cdots x_{ik}^{\alpha_k} e^{\varepsilon_i} \tag{9-63}$$

（2）柯布–道格拉斯生产函数模型，即

$$y_i = A K_{i1}^{\alpha_1} L_{i2}^{\alpha_2} E_{ik}^{\alpha_k} e^{\varepsilon_i} \tag{9-64}$$

（3）指数函数模型，即

$$y_i = \alpha_0 + \alpha_1 \exp(\alpha_2 x_i) + \varepsilon_i \tag{9-65}$$

（4）总成本函数模型，即

$$y_i = \alpha_0 + \alpha_1 x_i + \alpha_2 x_i^2 + \alpha_3 x_i^k + \varepsilon_i \tag{9-66}$$

式（9-63）至式（9-66）均可通过相应变化转换为线性模型。以式（9-66）为例，令 $Y = y_i$、$X_1 = x_i$、$X_2 = x_i^2$、$X_3 = x_i^k$，则模型可简化为如式（9-67）所示的多元线性回归模型，即

$$Y = \alpha_0 + \alpha_1 X_1 + \alpha_2 X_2 + \alpha_3 X_3 + \varepsilon_i \tag{9-67}$$

这里，以 CES 生产函数模型为例，介绍内蕴多元非线性回归模型，其一般表达形式为

$$y_i = A\left(\delta_1 K_i^{-\rho} + \delta_2 L_i^{-\rho}\right)\varepsilon_i \tag{9-68}$$

显然，我们无法通过内蕴多元线性回归模型的处理方法将 CES 生产函数模型转换为标准的多元线性回归模型。

2. 面板门槛回归模型

基于面板数据 $\{y_{it}, \boldsymbol{x}_{it}, q_{it}, 0 \leqslant i \leqslant n, 1 \leqslant t \leqslant T\}$，Hansen（1999）构建了固定效应面板门槛回归模型，其单门槛值模型的一般形式为

$$\begin{cases} y_{it} = \mu_i + \beta_1' \boldsymbol{x}_{it} + \varepsilon_{it}, & q_{it} \leqslant \gamma \\ y_{it} = \mu_i + \beta_2' \boldsymbol{x}_{it} + \varepsilon_{it}, & q_{it} > \gamma \end{cases} \tag{9-69}$$

式中，q_{it} 是门槛变量（可以是任意一个解释变量，也可以是其他变量）；γ 是待估门槛值；y_{it}、$\boldsymbol{x}_{it}$ 与 ε_{it} 分别是被解释变量、解释变量与随机误差项。假设解释变量 $\boldsymbol{x}_{it}$ 是严格的外生变量，与随机误差项 ε_{it} 互不相关。μ_i 表明模型为固定效应模型。此处，我们引入示性函数 $I(\cdot)$，则式（9-69）可简化为

$$y_{it} = \mu_i + \beta_1' \boldsymbol{x}_{it} I(q_{it} \leqslant \gamma) + \beta_2' \boldsymbol{x}_{it} I(q_{it} > \gamma) + \varepsilon_{it} \tag{9-70}$$

对于一个短面板数据集而言，其符合"$n \sim \infty$"的大样本的渐进理论。定义 $\boldsymbol{\beta} \equiv \begin{pmatrix} \beta_1 \\ \beta_2 \end{pmatrix}$，

$\boldsymbol{x}_{it}(\gamma) \equiv \begin{pmatrix} \boldsymbol{x}_{it} I(q_{it} \leqslant \gamma) \\ \boldsymbol{x}_{it} I(q_{it} > \gamma) \end{pmatrix}$，则式（9-70）可进一步简化为

$$y_{it} = \mu_i + \boldsymbol{\beta}' \boldsymbol{x}_{it}(\gamma) + \varepsilon_{it} \qquad (9\text{-}71)$$

将式（9-71）等式两侧各个变量分别对其各自的时间下标 t 求平均值，可得

$$\overline{y}_i = \mu_i + \boldsymbol{\beta}' \overline{\boldsymbol{x}}_{it}(\gamma) + \overline{\varepsilon}_i \qquad (9\text{-}72)$$

式中，$\overline{y}_i \equiv \dfrac{1}{T}\displaystyle\sum_{t=1}^{T} y_{it}$，$\overline{\boldsymbol{x}}_i(\gamma) \equiv \dfrac{1}{T}\displaystyle\sum_{t=1}^{T} \boldsymbol{x}_{it}(\gamma)$，$\overline{\varepsilon}_i \equiv \dfrac{1}{T}\displaystyle\sum_{t=1}^{T} \varepsilon_{it}$。式（9-71）与式（9-72）作差，可

得离差为

$$y_{it} - \overline{y}_i = \boldsymbol{\beta}'[\boldsymbol{x}_{it}(\gamma) - \overline{\boldsymbol{x}}_i(\gamma)] + (\varepsilon_{it} - \overline{\varepsilon}_i) \qquad (9\text{-}73)$$

令 $y_{it}^* = y_{it} - \overline{y}_i$，$\boldsymbol{x}_{it}^*(\gamma) = \boldsymbol{x}_{it}(\gamma) - \overline{\boldsymbol{x}}_i(\gamma)$，$\varepsilon_{it}^* = \varepsilon_{it} - \overline{\varepsilon}_i$，可得

$$y_{it}^* = \boldsymbol{\beta}' \boldsymbol{x}_{it}^*(\gamma) + \varepsilon_{it}^* \qquad (9\text{-}74)$$

显然，给定门槛值之后，若模型满足经典假设条件，采用普通最小二乘法便可得到一致有效估计量。

9.5.3　分位数回归模型

1. 分位数回归的实际意义

目前，我们所介绍的回归模型，均是考察解释变量 x 对被解释变量 y 的条件期望 $E(y|x)$ 的影响，实际上就是平均效应。条件期望 $E(y|x)$ 只能刻画条件分布 $y|x$ 的集中趋势，但我们真正关心的是 x 对整个条件分布 $y|x$ 的影响。此外，当条件分布 $y|x$ 不是对称分布时，条件期望 $E(y|x)$ 很难揭示整个条件分布的全貌。因此，我们往往需要估计出相应的条件分位数，如中位数、1/4 分位数等。在此背景下，Koenker 和 Bassett（1978）构建了"分位数回归"模型，用于揭示条件分布 $y|x$ 的全面信息，自此奠定了该模型在计量经济分析中的重要地位。

相比于普通最小二乘法，分位数回归模型主要有四个方面的优势：第一，分位数回归模型适合具有异方差性的模型；第二，对条件分布的刻画更加细致，能给出条件分布的大体特征；第三，分位数回归并不要求很强的分布假设，能得到比普通最小二乘法更为有效的估计量；第四，分位数回归得到的统计量不易受到异常值的干扰，相比之下更加稳健。

2. 总体分位数

对于一个连续型随机变量 y，其 τ 分位数是 $y_{(\tau)}$ 的定义是：y 小于等于 $y_{(\tau)}$ 的概率是 τ。即

$$\tau = P\left(y \leqslant y_{(\tau)}\right) = F\left(y_{(\tau)}\right) \qquad (9\text{-}75)$$

式中，$P(\cdot)$ 是概率。显然，$F\left(y_{(\tau)}\right)$ 的反函数是 $y_{(\tau)}$。当 $\tau = 0.5$ 时，$y_{(\tau)}$ 是 y 的中位数；当 $\tau = 0.25$ 和 $\tau = 0.75$ 时，$y_{(\tau)}$ 分别是 y 的第 1/4 和 3/4 分位数。若 y 服从标准正态分布，则 $y_{(0.5)} = 0$，$y_{(0.95)} = 1.645$，$y_{(0.975)} = 1.960$。如果随机变量 y 的分布是对称的，那么其均值与中位数是

相同的。当其中位数小于均值时，分布是右偏的；当其中位数大于均值时，分布是左偏的。

对于回归模型，被解释变量 y_t 对以 X 为条件的第 τ 分位数用函数 $y_{(\tau)_t}\big|X$ 表示，其含义是：以 X 为条件的 y_t 小于等于 $y_{(\tau)_t}\big|X$ 的概率是 τ。这里的概率是用 y_t 对 X 的条件分布计算的，即

$$y_{(\tau)_t}\big|X = F^{-1}\left(y_{(\tau)_t}\big|X\right) \qquad (9\text{-}76)$$

式中，$F\left(y_{(\tau)_t}\big|X\right)$ 是 y_t 在给定 X 条件下的累积概率分布函数；$y_{(\tau)_t}\big|X$ 是被解释变量 y_t 对 X 的条件分位数函数。而 $F'\left(y_{(\tau)_t}\big|X\right) = f\left(y_{(\tau)_t}\big|X\right)$ 称为分位数概率密度函数，$F'\left(y_{(\tau)_t}\big|X\right)$ 可通过 $F\left(y_{(\tau)_t}\big|X\right)$ 对 $y_{(\tau)_t}\big|X$ 求导得到。

3. 分位数回归模型及其基本原理

在介绍分位数回归模型之前，先引入如式（9-77）所示的一般多元线性回归模型，即

$$y = a_0 + a_1x_1 + a_2x_2 + \cdots + a_kx_k + \mu \qquad (9\text{-}77)$$

在满足经典假设的前提下，$E(\mu) = 0$，式（9-77）可进一步表示为

$$E(y\,|\,x) = a_0 + a_1x_1 + a_2x_2 + \cdots + a_kx_k \qquad (9\text{-}78)$$

式中，a_i 是待估系数。显然，式（9-78）属于均值回归模型，是对式（9-77）两侧求期望的结果。同理，可以在均值回归的基础上，推导出中位数回归模型，即

$$M(y\,|\,x) = a_0 + a_1x_1 + a_2x_2 + \cdots + a_kx_k + M(\mu) \qquad (9\text{-}79)$$

式中，$M(y\,|\,x)$ 是关于 x 的条件中位数；$M(\mu)$ 是随机误差项的中位数。在此基础上，可以进一步推导出一般分位数回归模型，即

$$Q_y\left(\tau\,|\,x\right) = a_0 + a_1x_1 + a_2x_2 + \cdots + a_kx_k + Q_\mu\left(\tau\right) \qquad (9\text{-}80)$$

式中，τ 是分位数。对于均值回归模型，可采用普通最小二乘法估计未知参数；对于中位数回归模型，可采用最小绝对偏差法（最小一乘法）估计未知参数；对于分位数回归模型，可采用线性规划法估计未知参数。

9.5.4 中介效应模型

1. 中介效应概述

中介效应是指解释变量 X 对被解释变量 Y 的影响不是直接的因果链关系，而是需要通过一个或多个其他变量 M 的间接影响产生的，此时我们称 M 为中介变量，并把 X 通过 M 对 Y 产生的间接影响称为中介效应。直观上，中介效应是间接效应的一种，当模型中只有一个中介变量的情况下，中介效应完全等同于间接效应；当模型中不止一个中介变量时，中介效应不等同于间接效应，仅仅是间接效应的一部分。中介效应模型始于心理学研究，因为心理学研究中变量间的关系很少是直接影响的，多以间接影响存在。事实上，在经济学研究中，许多解释变量可能需要通过中介效应才会对被解释变量产生预期的影响，而这

常常被研究者所忽视。例如，技术创新与二氧化碳排放之间的关系往往不是直接的，还有可能存在如下间接关系：技术创新→全要素能源效率→二氧化碳排放。

此时，全要素能源效率就是这一因果链当中的中介变量。在实际研究中，中介变量的提出需要扎实的理论依据或经验支持，否则会得到脱离经济事实特征的结论。这里需要说明的是，如果技术创新只能通过全要素能源效率影响二氧化碳排放，则称之为完全中介效应，即间接效应。但在多数情况下，也可能存在另外一些中介变量，如下所示。

技术创新→能源消费结构→二氧化碳排放。

技术创新→碳排放强度→二氧化碳排放。

技术创新→生产成本→二氧化碳排放。

因此，在中介效应的讨论中，研究者往往需要通过经济理论分析找出不同的中介变量。

2. 简单的中介效应模型

按照温忠麟和叶宝娟（2014）的做法，本节建立如式（9-81）至式（9-83）所示的回归方程来描述变量之间的关系。

$$Y = cX + e_1 \qquad (9\text{-}81)$$

$$M = aX + e_2 \qquad (9\text{-}82)$$

$$Y = c'X + bM + e_3 \qquad (9\text{-}83)$$

式中，Y、X 与 M 分别是被解释变量、解释变量与中介变量；$e_1 \sim e_3$ 是随机误差项；系数 c 是解释变量 X 对被解释变量 Y 的总效应；系数 a 是解释变量 X 对中介变量 M 的效应；系数 b 是控制了解释变量 X 的影响之后，中介变量 M 对被解释变量 Y 的效应；系数 c' 是控制了中介变量 M 的影响后，解释变量 X 对被解释变量 Y 的直接效应。

在式（9-81）～式（9-83）的中介效应模型中，中介效应等于间接效应，即系数的乘积 ab 与总效应 c 和直接效应 c' 满足：

$$c = c' + ab \qquad (9\text{-}84)$$

式中，ab 是中介效应。按照被解释变量、解释变量和中介变量的逻辑关系，温忠麟和叶宝娟（2014）构建了中介效应模型示意图，如图9-4所示。

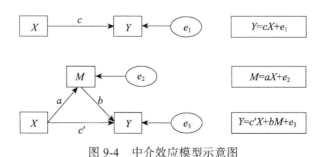

图 9-4 中介效应模型示意图

3. 中介效应检验方法

常见的中介效应检验方法主要有：逐步回归法、系数乘积法、差异系数法和自举法。本节以系数乘积法为例，介绍如何识别模型是否存在显著的中介效应。

系数乘积法，也称 Sobel 检验，其基本思路是检验 ab 是否显著区别于 0。因此，检验的原假设为 $H_0: ab = 0$，备择假设为 $H_1: ab \neq 0$。按照 Sobel（1982）提出的检验法，构造统计量为

$$S_{ab} = \sqrt{b^2 S_a^2 + a^2 S_b^2 + S_a^2 S_b^2}$$ （9-85）

式中，S_a^2 和 S_b^2 分别是系数 a 与 b 的标准误差的平方。根据 S_{ab}，可构建 95% 显著性水平下中介效应的置信区间，即

$$ab \pm 1.96 S_{ab}$$ （9-86）

显然，我们可以根据系数乘积 ab 是否在置信区间内来判断中介效应是否显著。为了更清晰地呈现中介效应检验步骤，按照温忠麟和叶宝娟（2014）提出的理论，我们绘制出了中介效应的检验程序（图 9-5）。

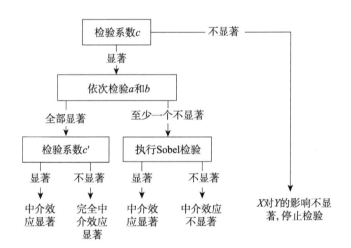

图 9-5　中介效应检验程序

参 考 文 献

温忠麟, 叶宝娟. 2014. 中介效应分析：方法和模型发展[J]. 心理科学进展, 22(5): 731-745.

Hansen B E. 1999. Threshold effects in non-dynamic panels: estimation, testing, and inference[J]. Journal of Econometrics, 93(2): 345-368.

Koenker R, Bassett G. 1978. Regression Quantiles[J]. Econometrica, 46(1): 33-50.

Sobel M E. 1982. Asymptotic confidence intervals for indirect effects in structural equation models[J]. Sociological Methodology, 13: 290-312.

第 10 章

计量经济模型：模型应用

10.1 应用背景

尽管 2014～2016 年全球能源消费所产生的二氧化碳排放连续三年没有增长，但 2017年的全球能源消费与二氧化碳排放均出现增长，其中大约 80%的能源消费增量来自发展中国家。中国作为世界上最大的发展中国家，2017 年的能源消费量增长率高达 3.1%，占全球增长的 23.2%，二氧化碳排放量增长率为 1.6%，占全球增长的 27.6%[①]。其中，增长的主要原因是能源效率提升速度放缓和煤炭消费在 2014～2017 年这四年来首次出现增长，这表明不能过度依赖能源效率提升和能源结构转换实现碳减排。在"双碳"目标的愿景下，中国各地区需要尝试通过其他碳排放强度驱动因素实现持续有效的碳减排。

碳排放强度驱动因素的分析大多是基于实证上的考量，大致可归纳为两类：分解分析方法和回归分析方法。其中，常见的分解分析方法主要包括指数分解分析（index decomposition analysis，IDA）、SDA 与生产理论分解分析（production-theoretical decomposition analysis，PDA）（Ang et al.，1998；Ang and Liu，2001；Zhou and Ang，2008）。从分解因素来看，碳排放强度驱动因素主要包括能源结构、能源强度、产业结构、经济规模、需求效应、劳动生产率、里昂惕夫结构、技术效应等（Moutinho et al.，2018；Su et al.，2013；Wang et al.，2018）。而环境规制作为环境监管政策的代理变量，目前无法通过分解分析方法识别环境规制所引起的碳排放强度具体的变化。因此，大多数有关环境规制对碳排放强度影响的研究采用回归分析方法。

然而，由于指标选取、研究方法与研究对象的差异，目前有关环境规制对碳排放强度的影响的研究并未形成一致的结论。其中，Sinn（2008）研究发现环境规制不会降低碳排放强度，证实了"绿色悖论"的存在。Smulders 等（2012）也证实了"绿色悖论"的存在，并指出"绿色悖论"主要是由于错误的监管政策及政策效应具有滞后性。相反，Hou 等（2018）指出适度的环境规制会降低碳排放强度，但这里存在边界水平，一旦环境规制强度超出边

---

① Statistical Review of World Energy. https://www.bp.com/en/global/corporate/energy-economics/statistical-review-of-world-energy.html[2022-09-01].

界水平，其对碳排放强度的作用将会大大减弱。此外，Guo 和 Wang（2018）的研究证明环境规制与碳排放强度之间的关系是非线性的。事实上，环境规制会增加企业生产成本，促使企业根据成本变化对生产进行调整。其中，成本增幅较高的企业会选择提升技术水平进而实现长期的减排目标，而成本增幅较小的企业会选择污染治理投资来应对环境规制，从而出现排放量不降反升的情况，即波特假说（Porter，1991）。

根据波特假说，我们发现企业技术创新对环境规制比较敏感。其中，大多数研究支持环境规制会促进技术进步的结论（Brunnermeier and Cohen，2003；Horbach，2008；Rubashkina et al.，2015），在这些研究中，虽然环境规制会增加企业的生产成本，但技术创新能够有效冲抵环境规制成本（创新补偿效应），所以企业对技术创新持有积极的态度。也有部分学者认为环境规制与技术进步之间存在非线性关系（Boyd and McClelland，1999），他们认为生产者的决策会根据环境规制强度的大小不断调整：在短期内，生产者为了应对环境规制会增加污染治理投资，污染治理投资的增加会挤占技术研发投资，从而阻碍技术进步；从长期来看，生产者会增加技术研发投资，通过技术的创新补偿效应获得额外的利润，从而有利于技术进步。显然，环境规制不仅对碳排放强度有潜在的直接影响，也可能通过倒逼技术进步进而降低碳排放强度。

因此，我们首先通过构建环境规制与碳排放强度的计量回归模型，分别利用经典假设下的固定效应模型和随机效应模型及放宽假设下的可行广义最小二乘法（feasible generalized least squares，FGLS）对环境规制影响碳排放强度的直接效应进行检验；其次，基于面板门槛回归模型对不同经济发展水平下环境规制对碳排放强度影响的异质性进行检验；再次，采用面板分位数回归模型检验环境规制对不同条件分布下的碳排放强度的影响差异；最后，采用中介效应模型识别绿色技术进步的中介效应。

本章研究内容如下：10.2 节是模型构建、指标选取与数据处理；10.3 节是环境规制对碳排放强度影响的基准估计结果分析；10.4 节是进一步讨论，主要围绕经济异质性检验、不同条件分布检验与影响机制检验三个方面展开；10.5 节是应用案例主要结论。

10.2　模型构建、指标选取与数据处理

10.2.1　基准估计模型设定

为了研究环境规制对碳排放强度的影响，选取碳排放强度作为被解释变量，将环境规制作为解释变量。为了控制其他因素，在回归模型中引入外商直接投资、经济发展水平、能源结构和产业结构作为控制变量。基于此，变量间的关系可以表述为

$$\mathrm{CI}_{it} = f\left(\mathrm{ER}_{it}, \mathrm{FDI}_{it}, \mathrm{GDP}_{it}, \mathrm{ES}_{it}, \mathrm{IS}_{it}\right) \tag{10-1}$$

式中，CI 是碳排放强度；ER 是环境规制；FDI、GDP、ES 和 IS 分别是外商直接投资、经济发展水平、能源结构和产业结构。在此基础上，参考经典线性计量经济模型，式（10-1）可进一步被简化为

$$CI_{it} = \alpha_0 + \alpha_1 ER_{it} + \sum_{k=2}^{5} \alpha_k X_{it} + v_i + \mu_t + \varepsilon_{it} \qquad (10\text{-}2)$$

式中，i 是地区；t 是年份；v 和 μ 分别用于捕捉个体固定效应与时间固定效应；ε 是随机扰动项；X 是控制变量，用于控制除环境规制以外其他影响碳排放强度的重要因素；α_1 是我们最为关注的弹性系数，若其显著异于 0，则表明环境规制对碳排放强度有显著影响。若 $\alpha_1 > 0$，表明环境规制增加了碳排放强度；若 $\alpha_1 < 0$，表明环境规制降低了碳排放强度。

10.2.2　指标选取

1. 被解释变量

中国尚未有官方统计的二氧化碳排放数据，需要自己核算。本节选用煤炭、焦炭、原油、汽油、煤油、柴油、燃料油、天然气和电力共九种能源，先按照《综合能耗计算通则》将其统一折算为标准煤（万吨标准煤当量），再采用联合国政府间气候变化专门委员会（Intergovernmental Panel on Climate Change，IPCC）2006 年的碳排放系数估算二氧化碳排放量，见表 10-1。本节的碳排放强度采用二氧化碳排放量与地区生产总值的比值表示。分类能源消费数据来源于《中国统计年鉴》，地区生产总值与地区生产总值增长指数数据来源于国家统计局。

表 10-1　折标系数和碳排放系数

能源种类	折标系数 （千克标准煤/千克或千克标准煤/米³ 或千克标准煤/千瓦小时）	碳排放系数 （千克/千克或千克/米³ 或千克/千瓦小时）
煤炭	0.7143	1.9779
焦炭	0.9714	3.0444
原油	1.4286	3.0665
汽油	1.4714	3.0163
煤油	1.4714	2.7163
柴油	1.4571	3.1278
燃料油	1.4286	3.2352
天然气	1.3300	0.0022
电力	0.1229	0.1978

2. 解释变量

尽管大量学者尝试采用不同方法去量化环境规制，但环境规制是表示环境监管政策施行力度的外生变量，至今仍未形成比较统一的量化标准。从最新研究来看，宋马林等（2021）指出已有的测算方法仅能体现环境规制的一个方面，无法全面反映环境规制，他们在 Tone（2001）的基础上构建了基于松弛值的测算（slack based measure，SBM）模型，以环境监管效率作为环境规制的代理变量。然而，这些研究仅使用单一投入要素，在指标选取依据上缺乏说服力，且不同投入产出得到的监管效率有明显差异；同时，若投入要素和产出要素数量过多，需要求解极为复杂的线性规划问题。一般地，环境规制是从监管污染排放到末端治理的一种政策行为，单一指标或者简单的相对指标难以全面评价环境规制。因此，本节采用因子分析法，综合有关污染排放的四个逆向指标与污染治理的四个正向指标，实现从污染程度到最终治理效果的全面评价（杨光磊，2018）。具体的环境规制测算指标体系如表 10-2 所示。

表 10-2　环境规制测算指标体系

类别	指标	指标含义
污染排放指标	X1：单位产值工业废水排放量（−）	工业废水排放量与地区生产总值比值（万吨/亿元）
	X2：单位产值工业废气排放量（−）	工业废气排放量与地区生产总值比值（亿米³/亿元）
	X3：单位产值工业 SO_2 排放量（−）	工业 SO_2 排放量与地区生产总值比值（吨/亿元）
	X4：单位产值固体废物产生量（−）	一般工业固体废物产生量与地区生产总值比值（万吨/亿元）
污染治理指标	X5：工业废水处理能力（+）	工业废水排放量与废水治理设施数比值（万吨/套）
	X6：工业废气处理能力（+）	工业废气排放量与废气治理设施数比值（亿米³/套）
	X7：固体废物处置率（+）	一般工业固体废物处置量占一般工业固体废物产生量的百分比
	X8：一般工业固体废物综合利用率（+）	一般工业固体废物综合利用量占工业固体废物产生量(包括综合利用往年贮存量）的百分比

注：括号中"+"表示正向指标，"−"表示逆向指标

3. 控制变量

外商直接投资：近年来，中国外商直接投资总额急剧增长的同时也导致二氧化碳的排放不断增加。因此，本节采用中国各地区的外商直接投资总额占其地区生产总值的比重作为外商直接投资的代理变量，数据来源于 Wind 数据库。

经济发展水平：经济发展水平直接决定了一个国家或地区的碳排放量（Zha et al., 2019）。因此，本节采用中国各地区的地区生产总值（按 2005 年不变价计算）作为经济发展水平的代理变量。

能源结构：一个国家的二氧化碳排放量直接取决于能源消费总量与能源结构。因此，本节采用中国各地区的煤炭消费占能源消费总量的比重作为能源结构的代理变量，数据来源于《中国能源统计年鉴》。

产业结构：中国超过 90%的二氧化碳排放来源于产业能源消费，其中第二产业的二氧化碳排放远高于第一产业和第三产业。因此，本节采用中国各地区的第二产业产值占其地区生产总值的比重作为产业结构的代理变量，数据来源于 Wind 数据库。

10.2.3　数据处理

碳排放强度相关数据来源于《中国统计年鉴》（2006～2017 年）；环境规制相关数据来源于《中国环境统计年鉴》（2006～2017 年）和 Wind 数据库；控制变量相关数据来源于《中国统计年鉴》（2006～2017 年）、《中国能源统计年鉴》（2006～2017 年）和 Wind 数据库。变量的描述性统计见表 10-3。

表 10-3　变量的描述性统计

变量	单位	平均值	标准误差	最小值	最大值
CI	吨/万元	3.31	1.82	0.97	10.51
ER	—	0.06	0.10	−0.04	0.93
FDI	—	2.43%	1.86%	0.04%	8.19%
GDP	万亿元	13 176.47	11 712.25	543.32	65 063.40
ES	—	53.88%	15.28%	8.63%	82.53%
IS	—	46.85%	7.90%	19.26%	59.05%

10.3　环境规制对碳排放强度影响的基准估计结果分析

10.3.1　经典假设检验结果

1. 自相关性检验结果

随着空间计量经济学的发展，有研究证实各经济单元不再是独立的个体，而是具有潜在的自相关关系（Bilgili et al.，2017）。一般地，认为面板数据的自相关性（截面依赖性）主要发生在截面数量较多的情况下，但近年来的一些研究表明自相关性也经常存在于截面数量较少的面板数据模型中。若在执行面板模型估计之前忽略自相关性，容易导致不一致和无效的估计结果（Grossman and Krueger，1995）。基于此，在执行基准模型估计之前，有必要对面板数据模型的截面依赖性进行检验。常见的自相关性检验方法主要包括Breusch-Pagan LM 检验、Pesaran 截面相关检验和 Friedman 检验，这些检验方法能够准确识别出模型是否存在组间自相关。为了保证检验结果的真实性，本节依次执行这三类检验，其原假设均为不存在自相关性，检验结果报告如表 10-4 所示。可以看出，三类检验结果均通过了 1%的显著性水平检验，强烈拒绝了不存在自相关性的原假设，表明样本数据具有显著的自相关性。

表 10-4　自相关性检验结果

检验方法	统计量	P 值
Breusch-Pagan LM 检验	150.605[***]	0.0000
Pesaran 截面相关检验	14.201[***]	0.0000
Friedman 检验	65.631[***]	0.0001

***表示在 1%水平上显著

2. 异方差性检验结果

同样地，面板数据由于包含多个不同截面个体，往往存在异方差性。因此，本节进一步采用修正的 Wald 检验、Cook-Weisberg 检验和 White 检验，识别模型是否存在异方差性，检验结果报告如表 10-5 所示。可以看出，三类检验均在 1% 的显著性水平上拒绝不存在异方差性的原假设，表明模型具有显著的异方差性。

表 10-5　异方差性检验结果

检验方法	统计量	P 值
修正的 Wald 检验	1.8×10^{5}***	0.000
Cook-Weisberg 检验	69.26***	0.000
White 检验	116.82***	0.000

***表示在 1% 水平上显著

3. 多重共线性检验结果

基于 9.4.3 节的理论，本节通过计算 VIF 对解释变量间的多重共线性进行检验，检验结果报告如表 10-6 所示。可以看出，环境规制（ER）的 VIF 在所有解释变量中最高，取值为 2.01。此外，所有解释变量的平均 VIF 仅有 1.68。结合多重共线性的经验判断准则，最大的 VIF 远小于 10，且平均 VIF 低于 2，因此，检验结果表明解释变量间仅有较弱的多重共线性，不大可能对参数估计结果造成明显的干扰。

表 10-6　多重共线性检验结果

变量	VIF	1/VIF
ER	2.01	0.497 512
IS	1.98	0.505 051
ES	1.89	0.529 101
FDI	1.28	0.781 250
GDP	1.22	0.819 672
平均 VIF	1.68	

10.3.2　基准估计结果：经典假设下的固定效应和随机效应模型

基于 9.5.1 节的面板数据模型，本节采用固定效应模型和随机效应模型对基准结果进行初步的估计，表 10-7 是环境规制对碳排放强度影响的估计结果。其中，第（1）列和第（2）列分别是未考虑控制变量和考虑控制变量的固定效应模型估计结果，第（3）列和第（4）列分别是未考虑控制变量和考虑控制变量的随机效应模型估计结果。可以看出，在未引入控制变量之前，两种模型下的环境规制的估计系数均显著为负，表明环境规制强度的提高显著降低了碳排放强度。然而，在引入外商直接投资、经济发展水平、能源结构和产业结构之后，尽管两类模型下的环境规制的估计系数依然为负，但均未通过 10%的显著性水平检验。显然，控制变量的引入使得估计结果不再稳健，这表明控制变量的引入使得经典假设不再成立，这也与 10.3.1 节的检验结果相吻合。基于此，我们有必要进一步在放宽假设的条件下重新估计环境规制的系数。

表 10-7　环境规制对碳排放强度影响的估计结果（固定效应模型和随机效应模型）

变量	（1） 固定效应	（2） 固定效应	（3） 随机效应	（4） 随机效应
ER	-5.170^{***} （-8.706）	-0.773 （-1.162）	-5.277^{***} （-9.007）	-0.780 （-1.200）
FDI		-0.034 （-1.071）		-0.052^{*} （-1.667）
GDP		-0.000^{***} （-9.484）		-0.000^{***} （-10.084）
ES		0.025^{***} （2.854）		0.027^{***} （3.481）
IS		0.006 （0.757）		0.008 （0.972）
常数项	3.604^{***} （78.516）	2.608^{***} （3.783）	3.610^{***} （12.336）	2.458^{***} （3.680）
样本量	360	360	360	360

注：括号内为 T 统计量数值

***和*分别表示在 1%和 10%水平上显著

10.3.3　基准估计结果：放宽假设下的 FGLS

结合 10.3.1 节的检验结果，基准估计模型存在显著的自相关性和异方差性，无法通过普通最小二乘法得到最优线性无偏一致估计量。基于此，本节进一步采用放宽假设下的 FGLS 对参数重新进行估计。FGLS 的基本原理与普通最小二乘法相同，不同之处在于前者的参数估计中允许存在自相关性和异方差性，详细估计结果报告如表 10-8 所示。第（1）列至第（3）列估计中不考虑控制变量的影响，第（4）列至第（6）列估计中考虑控制变量的影响。其中，第（1）列和第（4）列考虑了个体固定效应，第（2）列和第（5）列考虑了时间固定效应，第（3）列和第（6）列则同时考虑了个体与时间双重固定效应。可以看出，控制个体固定效应和时间固定效应的结果存在显著的差异。在仅考虑个体固定效应时，环境规制显著降低了碳排放强度，在仅考虑时间固定效应时，环境规制增加了碳排放强度，但在统计上不显著。然而，在同时考虑个体固定效应和时间固定效应之后，环境规制显著提升了碳排放强度。综合上述结果可以发现，尽管采用 FGLS 能有效克服自相关性和异方差性对参数估计结果的影响，但是否控制个体固定效应和时间固定效应，对参数估计结果也存在显著的影响。

表 10-8 环境规制对碳排放强度影响的估计结果（FGLS）

变量	（1）	（2）	（3）	（4）	（5）	（6）
ER	−5.378***	0.042	0.831***	−0.477*	0.094	1.300***
	（−15.86）	（0.117）	（4.461）	（−1.771）	（0.225）	（7.877）
FDI				−0.009	−0.046***	−0.021**
				（−1.012）	（−3.397）	（−2.568）
GDP				−0.000***	−0.000**	0.000***
				（−17.61）	（−2.09）	（9.16）
ES				0.004	0.013***	0.009***
				（1.320）	（4.185）	（4.506）
IS				0.004	0.004	−0.000
				（1.261）	（0.942）	（−0.171）
常数项	4.159***	3.688***	1.917***	2.379***	2.987***	1.443***
	（9.193）	（48.959）	（15.675）	（9.680）	（11.089）	（9.993）
个体固定效应	控制	未控制	控制	控制	未控制	控制
时间固定效应	未控制	控制	控制	未控制	控制	控制
样本量	360	360	360	360	360	360

注：括号内为 T 统计量数值

***、**和*分别表示在 1%、5%和 10%水平上显著

10.4 进一步讨论

10.4.1 经济异质性检验：基于面板门槛回归模型

已有研究已经证实不同经济发展水平下环境规制和碳排放强度有明显差异。因此，不同经济发展水平下的环境规制可能会诱使碳排放强度产生突变，进而产生门槛效应。若碳排放强度存在结构突变，传统的方法是采用分段回归获取变量的弹性系数，但分段的节点是难以确定的（Yang et al.，2020a，2020b）。面板门槛回归模型基于分段函数的原理，能够准确识别结构突变的节点，进而提供一组分段回归的系数。因此，本节参考 Hansen（1999）提出的面板门槛回归模型，设置经济发展水平为门槛变量，构建面板门槛回归模型为

$$CI_{it} = \alpha_0 + \alpha_1 \times ER_{it} \times I(GDP \leqslant \eta_1) + \alpha_2 \times ER_{it} \times I(\eta_1 < GDP \leqslant \eta_2) + \cdots$$

$$+ \alpha_n \times ER_{it} \times I(\eta_{n-1} < I \times GDP \leqslant \eta_n) + \alpha_{n+1} \times ER_{it} \times I(GDP > \eta_n) + \sum_{k=n+2}^{N} \alpha_k \times X_{it} + \varepsilon_{it}$$

$$(10\text{-}3)$$

式中，被解释变量、解释变量与控制变量与式（10-2）完全相同；η 是门槛值；$I(\cdot)$ 是示性函数，当门槛变量与门槛值之间的关系成立时，$I(\cdot)$ 取值为 1，当门槛变量与门槛值之间的关系不成立时，$I(\cdot)$ 取值为 0。可以看出，门槛变量与门槛值将所有观测值划分为多个子样本，其估计的基本原理完全等同于分段函数。

在进行面板门槛回归模型估计之前，需要验证门槛效应是否真实存在并确定门槛值及门槛个数。考虑到在门槛效应的原假设条件下 F 统计量为非正态分布，本节采用自举法进

行 500 次自抽样获取 F 统计量的渐进分布，进而构造相应的 P 值，门槛效应检验结果如表 10-9 所示。可以看出，单一门槛和双重门槛分别在 5%和 1%的水平上显著，但三重门槛检验未通过 10%的显著性检验，这表明式（10-3）为双重门槛模型。

表 10-9　门槛效应检验结果

制度变量	门槛变量	模型	F 统计量	P 值	自举次数	临界值		
						10%	5%	1%
ER	GDP	单一门槛	71.60	0.028	500	53.860	62.725	83.539
		双重门槛	73.43	0.008	500	45.383	55.395	71.559
		三重门槛	32.33	0.540	500	136.602	167.243	215.289

在证实存在门槛效应及确定门槛个数后，需要进一步确定门槛值。本节沿用马国群和谭砚文（2021）的做法，采用极大似然估计函数，以最小残差平方和为条件来确定 GDP 的门槛值，并假设单门槛值已知来搜索其他门槛值，门槛值估计结果与置信区间如表 10-10 所示。可以看出，第一门槛值和第二门槛值分别为 874.579 和 27 853.500，并分别落在了 95%置信水平下的[778.264, 918.750]和[26 836.800, 28 315.301]区间内，表明门槛值通过了有效性检验。此外，我们通过绘制双重门槛的似然比估计值图像进一步证明了门槛值的真实性，见图 10-1。

表 10-10　门槛值估计结果与置信区间

制度变量	门槛变量	门槛类型	门槛值	95%置信下限	95%置信上限
ER	GDP	第一门槛	874.579	778.264	918.750
		第二门槛	27 853.500	26 836.800	28 315.301

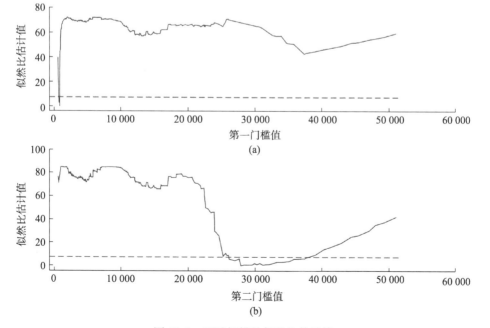

图 10-1　双重门槛的似然比估计值

门槛模型回归结果如表 10-11 所示。可以看出，不同经济发展水平下环境规制的回归系数有明显差异。具体地，当 GDP 低于或等于 874.579 亿元时，环境规制的回归系数为 −71.936，且通过了 1%的显著性检验，这表明经济发展水平较低时环境规制能有效降低碳排放强度；当 GDP 超过 874.579 亿元且低于或等于 27 853.500 亿元时，环境规制的回归系数为−0.243，但在统计上并不显著；当 GDP 超过 27 853.500 亿元时，环境规制的回归系数为 11.463，且通过了 1%的显著性检验，这表明经济发展水平相对较高时环境规制不仅无法降低碳排放强度，反而会使碳排放强度提高。

表 10-11　门槛模型回归结果（门槛变量：GDP）

变量	系数	P 值
ER（GDP≤874.579 亿元）	−71.936***	0.000
ER（874.579 亿元<GDP≤27 853.500 亿元）	−0.243	0.648
ER（GDP>27 853.500 亿元）	11.463***	0.000
FDI	−0.052**	0.045
GDP	−0.000***	0.000
ES	−0.001	0.843
IS	0.008	0.193
常数项	4.491***	0.000
样本量	360	

***和**分别表示在 1%和 5%水平上显著

10.4.2　不同条件分布检验：基于面板分位数回归模型

面板分位数回归模型可以更全面地描述被解释变量的条件分布，而不只是简单地分析被解释变量的条件期望。然而，多数情况下不同分位数的回归系数往往是不同的，仅通过平均效应估计无法揭示解释变量对不同分位数下被解释变量影响的差异。基于此，本节将通过面板分位数回归模型探索环境规制对不同条件分布下的碳排放强度影响的差异。借鉴 Koenker（2004）的做法，面板分位数回归模型的一般形式可设定为

$$Q_{y_{it}}\left(\tau\mid\boldsymbol{x}_{it}\right)=\alpha(\tau)+\boldsymbol{\beta}(\tau)\boldsymbol{x}_{it}^{\mathrm{T}},\ i=1,2,\cdots,I,\ t=1,2,\cdots,T \tag{10-4}$$

为了估计环境规制对不同分位数下碳排放强度的影响，建立如式（10-5）所示的面板分位数回归模型，即

$$Q_{\mathrm{CI}_{it}}\left(\tau\mid\cdot\right)=\alpha_0^\tau+\alpha_1^\tau\mathrm{ER}_{it}+\sum_{k=2}^5\alpha_k^\tau X_{it}+\varepsilon_{it}^\tau \tag{10-5}$$

在式（10-5）中，我们设置了七个分位数，分别为 Q05、Q10、Q25、Q50、Q75、Q90 和 Q95。其中，Q05、Q10 和 Q25 表示碳排放强度相对较低的地区，Q75、Q90 和 Q95 表示碳排放强度相对较高的地区，Q50 则表示碳排放强度居中的地区。式（10-5）可通过式（10-6）求解，即

$$\underset{\alpha}{\mathrm{argmin}}\sum_{j=1}^J\sum_{i=1}^I\sum_{t=1}^T\omega_j\rho_{\tau_j}\left(\mathrm{CI}_{it}-\alpha_0^\tau-\alpha_1^\tau\mathrm{ER}_{it}-\sum_{k=2}^K\alpha_k^\tau X_{it}-\varepsilon_{it}^\tau\right)+\sum_{i=1}^I v_i \tag{10-6}$$

式中，ω_j 是第 j 个分位数的相对权重，它控制了第 j 个分位数对固定效应估计的贡献；ρ 是分位数损失函数。

环境规制对碳排放强度影响的分位数估计结果如图 10-2 所示。可以看出，不同条件分位数下环境规制的回归系数存在明显差异。其中，在 Q05 至 Q50 之间，环境规制对碳排放强度的抑制效应随着碳排放强度的增加而减弱；在 Q50 至 Q75 之间，其抑制效应有小幅增强的趋势；在分位数达到 Q90 时，环境规制对碳排放强度的影响几乎接近于 0，但超过 Q90 时，其抑制效应又有所增强。显然，相比于固定效应模型和随机效应模型，面板分位数回归模型能够揭示不同条件分布下环境规制对碳排放强度的影响。不仅如此，控制变量对碳排放强度的影响也随分位数的变化而显著不同，外商直接投资和经济发展水平对碳排放强度的负向影响总体上随分位数的提高而增强，而能源结构和产业结构对碳排放强度的正向影响总体上随分位数的提高而增强。

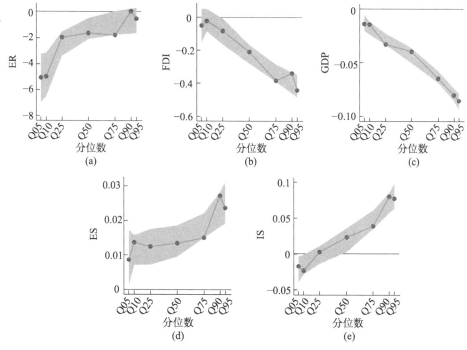

图 10-2　环境规制对碳排放强度影响的分位数估计结果

10.4.3　影响机制检验：基于中介效应模型

环境规制除了会直接影响碳排放强度以外，也可能会通过倒逼绿色技术进步，进而间接影响碳排放强度。因此，本节借助中介效应模型对上述可能的作用路径进行识别。借鉴邵帅等（2019）的做法，本节构建如式（10-7）至式（10-9）所示的三个回归方程所组成的中介效应模型。

$$\mathrm{CI}_{it} = a_0 + a_1 \mathrm{ER}_{it} + \sum_{j=2}^{k} a_j X_{it} + \mu_{it}^1 \tag{10-7}$$

$$GT_{it} = b_0 + b_1 ER_{it} + \sum_{j=2}^{k} b_j X_{it} + \mu_{it}^2 \qquad (10\text{-}8)$$

$$CI_{it} = c_0 + c_1 ER_{it} + c_2 GT_{it} + \sum_{j=3}^{k} c_j X_{it} + \mu_{it}^3 \qquad (10\text{-}9)$$

式中，GT 是绿色技术进步；其余变量与式（10-2）中的定义相同。根据 Baron 和 Kenny（1986）、温忠麟等（2004）对中介效应模型的原理阐述，若参数 a_1、b_1 和 c_2 均在统计上显著，且 c_1 相较 a_1 变小或在统计上不显著，则表明存在中介效应；若 c_1 相较 a_1 变小且在统计上显著，表明存在部分中介效应；若 c_1 相较 a_1 在统计上不显著，表明存在完全中介效应。在中介效应估计之前，先对中介变量的内容进行简要介绍。

本节借鉴 Song 和 Wang（2018）的研究，采用高级 SBM 模型定义绿色技术进步，即

$$\min \rho_B = \left\{ 1 - \frac{1}{m+t} \left(\sum_{i=1}^{m} \frac{s_{xi}^-}{x_{i0}} + \sum_{i=1}^{t} \frac{s_{ei}^-}{e_{i0}} \right) \right\} \bigg/ \left\{ 1 + \frac{1}{p+q} \left(\sum_{i=1}^{p} \frac{s_{yi}^+}{y_{i0}} + \sum_{i=1}^{q} \frac{s_{bi}^-}{b_{i0}} \right) \right\}$$

$$\text{s.t.} \sum_{j=1}^{n} \lambda_j x_{ij} + s_{xi}^- = x_{i0}, \quad i = 1, 2, \cdots, m$$

$$\sum_{j=1}^{n} \lambda_j e_{ij} + s_{ei}^- = e_{i0}, \quad i = 1, 2, \cdots, t$$

$$\sum_{j=1}^{n} \lambda_j y_{ij} - s_{yi}^+ = y_{i0}, \quad i = 1, 2, \cdots, p \qquad (10\text{-}10)$$

$$\sum_{j=1}^{n} \lambda_j b_{ij} + s_{bi}^- = b_{i0}, \quad i = 1, 2, \cdots, q$$

$$s_{xi}^-, s_{ei}^-, s_{yi}^+, s_{bi}^- \geqslant 0, \quad \lambda \geqslant 0$$

式中，x 是投入要素；e 是能源投入；y 是期望产出；b 是非期望产出；s 是松弛变量；ρ_b 是环境效率值。那么，减排偏向技术进步可定义为

$$GrT = \sqrt{ \frac{\rho_B^S(x_S, y_S) \big/ \rho_B^S(x_T, y_T)}{\rho_B^T(x_S, y_S) \big/ \rho_B^T(x_T, y_T)} \bigg/ \frac{\rho_X^S(x_S, y_S) \big/ \rho_X^S(x_T, y_T)}{\rho_X^T(x_S, y_S) \big/ \rho_X^T(x_T, y_T)} } \qquad (10\text{-}11)$$

式中，S 和 T 是两个不同的时期；ρ_X 是通过可变规模报酬的数据包络分析模型计算得到的效率值。同样地，减排偏向技术进步的曼奎斯特指数可定义为

$$GsT = \sqrt{ \frac{\rho_E^S(x_S, y_S) \big/ \rho_E^S(x_T, y_T)}{\rho_E^T(x_S, y_S) \big/ \rho_E^T(x_T, y_T)} \bigg/ \frac{\rho_X^S(x_S, y_S) \big/ \rho_X^S(x_T, y_T)}{\rho_X^T(x_S, y_S) \big/ \rho_X^T(x_T, y_T)} } \qquad (10\text{-}12)$$

式中，ρ_E 是使用数据包络分析模型计算的能源效率值。绿色技术进步不仅可以实现污染减排，也可以在给定期望产出的情况下减少能源投入。因此，我们将绿色技术进步定义为

$$GT = \sqrt{GrT \times GsT} \qquad (10\text{-}13)$$

本节的投入要素包括劳动、资本和能源，产出包括地区生产总值和二氧化碳排放。劳动投入采用各地区就业人数表示，数据来源于 Wind 数据库；资本存量按照"永续盘存法"推算，数据来源于《中国统计年鉴》；能源、地区生产总值与二氧化碳排放等数据见 10.2.2

节和 10.2.3 节。

　　绿色技术进步的中介效应检验结果如表 10-12 所示。其中，第（1）列是环境规制对碳排放强度的总效应，第（2）列是环境规制对碳排放强度的中介效应，第（3）列是同时考虑环境规制和绿色技术进步对碳排放强度的影响。

表 10-12　绿色技术进步的中介效应检验结果

变量	（1） CI	（2） GT	（3） CI
ER	−5.117*** (0.000)	−0.089 (0.597)	−5.122*** (0.000)
GT			−0.056 (0.849)
常数项	231.010*** (0.000)	−1.505 (0.868)	230.925*** (0.000)
样本量	360	360	360

注：括号内为 P 值

***表示在 1%水平上显著

　　可以看出，环境规制对碳排放强度具有显著的负向影响，但环境规制对绿色技术进步的影响并不显著，这表明绿色技术进步不是环境规制影响碳排放强度的有效路径。事实上，第（3）列中绿色技术进步对碳排放强度的影响同样没有通过显著性检验。我们进一步计算了中介效应、直接效应和总效应（表 10-13）。可以看出，中介效应占总效应的百分比接近于 0，且中介效应仅为 0.006，在统计上不显著，这与绿色技术进步的中介效应检验结果完全一致。

表 10-13　中介效应、直接效应与总效应

类型	平均值	95%置信区间
中介效应	0.006	[−0.105, 0.127]
直接效应	−5.102	[−7.066, −3.300]
总效应	−5.096	[−7.056, −3.333]
中介效应占总效应比重	−0.001	[−0.002, −0.001]

10.5　应用案例主要结论

　　本章主要是基于第 9 章的理论分析，以 2005～2016 年中国 30 个地区的环境规制对碳排放强度的影响为案例，分别围绕经典假设下的固定效应和随机效应模型、放宽假设下的FGLS、面板门槛回归模型、面板分位数回归模型和中介效应模型对其进行了系统讨论。

　　首先，通过文献梳理与理论分析，本章构建了环境规制影响碳排放强度的计量经济模型，详细介绍了指标选取依据及相应数据的处理。

其次，从自相关性、异方差性和多重共线性三个方面对经典假设进行了检验，检验结果表明模型存在显著的自相关性和异方差性。因此，分别对比了经典假设下的固定效应和随机效应模型与放宽假设下的 FGLS 的估计结果，证实了在存在自相关性和异方差性的背景下，采用 FGLS 对估计结果进行修正的必要性。

最后，围绕环境规制对碳排放强度的影响做了进一步讨论，分别借助面板门槛回归模型、面板分位数回归模型和中介效应模型，讨论了其经济异质性、条件分布差异和影响机制。通过对检验结果的分析，我们详细说明了上述模型的基本特征和适用范围，以及上述模型与基准估计模型的区别。

参 考 文 献

马国群, 谭砚文. 2021. 环境规制对农业绿色全要素生产率的影响研究——基于面板门槛模型的分析[J]. 农业技术经济, (5): 77-92.

邵帅, 李欣, 曹建华. 2019. 中国的城市化推进与雾霾治理[J]. 经济研究, 54(2): 148-165.

宋马林, 陶伟良, 翁世梅. 2021. 区域产业升级、政府创新支持与能源生态效率的动态关系研究: 淮河生态经济带的实证分析[J]. 中国地质大学学报(社会科学版), 21(4): 119-132.

温忠麟, 张雷, 侯杰泰, 等. 2004. 中介效应检验程序及其应用[J]. 心理学报, (5): 614-620.

杨光磊. 2018. 区域异质性视角下环境规制对绿色技术进步的影响研究[D]. 西安石油大学硕士学位论文.

Ang B W, Liu F L. 2001. A new energy decomposition method: perfect in decomposition and consistent in aggregation[J]. Energy, 26(6): 537-548.

Ang B W, Zhang F Q, Choi K H. 1998. Factorizing changes in energy and environmental indicators through decomposition[J]. Energy, 23(6): 489-495.

Baron R M, Kenny D A. 1986. The moderator-mediator variable distinction in social psychological research: conceptual, strategic, and statistical considerations[J]. Journal of Personality and Social Psychology, 51(6): 1173.

Bilgili F, Koçak E, Bulut Ü, et al. 2017. The impact of urbanization on energy intensity: panel data evidence considering cross-sectional dependence and heterogeneity[J]. Energy, 133: 242-256.

Boyd G A, Mcclelland J D. 1999. The impact of environmental constraints on productivity improvement in integrated paper plants[J]. Journal of Environmental Economics and Management, 38(2): 121-142.

Brunnermeier S B, Cohen M A. 2003. Determinants of environmental innovation in US manufacturing industries[J]. Journal of Environmental Economics and Management, 45(2): 278-293.

Grossman G M, Krueger A B. 1995. Economic growth and the environment[J]. The Quarterly Journal of Economics, 110(2): 353-377.

Guo L, Wang Y. 2018. How does government environmental regulation "unlock" carbon emission effect?—evidence from China[J]. Chinese Journal of Population Resources and Environment, 16(3): 232-241.

Hansen B E. 1999. Threshold effects in non-dynamic panels: estimation, testing, and inference[J]. Journal of Econometrics, 93(2): 345-368.

Horbach J. 2008. Determinants of environmental innovation—new evidence from German panel data sources[J]. Research Policy, 37(1): 163-173.

Hou J, Teo T S. H, Zhou F L, et al. 2018. Does industrial green transformation successfully facilitate a decrease in carbon intensity in China? An environmental regulation perspective[J]. Journal of Cleaner Production, 184: 1060-1071.

Koenker R. 2004. Quantile regression for longitudinal data[J]. Journal of Multivariate Analysis, 91(1): 74-89.

Moutinho V, Madaleno M, Inglesi-lotz R, et al. 2018. Factors affecting CO_2 emissions in top countries on renewable energies: a LMDI decomposition application[J]. Renewable and Sustainable Energy Reviews, 90: 605-622.

Porter M E. 1991. Towards a dynamic theory of strategy[J]. Strategic Management Journal, 12(S2): 95-117.

Rubashkina Y, Galeotti M, Verdolini E. 2015. Environmental regulation and competitiveness: empirical evidence on the Porter Hypothesis from European manufacturing sectors[J]. Energy Policy, 83: 288-300.

Sinn H W. 2008. Public policies against global warming: a supply side approach[J]. International Tax and Public Finance, 15(4): 360-394.

Smulders S, Tsur Y, Zemel A. 2012. Announcing climate policy: can a green paradox arise without scarcity?[J]. Journal of Environmental Economics and Management, 64(3): 364-376.

Song M L, Wang S H. 2018. Measuring environment-biased technological progress considering energy saving and emission reduction[J]. Process Safety and Environmental Protection, 116: 745-753.

Su B, Ang B W, Low M. 2013. Input-output analysis of CO_2 emissions embodied in trade and the driving forces: processing and normal exports[J]. Ecological Economics, 88: 119-125.

Tone K. 2001. A slacks-based measure of efficiency in data envelopment analysis[J]. European Journal of Operational Research, 130(3): 498-509.

Wang Q W, Hang Y, Su B, et al. 2018. Contributions to sector-level carbon intensity change: an integrated decomposition analysis[J]. Energy Economics, 70: 12-25.

Yang G L, Zha D L, Wang X J, et al. 2020a. Exploring the nonlinear association between environmental regulation and carbon intensity in China: the mediating effect of green technology[J]. Ecological Indicators, 114: 106309.

Yang G L, Zha D L, Zhang C Q, et al. 2020b. Does environment-biased technological progress reduce CO_2 emissions in APEC economies? Evidence from fossil and clean energy consumption[J]. Environmental Science and Pollution Research, 27(17): 20984-20999.

Zha D L, Yang G L, Wang Q W. 2019. Investigating the driving factors of regional CO_2 emissions in China using the IDA-PDA-MMI method[J]. Energy Economics, 84: 104521.

Zhou P, Ang B W. 2008. Decomposition of aggregate CO_2 emissions: a production-theoretical approach[J]. Energy Economics, 30(3): 1054-1067.

第 11 章

多重时间尺度分析：理论基础

在本章中，我们将学习从一个新的视角处理经济、金融中的时间序列变量——研究它们在不同周期下的性质。在之前章节或经典计量经济学的学习中，时间序列变量被理所当然地视为关于时间的函数，然而通过本章的学习，我们会发现这些经济、金融变量的变化趋势可能由不同的周期趋势叠加而形成，这些时间序列变量不仅是关于时间的函数，更是关于时间周期（或频率）的函数。不同时间周期跨度下经济、金融时间序列变量的性质可能会发生变化，我们称这种分析方式为多重时间尺度分析。在本章中，我们将要学习如何识别时间序列变量中混叠的周期趋势成分、如何提取出某一变量中我们想要的周期趋势成分，以及简要地介绍多重时间尺度分析能帮助我们做何种经济学研究工作。本章以 $f(t)$ 表示经济时间序列，不再强调它是一个随机过程的样本值。

11.1 经济变量的周期特征与时间尺度

11.1.1 时间序列经济变量的周期特征

在经济学学习过程中，常常会遇到"长期"与"短期"的概念，我们称这种周期为时间尺度，长时间尺度就是长期，短时间尺度就是短期。例如，完全竞争市场的长期均衡是指厂商在较长的周期下可以通过改变所有要素的投入数量从而实现利润最大化的一种平衡，而短期均衡是指厂商在短期内不可调整固定成本，只能通过改变可变成本实现均衡。可见，当我们置身于不同的时间尺度（如"长期""中期""短期"等）时，我们所研究的经济变量的性质可能会发生比较大的改变，如果不考虑时间尺度就进行实证分析可能不利于挖掘隐藏在不同周期下的独特规律。

经济学不同学派中关于时间尺度的争论屡见不鲜。古典政治经济学认为"市场是看不见的手"，强调政府不应该过分干预市场，市场运行机制总能在长期达到一个高效率的均衡状态。然而，随着 20 世纪 30 年代资本主义世界大萧条所带来的严重的经济危机，奉行政府干预政策的"凯恩斯主义"成为当时美国政府决策的主导思想。凯恩斯所奉行的经济学思想事实上就是一种短期政府调控的思路，这和古典政治经济学信任市场长期会自我纠正的想法截然相反。凯恩斯在与古典政治经济学家争论时讽刺道，"一群人航行在大海上，当海水波涛汹涌而船将倾覆之时，船上的人纷纷设法拯救船只。然而有人说'不用担心，从长期来看，大海终将会风平浪静'"。可见关于时间尺度的讨论，伴随着经济学的发展。实际上，正是人的信念的差异造成了不同周期下经济变量变化的差异。例如，利率期限结构反映了直接购买 10 年期债券和连续购买两个 5 年期债券之间的收益差异，这种差异反映出不同投资周期下市场参与者信念的异质性。在股市中，我们常常看到投资者采用"日线""月线"或"年线"观察某一个股票的价格走势。一般"日线"的趋势性较小而波动较大，展现出高频短周期信号的特征；"年线"的变化具有明显的趋势性，展现出低频长周期信号的特征。此外，诸如 GDP 等指标，其局部（较小的时间尺度）变动和全局（较长的时间尺度）变动也不尽相同，中国近些年 GDP 增速有所放缓，而从 40 余年的长期跨度来看，改革开放拉动出了震惊世人的经济奇迹。

　　我们以美国政治经济不确定性指数（https://www.policyuncertainty.com/）为例，进一步阐明不同时间尺度下经济变量的异质性特征（图 11-1）。假设一个长期、一个短期投资者要在 t_0 日购买黄金这种避险资产，投资者购买黄金的动机主要是为了规避政治经济不确定性所带来的风险。对于一个长期投资者来说，假设他的投资周期长度为 $(t_2 - t_0)$ 天，那么在 $(t_2 - t_0)$ 天的时间尺度下，美国政治经济不确定性指数的变化率为 $(t_2 - t_0)/t_0$，从图（11-1）中可看出该变化率不大。对于一个短期投资者来说，假设他的投资周期长度为 $(t_1 - t_0)$ 天，那么在以 $(t_1 - t_0)$ 天的时间尺度之下，美国政治经济不确定性指数的变化率为 $(t_1 - t_0)/t_0$，该变化率远小于 0。在这两种情况下，短期投资者会认为政治经济形势是较为动荡的，他会选择购买黄金，而长期投资者则认为政治经济形势平稳，不太愿意配置黄金。假设黄金市场只有这两类投资者，如果市场中短期投资者多，那么在 t_0 时刻购买黄金的人会多，黄金价格在 t_0 时刻会上涨。如果市场中长期投资者较多，那么在 t_0 时刻购买黄金的人会很少，黄金价格在 t_0 时刻不太会上涨。可见，由于投资者不同的信念与风险偏好，不同时间尺度下经济、金融变量可能会呈现出不同的特征。

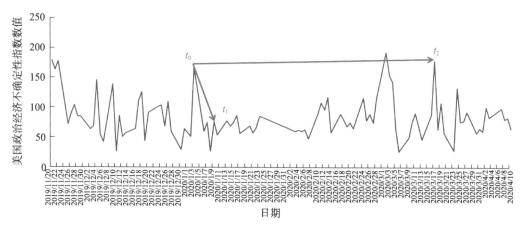

图 11-1　不同时间尺度下美国政治经济不确定性指数的异质性特征

继续以黄金市场案例来思考多重时间尺度分析的重要性，我们依然假设黄金市场中有两类投资者［短期投资者的投资周期长度为 $(t_1 - t_0)$ 天，长期投资者投资周期长度为 $(t_2 - t_0)$ 天］，且投资者对于黄金市场的投资信念主要来自美国政治经济不确定性指数。如果黄金市场仅包含短期投资者，那么黄金价格的轨迹为 $f_s(t)$；如果黄金市场仅包含长期投资者，那么黄金价格的轨迹为 $f_l(t)$。由于政治经济不确定性指数这种宏观变量呈现出一定的周期性，$f_s(t)$ 和 $f_l(t)$ 的轨迹也会呈现出一定的周期性，或者说两者的轨迹会处于某一个频率段之内。假如黄金市场混叠了两类投资者，那么此时黄金的价格曲线 $f(t)$ 是由两种不同的价格以某种复杂的形式（如某一种变换 h）叠加而成的，即 $f(t) = h(f_s(t), f_l(t))$。我们观测到的黄金价格序列是 $f(t)$，然而对于短期投资者来说有用的价格序列是 $f_s(t)$，因为 $f_s(t)$ 反馈了所有关于投资周期为 $(t_1 - t_0)$ 天的信息，而对于 $f(t)$ 中受到 $f_l(t)$ 驱动的因素短期投资者并不关心。类似地，长期投资者也只关心 $f(t)$ 中受到 $f_l(t)$ 驱动的因素。

由于我们只能观察到原始的经济变量时间序列 $f(t)$，仅采用某种计量经济学模型分析原始时间序列只能给出反映市场全貌的结论，这种结论可以给宏观政策制定者一定的启示，但对于只关心自身投资周期下市场变动规律的短期或长期投资者来说，他们更想知道经济变量短期的时间序列轨迹 $f_s(t)$ 或长期的时间序列轨迹 $f_l(t)$ 的规律。以黄金市场为例：长期投资者并不关心黄金价格的短期下降；而短期投资者只在意黄金价格在短期内的变化，黄金价格的长期变化趋势并不能影响他们的风险偏好。

在上述简单的例子中，黄金市场的价格变动同时受到短期投资者和长期投资者的信念影响，不同投资周期投资者的信念差异主要来自不同时间尺度下美国政治经济不确定性指数这一宏观变量的变化特征。然而在更加复杂的经济系统中，投资者对于投资周期的认知差异可能来自多个宏观经济变量，而非单一变量。

11.1.2 傅里叶变换与频谱分析

在这一节中，我们简要介绍如何利用傅里叶变换检测一个经济时间序列变量 $f(t)$ 的频率（周期）成分，以及如何进行频谱分析。在 11.1.1 节中，我们了解到无论是资产价格或宏观经济变量都可能由众多不同周期长度变化的序列所叠加而成，而周期、频率和时间尺度是三位一体并且可相互转换的概念，时间尺度也就是周期，周期和频率互为倒数，检测一个经济时间序列变量的周期就是检测它的频率成分。举一个例子，如果一个周期变化的宏观时间序列变量的表达式为

$$f_i(t) = 22\sin(2\pi t) + 50\sin\left(2\pi \times \frac{1}{12} t\right) + 10\sin\left(2\pi \times \frac{1}{120} t\right) \qquad (11\text{-}1)$$

可以看出，该宏观时间序列变量由三个简单的三角函数（为了更加贴近时间序列变化的概念，后文中也称三角函数为谐波）所代表的周期变动成分叠加形成。如果离散的 t 的变化单位是月（采样频率是月），那么 $22\sin(2\pi t)$ 代表 1 个月长度周期之下宏观变量的变化趋势，$50\sin\left(2\pi \times \frac{1}{12} t\right)$ 代表 12 个月（1 年）长度周期之下宏观变量的变化趋势，$10\sin\left(2\pi \times \frac{1}{120} t\right)$

则代表 120 个月（10 年）长度周期之下宏观变量的变化趋势。对于一个投资周期长度为 10 年的投资者来说，$f_t(t)$ 序列中频率为 $2\pi \times \dfrac{1}{120}$ 或 $\dfrac{1}{120}$ 赫兹的成分更加有意义。如果我们要针对 10 年期长度的时间尺度研究这个宏观经济变量的变动特征，就需要过滤掉其他周期成分的信息，也就是让其他周期成分的信息变为 0，即

$$f_t(t) = 0 \times \sin(2\pi t) + 0 \times \sin\left(2\pi \times \frac{1}{12}t\right) + 10\sin\left(2\pi \times \frac{1}{120}t\right) \tag{11-2}$$

所以对于由多个谐波所构成的一元时间序列，我们想要判断它在某一个时间尺度下或某个时间尺度范围内的变动特征，只需要将该时间尺度以外的频率成分剔除即可。

　　在实际应用中，经济变量并非总是如式（11-1）那样直接展现出由谐波叠加的特征，甚至我们无法了解它的具体表达式。我们知道三角函数是最典型的周期函数，并且根据傅里叶级数相关知识，任何一个函数或时间序列变量 $f(t)$（$t \in [-a, a]$）都可以表达成傅里叶级数的形式，即

$$f(t) = a_0 + \sum_{k=1}^{\infty}\left(a_k \cos\left(\frac{k\pi t}{a}\right) + b_k \sin\left(\frac{k\pi t}{a}\right) \right), \quad a_0, a_k, b_k \in \mathbb{R} \tag{11-3}$$

对于一般的时间序列变量，我们习惯于将初始化的时点设为 0。如此，时间序列变量 $f(t)$（$t \in [0, a]$）可以被表达为

$$\begin{aligned}
f(t) &= a_0 + \sum_{k=1}^{\infty} a_k \cos\left(\frac{k\pi t}{a}\right), \ 0 \leqslant t \leqslant a \\
a_0 &= \int_0^a f(t)\mathrm{d}t \\
a_k &= \int_0^a f(t)\cos\left(\frac{k\pi t}{a}\right)\mathrm{d}t
\end{aligned} \tag{11-4}$$

式中，$\dfrac{k\pi t}{a}$ 是频率；a_k 是振幅（有时也称为包络）；a_0 可以理解为直流成分。因为此时 $k = 0$，即频率为 0。式（11-4）说明，一个时间序列变量可以由众多不同频率的余弦谐波所组成，由此暗含了两点启示。其一，对于一个时间序列变量 $f(t)$，我们可以检测其周期成分，了解它周期变动的性质。试想，如果式（11-4）中右侧某一个项的振幅系数 a_k 非常大，而其他项的振幅系数非常小，那么我们可以认为这个经济时间序列变量主要以 $\dfrac{a}{2k}$ 期长度（如果经济时间序列变量的单位是天/周/年的话，那么就是 $\dfrac{a}{2k}$ 天/周/年长度）为变化周期。所以如果对式（11-4）中不同频率余弦谐波的振幅进行检测，就可以了解经济时间序列中哪些周期成分占据主导。其二，利用式（11-4）我们只能找到 k 为整数的频率，而且理论上需要计算接近无数次，才能完全了解具体哪些频率的振幅比较高。为了准确且简便地获取任意频率下的振幅数值，我们需要引入傅里叶变换对时间序列变量 $f(t)$ 进行分析。

　　傅里叶变换（或者更加广义的傅里叶分析）可以帮助我们精准找到一个经济时间序列变量中任意频率成分的振幅数值，并且计算十分简便。学习傅里叶变换的基础是复变函数

相关知识，诸多关于复变函数与积分变换、数字信号处理及调和分析的教材提供了关于傅里叶变换的详细介绍（Bloomfield, 2004; Proakis and Manolakis, 2001; Stein and Shakarchi, 2010, 2011），且国内也已出版了它们的译本，本书在此不详细介绍傅里叶变换的原理。对于经济时间序列变量 $f(t)$ 而言，傅里叶变换是一种线性积分变换，用于将时间函数的图像在时域–振幅和频域–振幅之间变换。若 $f(t)$ 连续可微，且 $\int f(t)dt < \infty$，则 $f(t)$ 的傅里叶变换 $\mathcal{F}[f](\omega)$ 为

$$\mathcal{F}[f](\omega) = \frac{1}{\sqrt{2\pi}} \int f(t) e^{-i\omega t} dt \qquad (11\text{-}5)$$

变换后的函数 $\mathcal{F}[f](\omega)$ 是一个关于频率 ω（弧度/秒）的函数，注意 $\mathcal{F}[f](\omega)$ 的数值可能是复数，即 $\mathcal{F}[f](\omega):\mathbb{R} \to \mathbb{C}$。我们所熟悉的经济时间序列变量大多是实数，且非偶函数，其傅里叶变换后的函数一定是一个复数。结合式（11-4），我们可以这样解读 $f(t)$ 的傅里叶变换：经济时间序列变量 $f(t)$ 是由很多类似于式（11-4）的不同频率或相位的余弦谐波所叠加组成的，这些余弦波不再如式（11-4）一样是离散且有规律地间隔变化的，而是连续变化的。

假如 $f(t)$ 的余弦级数分解构成中有一项是 $a_1 \cos(\omega_1 t + \varphi_1)$，其中 a_1 是振幅、ω_1 是频率（弧度/秒）、φ_1 是相位，那么对 $f(t)$ 进行如式（11-5）的傅里叶变换可以得到 $\|\mathcal{F}[f](\omega_1)\| = a_1$。注意，这里必须给 $\|\mathcal{F}[f](\omega_1)\|$ 加上模，因为 $\mathcal{F}[f](\omega_1)$ 的数值是复数。

傅里叶变换 $\mathcal{F}$ 还有相应的逆变换 $\mathcal{F}^{-1}$，当我们得到一个显示频域–振幅成分的函数 $g(\omega)$ 后，可以通过逆傅里叶变换得到对应的时域–振幅函数 $\mathcal{F}^{-1}[g](t)$。我们这里给出傅里叶变换的逆变换形式：若 $f(t)$ 连续可微，且 $\int f(t)dt < \infty$，$f(t)$ 的傅里叶变换为 $\mathcal{F}[f](\omega)$，则

$$\mathcal{F}^{-1}[\mathcal{F}[f]](t) = \frac{1}{\sqrt{2\pi}} \int \mathcal{F}[f](\omega) e^{i\omega t} dt \qquad (11\text{-}6)$$

或者对于一个频域–振幅函数 $g(\omega)$，其傅里叶逆变换为

$$\mathcal{F}^{-1}[g](t) = \frac{1}{\sqrt{2\pi}} \int g(\omega) e^{i\omega t} dt \qquad (11\text{-}7)$$

通过傅里叶变换，我们可以得到某个经济时间序列变量 $f(t)$ 的频域–振幅图。通过观察频域–振幅图，我们可以了解某个经济时间序列变量 $f(t)$ 的频率成分，从而了解其周期性质。所有波都可由简谐波叠加而来，傅里叶变换实质上是对某一复杂波的组成成分进行分析，即将复杂波分离为不同频率的简谐波。

频谱分析，就是不再看时间序列变量 $f(t)$ 随着时间的变化趋势，而是观察 $f(t)$ 包含哪些频率成分的三角谐波。其目的有两点：一是了解 $f(t)$ 由哪些周期趋势叠加而成，找到 $f(t)$ 的主要变化周期，并围绕周期进行实证分析；二是在采用某种计量经济学或数学模型对 $f(t)$ 进行趋势分解后，测定分解出的子序列具体的周期数值范围（而非含糊地使用"短期""中期""中长期"等字眼形容某个子序列），定量地揭示子序列的周期特征。

在实证研究中，我们所遇到的时间序列常常是离散非对称时间序列，要测定它的频率成分一般采用快速傅里叶变换（fast Fourier transform，FFT）算法。在 11.4 节中，我们将介绍如何使用 MATLAB 软件和 R 语言进行 FFT 运算。简单来说，FFT 就是对离散时间序列测定其频率成分的一种算法，其核心依然是式（11-5）。离散时间序列的傅里叶变换也存在逆变换，即 FFT 也存在逆算法——逆快速傅里叶变换（inverse fast Fourier transform，IFFT）。利用 FFT 算法，我们可以很方便地测定离散经济时间序列的频率成分。FFT 算法是多重时间尺度分析过程中一个非常重要的工具，因为在实证中我们基本都将经济时间序列看作离散的。FFT 是傅里叶变换的一种特殊形式，所以它符合傅里叶变换的一切性质，并且一个实数序列经过 FFT 以后也会得到一个复数序列。在这里，我们不加证明地给出一个公式：令离散非周期经济时间序列变量 $f(t) \in \mathbb{R}$（$t = 1, 2, \cdots, T$）的 FFT 后的结果为 $\mathcal{F}^{\mathrm{FFT}}[f](\omega) \in \mathbb{C}$，那么对于 $f(t)$ 中不同频率（$\omega \in \mathbb{R}$）谐波的振幅 $a(\omega) \in \mathbb{R}$，有

$$a(\omega) = \frac{2\left\|\mathcal{F}^{\mathrm{FFT}}[f](\omega)\right\|}{T} \tag{11-8}$$

式中，$\|\cdot\|$ 是复数的模。举个例子，如果某个经济指数运动过程为

$$f(t) = 0.7\sin\left(2\pi \times 100t + \frac{\pi}{4}\right) + \sin(2\pi \times 400t) + 2t, \quad t = 1, 2, \cdots, 1000 \tag{11-9}$$

其在 FFT 后的频域–振幅图如图 11-2 所示。假设式（11-9）中的时间序列周期长度是 1000 天，采样周期是 $1/1000$，采样频率是 1 赫兹，那么式（11-9）即包含一个周期长度为 $1000 / 100$ 赫兹 = 10 天的子成分 $0.7\sin\left(2\pi \times 100t + \frac{\pi}{4}\right)$、一个周期长度为 1000/400 赫兹 =2.5 天的子成分 $\sin(2\pi \times 400t)$，以及一个非周期成分 $2t$。非周期成分可以看成一个周期无限长的具有 0 赫兹频率的"直流"信号。在图 11-2 中，我们可以发现 400 赫兹位置的振幅大小是 1，而 100 赫兹位置的振幅大小是 0.7；此外，0 赫兹的位置也拥有振幅，这一部分所代表的正是周期无限长的非周期成分 $2t$ 的频率成分。

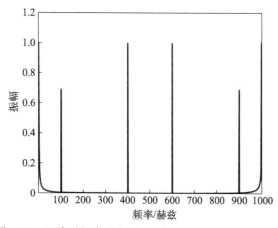

图 11-2 经济时间序列变量 $f(t)$ 在 FFT 后的频域–振幅图

注意在 600 赫兹、900 赫兹和 1000 赫兹处，也有与 400 赫兹、100 赫兹、0 赫兹处相同的振幅，且整个图形关于 500 赫兹对称。这种现象称为假频（alias），这是由抽样数据产生的频率上的混淆。某一频率的输入信号在每个周期的抽样数少于两个时，在系统的输出端就会被看作另一频率信号的抽样。假频的来源分析需要一定的数学基础，读者可以认为其根本的原因是三角谐波关于 $\frac{\pi}{2}+2k\pi$（ $k \in \mathbb{N}$ ）对称，即

$$\sin\left(2k\pi + \frac{\pi}{2} + \alpha\right) = \cos(2k\pi + \alpha), \ \ k \in \mathbb{N}$$
$$\cos\left(2k\pi + \frac{\pi}{2} + \alpha\right) = -\sin(2k\pi + \alpha), \ \ k \in \mathbb{N}$$

（11-10）

举个简单的例子，对于复信号 $A(\omega)\mathrm{e}^{i\omega t}$ 中的 $ia_n \sin\left(\frac{\pi}{2}+\alpha\right) + b_n \cos\left(\frac{\pi}{2}+\alpha\right)$ 项，我们会计算出它的振幅和 $ia_n \sin(\alpha) + b_n \cos(\alpha)$ 项相同，从而导致假频现象的出现。我们在分析时间序列变量 $f(t)$ 的周期成分时，只需要观察整个频域–振幅图的一半即可，不用分析假频部分。当然，如果式（11-9）中存在一个超过 500 赫兹的谐波项，如添加一项 $0.36\sin(2\pi \times 800t)$ ，那么我们就将会在 200 赫兹和 800 赫兹的地方同时观察到有一个高度为 0.36 的竖线。这涉及采样频率选择的问题，对于一般的经济时间序列，分析其频率成分时，一般不会遇到类似情况。

11.1.3 多重时间尺度分析理论

在 11.1.1 节和 11.1.2 节的介绍中，我们了解到经济、金融等时间序列变量的变动趋势常常暗含着周期变化的规律，并且可以采用傅里叶变换等分析方式识别这些变量的周期特征。在了解这些性质后，我们在本节进一步讨论什么是多重时间尺度分析及我们能用多重时间尺度分析完成哪些工作。

多重时间尺度分析，有时也被称为多尺度分析，是指利用经济、金融时间序列变量中包含的不同周期成分的特征，将所观测的经济、金融时间序列分解成代表不同频率或周期的子序列，通过对子序列进行建模从而挖掘出原始观测序列所隐含的信息的分析方法。随着金融物理学、经济物理学方法论的流行，多重时间尺度分析被广泛应用于经济变量预测、投资周期异质性分析与不同周期下经济变量间复杂关系的分析等。

1. 多元时间序列多重时间尺度下的溢出效应

经济时间序列变量之间的互动关系非常复杂，一个非常重要的互动关系是指变量之间的溢出效应（spillover effect）。以二元时间序列变量 $f_A(t)$ 和 $f_B(t)$ 为例， $f_A(t)$ 对 $f_B(t)$ 的溢出效应是指， $f_A(t)$ 过去的信息会影响 $f_B(t)$ 未来的分布，令 t 时刻 $f_B(t)$ 的分布函数为 $F_{B,t}(f_B(t))$ ，则溢出效应用数学语言表达，即

$$F_{B,t}(f_B(t)) \neq F_{B|A,t}(f_B(t) \mid f_A(t-1), f_A(t-2), f_A(t-3), \cdots) \tag{11-11}$$

从式（11-11）可以看出，只要 $f_B(t)$ 的无条件分布 $F_{B,t}$ 和基于 $f_A(t)$ 的条件分布 $F_{B|A,t}$ 发

生变化，那么我们就认为时间序列变量 $f_A(t)$ 对 $f_B(t)$ 有溢出效应，通俗地说，就是在统计意义上 $f_A(t)$ 影响了 $f_B(t)$，或者在统计意义上 $f_A(t)$ 是 $f_B(t)$ 变动的原因。这种影响是具有先导–滞后性的，$f_A(t)$ 的变动发生在前，而 $f_B(t)$ 的变动发生在后。

如果因为条件变量中包含了 $f_A(t)$ 过去的信息，而导致 $f_B(t)$ 的均值发生了变化，那么我们就称 $f_A(t)$ 对 $f_B(t)$ 有均值溢出效应，即

$$\mathbb{E}_t(f_B(t)) \neq \mathbb{E}_t(f_B(t) \mid f_A(t-1), f_A(t-2), f_A(t-3), \cdots) \tag{11-12}$$

例如，在实证中有时我们会遇到利用 VAR 模型进行格兰杰因果检验，这种因果检验实际上就是检验均值溢出效应。如果因为条件变量中包含 $f_A(t)$ 过去的信息，而导致 $f_B(t)$ 的方差发生了变化，那么我们就称 $f_A(t)$ 对 $f_B(t)$ 有方差溢出效应，即

$$\mathbb{D}_t(f_B(t)) \neq \mathbb{D}_t(f_B(t) \mid f_A(t-1), f_A(t-2), f_A(t-3), \cdots) \tag{11-13}$$

有时我们还会考虑分布律的尾部特征，这种尾部特征揭示了某一个时间序列变量是否会发生极端值。同样地，如果因为条件变量中包含 $f_A(t)$ 过去的信息，而导致 $f_B(t)$ 的尾部分位数发生了变化，那么我们就称 $f_A(t)$ 对 $f_B(t)$ 有尾部溢出效应。可见，溢出效应包罗万象。抽象地说，对于 $f_B(t)$ 的某种风险测度或者统计测度（中心矩、下偏矩等），只要其与包含 $f_A(t)$ 过去信息的 $f_B(t)$ 的条件风险测度或条件统计测度有差异，那么我们就可以认为 $f_A(t)$ 对 $f_B(t)$ 有某种溢出效应。

除了二元时间序列，多元时间序列之间也存在溢出效应，即经济时间序列 $f_A(t-1)$，$f_A(t-2)$，$\cdots$，$f_B(t-1)$，$f_B(t-2)$，$\cdots$ 的前期数值对当期的 $f_X(t)$ 有溢出效应。有时，多元时间尺度下两两变量之间的交互影响或溢出传导会形成一个溢出网络。

多重时间尺度分析的重要功能便是揭示这种溢出关系在不同时间尺度下的特性。例如，从长期来看，广义货币 M2 的发行总是会影响银行的无风险利率，这种影响可以认为是一种均值溢出，而在短期，由于货币传导机制复杂，M2 的变动不一定会对银行无风险利率产生影响。再例如，原油是工业的血液，从长期来看原油价格的上涨会带动所有工业品价格的上涨，从而影响通货膨胀率，这就是长时间尺度下原油价格对通货膨胀率的溢出效应，而在短时间尺度下，这种直接的溢出效应很难被观察到。此外，一些研究还探索了基础设施与中国经济增长的长期关系、国际石油价格与中国经济增长之间长期与短期溢出关系的异质性等。

以上例子生动展示了经济时间序列变量间在不同时间尺度下的溢出效应可能不同。一种情况是，短时间尺度下变量间存在溢出效应，而随着时间尺度的增加，这种溢出效应可能会消失，这是因为这种溢出效应会在经济运行中被不同的反馈效应所均衡掉，如果一直存在某种溢出效应，那么将会出现比较严重的经济系统不稳定及社会不稳定，所以政府、家庭和企业等经济系统中的参与者会努力消除某种溢出。另一种情况是，短时间尺度下变量间不存在某种溢出效应，而随着时间尺度的增加，这种溢出效应可能会展现出来。这是因为经济系统运行非常复杂，也存在很多噪声行为，如战争、疫情等黑天鹅事件等，这些噪声行为阻碍了经济变量之间在短时间尺度下的影响路径，而从长时间尺度来看，这些噪

声行为都会消失，两个变量之间的溢出效应将会更加鲜明地展现出来。

利用多时间尺度分析探索变量之间的溢出效应，就是揭示并分析在不同时间尺度下某种溢出效应特征的异质性的过程。如果是揭示变量之间在不同时间尺度下的均值溢出特征，我们也可以将这种分析过程称为"多尺度均值溢出分析"，类似地，还有"多尺度波动溢出分析""多尺度尾部风险传染分析"等。以两个时间序列变量 $f_A(t)$ 和 $f_B(t)$ 为例，为了检测它们之间的溢出关系，我们采用如下方法。

第一步：对 $f_A(t)$ 和 $f_B(t)$ 进行周期成分分解，所分解的周期成分需要是我们所感兴趣的，并且保证 $f_A(t)$ 所分解出的各个子成分与 $f_B(t)$ 所分解出的各个子成分（子序列）代表着相同的周期趋势。

第二步：提取出 $f_A(t)$ 和 $f_B(t)$ 中代表着相同周期趋势的子成分（子序列），采用目标模型检验子成分之间的溢出效应关系。

例如，二元 BEKK-GARCH（BEKK 为 Baba-Engle-Eraft-Kroner 的缩写）模型可以检验两个时间序列变量之间的波动溢出效应（Engle and Kroner，1995），而小波变换方法（在11.2 节中会给出小波变换方法的介绍）可以提取出一个一元时间序列 $2^{k-1} \sim 2^k$（$k \in N^+$）期长度的子序列。如果想要探索黄金日度价格与原油日度价格在 64～128 天周期之下的波动溢出特征，我们只需要先用小波变换方法将黄金日度价格序列 64～128 天周期的子序列提取出，再将原油日度价格序列 64～128 天周期的子序列提取出，接着对所提取出的两个子序列构建 BEKK-GARCH 模型，通过观察关键系数显著与否，就可以判断黄金与原油在64～128 天长度的周期之下是否存在波动溢出效应。读者可以参考相关文献进一步了解多重时间尺度下的溢出效应（Dai et al.，2020，2021；Miao et al.，2022；Wang et al.，2020）。

2. 多元时间序列多重时间尺度下的联动效应

经济时间序列变量之间的互动关系中，除了溢出效应，还存在联动效应（co-movement effect）。以二元时间序列变量 $f_A(t)$ 和 $f_B(t)$ 为例，如果两个序列存在联动，则说明当期的 $f_A(t)$ 信息会影响当期 $f_B(t)$ 的分布律特征，反之亦然。令 t 时刻 $f_B(t)$ 的分布函数为 $F_{B,t}(f_B(t))$、$f_A(t)$ 的分布函数为 $F_{A,t}(f_A(t))$，我们用数学语言表示联动效应即

$$F_{B,t}(f_B(t)) \neq F_{B,t}(f_B(t) \mid f_A(t))$$
$$F_{A,t}(f_A(t)) \neq F_{A,t}(f_A(t) \mid f_B(t))$$

（11-14）

与溢出效应不同的是，联动效应更加强调时间序列之间当期的交互影响，这意味着两个变量之间因为彼此而产生的变动不具有先导-滞后性，因此我们在讨论联动特征时，不会去强调变量之间统计学上的因果关系。线性相关系数就是一种典型的联动关系，如果 $f_A(t)$ 和 $f_B(t)$ 之间的线性相关系数 ρ 非常接近 1，那么说明 $f_A(t)$ 和 $f_B(t)$ 的轨迹具有很强的同增同减特征。经济变量之间的联动特征大多是因为同时受到其他经济变量的影响，从而产生同样的变动。例如，在 2008 年 9 月至 12 月全球金融危机期间，以及 2020 年 3 月至 4月新冠疫情全球大暴发初期，全球多个主要经济体的股市同时出现了非常大的跌幅，呈现出非常高的联动特征。这背后的原因是全球经济贸易活动大幅衰退，债务违约链条不断传

染，投资者急需现金，由此引发大规模的从股票市场中提取现金的行为，这种宏观背景使得全球股市都出现了同步下跌。联动效应的重要研究领域之一是资产组合构建理论，包括套期保值比率的计算、资产组合权重的优化等。投资者常常用商品期货对商品现货进行套期保值，其中一个重要因素就是利用期货与现货之间的联动效应，只有期货与现货有着明确的同向运动或反向运动趋势，我们才能够利用期货进行套期保值。

多重时间尺度下的联动效应，就是探索联动效应在不同时间尺度下的特征，如原油与黄金作为金融属性非常高的商品，从长期来看，它们的联动效应非常大，而在短期内原油价格变动与黄金价格变动的方向可能并不一致。在期货–现货套期保值比率计算中，因为投资者的投资周期不同（如有的投资者投资周期是五天，有的投资者投资周期是五个月），需要探索期货与现货在不同时间尺度下的联动效应，从而告诉不同投资周期下的投资者最优的套期保值比率。

造成这种联动效应在不同时间尺度下存在异质性的原因主要是同时驱动几个经济时间序列变量变化的宏观因素在不同时间尺度下的影响力不同。例如，地缘政治危机、债务违约风险等因素在短时间尺度下影响力比较大，而在长时间尺度下不明显。全球经济以 10 年为尺度的通胀–通缩周期变化在短时间尺度下的影响力并不明显，只有在长时间尺度下才能显现出来。我们也可以将这种分析过程称为"多尺度联动溢出分析"。以两个时间序列变量 $f_A(t)$ 和 $f_B(t)$ 为例，为了检测它们之间的联动溢出关系，我们采用如下方法。

第一步：对 $f_A(t)$ 和 $f_B(t)$ 进行周期成分分解，所分解的周期成分需要是我们所感兴趣的，并且保证 $f_A(t)$ 所分解出的各个子成分与 $f_B(t)$ 所分解出的各个子成分（子序列）代表着相同的周期趋势。

第二步：提取出 $f_A(t)$ 和 $f_B(t)$ 中代表着相同周期趋势的子成分（子序列），采用目标模型检验子成分之间的联动效应关系。

二元 DCC-GARCH 模型可以检验两个时间序列变量之间的动态条件自相关性（Engle，2002），即两个时间序列变量 $f_A(t)$ 和 $f_B(t)$ 之间每时每刻变化的线性相关系数 ρ_t。我们可以采用变分模态分解（variational mode decomposition，VMD）方法（11.3 节将会介绍这种方法），分解出 $f_A(t)$ 和 $f_B(t)$ 各自不同周期的子序列。例如，经过 VMD 方法分解后，我们得到 $f_A(t)$ 的代表 120～250 天周期长度的子序列 $f_{A,1}(t)$，得到 $f_B(t)$ 的代表 115～260 天周期长度的子序列 $f_{B,1}(t)$（很多分解方法并不能给出周期长度完全一致的结果，只要它们接近即可），我们对 $f_{A,1}(t)$ 序列和 $f_{B,1}(t)$ 序列构建 DCC-GARCH 模型，所得出的 ρ_t 便是描述 $f_A(t)$ 和 $f_B(t)$ 在长时间尺度下的动态相关性特征。读者可进一步阅读 Wang 等（2020）了解变量之间的多尺度联动效应。

3. 基于多重时间尺度分析的时间序列分解–集成预测

基于多重时间尺度分析的时间序列预测方法在近些年引起广泛关注（Huang et al.，2021）。由于经济时间序列具有非常复杂的特征，如存在集群波动性、存在分形维度等一系列非线性特征，无论是采用机器学习模型还是计量经济学模型进行数据预测，都很难描绘并拟合时间序列的全部非线性特征。而基于多重时间尺度分析的时间序列分解集成预测方法，是将所要预测的时间序列变量分解为不同时间尺度的子序列，如长周期子序列具有记忆性特征与分形特征、短周期子序列具有集群波动性特征等，然后针对不同的时间尺度子序列的特殊统计特征，采用适应于该特征的模型进行预测，再采用某种集成方法，通过所得到的各个模态的预测值，计算出原始序列未来的预测值，具体步骤如下。

第一步：对 $f(t)$ 采用某种时间尺度分解方法进行分解，得到 n 个代表不同周期成分的子序列 $f_1(t), f_2(t), \cdots, f_n(t)$。此时，我们有 $f_1(t) + f_2(t) + \cdots + f_n(t) = f(t)$。

第二步：识别 $f(t)$ 各个子序列 $f_i(t)$ 的序列特征，采用适应于该子序列的预测工具对 $f_i(t)$（$i = 1, 2, \cdots, n$）的下一期进行预测，得到每一个代表不同周期成分的子序列的下一期预测值 $\hat{f}_1(t+1), \hat{f}_2(t+1), \cdots, \hat{f}_n(t+1)$。

第三步：将 $\hat{f}_1(t+1), \hat{f}_2(t+1), \cdots, \hat{f}_n(t+1)$ 采用某种方法集成（可以理解为一种合并），得到原始序列下一时刻的预测值 $\hat{f}(t)$。

在第 12 章中，我们将以一个详细的应用案例说明如何应用多重时间尺度分析方法进行经济时间序列的分解集成预测。

11.2 基于小波变换方法的经济变量多重时间尺度分析

自 20 世纪 80 年代小波这一强有力的数学工具被提出后，被广泛应用于数字信号处理及金融时间序列分析中，特别在对经济、金融时间序列进行降噪和提取特定周期成分，以及多时间变量之间的动态联动关系等问题上，小波成为解决此类问题的经典方法论（Boggess and Narcowich，2015；In and Kim，2013）。此外，由基于小波变换方法的经济变量多重时间尺度分析衍生出的小波神经网络、小波相干分析、小波相位图等工具也被广泛应用于金融变量预测、因果关系检测等实证分析中。

小波函数是一个在局部微小变动的函数，其名字形象地反映了它的特质。基于小波变换方法的经济变量多重时间尺度分析的原理，就是利用各种位置与尺度发生变化的小波函数族将一个混叠了不同频率信号（或混叠了不同周期成分）的经济、金融时间序列分解为一系列代表某一特定频率段（或周期成分）的子序列，这些子序列之和便是原始序列，而我们要研究的即这些子序列的性质。形象地说，原始序列 $f(t)$ 与各个子序列 $f_i(t)$ 之间的关系可以表达为

$$f(t) = f_1(t) + f_2(t) + f_3(t) + \cdots + f_n(t) \qquad (11\text{-}15)$$

式中，$f_i(t)$ 是某一特定周期范围的子序列，也是进行多重时间尺度分析的研究对象，由此实现对 $f(t)$ 的多重时间尺度分解。从式（11-15）的表达形式来看，基于小波变换方法的经济变量多重时间尺度分析和傅里叶级数分解的结构非常相似，有时我们也将基于小波变换方法的经济变量多重时间尺度分析称为小波多分辨率分析，且一般只有在小波变换方法的研究中，才使用多分辨率分析这一称呼。

接着我们将学习如何利用小波函数分解经济、金融时间序列变量 $f(t)$ ，并且将学习每一个子序列 $f_i(t)$ 的性质。国内外关于小波相关理论的书籍繁多，且多数教材数学化程度很高，经济管理专业研究生阅读难度较大，但同时小波理论又在经济管理研究领域有着丰硕成果，吸引着研究者在此方法上跃跃欲试。本书力求以简单通俗的语言让读者明白小波理论的工作原理，有进一步学习热情的读者可以阅读更加专业的书籍。

11.2.1　Haar 尺度函数与 Haar 小波函数

在使用电子产品时，我们常常会使用分辨率这个概念来描绘屏幕的清晰度。屏幕中的图像由众多微小的像素所组成，此处的分辨率也就是屏幕中像素点的个数。如果分辨率较低，那么说明屏幕中的像素点较少，我们只能看见屏幕中图像粗糙的样貌；如果分辨率较高，那么说明屏幕中的像素点较多，屏幕所呈现的图像则更加精细。因为屏幕的大小是确定的，像素点较少，可以认为每一个像素面积较大，而像素点较多，可以认为每一个像素面积较小。如果我们只想知道图像的大致样貌，而对图像的细节不感兴趣，那么我们可以采用面积大的像素来呈现图像。反之，如果我们想精准知道图像的细节，那么我们需要采用面积小的像素来呈现图像。

我们将以上的概念移植到所研究的经济时间序列变量 $f(t)$ 中， $f(t)$ 的轨迹就相当于屏幕中的图像。想了解 $f(t)$ 的长周期成分趋势，这相当于只对图像的粗糙样貌感兴趣，而不想了解其细节变动。想了解 $f(t)$ 的短周期成分趋势，这相当于只对图像的精细样貌感兴趣。在进一步了解如何去定义 $f(t)$ 的 "像素" 前，我们先了解 $f(t)$ 的 j 级阶梯函数 $f_j(t)$ ，即

$$f_j(t) = f\left(\frac{\lfloor j \times t \rfloor}{j}\right) \qquad (11\text{-}16)$$

我们以 $f(t) = \sin t + \sqrt{t}$ 为例，分别展示不同的 j 级阶梯函数 $f_j(t)$ ，见图 11-3。当 j 的数值越大时， $f_j(t)$ 的锯齿状特征越小， $f_j(t)$ 越精细。阶梯函数可以被认为是由函数

$$\phi(x) = \begin{cases} 1, & 0 \leqslant x < 1 \\ 0, & \text{其他} \end{cases} \qquad (11\text{-}17)$$

通过尺度变换、线性组合而形成的，即 $f_j(t) = \sum_{i=1}^{\infty} a_i \phi(jx - c_i)$ ，其中 $a_i \in \mathbb{R}$ ， $c_i \in \mathbb{R}$ 。由此，我们可以认为 $f_j(t)$ 是由 $\phi(jx)$ 构筑而成的，而 $\phi(jx)$ 可认为是构成 $f(t)$ 轨迹的 "像素"，或者我们也可以将 $\phi(jx)$ 说成构筑块。当 j 很小时，构筑块 $\phi(jx)$ 的形状非常 "粗"，而当 j 很大时，构筑块 $\phi(jx)$ 的形状非常 "细"。当需要了解 $f(t)$ 的粗糙变化时，我们可以将 $f(t)$ 转化为 j 很小的阶梯函数 $f_j(t)$ ，如图 11-3（a）所示，此时构筑块会非常 "粗"。这时 $f_j(t)$ 反映的是 $f(t)$ 的总体变化走势，或者说是长期变化走势，因为短期的细小变化并不能被 $f_j(t)$ 所描述。

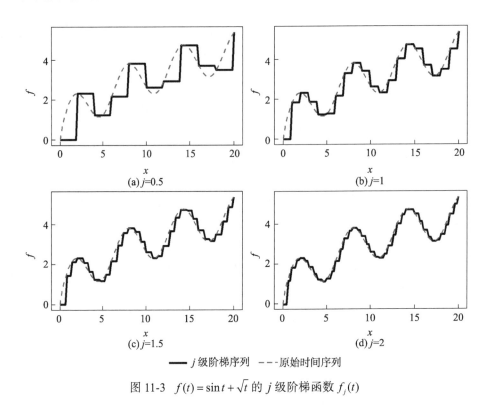

图 11-3 $f(t) = \sin t + \sqrt{t}$ 的 j 级阶梯函数 $f_j(t)$

而当需要了解 $f(t)$ 的精细变化时，我们可以将 $f(t)$ 转化为 j 很大的阶梯函数 $f_j(t)$，如图 11-3（d）所示，此时构筑块会非常 "细"，我们便可以观察到 $f(t)$ 的短期变化。由此，我们可以将阶梯函数构筑块 $\phi(jx)$ 的宽窄对应于屏幕中像素面积的大小。

重新观察式（11-15），如果要把 $f(t)$ 分解成 n 个代表不同周期成分的 $f_i(t)$ 之和，记作 $f(t) = \sum_{i=1}^{n} f_i(t)$，可以先用 j 比较小的构筑块 $\phi(jx)$ 来搭建或利用 $\phi(jx)$ 平移变换后的线性组合 $f_j(t)$ 近似表达 $f(t)$。接着，令 $f(t)$ 减去 $f_j(t)$，将剩下的序列用形状更加细一些的构筑块继续表达，以此类推得到式（11-15）。小波多分辨率分析就是利用这样的思路实现式（11-15）中的 $f(t)$ 分解的。

小波函数，指的是一类微小变化的函数，利用这一类微小变化的函数我们可以对经济时间序列变量 $f(t)$ 在不同的频率段上进行分解与重构。我们可以把小波函数理解成一个个构筑块，再利用这一个个构筑块去拟合 $f(t)$。有两个函数在小波变换中起着非常重要的作用，即尺度函数 ϕ 和小波函数 ψ。我们先来介绍 Haar 尺度函数。Haar 尺度函数被定义为

$$\phi(x) = \begin{cases} 1, & 0 \leqslant x < 1 \\ 0, & \text{其他} \end{cases} \qquad (11\text{-}18)$$

以 Haar 尺度函数的变化族作为构筑块很容易拟合任意一个连续的函数，并且可以清晰展示多尺度（多分辨率）分析的基本思想。$\phi(x-k)$ 是 $\phi(x)$ 的图形向右平移了 k 个单位。我

们令 V_0 是所有形如 $\sum_{k \in \mathbb{Z}} a_k \phi(x-k)$（$a_k \in \mathbb{R}$）的函数所组成的空间，可见 V_0 的所有不间断点都处于整数点 $\{0, \pm 1, \pm 2, \pm 3, \cdots\}$。我们需要一个窄的构筑块去分析高频信号，该构筑块的宽度应该是 $\phi(x)$ 的一半，即 $\phi(2x)$。令 V_1 是所有形如 $\sum_{k \in \mathbb{Z}} a_k \phi(2x-k)$（$a_k \in \mathbb{R}$）的函数所构成的空间，其可能的间断点在半整数点 $\{0, \pm 1/2, \pm 2/2, \pm 3/2, \cdots\}$。更一般地，设 j 是一个非负整数，V_j 表示所有形如

$$f_j(t) = \sum_{k \in \mathbb{Z}} a_k \phi(2^j t - k), \quad a_k \in \mathbb{R} \tag{11-19}$$

的函数所构成的空间。V_j 的间断点在集合 $\{\cdots, -1/2^j, 0, 1/2^j, 2/2^j, 3/2^j, \cdots\}$ 中。以此类推，我们有 $V_0 \subset V_1 \subset V_2 \subset \cdots \subset V_j \subset V_{j+1} \subset \cdots$，这种包含关系是非常严格的。$V_j$ 包含所有在分辨率为 2^{-j} 下的相关信息。随着 j 的增加，图像会变得更加精细。$V_j \subset V_{j+1}$ 意味着随着分辨率的提高，不会损失任何信息，该包含关系也说明了为什么 V_j 是以 $\phi(2^j x)$ 的形式出现，而不是以 $\phi(ax)$ 的形式定义的。假如 V_2 用 $\phi(3x-j)$ 而不是 $\phi(2^2 x - j)$ 来定义，那么 V_2 将不包含 V_1。

构筑块 $\phi(2^j x)$ 的图形是一个宽度为 $1/2^j$ 的尖峰，随着 j 的增加，$\phi(2^j x)$ 的图形经过适当平移就可以拟合经济时间序列变量 $f(t)$ 中非常微小的变动，而这种变动正好是我们希望消除的部分。于是我们希望有一种方法能够用合适的 j 所表示的 V_j 空间中的阶梯函数 $f_j(t)$ 近似表达 $f(t)$，然后再将 V_j 空间分解为构筑块稍粗一点的 V_{j-1} 空间和另一个补空间 W_{j-1}，以此类推。所以要实现如式（11-15）的分解，我们需要找到补空间 W_{j-1}，使得 W_{j-1} 空间是 V_j 空间中 V_{j-1} 空间的正交补，即 $V_j = V_{j-1} \oplus W_{j-1}$。

可以证明 W_j 是由形如

$$w_j(t) = \sum_{k \in \mathbb{Z}} a_k \psi(2^j t - k), \quad a_k \in \mathbb{R} \tag{11-20}$$

的函数构成的空间，是 V_j 空间中 V_{j-1} 空间的正交补。其中 $\psi(x)$ 是 Haar 小波函数，且有

$$\psi(t) = \phi(2t) - \phi(2t-1) \tag{11-21}$$

容易证明，W_j 空间中每一个函数同 V_j 空间中每一个函数正交，且 V_{j+1} 空间中每个与 V_j 空间正交的函数都属于 W_j 空间。以上定理说明，任何一个属于 V_j 空间的函数 $f_j(t) \in V_j$ 都可以被表达为一个属于 V_{j-1} 空间的函数 $f_{j-1}(t) \in V_{j-1}$ 与一个属于 W_{j-1} 空间的函数 $w_{j-1}(t) \in W_{j-1}$ 之和，其中 $f_j(t)$ 与 $w_j(t)$ 的形式分别如式（11-19）和式（11-20）所示。利用 $V_j = V_{j-1} \oplus W_{j-1}$ 的关系，经过不断地分解 V_j，有

$$\begin{aligned} V_j &= W_{j-1} \oplus V_{j-1} \\ &= W_{j-1} \oplus W_{j-2} \oplus V_{j-2} \\ &= W_{j-1} \oplus W_{j-2} \oplus W_{j-3} \oplus V_{j-3} \\ &= W_{j-1} \oplus W_{j-2} \oplus W_{j-3} \oplus \cdots \oplus W_0 \oplus V_0 \end{aligned} \tag{11-22}$$

所以 V_j 中的任何一个函数 $f_j(t) \in V_j$ 可以唯一地分解为以下的和式，即

$$f_j(t) = w_{j-1}(t) + w_{j-2}(t) + \cdots + w_i(t) + \cdots + w_0(t) + f_0(t) \qquad （11-23）$$

式中，$w_i(t)$ 属于 W_i 空间，$f_0(t)$ 属于 V_0 空间。直观上讲，$w_i(t)$ 属于宽度为 $1/2^{i+1}$ 的"尖峰"，且不能由其他宽度的尖峰的线性组合所表示。式（11-23）中的每一个组成项都和 $f_j(t)$ 有着相同的长度，且展现出不同的粗糙或精细变动趋势，或者说展现出不同的周期（频率）成分。由此，利用式（11-23）我们可以得到类似于式（11-15）形式的分解。

到式（11-23）为止，我们得到的依然是将 $f_j(t)$ 分解的公式，而非将 $f(t)$ 分解。在 j 的数值趋于无穷的情况下，我们是否可以用 $f_j(t)$ 近似表达 $f(t)$？可以证明：任何一个平方可积的函数 $f(t)$（$f(t)$ 满足 $\int |f(t)|^2 \, \mathrm{d}t < \infty$）都可以由连续函数近似；此外，任何连续函数都可以被一个 $f_j(t) \in V_j$ 任意逼近。以 $f(t) = \sin t$（$t \in [0,2]$）为例（图 11-4），当 $j = 4$ 时，一个属于 V_4 空间的函数

$$f_4(t) = f\left(\frac{\lfloor 2^j t \rfloor}{2^j}\right)\phi(2^j t - k), \quad k = \lfloor 2^j t \rfloor, \quad k = 0, 1, \cdots, 2 \times 2^j \qquad （11-24）$$

已经非常接近 $f(t)$。在一个设定好的误差范围内，随着 j 的不断增大，一定会有一个 $f_j(t) \in V_j$ 近似于 $f(t)$。

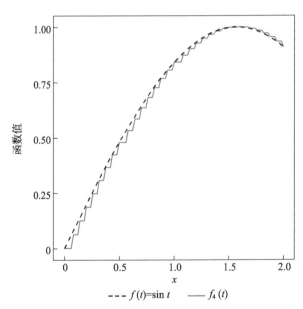

图 11-4　$f(t) = \sin t$ 和一个由 Harr 尺度函数构筑成的逼近函数 $f_4(t)$

由此，我们可以将任何一个满足 $\int |f(t)|^2 \, \mathrm{d}t < \infty$ 的时间序列变量 $f(t)$ 利用 Haar 尺度函数与 Haar 小波函数进行分解，以形成式（11-23）的分解结构。具体来讲，先将 $f(t)$ 由一个阶梯函数 $f_j(t) \in V_j$（j 足够大）近似，然后把 $f_j(t)$ 分解为

$$f_j(t) = f_0(t) + w_1(t) + \cdots + w_l(t) + \cdots + w_{j-1}(t), \quad w_l \in W_l \tag{11-25}$$

$f_j(t)$ 的表达式为

$$f_j(t) = \sum_{l \in \mathbb{Z}} a_l \phi \left(2^j t - l \right) \tag{11-26}$$

该过程就是对时间序列在 $t = \cdots, -1/2^j, \cdots, 0, 1, \cdots, 1/2^j, \cdots$ 处取样，从而得到 $a_l = f(l/2^j)$，其中 $l \in \mathbb{Z}$。这里的 j 要足够大，从而使得网格 2^{-j} 足够小，这样才能够捕获原信号的某些特性。l 的范围取决于信号的定义域。若将信号定义于 0 到 1 之间，则 l 的范围是 $0 \leqslant l \leqslant 2^j - 1$[①]。

如何从式（11-26）变换到式（11-25）的形式是一个重要问题。利用关系式

$$\phi \left(2^j t \right) = \left(\psi \left(2^{j-1} t \right) + \phi \left(2^{j-1} t \right) \right) / 2$$
$$\phi \left(2^j t - 1 \right) = \left(\phi \left(2^{j-1} t \right) - \psi \left(2^{j-1} t \right) \right) / 2 \tag{11-27}$$

我们可以得到如式（11-28）至式（11-30）所示的分解方法。设 $f_j(t) = \sum_{k \in \mathbb{Z}} a_k^j \phi \left(2^j t - k \right) \in V_j$，那么 $f_j(t)$ 可分解为

$$f_j(t) = w_{j-1}(t) + f_{j-1}(t) \tag{11-28}$$

其中

$$w_{j-1}(t) = \sum_{k \in \mathbb{Z}} b_k^{j-1} \psi \left(2^{j-1} t - k \right) \in W_{j-1}$$
$$f_{j-1}(t) = \sum_{k \in \mathbb{Z}} a_k^{j-1} \phi \left(2^{j-1} t - k \right) \in V_{j-1} \tag{11-29}$$

且

$$b_k^{j-1} = \frac{a_{2k}^j - a_{2k+1}^j}{2}, \quad a_k^{j-1} = \frac{a_{2k}^j + a_{2k+1}^j}{2} \tag{11-30}$$

该分解过程可以接着用 $j-1$ 取代 j，继而 $f_{j-1}(t) = w_{j-2}(t) + f_{j-2}(t)$。如此迭代，我们就能得到式（11-25）。

11.2.2　小波多分辨率分析

在 11.2.1 节中，我们描述了如何把一个经济时间序列变量 $f(t)$ 分解为不同时间尺度或不同频率的 Haar 小波分量。Haar 小波依赖于两个函数：Haar 尺度函数 ϕ 和 Haar 小波函数 ψ，它们均容易描述且分解方法较为简便。然而，Haar 分解算法的缺点是尺度函数和小波函数均不连续，因此 Haar 分解算法仅为连续变化的函数提供了一个粗略的近似。事实上，采用构筑块的方法分解 $f(t)$ 中尺度函数 ϕ 和小波函数 ψ 的选择并不唯一，且尺度函数和小波函数可以是连续的。本节我们将以一种更加广义的视角了解小波多分辨率分析的概念，此外，我们还将了解采用小波多分辨率分析所分解出的子序列的时间尺度性质。

在 11.2.1 节 V_j 的设定中，我们似乎默认 j 的最小值为 0，事实上，j 的数值可以任意小。

---

① 在后文中，我们将不再具体指出 l 的范围。

令 V_j（ $j=\cdots,-2,-1,0,1,2,\cdots$ ）为一函数子空间序列。若以下五个条件成立，则称空间集合 $\{V_j, j \in \mathbb{Z}\}$ 为依尺度函数 ϕ 的多分辨率分析：①（嵌套性） $V_j \subset V_{j+1}$ ；②（稠密性）任意平方可积函数 $f(t) \in \mathrm{cl}\left\{\bigcup_j V_j\right\}$ ；③（分立性） $\bigcap_j V_j = \{0\}$ ；④（尺度性） $f(t) \in V_j$ ，当且仅当 $f(2^{-j}t) \in V_0$ ；⑤（标准正交基）尺度函数 $\phi \in V_0$ ，且 $\{\phi(x-k), k \in \mathbb{Z}\}$ 是 V_0 的标准正交基。 V_j 也被称为近似空间，每个函数 $f(t)$ 都可能被 V_j 中的一个函数近似，只要 j 的数值足够大，这也是第二个稠密性条件的含义。

注意，这里我们只说了尺度函数，并没有说它一定要满足式（11-18）的形式。事实上，有多种不同的尺度函数。比较有用的一类尺度函数是紧支撑的，即尺度函数在某一有限区间外恒为 0。在 11.2.1 节中的 Haar 尺度函数就是紧支撑的。在实际应用中我们常常采用 Daubechies 小波函数所对应的尺度函数，它不仅是紧支撑的，而且是连续的，这对于 $f(t)$ 的分解非常有利。在小波多分辨率分析中，有一个关于尺度函数关系的重要性质。若称空间集合 $\{V_j, j \in \mathbb{Z}\}$ 为依尺度函数 ϕ 的多分辨率分析，那么下列尺度关系式成立，即

$$\phi(t) = \sum_{k \in \mathbb{Z}} p_k \phi(2t-k), \quad p_k = 2\int_{-\infty}^{\infty} \phi(t)\overline{\phi(2t-k)}\mathrm{d}t \tag{11-31}$$

并且有

$$\phi(2^{j-1}t-l) = \sum_{k \in \mathbb{Z}} p_{k-2l}\phi(2^j t-k) \tag{11-32}$$

或

$$\phi_{j-1,l} = \sum_{k \in \mathbb{Z}} p_{k-2l}\phi_{jk}$$

类似于 11.2.1 节，有尺度函数 ϕ ，就有小波函数 ψ 。前面已经讲过 V_j 是 V_{j+1} 的子空间。为了使得分解方法能够通用，需要把 V_{j+1} 表示为 V_j 及其正交补 W_j 的直和，即 $V_{j+1} = V_j \oplus W_j$ 。除此以外，还需要构建一个尺度函数 ϕ 所对应的小波函数 ψ ，其平移系 $\{\psi(x-k), k \in \mathbb{Z}\}$ 构成空间 W_j 的标准基（如同 11.2.1 中采用 Haar 尺度函数与 Haar 小波函数的情形）。一旦 ϕ 确定下来，利用尺度关系即可构建产生 W_j 的函数 ψ 。

设 $\{V_j, j \in \mathbb{Z}\}$ 是一个多分辨率分析，相应的尺度函数服从式（11-31）和式（11-32），令 W_j 是由 $\{\psi(2^j t-k), k \in \mathbb{Z}\}$ 张成的，这里

$$\psi(t) = \sum_{k \in \mathbb{Z}} (-1)^k \overline{p_{1-k}}\phi(2t-k) \tag{11-33}$$

那么， $W_j \subset V_{j+1}$ 是 V_{j+1} 中 V_j 的正交补，而且 $\{\psi_{jk}(t) \triangleq 2^{j/2}\psi(2^j t-k), \ k \in \mathbb{Z}\}$ 是 W_j 的一个标准正交基。注意，此时我们并没要求 j 必须是正数，所以我们可以不断分解 V_j 。在式（11-22）的基础上，根据 $V_j = V_{j-1} \oplus W_{j-1}$ ，我们进一步有

$$\begin{aligned}
V_j &= W_{j-1} \oplus W_{j-2} \oplus \cdots \oplus W_0 \oplus V_0 \\
&= W_{j-1} \oplus W_{j-2} \oplus \cdots \oplus W_0 \oplus W_{-1} \oplus V_{-1} \\
&= W_{j-1} \oplus W_{j-2} \oplus \cdots \oplus W_0 \oplus W_{-1} \oplus W_{-2} \oplus \cdots
\end{aligned} \tag{11-34}$$

根据 V_j 的嵌套性与稠密性，当 $j \to \infty$ 时，根据 $V_j = V_{j-1} \oplus W_{j-1}$，对于任意一个平方可积的函数 $f(t)$，有

$$f(t) \in \cdots \oplus W_{-2} \oplus W_{-1} \oplus W_0 \oplus W_1 \oplus W_2 \oplus \cdots \qquad (11\text{-}35)$$

所以 $f(t)$ 可以唯一地表达为一个和式，即

$$f(t) = \sum_{-\infty}^{\infty} w_k, \quad w_k \in W_k \qquad (11\text{-}36)$$

且 w_k 对于不同的 k 而言相互正交，即小波函数集合 $\{\psi_{jk}\}_{j,k \in \mathbb{Z}}$ 是所有平方可积函数的一个标准正交基。式（11-36）中的无限和应视为有限和的近似，即只要 j 足够大，$\sum_{k=-\infty}^{j} w_k$ 可以以任意精度逼近一个平方可积函数 $f(t)$，并且 j 越大，w_j 越代表高频成分。由此，$f(t)$ 便有如下的分解联级的形式，即

$$f(t) \approx f_j(t) \in V_j \quad \to f_{j-1}(t) \in V_{j-1} \quad \to f_{j-2}(t) \quad \to \cdots \quad \to f_1(t) \quad \to f_0(t)$$
$$\searrow w_{j-1}(t) \in W_{j-1} \quad \searrow w_{j-2}(t) \in W_{j-2} \quad \searrow \cdots \quad \searrow w_1(t) \quad \searrow w_0(t)$$

从分解结构来看，我们先用合适的 $f_j(t) \in V_j$ 逼近 $f(t)$，再根据 $V_j = V_{j-1} \oplus W_{j-1}$ 将 $f_j(t)$ 不断分解，分解层数的设定根据具体研究的需要而确定。一般而言，对于离散经济时间序列变量 $f(t)$，如果它的单位是天，那么 $f_j(t)$ 所代表的时间尺度与 $f(t)$ 相同，分解联级中的 $w_{j-1}(t)$ 序列代表 $f(t)$ 中 1～2 天时间尺度成分、$w_{j-2}(t)$ 序列代表 $f(t)$ 中 2～4 天时间尺度成分、$w_{j-k}(t)$ 序列代表 $f(t)$ 中 $2^{k-1} \sim 2^k$ 天时间尺度成分。根据分解联级的结构，$f_{j-1}(t)$ 是往后所有项之和，所以它代表 $f(t)$ 中 2～∞ 天时间尺度成分（或者称为 2 天以上时间尺度成分），$f_{j-2}(t)$ 代表 $f(t)$ 中 4～∞ 天时间尺度成分（或者称为 4 天以上时间尺度成分）。如果设定的分解层数为 2，那么有

$$f(t) \approx w_{j-1}(t) + w_{j-2}(t) + f_{j-2}(t) \qquad (11\text{-}37)$$

如果设定的分解层数为 4，则

$$f(t) \approx w_{j-1}(t) + w_{j-2}(t) + w_{j-3}(t) + w_{j-4}(t) + f_{j-4}(t) \qquad (11\text{-}38)$$

至此，我们实现了采用小波多分辨率分析分解 $f(t)$。

11.3　基于模态分解方法的经济变量多重时间尺度分析

在 11.2.2 节中，我们了解到如何利用小波多分辨率分析将原始时间序列分解为 2 的幂次方倍数周期长度的子序列。在本节中，我们将分析如何将时间序列分解为多个代表不同周期成分的模态，这一过程也称为模态分解。模态可以理解为一种特殊的子序列成分。我们令满足某一种特征的模态为 $u_k(t)$，那么所有模态之和便是原始序列 $f(t)$，即

$$f(t) = u_1(t) + u_2(t) + \cdots + u_k(t) + \cdots + u_K(t) \qquad (11\text{-}39)$$

对于同一个时间序列 $f(t)$，采用不同的模态分解方法会得到不同性质和不同数量的 $u_k(t)$。本节我们将介绍在经济时间序列建模中常用的经验模态分解（empirical mode decomposition，EMD）方法和 VMD 方法。这两种方法都是从工程学领域引入经济学研究中的，但相比于小波变换方法，它们并没有复杂的数理计算过程，并且有着成熟的计算机配套程序供使用。

11.3.1　EMD 方法

在 11.2.2 节中我们了解到，小波多分辨率分析假定任何一个平方可积的函数 $f(t)$（$f(t)$ 满足 $\int |f(t)|^2 \, dt < \infty$）都可以由连续函数近似。这一条件对于多数一阶差分经济时间序列来说是成立的，而对于金融资产价格序列或经济存量数据（如 GDP 等）而言，无法保证它们的平方可积性，进而更无法保证它们的平稳性。特别是对于时间跨度较长的经济变量而言，它们都是非线性与非平稳的，如 1978～2022 年中国的 GDP 序列、2000～2022 年的国际油价序列等，这些时间序列从图形上看并没有均值回归特征。针对这一类非线性与非平稳性特征的时间序列，Huang 等（1998）提出了一种分析非线性与非平稳时间序列中不同周期子序列成分的新方法：EMD。

EMD 的基本思路是：一个时间序列由多个时间尺度的振荡波所组成，设法从经验资料中把这些固有的、内在的本征模态函数（intrinsic mode function，IMF）分量逐级分离出来，并求其频谱特征，然后通过分析 IMF 分量及其频谱特征，就可以得知原始序列的多尺度振荡特征。具体而言，式（11-39）中的 $f(t)$ 相当于原始序列，$u_k(t)$ 相当于不同的 IMF，不同的 IMF[$u_1(t), u_2(t), \cdots, u_K(t)$] 的频率成分是不同的，如果我们用 FFT 测定 $u_k(t)$ 的频率成分会发现它们展现出不同的频率特征（周期特征）。所有的 $u_1(t), u_2(t), \cdots, u_K(t)$ 叠加起来便成了原始的 $f(t)$ 序列，根据具体研究需要，我们可以用 $u_1(t), u_2(t), \cdots, u_K(t)$ 中具体某一个 IMF 分量来表示 $f(t)$ 在某一个时间尺度之下的趋势特征。相比于小波多分辨率分析方法，EMD 所得到的 IMF 分量是基于时间序列本身的局部特征时间尺度，各个分量表征了原始序列不同时间尺度（或频率）的振荡变化，趋势项集中反映了序列的非平稳性，能够在一定程度上表现出原始序列的总趋势。

EMD 方法把原始序列 $f(t)$ 分解为有限个 IMF 分量，分量之间的频率成分互不相同。由此我们先给出 IMF 分量所应满足的约束条件，也是对 IMF 分量的要求。IMF 是满足以下两个条件的一类函数：①IMF 序列的极值点数目与穿过零点的数目必须相等或者最多相差一个；②由局部极大值所构成的包络线及由局部极小值所构成的包络线的平均值为零。按照以上定义，我们利用 EMD 方法对小鹏汽车股价进行分解后给出一种典型的 IMF 图像，见图 11-5。图中，IMF 穿过零点和极值点的数目相等，而且上、下包络线关于零点的水平线是局部对称的。该函数之所以称为"IMF"，是因为它表征序列内在的、固有的振荡模态，这里的"振荡"一词，泛指涨落、起伏、变化，不一定具有周期性。

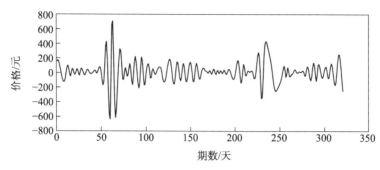

图 11-5　一种典型的 IMF 图像

EMD 方法的关键技术问题是如何把一个非线性、非平稳性时间序列分解为有限个 IMF 分量和一个趋势项，解决该问题的方法是实行筛选过程。下面详细介绍如何通过筛选（过滤）过程求出第一个 IMF 分量。

第一步相对较为复杂，具体如下。①对原始序列 $f(t)$，把所有的局部极大值用样条曲线连接起来，得到 $f(t)$ 的上包络线，用同样的方法把 $f(t)$ 的局部极小值也都连接起来，得到 $f(t)$ 的下包络线。上下包络线应当分别经过全部的极大值和极小值，然后计算出上下包络线的均值线 $m_1(t)$，得到

$$h_1(t) = f(t) - m_1(t) \tag{11-40}$$

②判断 $h_1(t)$ 是否符合 IMF 的两个条件：一个是消除了骑行波，整个序列变成极大值→零均值→极小值→零均值→极大值这样的简单波形；另一个是局部的峰和谷基本对称。$h_1(t)$ 的主要特征可以参考图 11-3。若符合 IMF 条件则 $u_1(t) = h_1(t)$；若不符合，则重复①。把 $h_1(t)$ 所有的局部极大值用样条曲线连接起来，得到上包络线；用同样的方法把 $h_1(t)$ 的局部极小值也都连接起来，得到下包络线。计算出 $h_1(t)$ 上下包络线的均值线 $m_{11}(t)$，得

$$h_{11}(t) = h_1(t) - m_{11}(t) \tag{11-41}$$

③判断 $h_{11}(t)$ 是否符合 IMF 的两个条件。若符合，则令 $u_1(t) = h_{11}(t)$，若不符合则继续重复②，对 $h_{11}(t)$ 继续寻找上下包络线并分解，如此循环，得到 $h_{12}(t)$、$h_{13}(t)$ ……直到得到一个 $h_{1k}(t)$ 符合精度要求时则停止，即设定一个门限值 SD（SD 的选择没有固定标准，一般选择 0.2 至 0.3），使得

$$\mathrm{SD} \geqslant \sum_{t=1}^{T} \frac{\left(h_{1(k-1)}(t) - h_{1k}(t)\right)^2}{\left(h_{1(k-1)}(t)\right)^2} \tag{11-42}$$

成立时，则停止筛选。由此，我们得到第一个 IMF

$$u_1(t) = h_{1k}(t) \tag{11-43}$$

第一步结束。从产生第一个 IMF 分量 $u_1(t)$ 的整个过程来看，筛选达到了两个效果：一是消除了骑行波，平滑了小的弯曲，保存了大的振幅，简化了波形；二是使得序列曲线变成围绕零均值线的、局部极大值和局部极小值基本对称的波形。此时得到的 $u_1(t)$ 序列是代表

原始序列 $f(t)$ 时间尺度最小的高频 IMF 分量。

第二步：从 $f(t)$ 中剔除 $u_1(t)$，得到剩余序列 $r_1(t) = f(t) - u_1(t)$。我们对 $r_1(t)$ 序列重复第一步，直到选出第二个 IMF：$u_2(t)$。

第三步：从 $r_1(t)$ 序列中剔除 $u_2(t)$，得到剩余序列 $r_2(t) = r_1(t) - u_2(t)$。接着对 $r_2(t)$ 序列重复第一步，直到选出第三个 IMF：$u_3(t)$。一直进行筛选，得到第四个、第五个、…、第 K 个 IMF，直到剩余序列 $r_K(t) = r_{K-1}(t) - u_K(t)$ 是一个单调函数（趋势项）停止。

以上就是 EMD 的全部筛选过程，即对原始序列逐级进行分解，得到全部有限个 IMF。其中"逐级"一词，从时域角度讲，是指特征时间尺度由小逐渐到大；从频域角度讲，是指从高频逐渐到低频。特征时间尺度是 EMD 方法的核心要点，也是区分 IMF 分量的主要标志。因为 EMD 方法的基本点是：一个时间序列的复杂变化，是由不同特征时间尺度的振荡模态所构成的。实行筛选的目的，就是要把这些振荡模态以简单的、有规则的 IMF 分量形式表示出来。各个 IMF 分量分别表征不同的特征时间尺度，这就和 11.1 节所讨论的内容产生了联系，在 11.1 节中时间尺度指的是序列的子成分所代表的周期长短，而此处的特征时间尺度可以认为是 IMF 中极大值与极小值之间的间隔，同样反映频率（周期）成分。

通过以上步骤，我们得到

$$f(t) = u_1(t) + u_2(t) + \cdots + u_k(t) + \cdots + u_K(t) + r_K(t) \tag{11-44}$$

等式右边每一项所代表的周期成分依次递增、所代表的频率成分依次递减。如果我们用 11.1.2 节中的 FFT 算法对不同的 $u_k(t)$ 进行频谱分析，会发现 $\mathcal{F}[u_1](\omega)$ 中振幅较高的频率主要集中在高频部分，随着 k 的增加，$\mathcal{F}[u_k](\omega)$ 中振幅较高的频率慢慢转移向低频部分。$u_1(t)$ 代表短时间尺度成分，而 $r_K(t)$ 代表最长的时间尺度成分。

通过 EMD，我们发现 $f(t)$ 最终会被分解为多少层并非人为设定的，而是遵循一定的算法确定的。这一点与小波多分辨率分析及 11.3.2 节中介绍的 VMD 方法不同，小波多分辨率分析和 VMD 方法可以分解任意层数。此外，通过 EMD 方法分解后的每一层 IMF 所代表的频率成分需要通过 FFT 测定，而不像小波多分辨率分析是 2 的幂次。但从上述的 EMD 方法的分解过程可以看出，EMD 的优点是非常直观且对 $f(t)$ 非线性、非平稳性的适应性强。

EMD 方法有着众多衍生变化，构成了 EMD 方法族。为了提高 EMD 方法的分解精度，Wu 和 Huang（2009）提出了一种集成 EMD（ensemble EMD，EEMD）方法，该方法利用白噪声频谱均匀分布的统计特性，往 $f(t)$ 中加入一组白噪声，从而强化 IMF 的分解精度，这类似于我们在纸上涂抹一层淡淡的石墨可以将上一层纸写字的痕迹显现出来。利用这一思想，Yeh 等（2010）在 $f(t)$ 中加入正反两方面的辅助白噪声，以进一步提高 EEMD 方法的分解精度，并提出了完备 EEMD（complete EEMD，CEEMD）方法。Torres 等（2011）提出了自适应噪声 CEEMD（CEEMD with adaptive noise，CEEMDAN）方法。

无论是之前介绍的小波多分辨率分析，还是 EMD 或 EEMD 等方法，都只能分解一元时间序列，Rilling 等（2007）构造了一种利用 EMD 方法分解二元时间序列的二元 EMD（bivariate EMD，BEMD）方法，BEMD 方法非常适合分解具有交互关系的二元时间序列变量。更进一步，Wu 等（2009）提出了一种针对多元时间序列进行模态分解的多元 EMD（multivariate EMD，MEMD）方法。

11.3.2　VMD 方法

EMD 方法认为信号是由不同"模态"的子信号叠加而成的，而 VMD 方法则认为信号是由不同频率占优的子信号叠加而成的，其目的是要把信号分解成不同频率的子信号（Dragomiretskiy and Zosso，2014）。在 VMD 方法中，EMD 方法的"模态"被调整为另一概念，即 IMF。IMF 是一个调幅–调频信号，定义为

$$u_k(t) = A_k(t)\cos(\phi_k(t)) \tag{11-45}$$

式中，相位是一个非递减函数，$\phi_k'(t) \geq 0$，即瞬时频率大于等于 0，振幅或信号包络非负，即 $A_k(t) \geq 0$。

在了解 VMD 方法的原理前，我们先简要说明如何采用频谱分析方法从一个经济变量中提取相应的噪声。假设我们所观测到的经济、金融时间序列 $f_0(t)$ 由一个原始的时间序列 $f(t)$ 和一个独立的白噪声 $\varepsilon(t) \sim \text{i.i.d.} N(0,1)$ 构成，即

$$f_0(t) = f(t) + \varepsilon(t) \tag{11-46}$$

如何求解式（11-46）中的 $f(t)$ 是一个不适定问题，即我们无法找到真实的 $f(t)$。在学习计量经济学中的一元回归时，我们就明白很难寻找到变量 X 与变量 Y 之间的真实关系，只有通过最小化某一个损失函数（最小二乘法选择最小化均方误差），让设定好的模型尽可能"接近"观测值。对于式（11-46），我们也可以采用最小化某一个损失函数的方法求解 $f(t)$。对于不适定问题，我们常常在损失函数中添加正则项，以弥补过拟合的问题。类似于最小二乘法原理，我们有

$$\hat{f}(t) = \underset{\hat{f}(t)}{\arg\min} \left\| \hat{f}(t) - f_0(t) \right\|_2^2 + \alpha \left\| \frac{\partial \hat{f}(t)}{\partial t} \right\|_2^2 \tag{11-47}$$

即以式（11-47）为定义的正则化损失函数最小值下的 $\hat{f}(t)$ 作为原始的时间序列。可以观察到式（11-47）的第一项结构非常接近于最小二乘法，而第二项则是一个正则项，读者可阅读正则化相关文献了解正则项的设定。经济时间序列 $f(t)$ 的范数被定义为 $\|f(t)\|_2^2 \triangleq \int (f(t))^2 \mathrm{d}t$。式（11-47）中正则项的微分非常难处理，但傅里叶变换却可以将微分算子变得极易处理，对于 $f(t)$ 而言，$f'(t) = i\omega \mathcal{F}(f)(\omega)$。根据帕塞瓦尔定理，有

$$\int |f(t)|^2 \mathrm{d}t = \int |\mathcal{F}(f)(\omega)|^2 \mathrm{d}\omega \tag{11-48}$$

将式（11-48）代入式（11-47），可以得到

$$\mathcal{F}\left[\hat{f}\right](\omega) = \underset{\mathcal{F}[\hat{f}](\omega)}{\arg\min}\left\|\mathcal{F}\left[\hat{f}\right](\omega) - \mathcal{F}\left[\hat{f}\right](\omega)\right\|_2^2 + \alpha\left\|i\omega\mathcal{F}\left[\hat{f}\right](\omega)\right\|_2^2 \qquad (11\text{-}49)$$

我们令泛函，即自变量为一个函数 $\mathcal{F}[\hat{f}](\omega)$ 的函数 $\mathcal{J}(\cdot)$ 为

$$\mathcal{J}\left(\mathcal{F}\left[\hat{f}\right](\omega)\right) = \int\left(\mathcal{F}\left[\hat{f}\right](\omega) - \mathcal{F}\left[f_0\right](\omega)\right)^2 d\omega - \int\alpha\omega^2\left(\mathcal{F}\left[\hat{f}\right](\omega)\right)^2 d\omega \qquad (11\text{-}50)$$

从而可以将式（11-47）转变为一个泛函最优化问题，利用变分法[①]，令 $\dfrac{\partial\mathcal{J}\left(\mathcal{F}\left[\hat{f}\right](\omega)\right)}{\partial\mathcal{F}\left[\hat{f}\right](\omega)} = 0$，

则有

$$\mathcal{F}\left[\hat{f}\right](\omega) = \frac{\mathcal{F}\left[f_0\right](\omega)}{1+\alpha\omega^2} \qquad (11\text{-}51)$$

观察式（11-51），当 ω 不断增大时，$\mathcal{F}\left[\hat{f}\right](\omega)$ 与 $\mathcal{F}\left[f_0\right](\omega)$ 的差值也将不断增大。这说明如果要从一个叠加了高斯白噪声 $\varepsilon(t)$ 的观测值序列 $f_0(t)$ 中找到原始的时间序列 $f(t)$，我们可以将观测值序列 $f_0(t)$ 的高频成分剔除或让它的振幅变小。从时域的角度来看，$\varepsilon(t)$ 序列是杂乱无章、没有变化趋势信息的，它非常符合高频、短周期信号的特征，如果把这种高频信号剔除或让它振幅变小，就可以得到 $f(t)$。可见无论从频域出发还是从时域出发，其目的都是剔除 $\varepsilon(t)$。

回到 VMD 方法的思路，与 EMD 方法类似，VMD 方法认为观测值信号 $f(t)$ 由多个 IMF——$u_k(t)$ 叠加而形成，即

$$f(t) = u_1(t) + u_2(t) + \cdots + u_k(t) + \cdots + u_K(t) \qquad (11\text{-}52)$$

每一个不同级别的 $u_k(t)$ 都代表一定范围频率的子信号，有着不同的频率分量，即它们反映了观测值信号 $f_0(t)$ 的不同周期成分。与 EMD 方法不同，式（11-52）中 K 的设定并非自适应的，而需要人为设定。于是我们将式（11-52）代入式（11-49），从而需要求解如式（11-53）所示的规划来得到不同级别的 $u_k(t)$，即

$$\begin{aligned}&\min\left\|\mathcal{F}\left[\hat{f}\right](\omega) - \mathcal{F}\left[f_0\right](\omega)\right\|_2^2 + \alpha\left\|i\omega\mathcal{F}\left[\hat{f}\right](\omega)\right\|_2^2\\&\Rightarrow \min\left\|\sum_{k=1}^{K}\mathcal{F}\left[\hat{u}_k\right](\omega) - \mathcal{F}\left[f_0\right](\omega)\right\|_2^2 + \alpha\sum_{k=1}^{K}\left\|i\omega\mathcal{F}\left[\hat{u}_k\right](\omega)\right\|_2^2\end{aligned} \qquad (11\text{-}53)$$

令泛函 $\mathcal{J}\left(\mathcal{F}[\hat{u}_1](\omega),\cdots,\mathcal{F}[\hat{u}_K](\omega)\right)$ 是关于函数 $\mathcal{F}[\hat{u}_1](\omega),\cdots,\mathcal{F}[\hat{u}_K](\omega)$ 的 K 元函数，即

$$\mathcal{J}\left(\mathcal{F}[\hat{u}_1](\omega),\cdots,\mathcal{F}[\hat{u}_K](\omega)\right) = \left\|\sum_{k=1}^{K}\mathcal{F}[\hat{u}_k](\omega) - \mathcal{F}\left[f_0\right](\omega)\right\|_2^2 + \alpha\sum_{k=1}^{K}\left\|i\omega\mathcal{F}[\hat{u}_k](\omega)\right\|_2^2 \qquad (11\text{-}54)$$

[①] 这里的变分法是泛函中一个常用概念，也是 VMD 方法命名之来源。泛函中变分的概念，对应一般函数中微分的概念。

通过计算 K 个等式 $\partial \mathcal{J}\left(\mathcal{F}[\hat{u}_1](\omega),\cdots,\mathcal{F}[\hat{u}_K](\omega)\right)/\partial \mathcal{F}[\hat{u}_k](\omega)=0$，根据式（11-51），我们有

$$\mathcal{F}[\hat{u}_k](\omega)=\frac{\mathcal{F}[f_0](\omega)-\sum\limits_{i\neq k}\mathcal{F}[\hat{u}_i](\omega)}{1+\alpha\omega^2} \tag{11-55}$$

式（11-55）其实是一个迭代过程，$\mathcal{F}[f_0](\omega)$ 包含了所观测到的时间序列 $f_0(t)$ 中的全部频率信息，每一个计算出的 $\mathcal{F}[\hat{u}_k](\omega)$ 包含了 $\hat{u}_k(t)$ 的全部频率信息。式（11-55）暗示了每个基函数都基于其他的基函数进行更新，相当于每个基函数都是原信号剩余部分的低通滤波，每次迭代都是保留剩余信号的低频率部分。

到现在为止，我们发现每个基函数都会趋向于每次的剩余信号分量的低频部分。VMD 方法认为 $\hat{u}_k(t)$ 具有一个中心频率 $\hat{\omega}_k$，也就是 $\hat{u}_k(t)$ 的频率段（注意频率和周期、时间尺度三者的概念可以相互转化，且完全等价）集中在 $\hat{\omega}_k$ 附近，该思路是将式（11-55）变为

$$\mathcal{F}[\hat{u}_k](\omega)=\frac{\mathcal{F}[f_0](\omega)-\sum\limits_{i\neq k}\mathcal{F}[\hat{u}_i](\omega)}{1+\alpha(\omega-\omega_k)^2} \tag{11-56}$$

由此，当 ω 变化到 ω_k 附近时，$\mathcal{F}[\hat{u}_k](\omega)$ 的数值会变大。如果要将 $\mathcal{F}[\hat{u}_k](\omega)$ 的迭代解析表达式从式（11-55）变为式（11-56），那么最初的频域约束式就要从式（11-49）变为

$$\mathcal{F}[\hat{f}](\omega)=\operatorname*{arg\,min}_{\mathcal{F}[\hat{f}](\omega),\omega_k}\left\|\mathcal{F}[\hat{f}](\omega)-\mathcal{F}[f_0](\omega)\right\|_2^2+\alpha\left\|i(\omega-\omega_k)\mathcal{F}[\hat{f}](\omega)\right\|_2^2 \tag{11-57}$$

一般而言，我们所接触到的经济时间序列都是实信号，但实信号无法让我们计算出瞬时频率等信息，在 VMD 方法的设定中，我们需要将式（11-45）变为解析信号，再放入式（11-57）。式（11-45）的解析信号形式为 $u_k(t)=A_k(t)\left(\cos\left(\phi_k(t)\right)+i\sin\left(\phi_k(t)\right)\right)$，即 $u_k(t)=\left(\delta(t)+\dfrac{i}{\pi t}\right)\times\left(A_k(t)\cos\left(\phi_k(t)\right)\right)$，于是有

$$\min\ \left\|\sum_{k=1}^{K}\mathcal{F}[\hat{u}_k](\omega)-\mathcal{F}[f_0](\omega)\right\|_2^2+\sum_{k=1}^{K}\alpha\left\|i(\omega-\omega_k)\mathcal{F}[\hat{u}_k](\omega)\right\|_2^2$$

$$\text{s.t.}\quad \begin{aligned}&u_k(t)=A_k(t)\left(\cos\left(\phi_k(t)\right)+i\sin\left(\phi_k(t)\right)\right)\\&\sum_{k=1}^{K}\hat{u}_k(t)=f_0(t)\end{aligned} \tag{11-58}$$

式中，控制目标函数变化的变量为 $\{\mathcal{F}[\hat{u}_k](\omega)\}_{k=1,2,\cdots,K}$ 和 $\{\omega_k\}_{1,2,\cdots,K}$，值得注意的是，$\{\mathcal{F}[\hat{u}_k](\omega)\}_{k=1,2,\cdots,K}$ 是 K 个关于 ω 的函数。也就是说，规划式（11-58）的目标函数其实是一个泛函，对于泛函进行求导的过程也称为变分。我们采用 LM 求解规划式（11-58）。因为规划式（11-58）中目标函数是一个泛函，所以拉格朗日乘子 λ 也应当是一个关于 ω 的函

数 $\lambda(\omega)$ ，由此我们得到的最终规划式为

$$
\mathcal{L}\left(\left\{\mathcal{F}[\hat{u}_k](\omega)\right\}_{k=1,2,\cdots,K},\left\{\omega_k\right\}_{1,2,\cdots,K},\lambda(\omega)\right)
$$
$$
=\int_0^\infty \alpha \sum_{k=1}^K (\omega-\omega_k)^2 \left(\mathcal{F}[\hat{u}_k](\omega)\right)^2 \mathrm{d}\omega
$$
$$
+\int_0^\infty \left(\mathcal{F}[f_0](\omega)-\sum_{k=1}^K \mathcal{F}[\hat{u}_k](\omega)\right)^2 \mathrm{d}\omega \qquad (11\text{-}59)
$$
$$
+\int_0^\infty \lambda(\omega)\left(\mathcal{F}[f_0](\omega)-\sum_{k=1}^K \mathcal{F}[\hat{u}_k](\omega)\right)\mathrm{d}\omega
$$

由于该拉格朗日规划式受到 $2K+1$ 个变量的影响，我们采用交替方向乘子法（alternating direction method of multipliers，ADMM）确定这 $2K+1$ 个变量的数值。

第一步：初始化 $\left\{\mathcal{F}[\hat{u}_k]^1(\omega)\right\}_{k=1,2,\cdots,K}$ 、 $\left\{\omega_k^1\right\}_{k=1,2,\cdots,K}$ 、 λ_k^1 ，并令 $n \leftarrow 0$ ，设置一个精度参数 ε 和一个梯度上升参数 τ 。

第二步：令 $n \leftarrow n+1$ 。对于 $k=1:K$ ，更新 u_k ，令

$$
\mathcal{F}[\hat{u}_k]^{n+1}(\omega) \leftarrow \underset{\mathcal{F}[\hat{u}_k](\omega)}{\arg\min}\, \mathcal{L}\left(\left\{\mathcal{F}[\hat{u}_i]^{n+1}(\omega)\right\}_{i<k},\left\{\mathcal{F}[\hat{u}_i]^{n+1}(\omega)\right\}_{i\geqslant k},\left\{\omega_k^n\right\}_{k=1,2,\cdots,K},\lambda^n(\omega)\right) \quad (11\text{-}60)
$$

第三步：对于 $k=1:K$ ，更新 ω_k ，令

$$
\mathcal{F}[\hat{u}_k]^{n+1}(\omega) \leftarrow \underset{\mathcal{F}[\hat{u}_k](\omega)}{\arg\min}\, \mathcal{L}\left(\left\{\mathcal{F}[\hat{u}_k]^{n+1}(\omega)\right\}_{1,2,\cdots,K},\left\{\omega_i^n\right\}_{i<k},\left\{\omega_i^n\right\}_{i\geqslant k},\lambda^n(\omega)\right) \quad (11\text{-}61)
$$

第四步：采用对偶上升法对拉格朗日乘子 λ_k 进行更新，有

$$
\lambda^{n+1}(\omega) \leftarrow \lambda^n(\omega)+\tau\left(\mathcal{F}[f_0](\omega)-\sum_{k=1}^K \mathcal{F}[\hat{u}_k]^{n+1}(\omega)\right) \qquad (11\text{-}62)
$$

第五步：判断 $\displaystyle\sum_{k=1}^K \frac{\left\|\mathcal{F}[\hat{u}_k]^{n+1}(\omega)-\mathcal{F}[\hat{u}_k]^n(\omega)\right\|_2^2}{\left\|\mathcal{F}[\hat{u}_k]^n(\omega)\right\|_2^2} < \varepsilon$ 是否成立，若不成立，则返回第二步；

若成立，则完成 VMD 方法的计算。

VMD 方法的设计思路非常巧妙，并且读者在熟悉傅里叶变换相关计算后，会发现相比于小波多分辨率分析，VMD 方法没有经过过分复杂的计算过程即可将原始序列分解为不同的周期成分。由此，我们可以将原始序列分解为 K 个 IMF。

$$
f(t)=u_1(t)+u_2(t)+\cdots+u_k(t)+\cdots+u_K(t) \qquad (11\text{-}63)
$$

根据 ADMM 的迭代过程，一般而言，VMD 方法需要人为设定好式（11-58）中的正则化系数 α 、式（11-62）中迭代拉格朗日乘子时的系数 τ ，以及欲将 $f(t)$ 分解为 IMF 的具体数量 K 。其中，前两个参数 α 和 τ 的选择有许多经验值，并且分解结果对参数选择不太敏感，而对于 IMF 的具体数量 K ，则需要根据具体的研究目的和实证设计经验来确定。如果 $f(t)=0.25\sin(2\pi\times100t)+\cos(2\pi\times75t)+\varepsilon(t)$ ，则设置 $K=2$ ，VMD 方法可以帮助我们

分解出 $0.25\sin(2\pi\times100t)$ 成分和 $\cos(2\pi\times75t)$ 成分，并过滤掉 $\varepsilon(t)$ 在频谱中的白噪声成分。然而在实际应用中，我们常常不知道 $f(t)$ 具体由哪些谐波组成，而且大多数经济时间序列的周期特征非常复杂，这就要求我们先自主尝试设定 K 值，接着采用 11.1.2 节中的 FFT 算法测定每一个 $u_k(t)$ 的频率成分。

类似于 EMD 方法，VMD 方法也衍生出一些不同的子类。Wang 等（2017）将 VMD 所处理的信号从实数值变为复数值，提出了完备 VMD（complex VMD，CVMD）方法。类似于 BEMD 方法，Zosso 等（2017）提出了一个二元紧凑 VMD（two-dimensional compact VMD，2DC-VMD）方法，专门用于寻找二元时间序列变量的中心频率。更进一步，Rehman 和 Aftab（2019）提出了可以对多元时间序列同时进行时间尺度分解的多元 VMD（multivariate VMD，MVMD）方法，利用 MVMD，我们可以更加精准地分解具有某种互动关系的多元经济时间序列。随着理论的进一步推进，VMD 方法也会不断衍生出更多的子方法。

11.4　软　件　实　现

MATLAB 软件非常适合小波变换，且有着开发成熟的小波变换工具箱。MATLAB 中的 fft 函数（ifft 函数）可以对离散时间序列进行 FFT 和 IFFT、wavedec 和 waverec 函数可以分别用于时间序列的基于小波变换的分解和重构。

R 语言 fftw 包中的 fft 函数（ifft 函数）同样可以进行 FFT 和 IFFT。R 语言的 wavelets 包（https://cran.r-project.org/web/packages/wavelets/index.html）由于轻量化的设计也非常适合进行基于小波变换方法的经济变量多重时间尺度分析。wavelets 包中的 dwt 和 idwt 函数可以进行离散小波变换与逆离散小波变换，并可以给出小波变换每一层的系数矩阵，其中 dwt 函数的输出结果是一个 S4 对象，可以采用 "@" 方法提取所需要的计算内容。将 dwt 函数输出对象放入 idwt 函数，便可以进行逆小波变换；同理，modwt 和 imodwt 函数可进行极大重叠离散小波变换及其对应的逆变换，具体方法同 dwt 函数。wavelets 包中的 mra 函数可以进行小波多分辨率分析，mra 函数中的 filter 参数可以设置相应的小波母函数、n.level 参数可以设置基于小波变换的分解层数、method 参数可以选择是否在极大重叠离散小波变换框架下进行多分辨率分析。

R 语言的 W2CWM2C 包（https://cran.r-project.org/web/packages/W2CWM2C/index.html）可以进行交叉小波相关系数图分析、rwavelet 包（https://cran.r-project.org/web/packages/rwavelet/index.html）可以进行多项小波变换相关计算，WaveletANN 包（https://cran.r-project.org/web/packages/WaveletANN/index.html）可以进行小波神经网络计算。而 WaveletGARCH 包（https://cran.r-project.org/web/packages/WaveletGARCH/index.html）和 WaveletArima 包（https://cran.r-project.org/web/packages/WaveletArima/index.html）可以帮助我们进行多尺度分解预测，通过这两个包，可以将原始序列通过小波变换方法分解为不同分辨率下的子序

列，再对每一个子序列采用 GARCH 模型或 ARIMA 模型进行预测，得到的预测数值经过逆小波变换形成原始序列的预测值。

多数模态分解方法的计算也可以通过 MATLAB 完成。尽管 MATLAB 并不是一个开源软件，但有着众多社区可供下载代码。此外，MATLAB 在工程技术人员中广受欢迎，而模态分解方法常被用于工程中的信号处理问题，由此模态分解方法多通过 MATLAB 实现。MATLAB 2021b 版本中包含的 EMD 工具箱可以用来进行 EMD 的计算（https://ww2.mathworks.cn/help/signal/ref/emd.html）。在迈斯沃克（MathWorks）论坛中有不少关于 EEMD 函数相关代码的介绍（进入 MathWorks 论坛中搜索 EEMD 即可）、BEMD 函数相关代码的介绍（https://ww2.mathworks.cn/matlabcentral/fileexchange/28761-bi-dimensional-emperical-mode-decomposition-bemd），以及快速自适应的多变量多维 EMD（fast and adaptive multivariate and multidimensional EMD，FA-MVEMD）函数的内容（进入 MathWorks 论坛搜索 fast and adaptive multivariate and multidimensional EMD）。此外，R 语言的 hht 包（https://cran.r-project.org/src/contrib/Archive/hht/）中的 CEEMD 函数和 EEMD 函数可以完成相应的计算。对于 CEEMDAN 相关内容，可以访问国外学者的个人网站 http://bioingenieria.edu.ar/grupos/ldnlys/metorres/re_inter.htm#Codigos 进行下载。

同样，MATLAB 2021b 版本中也包含 VMD 工具箱，且 R 语言的 VMDecomp 包（https://cran.r-project.org/web/packages/VMDecomp/index.html）也可以进行 VMD 计算，在 MathWorks 中搜索 multivariate variational mode decomposition 便可以找到 MVMD 函数相关内容，搜索 two-dimensional compact variational mode decomposition 可以找到 2D-VMD 函数相关内容。

参 考 文 献

Bloomfield P. 2004. Fourier Analysis of Time Series: An Introduction[M]. Hoboken: John Wiley & Sons.

Boggess A, Narcowich F J. 2015. A First Course in Wavelets with Fourier Analysis[M]. Hoboken: John Wiley & Sons.

Dai X Y, Wang Q W, Zha D L, et al. 2020. Multi-scale dependence structure and risk contagion between oil, gold, and US exchange rate: a wavelet-based vine-copula approach[J]. Energy Economics, 88: 104774.

Dai X Y, Xiao L, Wang Q W, et al. 2021. Multiscale interplay of higher-order moments between the carbon and energy markets during Phase Ⅲ of the EU ETS[J]. Energy Policy, 156: 112428.

Dragomiretskiy K, Zosso D. 2014. Variational mode decomposition[J]. IEEE Transactions on Signal Processing, 62(3): 531-544.

Engle R. 2002. Dynamic conditional correlation: a simple class of multivariate generalized autoregressive conditional heteroskedasticity models[J]. Journal of Business & Economic Statistics, 20(3): 339-350.

Engle R F, Kroner K F. 1995. Multivariate simultaneous generalized ARCH[J]. Econometric Theory, 11(1):

122-150.

Huang N E, Shen Z, Long S R, et al. 1998. The empirical mode decomposition and the Hilbert spectrum for nonlinear and non-stationary time series analysis[J]. Proceedings of the Royal Society A (Mathematical, Physical and Engineering Sciences), 454(1971): 903-995.

Huang Y M, Dai X Y, Wang Q W, et al. 2021. A hybrid model for carbon price forecasting using GARCH and long short-term memory network[J]. Applied Energy, 285: 116485.

In F, Kim S. 2013. An Introduction to Wavelet Theory in Finance: A Wavelet Multiscale Approach[M]. Singapore: World Scientific.

Miao X Y, Wang Q W, Dai X Y. 2022. Is oil-gas price decoupling happening in China? A multi-scale quantile-on-quantile approach[J]. International Review of Economics & Finance, 77: 450-470.

Proakis J G, Manolakis D G. 2001. Digital Signal Processing. Principles, Algorithms, and Applications[M]. Upper Saddle River: Prentice-Hall International, Inc.

Rehman N U, Aftab H. 2019. Multivariate variational mode decomposition[J]. IEEE Transactions on Signal Processing, 67(23): 6039-6052.

Rilling G, Flandrin P, Gonçalves P, et al. 2007. Bivariate empirical mode decomposition[J]. IEEE Signal Processing Letters, 14(12): 936-939.

Stein E M, Shakarchi R. 2010. Complex Analysis[M]. Princeton: Princeton University Press.

Stein E M, Shakarchi R. 2011. Fourier Analysis: An Introduction[M]. Princeton: Princeton University Press.

Torres M E, Colominas M A, Schlotthauer G, et al. 2011. A complete ensemble empirical mode decomposition with adaptive noise[C]. 2011 IEEE International Conference on Acoustics, Speech and Signal Processing (ICASSP). Prague: 4144-4147.

Wang Q W, Dai X Y, Zhou D Q. 2020. Dynamic correlation and risk contagion between "black" futures in China: a multi-scale variational mode decomposition approach[J]. Computational Economics, 55(4): 1117-1150.

Wang Y X, Liu F Y, Jiang Z S, et al. 2017. Complex variational mode decomposition for signal processing applications[J]. Mechanical Systems and Signal Processing, 86: 75-85.

Wu Z H, Huang N E. 2009. Ensemble empirical mode decomposition: a noise-assisted data analysis method[J]. Advances in Adaptive Data Analysis, 1(1): 1-41.

Wu Z H, Huang N E, Chen X Y. 2009. The multi-dimensional ensemble empirical mode decomposition method[J]. Advances in Adaptive Data Analysis, 1(3): 339-372.

Yeh J R, Shieh J S, Huang N E. 2010. Complementary ensemble empirical mode decomposition: a novel noise enhanced data analysis method[J]. Advances in Adaptive Data Analysis, 2(2): 135-156.

Zosso D, Dragomiretskiy K, Bertozzi A L, et al. 2017. Two-dimensional compact variational mode decomposition[J]. Journal of Mathematical Imaging and Vision, 58(2): 294-320.

第 12 章

多重时间尺度分析：模型应用

12.1 碳排放权期货价格的分解−集成预测

本节中，我们将介绍如何使用 VMD 方法将欧盟碳交易体系中的碳排放权期货分解为不同周期的子成分，从而实现 11.1.3 节中所介绍的分解−集成预测方法。本节模型应用内容来自 Huang 等（2021），读者也可参考 Wang 等（2020）了解 VMD 方法的相关应用。

12.1.1 研究背景与数据选择

为实现对国际社会承诺的温室气体减排目标，欧盟从 2005 年 1 月 1 日起实施温室气体排放许可交易制度，简称欧盟排放交易体系（European Union Emissions Trading Scheme，EU ETS）。EU ETS 是世界上最活跃、交易规模最大的排放权交易市场，交易产品为欧盟排放配额（European Union allowance，EUA），2023 年已发展至第四阶段（2021～2030 年），逐步建成了一个涉及碳现货、期货、期权等各类交易产品的金融市场，成为投资者分散投资风险的重要选择。受气候政策、宏观经济和能源价格等许多复杂的政治与经济因素影响，EUA 价格波动剧烈，具有非平稳性、非线性的特征[①]。对排放权期货价格（以下简称碳价）进行预测有助于深刻理解碳价特征，并为其他碳市场建立有效的碳价机制提供经验。并且，由于碳价和能源市场联系紧密，碳价的预测结果可以反映能源价格的趋势，从而为能源产业政策的制定提供依据。另外，碳资产是一种重要的金融投资产品，准确的碳价预测可以帮助投资者决策、规避投资风险并最大化其收益。因此，EU ETS 碳价预测问题受到了许多学者关注，对其建立准确和稳定的预测模型是一项艰巨的任务。

本节我们将向读者展示如何采用分解−集成预测方法预测 EU ETS 碳价。如 11.1.3 节所述，分解−集成预测方法能够将时间序列中不同的周期成分分解出来，再针对不同周期的子序列独有的特性预测子序列未来时刻的数值，并将这些子序列预测数值集成为原始序列未来时刻的预测数值。在本节中，我们设计了如下的分解−集成预测方法。

---

① 例如，2019 年 7 月 10 日，EUA 价格飙升至 28 欧元/吨，是 2008 年金融危机发生以来的最高水平，并将自 2018 年初以来破纪录的涨幅扩大至 250%以上。

第一步：原始序列的分解。利用信号处理方法 VMD 将原始碳价时间序列进行分解，得到 K 个模态分量。利用 Lempel-Ziv 复杂度算法将分解得到的 K 个模态识别为 m 个高频模态分量和（$K-m$）个低频模态分量。

第二步：分解序列的预测。针对碳价高、低频分量特征，使用传统计量方法构建 GARCH 模型，使用人工智能方法构建长短期记忆（long short-term memory，LSTM）的神经网络模型，得出各个模态的预测值。对于 m 个高频模态分量，对其进行 ARCH 效应检验，得到 l 个具有 ARCH 效应的高频模态分量，和（$m-l$）个不具有 ARCH 效应的高频模态分量。对于 l 个具有 ARCH 效应的高频模态分量，采用 GARCH 模型分别计算其 l 个预测值；对于（$m-l$）个不具有 ARCH 效应的高频模态分量，采用 LSTM 模型分别计算其（$m-l$）个预测值。对于（$K-m$）个低频模态分量，采用 LSTM 模型分别计算其（$K-m$）个预测值。由此我们得到 K 个模态分量各自的 K 个预测值。

第三步：原始序列的预测值的集成。为集成各模态的预测值，使用 LSTM 模型进行集成，得到原始碳价时间序列的预测值。同时，比较另一种神经网络模型的效果，即前馈神经网络（feedforward neural network，FNN）模型的集成效果。

为说明所提出的模型相比多种基准模型具有更高的预测准确度和稳定性，本章使用三种预测评价指标，包括均方根误差（root mean square error，RMSE）、平均绝对误差（mean absolute error，MAE）和平均绝对百分比误差（mean absolute percentage error，MAPE）。

我们描述了以上的分解–集成预测过程如图 12-1 所示，由于我们采用的分解方法是 VMD，预测方法是 GARCH 模型和 LSTM 模型，集成方法是 LSTM 模型，我们将提出的模型命名为 VMD-GARCH/LSTM-LSTM 模型。

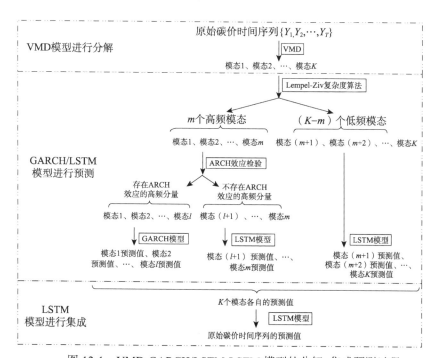

图 12-1　VMD-GARCH/LSTM-LSTM 模型的分解–集成预测过程

　　数据选取上，使用 EUA 期货日结算价进行实证检验，该数据集可从 Wind 数据库（www.wind.com.cn）获取。EU ETS 于 2005 年开始运行，由于第一、二阶段碳市场机制不够成熟，且不同阶段政策差异会对预测带来较大干扰，本节着眼于第三阶段，选取 2017 年 11 月到 2019 年 10 月作为样本区间。为显示模型对碳价的不同变化模式都具有优良的预测性能，将该区间分为样本区间 1 和样本区间 2 两段，分别检验预测误差。EU ETS 碳排放权期货样本区间分段特征如图 12-2 所示，样本区间 1 具有更显著的上升趋势，样本区间 2 则较为平缓但具有更强的波动特征。将两段样本分别划分成样本内预测集（训练集）和样本外预测集（测试集）两个子集，相应的样本容量及日期区间如表 12-1 所示。

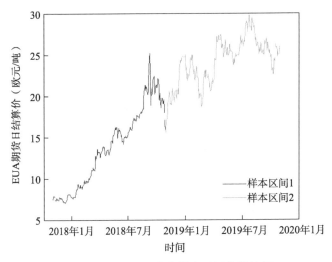

图 12-2　EU ETS 碳价样本区间分段特征

表 12-1　EU ETS 碳价样本容量及日期区间

样本区间	数据集	样本容量/个	日期区间
样本区间 1	样本集	258	2017-11-01~2018-10-31
	训练集	233	2017-11-01~2018-09-26
	测试集	25	2018-09-27~2018-10-31
样本区间 2	样本集	258	2018-11-01~2019-10-31
	训练集	233	2018-11-01~2019-09-26
	测试集	25	2019-09-27~2019-10-31

12.1.2　碳价序列分解

　　本节我们采用 VMD 方法将碳价分解成 K 个具有不同振幅和频率的模态（子序列），并从高频至低频排列，模态间彼此独立，具有简单的结构、平稳的波动和较强的规律性。根据频率将模态分为两类。①高频分量，其具有较高的频率和较低的变动水平，用来描述短期市场正常运行时由供需不平衡引起的碳价随机变化。尽管高频分量短期内频繁波动，其并不能产生长期效应。并且，碳价的大幅波动后往往紧跟着大幅波动，小幅波动后紧跟着小幅波动，即波动具有聚集性。②低频分量，其具有较低的频率和较高的变动水平，可以刻画由外部环境引起的碳价变化特征。重大意外事件的冲击会导致低频分量的数值迅速上升或下降，尽管波动频率低，低频分量可能会使碳价产生剧烈变化甚至改变碳市场的价格机制。

高、低频分量的不同数据特征体现了原始碳价序列中隐含的多种内部特征，若有针对性地选择恰当的预测模型，可以提升碳价预测的准确度。在 VMD 分解完成后，可以通过Lempel-Ziv 复杂度算法（Lempel and Ziv, 1976）识别高、低频分量，从而选择出预测各分量的最优模型，具体识别过程如下。

步骤 1：计算模态 k 的复杂度 C_k，$k = 1, 2, \cdots, K$。C_k 的具体定义可以参考 Lempel 和 Ziv（1976）。

步骤 2：设定临界值 $\lambda_0 = 0.8$，从而找出满足式（12-1）的 m 的最小值。

$$m = \inf_m \left\{ m : \frac{\sum_{k=1}^{m} C_k}{\sum_{k=1}^{K} C_k} \geqslant \lambda_0 \right\}, \quad m \in \{1, 2, \cdots, K\} \tag{12-1}$$

步骤 3：将模态 1 至模态 m 识别为高频分量，将模态 $m+1$ 至模态 K 识别为低频分量。

利用 11.3.2 节中的 VMD 方法，我们对样本区间 1 与样本区间 2 的 EU ETS 碳价进行分解，分解的总层数 K 设置为 7，所得结果如图 12-3 和图 12-4 所示。在图 12-3 中，图 12-3（a）为样本区间 1 原始价格序列，模态 1 至模态 7 子序列之和即样本区间 1 原始价格序列。从特征上观察，模态 1 子序列的频率最高，所代表的周期趋势最短；模态 7 子序列的频率最低，所代表的周期趋势最长。分解出的模态数越小（越靠近模态 1），其集群波动性越强，长记忆性越小（记忆性可以理解为一种趋势性，记忆性越小，即过去数值对当前数值的影响越弱），非常适合采用 GARCH 等可对波动率建模的模型进行数值预测；分解出的模态数越大（越靠近模态 7），其集群波动性越弱，长记忆性越大（过去数值对当前数值的影响大），非常适合采用 LSTM 等可对趋势性较强的序列进行预测的模型。

在图 12-4 中，各个模态的特点和样本区间 1 中的各个模态的特点类似。所有模态子序列之和便是原始价格序列，各个模态越接近模态 1，其震动频率越高，所代表的周期越短；越接近模态 7，其震动频率越低，所代表的周期越长，趋势性越强。对于样本区间 2 中的各个模态，我们采用 GARCH 模型对高频序列数值进行预测，采用 LSTM 模型对低频序列数值进行预测。此外，我们还观察到模态层数越高，其数值变动范围越大；而模态层数越低，其数值变动范围越小（图 12-3、图 12-4）。这是由于短时间尺度之下，价格总是不大的；而在长时间尺度之下，价格会经历较大变化。

在得到 VMD 方法的分解结果后，我们需要对不同子模态的性质做分析。这里我们使用 Lempel-Ziv 复杂度算法来实现模态高、低频分量的自动识别，两段样本区间的子模态的识别结果如图 12-5 所示。在本节中，设定式（12-1）的临界值 λ_0 为 80%。样本区间 1 在模态 5 处首次达到临界值（图 12-5）。因此，划分模态 1~模态 5 为高频、模态 6 和模态 7 为低频。同理，样本区间 2 中，模态 1~模态 4 为高频，模态 5~模态 7 为低频。

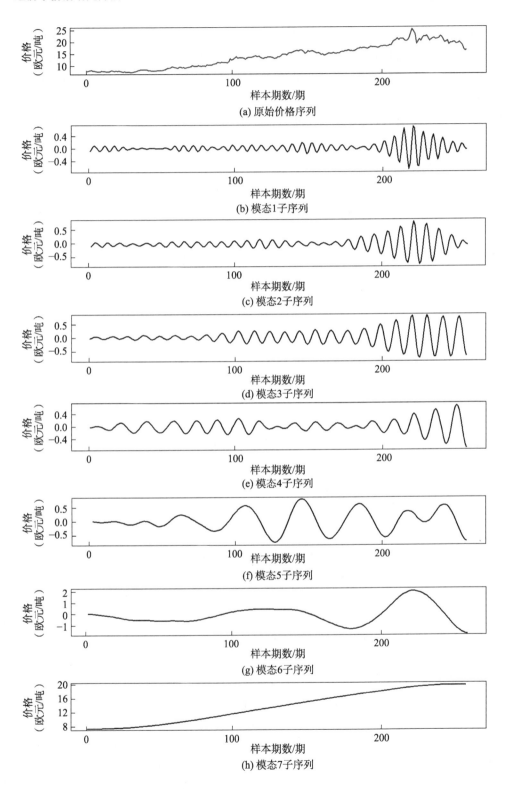

图 12-3 碳价样本区间 1 的 VMD 方法的分解结果

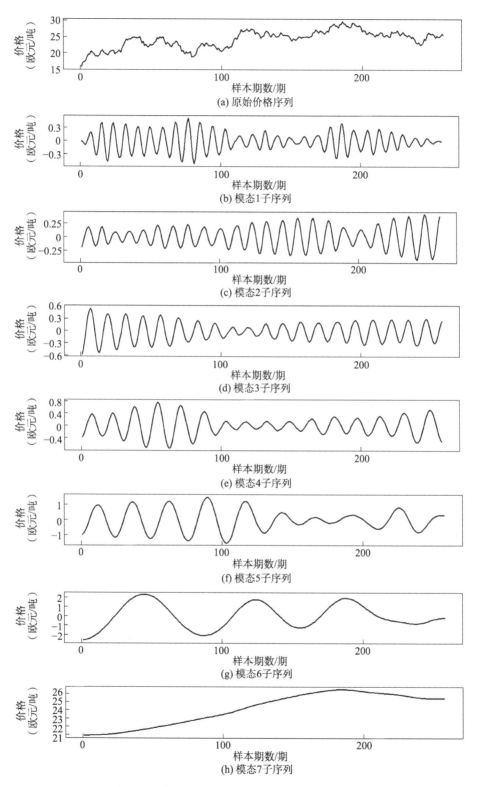

图 12-4　碳价样本区间 2 的 VMD 方法的分解结果

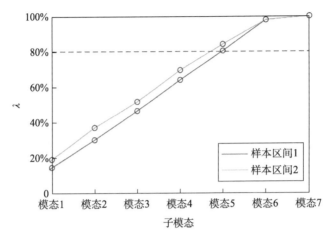

图 12-5 子模态的 Lempel-Ziv 复杂度算法识别结果

上述分析说明碳价是由多种驱动因素耦合形成的，多种力量决定着其发展趋势。碳市场作为一种商品市场，其价格波动受到市场内部机制（如供求机制）的影响；但同时，碳市场又有其独特之处，外部环境因素（包括气温、政策、能源价格和特殊事件，如经济危机、政治变化等）会在很大程度上干扰碳市场机制。碳市场内部机制通过碳价的随机分量体现，这些随机扰动虽然变化迅速，难以捕捉其规律，但主要表现为短期效应，对碳价的长期趋势影响不大。长期性的碳价波动，从非市场因素来寻找原因，即碳市场的外部环境因素，尤其是政策制度的影响。虽然原始价格序列有各种各样的波动，但常常会回归到周期分量和趋势分量曲线。因此，低频分量对原始价格序列的影响是根本性的、决定性的和长期性的，需针对其数据特征建立合适的预测模型。

12.1.3 碳价集成预测

根据 12.1.2 节对不同模态数据特征的分析结果，高频模态即碳价的随机分量由市场机制决定，受到市场情绪等因素影响而具有波动聚集性，GARCH 模型能够很好地刻画这一特征。对于非平稳的低频模态，包括周期分量和趋势分量，计量模型的应用受到限制，故选择较为灵活的函数拟合形式，即具有自组织、自学习、自适应性的人工智能模型。由于低频模态反映了长期性的碳价波动，使用具有长期记忆的 LSTM 模型进行建模。

GARCH 模型是 ARCH 模型的广义形式，由 Bollerslev（1986）提出，在大多数时间序列分析教材中都有 GARCH 模型的详细介绍。在 GARCH 模型中，当前条件方差不仅依赖于 1 个先前误差，还依赖于 k 个先前条件方差，在第 7 章与第 8 章中，我们详细介绍过 GARCH 模型，这里不再重复介绍。

LSTM 模型是循环神经网络模型的变种，被广泛应用于时间序列建模和预测（Hochreiter and Schmidhuber，1997）。传统神经网络从静态视角学习输入和输出间的联系，但当数据是时间序列时，独立训练各"输入—输出"对会导致学习效果不理想。相比之下，循环神经网络在每两对"输入—输出"间建立联系，简单循环神经网络由于存在梯度消失的问题只能有短期记忆，而 LSTM 通过精妙的控制门将短期记忆与长期记忆结合起来。LSTM 单元包含两个隐藏状态 h_t 和 c_t，分别用于短期信息和长期信息的记忆，并引入了遗忘门、输入门和输出门共三个控制门。

本节采用 12.1.1 节提出的 VMD-GARCH/LSTM-LSTM 模型进行碳价预测。为证实模型的预测性能，我们将模型的预测效果与多种碳价预测模型进行横向比较，比较的思路如下：①探究高频使用 GARCH、低频使用 LSTM 的分解－集成预测模型与单一 LSTM 模型预测效果差异，即比较 LSTM 和 VMD-GARCH/LSTM-ADD（ADD 的含义是将各模态的预测结果简单相加，下同）[①]；②探究线性集成模型（通过简单相加集成）和非线性集成模型（通过 LSTM 集成）预测效果差异，即比较 VMD-GARCH/LSTM-ADD 和 VMD-GARCH/LSTM-LSTM；③将 LSTM 与其替代模型 FNN 进行比较，即比较 VMD-GARCH/FNN-ADD 和 VMD-GARCH/FNN-FNN；④将 VMD 与其替代方法 EMD 进行比较，即比较 EMD-GARCH/LSTM-ADD、EMD-GARCH/LSTM-LSTM、EMD-GARCH/FNN-ADD 和 EMD-GARCH/FNN-FNN。

需要说明的是，由于 VMD 方法中的模态数需要自行确定，本节沿用 EMD 分解得到的模态数[②]。建立 GARCH 模型前，先对序列建立 ARIMA 模型并对残差进行 ARCH 效应检验，若有 ARCH 效应，则联合估计 ARIMA 和 GARCH（1,1）模型[③]。关于 ARIMA 模型的定阶，先通过平稳性检验确定差分阶数（d），再根据 BIC 在不超过三阶的范围内选择最优的自回归项数（p）和滑动平均项数（q）[④]。关于 LSTM 模型的参数设置，模型包含序列输入层、LSTM 层、全连接层、回归层共四层：指定特征数和响应数为 1，LSTM 层隐藏单元数为 200；为防止梯度爆炸，将梯度阈值设置为 1；共训练 250 期，指定初始学习率为 0.005，在 125 期后乘以系数 0.2 以降低学习率。值得一提的是，在构建神经网络模型时，选择最佳的优化器至关重要，其有助于模型快速收敛并正确学习。其中，自适应矩估计是一种可以替代传统随机梯度下降过程的一阶优化算法，在实际应用中效果良好，超过了其他的自适应技术，因此，本节使用自适应矩估计优化器基于训练数据迭代地更新神经网络权重。另外，为保证模型的可比性，所有的 LSTM 模型都采用相同的参数，所有的 FNN 模型除将 LSTM 层改为全连接层以外，其他参数与 LSTM 保持一致[⑤]。

12.1.4　预测结果与比较

我们需要采用损失函数来比较不同模型之间的预测结果，常用的指标有 RMSE、MAE

---

① 不比较 VMD-GARCH-ADD 是因为 GARCH 模型对于低频模态不具备良好的预测效果；不比较 VMD-LSTM-ADD 是因为对每个模态都训练一个 LSTM 模型的时间成本较高，尤其是在数据量大的情况下。

② 在 250 次分解中，EMD 的模态数起先为 7，后变为 8，为简单起见，VMD 的模态数始终取 7。

③ GARCH 模型的阶数不容易确定，在实际应用中只用到低阶的 GARCH 模型，本节选用 GARCH(1,1)。

④ 为保证模型的简洁性，不宜在过高的阶数尝试。有学者在选择差分阶数 d 时也通过信息准则来判断，但差分会改变似然函数计算所使用的数据，这使得不同差分阶数的模型的 BIC 值无法比较，因此本节只将其用于选择 p 和 q 的取值。

⑤ 隐藏单元数仍为 200。

及 MAPE，令真实价格序列为 $x(t)$（$t = 1, 2, \cdots, N$）、某一个模型预测的价格序列为 $\hat{x}(t)$（$t = 1, 2, \cdots, N$），则上述三个指标的定义为

$$\text{RMSE} = \sqrt{\frac{1}{N} \sum_{t=1}^{N} (x(t) - \hat{x}(t))^2}$$

$$\text{MAE} = \frac{1}{N} \sum_{t=1}^{N} |x(t) - \hat{x}(t)| \qquad (12\text{-}2)$$

$$\text{MAPE} = \frac{1}{N} \sum_{t=1}^{N} \frac{|x(t) - \hat{x}(t)|}{x(t)}$$

根据定义，以上三个指标越小，代表模型的拟合效果越好。各预测模型在测试集上的 RMSE、MAE 和 MAPE 的比较结果如表 12-2 所示，表 12-2 中同时列出了样本区间 1 和样本区间 2 的情况。

表 12-2　各预测模型在测试集上的 **RMSE**、**MAE** 和 **MAPE** 的比较结果

预测模型	样本区间 1			样本区间 2		
	RMSE	MAE	MAPE	RMSE	MAE	MAPE
LSTM	1.483	1.144	6.184	1.159	0.909	3.789
VMD-GARCH/LSTM-ADD	0.971	0.731	3.926	0.752	0.580	2.358
VMD-GARCH/LSTM-LSTM	0.824	0.636	3.323	0.630	0.508	2.077
VMD-GARCH/FNN-ADD	1.016	0.807	4.329	0.802	0.615	2.501
VMD-GARCH/FNN- FNN	1.069	0.842	4.526	0.810	0.631	2.565
EMD-GARCH/LSTM-ADD	1.410	1.077	5.684	0.859	0.714	2.888
EMD-GARCH/LSTM-LSTM	0.988	0.755	3.991	0.888	0.741	3.005
EMD-GARCH/FNN-ADD	1.347	1.061	5.633	0.995	0.793	3.198
EMD-GARCH/FNN- FNN	1.341	1.056	5.615	0.991	0.793	3.196

单一 LSTM 模型的预测误差大于所有的分解-集成预测模型。这一结论对于两段样本区间、三个评价指标都成立，证明了分解-集成预测思想对于碳价预测的有效性。出现这一结果的主要原因是在模态分解后，复杂的碳价序列转变为结构和波动更为简单、平稳的模态，这显著提升了预测准确度。比较非线性集成和线性集成模型的预测效果，发现当 GARCH 和 LSTM 作为预测模型时，非线性集成可以显著提升预测准确度。例如，VMD-GARCH/LSTM-LSTM 在两段样本区间上都明显优于 VMD-GARCH/LSTM-ADD，EMD-GARCH/LSTM-LSTM 在样本区间 1 上明显优于 EMD-GARCH/LSTM-ADD（两者的 RMSE 的差值接近 0.5）。这是因为分解-集成预测模型对每个模态分别进行预测，在集成各模态预测结果时可能会出现误差累积的问题。而在训练非线性集成模型时，它将各模态的预测值相加后还对与碳价真实值之间的差距进行了学习，因此在应用于测试集时可以根据习得的差距进一步减小分解-集成预测模型的误差。需要说明的是，线性集成的 EMD-GARCH/LSTM-ADD 虽在样本区间 2 上未体现出劣于 EMD-GARCH/LSTM-LSTM，但其在两段样本区间上表现差异巨大，非线性集成的 EMD-GARCH/LSTM-LSTM 则稳定性更好。因此，非线性集成可以提升分解-集成预测模型的预测性能，当 GARCH 和 LSTM 模型作

为预测模型时提升效果显著。

　　基于 VMD 的模型误差总体小于基于 EMD 的模型误差（表 12-2）。例如，在样本区间2，误差最大的 VMD 方法（VMD-GARCH/FNN-FNN）都优于误差最小的 EMD 方法（EMD-GARCH/LSTM-ADD）。主要原因是 VMD 克服了 EMD 模态混叠和端点效应的缺陷，能够更准确地分解碳价序列，该结果说明了 VMD 方法对于提升模型的碳价预测性能具有显著优势。基于 LSTM 的模型总体上比基于 FNN 的模型预测更准确，这在采用非线性集成时更为明显。究其原因，FNN 并不完全适用于学习时间序列，需要各种辅助性处理，且效果也不一定好。面对信息之间有着复杂时间关联性的碳价预测任务，尤其是反映长期性碳价波动的低频模态，具有长期记忆的 LSTM 更为合适。

　　基于 RMSE、MAE 和 MAPE 的不同模型的预测表现排名如表 12-3 所示，可以看到，在同一样本区间上，三种指标反映的预测误差基本没有差异。但在不同的样本区间上，部分模型的排名出现了变化，保持不变的仅有三个模型。首先是 LSTM，其始终落后于其他所有模型，体现了单一预测模型相比于分解−集成预测模型的劣势。其次是基于 VMD 方法和 GARCH/LSTM 的两个模型（VMD-GARCH/LSTM-LSTM、VMD-GARCH/LSTM-ADD），二者稳定在第 1、2 名的位置。这说明了 VMD 和 GARCH/LSTM 组合形式的优越性，无论采用线性集成还是非线性集成方式，它们都领先于其他模型。剩余六个模型中，四个模型在两段样本区间的预测表现浮动了一个名次，而另外两个模型（EMD-GARCH/LSTM-ADD、EMD-GARCH/LSTM- LSTM）则产生了较大的差异。具体而言，EMD-GARCH/LSTM-ADD 从样本区间 1 的第 8 名升至样本区间 2 的第 5 名，EMD-GARCH/LSTM-LSTM 从样本区间1 的第 3 名降至样本区间 2 的第 6 名。从中可以看出，EMD 方法和 GARCH/LSTM 的组合形式对于不同的碳价变化模式较为敏感，不具有稳定的碳价预测表现，尤其是 EMD-GARCH/ LSTM-ADD，在两段样本区间上的 RMSE 差异高达近 0.6，说明了线性集成方式不具有误差修正的能力。本章提出的 VMD-GARCH/LSTM-LSTM 在 RMSE、MAE、MAPE三个评价指标上都具有最小误差，说明其很好地结合了分解集成、计量与人工智能混合建模、非线性集成三者的优势。该模型在样本区间 1 和样本区间 2 都取得了最佳预测表现，体现了其能够适应不同的碳价特征，具有较好的鲁棒性。

表 12-3　基于 RMSE、MAE 和 MAPE 的不同模型的预测表现排名

模型	样本区间 1			样本区间 2		
	RMSE	MAE	MAPE	RMSE	MAE	MAPE
LSTM	9	9	9	9	9	9
VMD-GARCH/LSTM-ADD	2	2	2	2	2	2
VMD-GARCH/LSTM-LSTM	1	1	1	1	1	1
VMD-GARCH/FNN-ADD	4	4	4	3	3	3
VMD-GARCH/FNN-FNN	5	5	5	4	4	4
EMD-GARCH/LSTM-ADD	8	8	8	5	5	5
EMD-GARCH/LSTM-LSTM	3	3	3	6	6	6
EMD-GARCH/FNN-ADD	7	7	7	8	7	8
EMD-GARCH/FNN-FNN	6	6	6	7	7	7

12.2 原油与天然气价格的多尺度双重分位数回归

本节中，我们将介绍如何使用小波变换方法分解原油和天然气价格序列，从而研究它们之间的多尺度分位数关系。本节内容主要参考了 Miao 等（2022），读者也可阅读 Dai 等（2021）、Tong 等（2022）、Ouyang 等（2021）进一步了解多元时间序列在多重时间尺度下的溢出效应等应用案例。

12.2.1 研究背景与数据选择

中国所在的东亚地区是国际天然气贸易最大的目的地。2008 年后，全球天然气价格逐渐拉开差距，形成北美最低、欧洲其次、东亚最高的局面，这种现象被学界称为"亚洲溢价"。国际天然气贸易的"亚洲溢价"是天然气长期合约的交易双方为了规避风险而锚定油价付出的代价，只不过这种代价在高油价和"页岩气革命"的双重挤压下显得尤为刺眼。从经济学角度看，"亚洲溢价"意味着套利空间，在市场规律下这种溢价会随着东亚天然气供给的增加慢慢被抹平，但这种溢价更多是由天然气定价与油价挂钩引起的，所以溢价在市场作用下慢慢被抹平的情况并未出现。

中国作为世界第一大天然气进口国和世界第二大液化天然气（liquefied natural gas, LNG）进口国，有必要深入研究本国天然气价格与国际主要油气价格的关联，从而发现"亚洲溢价"中隐含的油气价格联动关系，为政策制定者和市场交易者提供决策参考。利用本节的研究结论，政策制定者可以对目前国内天然气定价机制的类型做出判断，从而对天然气相关政策做出调整。市场交易者可以在强关联的国际主要油气价格发生剧烈波动时提前获得国内天然气价格的预警信息，从而调整投资策略，减少损失。

目前学界对某地区天然气价格与国际油气价格的关联进行了相当多的研究，但多数利用传统时间序列方法从时域的角度切入，而忽略了频域的视角。部分利用小波变换方法的研究多停留在利用小波相干性进行相关性分析，少有对数据进行进一步分解再结合计量经济学模型的研究。因此本节案例将采用小波多分辨率分析方法对国内外主要油价与中国天然气价格进行时间序列分解，再引入分位数回归模型，观察在不同的时间尺度下国内外不同原油价格子序列是否会影响中国天然气价格子序列的分位数特征，从而判断中国的油气价格脱钩情况。

数据选取方面，我们以中国 LNG 出厂价格全国指数（Chinese LNG ex-factory price national index, CLE）作为天然气的价格代理，以 BRT 原油和 WTI 原油现货价格作为国际原油价格代理，以中国 92 号汽油（gasoline, GSL）和 0 号柴油（diesel, DSL）批发价格作为中国原油价格代理。数据样本期为 2016 年 11 月 25 日到 2020 年 10 月 13 日，采用日度价格数据，并转换为对数收益率。为了更好地展现中国天然气价格与油价之间的特征，实证过程中我们同时采用美国亨利港（Henry Hub, HH）天然气期货价格作为对照。以上六种油气价格的描述性统计特征如表 12-4 所示。根据峰度系数和偏态系数可以看出，两种天然气价格（CLE 和 HH）比油价展现出更明显的"尖峰厚尾"特征，这说明天然气价格波动可能比油价波动更加频繁和剧烈。此外，天然气价格右偏而油价左偏，说明天然气价格波动倾向于发生在高价区间，而油价波动倾向于发生在低价区间，下文对分位数回归的分析对比也进一步证实了这一现象。

表 12-4　油气价格的描述性统计特征

变量	均值	标准差	峰度系数	偏态系数	上四分位数	中位数	下四分位数
CLE（美元/万英热）	0.12	0.03	2.87	1.45	0.10	0.11	0.13
HH（美元/万英热）	0.03	0.01	2.59	0.67	0.02	0.03	0.03
BRT（美元/万英热）	0.10	0.02	0.79	−0.82	0.09	0.11	0.12
WTI（美元/万英热）	0.09	0.02	4.01	−1.19	0.08	0.09	0.11
GSL（美元/万英热）	0.22	0.03	−0.45	0.32	0.20	0.22	0.24
DSL（美元/万英热）	0.21	0.02	−0.69	0.07	0.18	0.21	0.22

12.2.2　小波变换与双重分位数回归模型

我们对以上六种油气价格进行基于小波变换的分解，将其分解为能够代表不同时间尺度的子序列。根据 11.2.2 节中所介绍的分解联级特征，我们设定分解层数为六层，也就是对于一个时间序列 $f(t)$，我们可以将之分解为

$$f(t) \approx f_j(t) = w_j(t) + w_{j-1}(t) + w_{j-2}(t) + w_{j-3}(t) + w_{j-4}(t) + w_{j-5}(t) + f_{j-5}(t) \qquad （12-3）$$

式中，$f_j(t) \in V_j$ 是一个足够贴近 $f(t)$ 的函数。根据习惯，我们将 $w_j(t)$ 至 $w_{j-5}(t)$ 分别称为 D1 至 D6 序列、将 $f_{j-5}(t)$ 称为 S6 序列。由于原始价格序列 $f(t)$ 的间隔单位是"天"，我们令 D1 序列代表 1~2 天时间尺度的趋势、D2 序列代表 2~4 天时间尺度的趋势、D3 序列代表 4~8 天时间尺度的趋势、D4 序列代表 8~16 天时间尺度的趋势、D5 序列代表 16~32 天时间尺度的趋势、D6 序列代表 32~64 天时间尺度的趋势、S6 序列代表超过 64 天时间尺度的趋势。由此，我们采用 D1~D2 序列表示短期、采用 D3~D4 序列表示中期、采用 D5~D6 序列表示长期、采用 S6 序列表示超长期，即 1~4 天的变化周期代表短期，4~16 天的变化周期代表中期，16~64 天的变化周期代表长期，超过 64 天的变化周期代表超长期。我们以 HH 价格为例，将其小波多分辨率分析分解结果绘制在图 12-6 中。可以看出，随着时间的推移，HH 价格的波动在各个时间尺度上都有所下降。

在对变量进行时间尺度分解后，采用 Sim 和 Zhou（2015）所提出的双重分位数回归模型对每一个时间尺度下不同的变量进行建模，探究不同油价的分位数如何影响天然气价格的分位数。关于双重分位数回归模型我们在此不做赘述，读者可以参考 Sim 和 Zhou（2015）详细了解它的工作原理。简单来说，以二元变量 X 与 Y 为例，双重分位数回归模型可以揭示变量 X 的某一个水平的分位数对变量 Y 的某一个水平的分位数的线性影响，如揭示 X 的 95%分位数每变动一个单位，Y 的 5%分位数会变动多少个单位。

我们挑选出变量 CLE 的 D1 序列，再同时挑出 HH、BRT、WTI、GSL 及 DSL 的 D1 序列。接着以 CLE 作为被解释变量，以 HH、BRT、WTI、GSL 及 DSL 作为解释变量，采用双重分位数回归模型对它们建模，通过观察双重分位数回归模型的系数就可以揭示出在 1~2 天周期之下 HH、BRT、WTI、GSL 及 DSL 的分位数是如何影响 CLE 的分位数的。

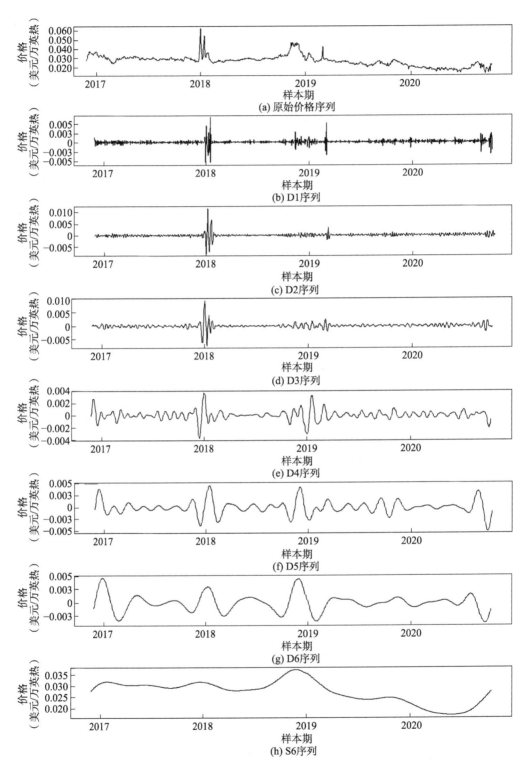

图 12-6 HH 价格的小波多分辨率分析分解结果

注：样本期为 2016 年 11 月 25 日至 2020 年 10 月 13 日

12.2.3　多重时间尺度下的双重分位数回归结果

多重时间尺度下的双重分位数回归结果如表 12-5 所示，我们先来观察原始序列部分。首先，HH 对 CLE 的影响在所有分位数上都是正向的，且均在 1%的显著性水平上显著。这一结果表明，这两种天然气的价格大体上是同向变动的。其次，在不同分位数水平上，BRT、GSL 和 DSL 对 CLE 的影响大多也是正向且显著的。相比之下，WTI 的影响在所有的分位数上都是负向且显著的，这意味着在原始序列中 CLE 和 WTI 大体上是朝相反的方向变动的。最后，CLE 和 BRT 在高分位处（0.90 和 0.95）没有显著关联，这表明 CLE 对 BRT 的下跌和轻微上涨比对 BRT 的急剧上涨更敏感。可以看出，在原始序列观测视角下，CLE 和其他油气市场并没有脱钩。

表 12-5　多重时间尺度下双重分位数回归结果

序列	变量	时间尺度	Qu.(0.05)	Qu.(0.10)	Qu.(0.25)	Qu.(0.50)	Qu.(0.75)	Qu.(0.90)	Qu.(0.95)
原始序列	常数项	—	1.355***	−0.222*	−1.767***	−3.081***	−9.083***	−21.538***	−26.698***
	HH	—	0.295***	0.193***	0.777***	0.749***	1.06***	0.879***	0.929***
	BRT	—	0.484***	0.432***	0.358***	0.524***	0.764***	−0.365	−0.591
	WTI	—	−0.315***	−0.284***	−0.487***	−0.837***	−1.463***	−1.032***	−1.19***
	GSL	—	0.244***	0.201***	0.135***	0.214***	0.413***	0.931***	0.856***
	DSL	—	0.013*	0.178***	0.401***	0.497***	0.761***	1.291***	1.853***
分解序列	常数项	—	−0.369**	−0.999***	−1.504***	−2.037***	−6.389***	−21.642***	−20.91***
	HH	D1	−0.043	−0.027	−0.071	0.114	−0.228	0.064	−0.014
		D2	0.175	0.276	0.177	−0.322	0.181	−0.092	0.439
		D3	0.065	−0.057	−0.260	0.028	−1.018	0.116	−1.224
		D4	0.005	−0.036	0.498	0.105	2.946***	0.572	−2.097
		D5	−0.106	−0.414***	−1.106***	−0.746**	−2.41***	−5.325***	−6.886***
		D6	−0.713***	−0.385***	0.168	0.512**	1.066	5.182***	7.181***
		S6	1.155***	0.967***	0.543***	1.056***	1.292***	1.474***	2.304***
	BRT	D1	0.064	−0.006	0.082	0.006	0.006	−0.004	−0.117
		D2	−0.008	0.087	−0.098	0.019	0.077	0.391	0.120
		D3	−0.128	−0.174	0.044	−0.031	−0.078	−0.807	0.042
		D4	−0.821***	−0.622***	0.319	0.446	−0.052	0.982	1.772
		D5	1.139***	1.454***	1.956***	0.083	−0.309	−2.935**	−2.641**
		D6	0.572***	0.631***	0.447	−0.324	0.273	6.106***	7.701***
		S6	1.418***	1.286***	1.167***	2.365***	2.207***	−0.348*	−0.242
	WTI	D1	−0.046	0.062	−0.012	0.001	0.004	0.039	0.056
		D2	−0.020	−0.126	0.085	0.027	0.059	−0.147	0.255
		D3	−0.111	−0.124	−0.056	−0.004	−0.165	−0.303	−0.064
		D4	1.233***	0.976***	0.015	−0.134	0.378	−0.174	−0.997

续表

序列	变量	时间尺度	Qu.(0.05)	Qu.(0.10)	Qu.(0.25)	Qu.(0.50)	Qu.(0.75)	Qu.(0.90)	Qu.(0.95)
分解序列	WTI	D5	-1.17***	-1.373***	-1.681***	-0.285	0.141	3.544***	3.69***
		D6	-0.484***	-0.558***	-0.529	0.307	-0.269	-4.945***	-6.234***
		S6	-1.842***	-1.729***	-1.625***	-3.173***	-3.009***	-1.223***	-1.37***
	GSL	D1	-0.097	0.255	0.307	0.153	-0.621	0.147	0.952
		D2	0.545	0.235	-0.381	0.007	0.606	0.374	1.491
		D3	0.063	0.106	0.428	-0.071	-0.171	-0.669	2.358
		D4	-0.089	0.140	-0.518	-0.363	0.149	0.688	-0.336
		D5	-0.833***	-1.165***	-1.169***	-1.903***	-1.374	0.542	-1.136*
		D6	-0.775***	-0.788***	-0.847***	-0.418***	-1.052***	-1.896***	-2.114***
		S6	0.232***	0.29***	0.425***	0.647***	0.544***	1.357***	1.282***
	DSL	D1	0.043	-0.151	-0.089	-0.270	0.817	-0.210	-0.930
		D2	-0.499	-0.086	0.426	0.019	-0.894	-0.252	-1.137
		D3	0.449*	0.376	-0.177	0.299	1.774	1.339	-2.250
		D4	-0.113	-0.468**	1.119**	0.691	-1.473	-3.264**	-0.139
		D5	1.091***	1.367***	1.198***	2.226***	2.408**	3.235***	4.849***
		D6	0.783***	0.658***	0.47***	-0.094	0.590	0.523	0.085
		S6	0.258***	0.27***	0.232***	0.094***	0.434***	0.828***	0.805***

注：Qu.(0.05)代表5%分位数水平，Qu.(0.95)代表95%分位数水平，其余同理

***、**和*分别代表在1%、5%和10%的显著性水平下显著

接下来我们观察不同时间尺度下油气资产价格之间的双重分位数回归计算结果（分解序列部分）。首先，所有选定的石油和天然气价格在短期（D1~D2：1~4天时间尺度）内对CLE的双重分位数回归系数均不显著。这一结果表明，在本应用案例的分析框架中，其他资产价格的分位数对CLE高频变动序列的分位数没有影响。在短期内，存在油气价格脱钩的情况。

其次，在中期（D3~D4：4~16天时间尺度），只有零星几个系数是显著的。例如，D4序列中，在0.05和0.10分位数处，BRT对CLE有显著的负向影响，该结果意味着在4~16天时间尺度下，当BRT出现极端低收益率的情况时，CLE出现极端低收益率的概率会降低。再例如，D4序列中，在0.05和0.10分位数处，WTI对CLE有显著的正向影响，这说明在4~16天时间尺度的趋势下，当BRT出现极端低收益率的情况时，CLE出现极端低收益率的概率会增大。

再次，在长期（D5~D6：16~64天时间尺度，），HH、BRT、WTI、GSL、DSL的分位数对CLE分位数的回归系数显著的数量非常多。例如，在D5和D6序列上，DSL分位数对CLE分位数的回归系数几乎都是正向且显著的，但仍有少数分位数的影响系数并不显著。

最后，在超长期内（S6：超过64天时间尺度），HH、WTI、GSL、DSL对CLE的双重分位数回归系数均在1%的显著性水平上显著，这展现出非常强烈的油气资产价格联动

特征，也就是说，中国油气资产价格的脱钩现象在超长期内不存在。

总的来说，HH、BRT、WTI、GSL、DSL 对 CLE 的影响随着时间尺度的增加而增加，这意味着判断中国是否发生油气脱钩所需的证据，隐藏在油气资产价格序列的长周期时间尺度中。

12.3　应用案例主要结论

本章介绍了多重时间尺度分析的两个应用案例：利用基于 VMD 的分解-集成预测方法预测碳价，以及利用小波变换方法对原油与天然气价格进行多尺度双重分位数回归。其基本原理都是先将我们所需要研究的时间序列变量进行分解，形成代表不同时间周期尺度的子序列，再对子序列构建我们欲构建的模型。

12.1 节中的案例应用结果具有诸多启示。第一，单一 LSTM 模型的预测误差大于所有的分解-集成预测模型，分解集成思想在碳价预测领域具有有效性；同时，非线性集成可以提升分解-集成预测模型的预测性能，尤其以 GARCH 和 LSTM 作为预测模型时提升效果显著。第二，基于 VMD 方法的模型误差总体小于基于 EMD 方法的模型，可见，VMD 方法对于提升模型的碳价预测性能具有显著优势。第三，基于 LSTM 的模型总体上比基于 FNN 的模型预测更准确，这在采用非线性集成时更为明显。第四，VMD 方法和 GARCH/LSTM 预测模型的组合形式无论是采用线性集成还是非线性集成方式，都领先于其他模型。第五，EMD 方法和 GARCH/LSTM 预测模型的组合形式对于不同的碳价变化模式较为敏感，不具有稳定的碳价预测表现。

在 12.2 节的应用案例中，油气资产价格之间的双重分位数回归结果显示，HH、BRT、WTI、GSL 和 DSL 对 CLE 的影响在时间尺度上具有非对称性。随着时间尺度的增加，这一影响会逐渐增强。

除了本章所展示的多重时间尺度分析案例，还有很多其他可以应用多重时间尺度思想的研究领域。可以说，只要研究目的是要探索一元时间序列数据特征或多元时间序列间的互动关系，都可以采用多重时间尺度分析的思想。

参 考 文 献

Bollerslev T. 1986. Generalized autoregressive conditional heteroskedasticity[J]. Journal of Econometrics, 31(3): 307-327.

Dai X Y, Xiao L, Wang Q W, et al. 2021. Multiscale interplay of higher-order moments between the carbon and energy markets during Phase Ⅲ of the EU ETS[J]. Energy Policy, 156: 112428.

Hochreiter S, Schmidhuber J. 1997. Long short-term memory[J]. Neural Computation, 9(8): 1735-1780.

Huang Y M, Dai X Y, Wang Q W, et al. 2021. A hybrid model for carbon price forecasting using GARCH and long short-term memory network[J]. Applied Energy, 285: 116485.

Lempel A, Ziv J. 1976. On the complexity of finite sequences[J]. IEEE Transactions on Information Theory, 22(1): 75-81.

Miao X Y, Wang Q W, Dai X Y. 2022. Is oil-gas price decoupling happening in China? A multi-scale quantile-on-quantile approach[J]. International Review of Economics & Finance, 77: 450-470.

Ouyang Z Y, Qin Z, Cao H, et al. 2021. A spillover network analysis of the global crude oil market: evidence from the post-financial crisis era[J]. Petroleum Science, 18(4): 1256-1269.

Sim N, Zhou H T. 2015. Oil prices, US stock return, and the dependence between their quantiles[J]. Journal of Banking & Finance, 55: 1-8.

Tong Y, Wan N, Dai X Y, et al. 2022. China's energy stock market jumps: to what extent does the COVID-19 pandemic play a part?[J]. Energy Economics, 109: 105937.

Wang Q W, Dai X Y, Zhou D Q. 2020. Dynamic correlation and risk contagion between "black" futures in China: a multi-scale variational mode decomposition approach[J]. Computational Economics, 55(4): 1117-1150.